课 题 立 项

2017年国家社会科学基金一般项目
"武陵民族地区地理标志文化价值挖掘及其在精准扶贫中的利用"
（批准号：17BMZ058）

学 术 资 助

2022年度中央高校基本科研业务费专项资金（人文社科类）重点项目
"非遗地理标志文化图像传播研究"（编号：CSZ22011）
湖北省名师工作室
中南少数民族审美文化研究中心

学 术 支 持

中南民族大学美术学院视觉传达设计教研室
湖北省中国特色社会主义理论体系研究中心中南民族大学分中心

地理标志文化研究

——武陵大地上的文化记忆

商世民◎著

人民出版社

责任编辑：王怡石

封面设计：王欢欢

图书在版编目（CIP）数据

地理标志文化研究：武陵大地上的文化记忆／商世民 著．—北京：人民出版社，
2023.12

ISBN 978－7－01－024265－1

I.①地…　II.①商…　III.①地理－标志－研究－中国　IV.① F760.5

中国版本图书馆 CIP 数据核字（2021）第 257941 号

地理标志文化研究

DILI BIAOZHI WENHUA YANJIU

——武陵大地上的文化记忆

商世民　著

人民出版社 出版发行

（100706　北京市东城区隆福寺街 99 号）

北京盛通印刷股份有限公司印刷　新华书店经销

2023 年 12 月第 1 版　2023 年 12 月北京第 1 次印刷

开本：710 毫米 ×1000 毫米 1/16　印张：26.75

字数：410 千字

ISBN 978－7－01－024265－1　定价：148.00 元

邮购地址 100706　北京市东城区隆福寺街 99 号

人民东方图书销售中心　电话（010）65250042　65289539

课题主要参与人员

徐祺娴　罗赵珺　周俊诚　刘学峰　李　慧　陶钰鑫

刘凯琦　盘正香　李青青　徐　茜　李付俊　许喃奇

余玥瑶　黄　贞　郭又瑞　赵杰斐　彭　琳　宋晓明

莫国雄　刘悦馨　王星莹　刘　颖　田浩冉　苏秀磊

张　曼　滕佳洁　马瑾萱

序

彭修银

商世民教授的《地理标志文化研究——武陵大地上的文化记忆》即将由人民出版社出版，嘱我为此书写个"序"。我对地理标志商标是个地地道道的门外汉，之所以答应为此书写几句话，主要是我对商教授的近些年的学术工作比较了解。

商教授虽然是从事实践性很强的广告、商标设计工作的，但他从不放松对理论的研究和探索。近年来主持完成了国家社科基金项目、教育部人文社科研究项目、国家民委研究项目和各种横向研究项目20余项，在《文艺研究》等重要学术刊物发表论文20余篇，出版学术著作多种。商教授的学术科研活动接地气、落实处，将科研做在祖国大地上，把论文写在祖国大地上。正因为研究接地气，成果有底气，应用也就充满了活力。他主持完成的《武陵山片区土家族地理标志文化的创新传播研究》《武陵民族地区地理标志文化价值挖掘及其在精准扶贫中应用》等，发挥了对现实的指导作用，实现了其自身的价值和意义，展示了其活力和生命力。

通过《地理标志文化研究》的写作，商教授意图建立具有中国特色地理标志文化学，并从建立地理标志文化学的意义、地理标志文化学研究内容和范围、地理标志文化学研究的方法、地理标志文化的功能结构等方面，提出了"地理标志文化学"的理论构想。不过，要建立一个新的学科，不仅要有很强的创新意识，更需要有不懈的探索精神，正如商教授自己在书是所写到的："'地理标志文化学'研究是笔者提出的一种理论构想，这一创新理论研究是一项艰巨的学术探索之路，需要以更加全面、系统、科学、严谨的学术观，倾注毕生精力加以实施的学术梦想，它将成为笔者今后学术生涯的研究重点和奋斗目标。"建立具有中国特色地理标志文化学，确实是一项相当艰巨的工作。但商世民教授有这样的雄心壮志，并有不怕攀登艰难险阻的精神，我相信，他的这一奋斗目标一定能够实现。

2021 年 12 月 25 日

目　录

前　言

"地理标志"一词产生于 20 世纪 90 年代初，一直以来被各国视为国家战略。在我国人们习惯称之为"土特产"。地理标志是"指标示某商品来源于某地区，该商品的特定质量、信誉或者其他特征，主要由该地区的自然因素或者人文因素所决定的标志。"[①]

近 30 多年来，我国地理标志建设顺应时代发展，从最初的"应对、借鉴、学习和探索"的认知逐渐发展壮大，形成了适合中国特色社会主义发展的创新理论。2017 年世界地理标志大会在扬州召开，国务院总理李克强发来贺电，国务委员王勇出席开幕式并致辞指出："地理标志是一项重要的知识产权，保护好、运用好地理标志，对于推动经济社会发展、促进贸易投资和保护文化遗产具有重要作用。"[②] 这标志着我国自加入世界贸易组织以来，在世界地理标志领域正式发出了"中国声音"，让世界瞩目。2020 年 9 月 14 日习近平总书记与欧盟正式签署了《中欧地理标志协定》，对深化中欧经贸合作具有里程碑意义。2021 年 3 月 1 日该协定正式实施，意味着双边协定的实施与推进，为我国地理标志产品走出国门、迈向国际市场、传播中华文化提供了新的机遇。

中国地理标志文化是中华民族千百年来的智慧结晶，是遗存至今的文化因子，是中华优秀传统文化的代表，更是地理标志品牌核心竞争力和开拓市场的利器。有专家认为："我们缺的不是地理标志产品，我们缺的是

---

① 《中华人民共和国商标法》。

② 刘笑冬、刘强：《世界地理标志大会在扬州召开　李克强发贺信　王勇出席并致辞》，新华社，2017 年 6 月 29 日，见 http://www.xinhuanet.com//2017-06/29/c_11212354 6.htm。

地理标志文化。"传播中国地理标志文化就是传播中华优秀传统文化。党的十九大报告指出:"没有高度的文化自信,没有文化的繁荣兴盛,就没有中华民族伟大复兴。"[①] 党的十九届五中全会又提出了"传承弘扬中华优秀传统文化,加强各民族优秀传统手工艺保护和传承"的建议,为推进《中国传统工艺振兴计划》明确了方向。实践表明,如"武汉汉绣、江西景德镇陶瓷、湘西苗绣、贵州松桃苗绣和牙舟陶"等涉及"传统美术、传统技艺"的非遗地理标志,也成为助力脱贫致富的财富资源。特别是在"十三五"规划与脱贫攻坚计划中,地理标志已经发挥了极其重要的作用,成为我国强农惠农、推动农业产业发展的知识产权,受到各级政府的高度重视,逐步赢得了广大民众的关注与参与。

武陵民族区是中央脱贫攻坚工作的重要地区,也是"湘""鄂""渝""黔"武陵片区土、苗、侗族为主的少数民族聚集地,这里得天独厚的自然资源和特色鲜明的人文资源蕴藏丰富,是地理标志文化资源的重要宝藏,极具开发和利用价值。

作为应用研究的学术成果,在学术思想上不遗余力地推进地理标志研究的三个相联系:推进与民族文化保护及传承相联系,推进与商标富农政策相联系,推进与精准扶贫实践相联系。在学术观点上倡导两个创新主张:即倡导传播内容的挖掘与传播形式的创新,倡导传播媒介开发与媒介创新。在研究方法上践行三个相结合:即践行理论研究与应用研究相结合,践行本真性与创新性相结合,践行田野调查与实证研究相结合。在学术建树上开创了多元发展的新空间:厘清了地理标志文化类型及其价值,提出了"地理标志文化学"的创新构想,揭示了地理标志"亲农性"的新特点、新机制,构建了地理标志文化价值扶贫研究的理论体系等。在学术价值上提出了"三论":政策论,地理标志产业发展需要政策专业理论的指

---

① 《决胜全面建成小康社会 夺取新时代中国特色社会主义伟大胜利——在中国共产党第十九次全国代表大会上的报告》,人民出版社 2017 年版,第 41 页。

导，是夯实地理标志精准扶贫的重要保障；发展论，发展了地理标志领域多元化研究的新思路，是学术理论上的一种补缺；文献论，为有效开展地理标志生态建设提供文献依据和理论参照。这些理论突破及突出特色在研究成果中体现得淋漓尽致、客观平实、扎根田野、更接地气。同时，还提出了一系列的对策建议：一是深入挖掘"生态武陵"和"非遗武陵"等地理标志文化资源；二是全面推进校际知识扶贫，全面开展产、学、研协同创新，引导人们进入新时代"精准扶志、扶智"的大格局中来；三是广泛开展地理标志文化助力"区域发展、精准扶贫、'一带一路'"经验交流与学术研讨会等。其应用价值主要体现在"三性"：一是资源性，开发与利用武陵片区得天独厚的自然资源和人文资源，服务地理标志产业经济；二是实践性，突出地理标志精准扶贫，发掘新型文化业态资源；三是范式性，为发展地理标志特色产业，打造有国际竞争力的农产品，推进地理标志"一带一路"跨文化传播中华文化等提供理论参照。

以上这些研究成果的取得，对武陵民族地区开展地理标志文化工作具有理论指导和范式作用。正如习近平总书记提出的："穷理以致其知，反躬以践其实。"①要求广大科技工作者真正把科研写在祖国的大地上，在追求知识和真理的同时，也要服务于经济社会发展和广大人民群众。课题组响应号召，扎根基层，潜心研究，积极投身产学研融合创新活动中，践行和见证了中国地理标志事业由弱到强的发展历程，用实际行动把科研写在了祖国的武陵大地上，为武陵民族地区地理标志产业经济发展添砖加瓦。

2021 年 1 月，中共中央、国务院印发《关于全面推进乡村振兴加快农业农村现代化的意见》，要求持续巩固拓展脱贫攻坚成果，接续推进脱贫地区乡村振兴，举全党全社会之力促进农业高质高效、乡村宜居宜业、农民富裕富足。同年 7 月，国家知识产权局印发《关于组织开展地理标

---

① 《为建设世界科技强国而奋斗：全国科技创新大会、两院院士大会、中国科协第九次全国代表大会上的讲话》，人民出版社 2016 年版，第 10 页。

志助力乡村振兴行动的通知》，并决定在全国广泛"开展地理标志助力乡村振兴行动"。2021年注定是不平凡的一年，它是我国"十四五"规划与2035年远景目标实施的开局之年，也是《中欧地理标志协定》正式实施的第一年。在中国共产党建党100周年之际，在构建人类命运共同体的新时代，中南民族大学地理标志文化创新团队致力于地理标志文化的研究与探索，站在地理标志文化传播的国际前沿，紧扣国家重大现实问题，开创了新时代地理标志文化研究新征程。

在此重要时刻我们期待我们的研究，为更好、更快、更准地传播交流我国地理标志助力乡村振兴，讲好中国地理标志故事，把"有意义"的事讲得"有意思"，把"有意思"的事讲得"有意义"，提出"中国方案"而推波助澜，并带给人们全新普惠的地理标志文化传播理论的学习、体验与互动。虽然，课题组二十余年来在地理标志文化理论研究方面取得了一些成绩，积累了一些经验和感悟，但若想将其提升到更高的学术理论层面，还需要时间来检验，我们深知任重而道远！因此，在研究中难免存在许多不足和疏漏的地方，恳请专家学者们予以批评斧正。同时，也期待每一个中华儿女，在新时代都应有责任、有义务，自觉去了解、去学习、去掌握、去传播中华民族优秀地理标志文化，为实现中华民族伟大复兴添光加彩！

第一章 地理标志文化新解

"地理标志"是世界知识产权领域中的新生事物。伴随人类社会的发展，地理标志概念也在发生巨变，它将成为推进人类命运共同体中"生态文明、绿色文明"建设的重要内容。在地理标志发展进程中，不难发现，以往关于地理标志研究主要源于国外。无可否认，国外这些研究对开展地理标志研究与探索提供了有价值的理论参照，为地理标志文化的学术探索奠定了理论基础。但是，我们也要看到，这些研究明显带有某种利益偏见与强权，诸如此类。本章地理标志文化新解站在国际视野，以"追溯、回眸、审视"三个层面，对地理标志的产生背景、发展历程、保护机制等展开文献梳理；客观、公正地对其进行评述；以发展观念审视我国地理标志事业"由弱到强、由应对借鉴到机制完善、由健康发展到创新实践、由理论建构到文化发力"等发展全过程；以相关定义、范畴、内涵及功能等展开全新解读。以期在正确认识、理解的基础上，全新解读我国地理标志在人类社会发展进程中所起到的重要作用，特别是在新时期我国地理标志建设中所取得的辉煌成绩。

地理标志的产生与发展经历了 30 多年的历程。随着"世界经济全球化和人类命运共同体"的不断推进与深入，对其重要性的共识愈来愈受到世界各国政府的关注和重视。"推动构建人类命运共同体"[①] 是习近平总书记在党的十九大报告中提出的创新思想，这种价值观倡导的是各国要同舟

[①] 习近平：《决胜全面建成小康社会　夺取新时代中国特色社会主义伟大胜利——在中国共产党第十九次全国代表大会上的报告》，人民出版社 2017 年版，第 19 页。

共济紧密地团结起来，从而促进贸易投资自由化、便利化，推动经济全球化朝着更加开放、包容、平衡、共赢的方向发展。中国就是在这种包容普惠全球化与"人类命运共同体"的理念之上身体力行。这种国际经济的新秩序和实践创新，既是中国人对国际法治价值追求的体现，也是新时期中国为国际经济法治发展作出的杰出贡献。因此，了解地理标志的产生与发展，既可以回顾历史、着眼当下、展望未来，又能从这些历史的记忆中把握全貌、正确认识、重新解读，为推进我国地理标志建设与学术研究提供科学、客观、公正的理论参考。

一、地理标志产生的背景

对地理标志产生的国内外背景展开追溯与阐述。一方面，可以让我们以学者的心境，以学术研究的态度，客观认识和理解地理标志在历史发展进程中所起到的积极作用。同时，从历史发展的视角揭开地理标志产生背后所隐藏的奥秘和掩盖的真实的面纱。

1. 回述地理标志产生的国际背景

（1）临时适用到重新翻篇——"关税及贸易总协定"。即关税及贸易政策的政府间多边协定及相应的组织，英文简称 GATT。其目的是建立开放有序的国际贸易体系，促进国际贸易自由化，改善生活水平，确保充分就业，扩大对世界资源的充分利用，反对高关税，避免高关税阻止国际贸易商品的流通而带来世界经济危机。1995 年 1 月 1 日，世界贸易组织（The World Trade organization）成立。从此，"关税及贸易总协定"被新的"世贸组织"所取代。这也意味着从 1995 年伊始，临时适用和没有法人资格的"关税及贸易总协定"的时代就此结束。

（2）"世界贸易组织"登台亮相。20世纪三四十年代，正值世界贸易保护主义盛行的时期，由此产生了世界贸易组织。当时两大因素影响着世界贸易组织：一是世界贸易自由化；二是多边贸易协定临时使用，难以适应世界潮流的需要。第二次世界大战后，世界经济组织于1944年7月，以"货币—金融—贸易"三位一体为目标，在美国著名的布雷顿森林会议上正式提出了世界贸易组织这一概念。直到50年后的1994年4月15日，在摩洛哥马拉喀什举行的总贸易协定会议上决定成立"世界贸易组织"，简称"世贸组织"（WTO）。经过历时8个多月104位参加方政府代表签署后，于1995年1月1日WTO正式成立，崭新的"世界贸易组织"随即登台亮相。

（3）两个组织的区别——"世贸组织"与"关贸总协定"。主要在于世贸组织不仅要处理货物贸易之间的问题，还要处理好服务贸易和与贸易有关的知识产权等相关事宜。从世界贸易协调与监督方面来看，WTO所协调与监督的范围远远超过了关税。经过1947年WTO与GATT共存一年的努力，WTO已承担起全球经济贸易组织的角色，并发挥着积极的作用。

（4）出台缘由——《知识产权协定》的主要内容。《知识产权协定》英文缩写为《TRIPS协定》，是《与贸易有关的知识产权协定》的简称。它是世界贸易组织管辖的一项多边贸易协定，其内容由7个部分、73个条款组成。协定中所指的"知识产权"有7个方面内容：版权与邻接权、商标权、地理标志权、工业品外观设计权、专利权、集成电路布图设计权、未披露过信息的保护等。《知识产权协定》出台缘由有：一是知识产权在国际贸易中占的地位越来越大；二是国际知识产权公约产生前的局限性。尽管公约众多，却都不能真正有效地保护知识产权。《知识产权协定》是在参考和吸收众多公约的基础上，通过补充和修改应运而生的，成为公认的国际公约。在涉及范围、保护力度、水准等方面都具有绝对的公信力。

2. 回首地理标志产生的国内背景

（1）路漫漫其修远兮——"复关"与"入世"之路。中国是贸易协定的原始缔约国之一，新中国成立后，台湾于 1950 年 3 月非法宣布退出《国际贸易协定》，并于 1965 年被列为《联合贸易协定》观察员。在 1986 年 7 月，中国方面正式提出了恢复关贸总协定缔约国地位的申请，从此，中国开始进入漫长而艰辛的"复关"之路。由于少数缔约方的不合理阻挠以及过分要求，"复关"未能成功。直到 1999 年 11 月中国最终迎来了阶段性成果取得的捷报。自 1986 年 7 月申请重新加入关税与贸易总协定（GATT）至 1995 年 7 月 11 日，WTO 总理事会会议决定接纳中国为该组织的观察员。经历了 15 年艰辛的谈判之路，中国终于在 2001 年 12 月 11 日加入了"世界贸易组织"，成为 WTO 第 143 个成员。

（2）祸兮福之所倚——中国入世的"利"与"弊"。中国入世的"利"主要有 6 点：便于我国融入全球市场，参与国际经济合作和分工；有利于我国在出口上获取同等条件，能够有效利用外资，在国际竞争中处于有利位置；国内的技术水平能得到快速提升，进一步优化产业结构和经济结构，完善社会主义市场经济体制；改革开放和外贸市场开放之下，社会主义市场经济的发展和人民生活水平能够进一步提高；中国作为一个需求量和进口量大国，进入世界市场能带动世界经济健康增长；在维护国内市场合法权益方面掌控主动权。从长计议，摆脱被动接受的不利局面，为 21 世纪参与国际贸易规则决策做准备。其"弊"主要有 3 点：加入 WTO 后，国外的产品和服务蜂拥而至我国市场已是大势所趋不可逆转；加入 WTO 后，关税的大幅降低和市场的不断扩大，从某种意义上讲，我国许多企业家尚未做好如何应对的准备，必然遭受入世的猛烈冲击，直至面临退出市场的窘境；加入 WTO 后，我国的部分产业发展的薄弱点将会更加突出，面临更加激烈的竞争，在国内市场的地位将会受到威胁和更加严峻的挑战。历史发展的事实证明，入世"利大于弊"。中华传统文化博大精深，古人对瞬息万变的万事万物早已了然于胸，故有"祸兮福之所倚，福兮祸之所伏"。今天的中国是强大的中国，实践证明，中国地理标志建设已迈入世界前列，地理标志"弱国"时期已经过去，开始迈向"发展壮大、理论建构、文化发力"的"强国"新时代。

　　（3）认知与跨越——中国知识产权保护。20 世纪 70 年代左右，每逢佳节都有吃团聚饭的习俗，这时少不了去市场买一两瓶叫"香槟"的汽酒回来喝；每当家里孩子有头疼脑热的，大人们就会背着生病的孩子去卫生院看医生打"青霉素"针。"香槟"是法国的地名，是国际知名的地理标志，其历史源远流长。香槟的历史和文化要追溯到路易十五和路易十六时期，那一时期香槟酒的声誉逐渐流行起来，在法国和欧洲形成了一种潮流。到 18 世纪，香槟风靡欧洲成为节日和聚餐必不可少的饮品，一直延续至今。第一次世界大战结束后，1919 年 6 月 28 日，在《凡尔赛和约》中，德国和奥地利等战败国给法国赋予了"香槟"和"干邑"等葡萄酒的特征名称。"青霉素"的发明可以说是掀起了医学界的旋风，它挽救了无数肺炎、脑膜炎、脓肿、败血症患者的生命，在 1942 年开始进入大规模生产和临床应用。然而，在"青霉素"背后深藏着不为人知的有趣故事：就像弗洛里致力于"青霉素"人类临床试验一样，美国迅速掌握到"青霉素"批量生产方法，并迅速申请了专利保护。第二次世界大战结束后，当英国药企准备生产"青霉素"时，却因美国药企拥有"青霉素"专利而受到阻碍。"青霉素"的专利故事虽带讽刺意味，但揭示了及时申请专利，可以有效地保护发明创造成果的知识产权。"香槟"也好，"青霉素"也好，都是权益人和发明人具有的重要知识产权，是发明事业发展的头等大事，必须做到未雨绸缪、防微杜渐。各国在选择知识产权保护制度时，大多都是从本国政治、经济利益出发，研究"收回和独占知识产权利益"的手段、方法、对策、措施等。不难看出，知识产权是近百年多边贸易谈判中的重要焦点。从某种意义上讲，欧美各国的知识产权保护制度及经验教训，为促进中国知识产权制度建设奠定了基础，也为中国地理标志事业的健康发展提供了理论参照。

（4）任重道远——中国地理标志保护。中国地理标志保护正值风正时济、破浪扬帆、策马扬鞭的发展好势头。一方面，我国已成为世界贸易组织成员国，必须履行保护地理标志在内的知识产权国际义务，积极推动知识产权在国际保护事业方面的健康发展；另一方面，我国知识产权与西方发达国家相比不占优势，但作为有着五千年文明的农业大国，恰恰在地理标志方面表现出中华传统文化资源的优势和巨大潜力。郑成思先生曾经提道："地理标志有可能成为我国知识产权中的长项。"加强地理标志保护，不仅有利于提高中国传统特色产品的国际竞争力，还可以利用地理标志文化为媒传播中国优秀传统文化。当今，中国地理标志作为一种公共品牌资源受到社会各界青睐，已成为全国各地拉动地方特色产业经济发展的有力抓手。其特有的亲农性成为我国各级政府解决"三农"问题、精准扶贫的重要举措。特别是在"一带一路""讲好中国故事""文化传播力建设"的新时期，如何利用地理标志挖掘和传播优秀传统文化等已成为专家学者们关注的焦点和研究热点。截至 2019 年上半年，我国有效注册商标量达 2274.3 万件，截至 2019 年 12 月，我国已核准注册地理标志商标达 5093 件，中国已迈向世界商标强国的新时代。诚然，在中国地理标志建设走向理论化、学科化、国际化的征程中仍任重而道远。

二、地理标志发展的历程

地理标志是人类历史文化发展的产物，有着深厚的文化记忆。它的产生受到货源标志、原产地名称等文化因素的影响。翻开地理标志发展史不难看出，其产生的背景及发展历程与以下五个重要事件有着千丝万缕的内在联系：1883 年的巴黎公约，即《保护工业产权巴黎公约》；1891 年的《马德里协定》，即《商标国际注册马德里协定》；1958 年的《里斯本协定》，即《保护原产地名称及其国际注册里斯本协定》；1977 年《班吉协定》，即《建立非洲知识产权组织的班吉协定》；1991 年的 TRIPS 协议，即《与贸易有关的知识产权协定》。

1. 地理标志发展历程中所涉及的重要国际保护条约

（1）《巴黎公约》。1883 年在巴黎缔结的《巴黎公约》，全名为《保护工业产权巴黎公约》，是国际社会保护"地理标志"的首部公约，此公约在 1884 年 7 月 7 日生效，是率先体现国际地理标志保护成员国的国际公约。《巴黎公约》规定工业产权的保护对象有"专利、实用新型、外观设计、商标、服务标记、厂商名称、货源标记或原产地名称和制止不正当竞争"①。此公约还对假标记作出了明确的规定："对标有虚伪的货源或生产者标记的商品进口时予以扣押。"很明显，公约中对具有地理标志属性的货源标记作了规定。

（2）《马德里协定》。1891 年的《马德里协定》，也称为《商标国际注册马德里协定》，是《保护工业产权巴黎公约》的特别协定之一。马德里协定第一条第一项就是保护"地理标志"的核心条款。协定中明确规定："任何商品上标示着涉及某成员国或成员国国内企业或地方的虚假性或欺骗性标志，无论是直接或间接，都必须禁止该商品进口或者在进口时予以扣押，或采取其他制裁措施。"②协定对使用带有欺骗性商品来源的标记，无论是运用广告，还是宣传材料等传播途径，都予以禁止。

（3）《里斯本协定》。1958 年的《里斯本协定》在 1967 年进行了修改，全名为《保护原产地名称及其国际注册里斯本协定》，此协定是首次提出

---

① ［荷］博登浩森：《保护工业产权巴黎公约解说》，汤宗舜、段瑞林译，专利文献出版社 1984 年版，第 15 页。

② 关永宏：《知识产权法学》，华南理工大学出版社 2008 年版，第 417 页。

的"地理标志"概念与规定。协定提出:"国家地区或者地点的地理名称,其用于指示产品的来源地,该产品的质量和特征必须完全或主要产生于该地理环境,包括自然和人为的因素。"[①]不仅如此,该协定还进一步拓宽了地理标志的保护范围,第三条规定:"禁止任何盗用或模仿原产地标识的行为,即使使用了真实的产品来源地,或以翻译的方式使用原产地标识,或使用诸如'类'、'型'、'仿'之类的标识,均在禁止之列。"该协定具有里程碑意义,它不仅规范了地理标志的国际注册程序,还明确了对于已在国际范围内注册的地理标志,对成员国作出了禁止未经授权使用该标志的规定。可以说该协定在国际地理标志保护方面迈出了关键的一步。

(4)《班吉协定》。1977 年的《班吉协定》,全名《建立非洲知识产权组织的班吉协定》,是世界首例全面涵盖工业产权和版权的区域协定,也是世界首部保护民间文学艺术的区域性国际条约。1992 年,非洲知识产权组织对《班吉协定》进行了更详尽的修订。针对"民俗"问题,民间文学艺术有了新的定义:"由团体或个人创造和保存的、被认为满足了这些团体的意愿的、以传统艺术遗产特有因素构成的产品,包括民族器乐、民间舞蹈、民间故事、民间诗歌、民间的一系列娱乐活动和民间艺术,以及宗教仪式的艺术表达形式。这些民间文学艺术所具有地域特色的表达形式及其衍生作品同样受到保护,并享有著作权。"[②]《班吉协定》为开展非遗类地理标志保护研究提供了国际保护条约依据。

(5)《TRIPS 协议》。1994 年的《TRIPS 协定》是《与贸易有关的知识产权协定》的简称,是迄今为止对地理标志保护规定最完善的国际条约标准。协议中重新规范了对"地理标志"的详细定义,界定了触犯地理标志的行为,以及适用的范围划分等具体的法律条文。TRIPS 协定对地理标志

① 关永宏:《知识产权法学》,华南理工大学出版社 2008 年版,第 419 页。
② 国家工商行政管理总局国际合作司:《非洲知识产权组织相关法律制度》,中国工商出版社 2016 年版,第 5 页。

的定义作出了明确规定："地理标志是指识别某一商品来源于某一成员的地域或该地域中的地区或地点的标识，而该商品的特定质量、声誉或其他特征主要产生于该地理来源。"① 这是继《里斯本协定》之后最为清晰的定义。协议第二款规定："就地理标志而言，成员应当向利害关系人提供法律手段以防止在商品的标志或者说明中，以任何方式明示或者默示该商品来源于非其真实来源地的地理区域，而在商品的地理来源上误导公众，构成巴黎公约（1967）第十条之二规定的意义上的不正当竞争行为的任何使用。"② 说明即使货物来源的标志在文字上是真实的，但只要有虚假或误导性后果，均不能使用。

2. 我国地理标志管理与权属争议

中国有着悠久的历史。源远流长的古老文明在辽阔的土地和丰富的地理资源中造就了一批有代表性，且具有地方特色的农产品、工业产品和非遗产品。如今，地理标志知识产权保护受到世界各国的重视，并成为各国对外贸易的无形力量。诚然，我们也必须注意到国内企业盲目、无秩序地使用地理标志；一些知名的地理标志被海外其他国家所伪造；一些保护地理标志的法令并没有起到真正的威慑作用。因此，在进一步提升和完善我国地理标志法律制度的同时，也必须要加强对地理标志保护的理论研究，让大众认知地理标志，懂得如何保护好、运用好地理标志，不触犯地理标志法律的红线。

（1）地理标志长期多部门的管理特色渐渐褪去。中国地理标志管理长期以来处于多个部门管理的状态。在涉及地理标志上的集体商标或证明商

① 叶京生：《WTO与贸易有关的知识产权协议：规范与承诺》，黄山书社2000年版，第25页。

② 叶京生：《WTO与贸易有关的知识产权协议：规范与承诺》，黄山书社2000年版，第50页。

标注册、地理标志的产品质量、监督检验检疫以及地理标志管理等职能分工方面，主要有农业部、国家工商行政管理总局商标局、国家质量监督管理总局和国家知识产权局这四大职能部门分工协作，对中国地理标志保护与发展起到了重要的推动作用及发挥着积极效应。但也要看到，这种长期多部门管理模式，存在着许多不利于地理标志建设与发展的因素，造成相互推诿、相互制约，导致工作中产生矛盾和办事效率低下。党的十八大以来，中央出台体制改革方案，2018年国家市场监督管理总局正式挂牌，结束了长期地理标志保护和管理混乱的复杂局面，对加速我国地理标志建设与发展迈向理论化、国际化意义重大。

（2）对地理标志权属争议的看法。中国地理标志"公权"与"私权"一直以来争议不断。地理标志不仅结合了当地独特的自然资源，同时凝结着一代又一代劳动者们的智慧，应该属于集体权利，而不应是公共权利。地理标志的基本属性是一种民事权，其所产生的利益关系是一种民事法律关系，显然它是一项私权利。一般来说，在地理标志的管理过程中，涉及公共权力，但不能改变地理标志私权属性。对于发展中的中国，在经历了漫长的入关之路后于2001年1月1日正式加入世贸组织，这意味着，中国与世界其他世贸组织成员一样，既享有《TRIPS协定》带来的红利，但也有履行国际协议的保护义务和责任。我国是世界公认的农业大国，中华五千年文明孕育了灿烂辉煌的优秀传统文化和遗存至今的优秀文化因子及文化记忆，这些农耕文化都是我国地理标志中所蕴含的文化宝藏，是造福一方的财富资源。实践表明，"地理标志"已成为我国各级政府拉动"区域经济"发展、落实"商标扶贫、商标富农"、带动"精准扶贫"、发挥"一带一路"品牌效应的重要抓手，各地政府都将其视为"公共资源"来打造。然而，相对私权"商标"而言，在社会主义中国"地理标志"却彰显其"公权"的属性。笔者以为，地理标志中隐含的"公权属性"是有限的，不是对公权属性的无限放大。

3. 地理标志法律保护机制

（1）地理标志的确权机制。地理标志认定是一种确权机制。《TRIPS 协定》是在世界贸易组织框架内首先使用地理标志概念的国际条约。各国地理标志的确权制度的建立必须以《TRIPS 协定》中规定的法律条文为依据，结合本国国情把握执行。从长远的经济活动范围角度看，地理标志确权的最终目的主要是用于各国在商业贸易活动中对产品性质的确认，服务性质的明确；从法律治理角度看，地理标志的确权渗透出知识产权的"确认、授予、使用、保护"等环节的专有属性，具有知识产权制度的特性。

（2）地理标志的起源与延续。地理标志被广泛应用于各种商品之中最早出现于 12 世纪的欧洲。当时英格兰的"布商"通过直观的方式向消费者展现此款"织物"的优等质量和与众不同等特征；在中欧国际工商学院的"地毯"上，展现在人们面前的是他们在其产品上标有的"个人徽标""原产地城市徽标"以及后来的"质量保证标志"。标志与商品流通的紧密结合，在产品上使用质量保证标志已成为社会所认可的一种商业证明形式，存在于我们的衣食住行中。地理标志具有产品属性证明和强识别功能，能够带来经济利益。同时，已成为一种文化记忆的传播形式，深受人们喜爱和认可。

华夏炎黄子孙千百年来的勤劳智慧造就了地大物博、幅员辽阔、资源丰富的中国，悠久的历史成就出众多具有特点的名特优产品。历史上有许多具有地理标志特征的商品，如："宣纸"即产于安徽宣州的纸，在唐代即名扬天下。有文献记载，安徽宣州府生产的宣纸每年都要呈献给皇帝。再如：湖笔、端砚、徽墨、普洱茶、茅台酒、景德镇瓷器等各类历史名品，口碑传遍国内外。不难发现，能使这些历史名品誉满天下的重要原因，是他们将具有显著的地理属性作为附着点。人们就是通过识别产品名称的地理标志属性来验证产品品质的独特性，从而在概念上产生关注、交易和消费的欲望。随着地理标志保护国际间交流逐步密切，地理标志在跨界保护方面均在双边国际条约中有所体现。

（3）我国地理标志的注册保护。我国自20世纪90年代中叶已开始注册和使用地理标志，产生了巨大的经济效益和社会效益。20多年来，我国地理标志商标注册保护已取得了显著成绩。农业部、国家知识产权局商标局和国家文化与旅游局等部门齐抓共管、协同创新工作成效卓著。"绍兴酒"是我国第一个成功注册并使用的地理标志产品，其成功注册给地方带来了巨大的市场经济价值。"绍兴酒"在申请注册前，其产品国际市场份额均被日本和其他地区的绍兴酒瓜分，本土产的"绍兴酒"反受冷漠不被消费者接受。获准注册后，本地酒厂生产的"绍兴酒"受到消费者青睐，出口量迅速成倍增长，经济效益喜人；再如"龙井茶"是我国家喻户晓、享有盛誉的知名产品。"龙井茶"自2001年成功获得地理标志保护后，名声重现，市场行情节节攀升，其产品平均价格从每公斤400元涨到了800元，等等。我国各级政府十分重视地理标志保护工作，通过文化与法律宣传，引导利用非遗文化价值转换增加农产品地理标志附加值；大力支持、扶持和培育强化民族企业，打造与推动地理标志品牌；开创国外市场，提高特色农产品在国外的知名度，提升国际竞争力等。使人们在实践过程中逐渐形成了主动申请注册，提高自我保护意识，在科学管理、规范使用中不断开展地理标志文化挖掘、创新与传播等良好态势。

三、地理标志保护与传承

1. 地理标志保护的根本意义

《中华人民共和国商标法》规定："地理标志是指标示某商品来源于某

地区，该商品的特定质量、信誉或者其他特征，主要由该地区的自然因素或者人文因素所决定的标志。"①这是我国商标法律制度中对地理标志概念作出的定义。"景德镇"名贯古今，被誉为"世界陶都"，其使用在陶器上的"景德镇"标志就是享誉海内外的地理标志商标。谈到地理标志产品，常常将它喻为是劳动人民集体智慧的结晶；是人们依其自然条件创造出来并世代相传的文化记忆；是人类文明发展的活化石；是造福一方的财富资源。因此，地理标志保护的根本意义就在于它是对原创最有保障的一种守卫方式，可造福百姓世代受益。虽然我国农产品地理标志保护已进入常态化，但要做到保护好、开发好和传播好地理标志，还需要不断提升人们对地理标志的广泛认知与认同。地理标志是一张靓丽的名片，它蕴含着各地优秀的传统文化并有着悠久的历史渊源，都具有极高的文化价值，开发与利用潜力巨大。从某种意义上讲，保护与传承地理标志文化，实际上是向世界展示五千年华夏文明，彰显中华民族优秀文化的魅力；推进地理标志文化建设，就是推进国家传播力建设的具体体现。

2. 地理标志保护的现存问题

地理标志仍存在不被社会普遍认知的现象。目前，我国地理标志保护所面临的突出问题就是社会认知度偏低，主要表现在：一是整个社会还没有完全形成对地理标志这一新生事物的自觉接受、自觉传播的意识；二是社会对地理标志认知、认可的社会群体性力量不够强大；三是新兴知识产权的经济效应和制度效应尚未得到公众认可；四是专业人员掌握和使用地理标志知识产权相对较少等。上述现象显然不符合当下国内外贸易活动的需求与形势。

地理标志保护受不利条件和因素制约。各地区经济环境、条件均存在

---

① 《中华人民共和国商标法》，中国法制出版社 2019 年版，第 11 页。

差异，这是客观事实。然而，在现实中却成为制约地理标志注册和保护的不利因素。调研发现，在地理标志保护中，凡意识超前、实力雄厚的经营者往往成为主力军。因为，这些决策群在法律意识、经营管理等方面均有领先意识，他们甚至将地理标志作为发展中重要财富资源来看待，深谙拥有地理标志这一知识产权，在贸易活动中可以发挥高附加值的超能和作用。他们对地理标志维权也十分敏感，有很强的防范意识和能力。从某种程度上，有利于推动政府实施地理标志保护制度，弥补公共救济不足，形成了地理标志的良性循环。当然，"资金、信息、社会活动"等有利条件为决策实施提供了保障，体现了绝对优势。

地理标志侵权行为发生率高。地理标志的概念产生以来，仿冒、造假和盗版就如同魔影在地理标志领域紧随至今，无孔不入。其违法行为主要表现在：一是直接假冒商品的来源。通常以指明或暗示"特定地理因素"的商品名称或商标，如"恩施土豆"或"秭归脐橙"，还有直接或间接地涉及商品的地理因素描述，通常在普通包装上打上地理因素字样，如："源于泰国香米"；二是恶意将地理标志注册为个人商标。这种侵犯地理标志的行为者，通常是懂得相关知识产权规定的业内人士，他们利用地理标志与市场管理相结合，通过自身的市场管理能力和较强的业务水平达到侵占的目的。出现这一现象主要还是地方决策群的地理标志保护意识淡薄所导致。一般表现为"抢注商标资源"强取豪夺的故意行为。2019年实施的商标法针对这一不正当竞争行为作出明确规定，但仍防不胜防，难以杜绝这一现象的发生。

作为商品通用名称既成事实。由于各种历史原因，许多地理标志已被用作商品通用名称，无法恢复自身的特色认知。"武昌鱼"，原产地为鄂州市梁子湖（农业部"武昌鱼"原种场为证）。据史料记载：现在的鄂州在三国时期属吴楚边境，后被吴占领。这里人杰地灵、水肥鱼美、物产丰富。孙皓时代，吴欲将迁都"武昌"，建业百姓怨声载道、苦不堪言，《吴孙皓初童谣》诗云："宁饮建业水，不食武昌鱼。宁还建业死，不止武昌居。"① 诗句中的"武昌"(现在鄂州)。这就是"武昌鱼"得名的历史文脉。新中国成立后,毛泽东主席在《水调歌头·游泳》中留下了"才饮长沙水,又食武昌鱼",从此,"武昌鱼"的名声响彻神州大地。有两点需要提示:一是,此"武昌"非现在的"武昌";二是,此"武昌鱼"也并非现在的"武昌鱼",它现在成为鱼类的通用名称。因此,当时鄂州市政府责令注册"武昌鱼"地理标志时,因与"通用名称"相冲突,注册时勉为其难、权宜之计,改为"鄂州武昌鱼"。无独有偶,"大理石"原产于中国云南大理的一种石材,因云南大理这个地方产的石材富有鲜艳颜色和优良质地声名远扬,俗称"大理石"。久而久之,"大理石"就变成产品"通用名称"。由于大理石已成为类似石材的通用名称,任何地方的类似石材都可以被称为大理石,甚至商人们还发明了人造大理石。人们完全忘记了这种石材的特殊地理属性。所以,我们只有在实践中吸取经验、教训,才能避免重蹈覆辙。如何才能有效解决突出矛盾?一方面要在知识产权保护法律框架内,结合我国长期的市场实践和传统,使公众消费产品实现市场观念的良性转变,把真实的历史文化背景与社会推动地理标志保护结合起来;另一方面要明确地理标志在产、学、研过程中的地位和作用,以适应市场需求,扩大所有地理标志在内的知识产权教育范围,大量培养思想道德素质较高的相关专业人才;此外社会各界要广泛参与到推动地理标志建设的理论研究与学术探讨中来;最后深度开展地理标志文化挖掘、文化传播与跨文化交流与合作。

3. 地理标志文化因子的活态魅力

地理标志产品给予了地理标志文化以生命,它们互为依赖,相互成就。在它们饱含持久的生命力中,赖以生存的命脉就需要有力的地理标志

---

① 陈勤建、常峻、黄景春:《神话与故事》,上海人民出版社 2017 年版,第 288 页。

文化影响及传播。在全人类极力保护知识产权的趋势下，地理标志受重视的程度不断加深，这不仅在于它可观的经济价值，更在于它代表着地域历史文化的缩影。毋庸置疑，地理标志文化价值的客观性、历史性，具有深厚的历史内涵和文化基础。无论对一个国家，还是对一个地区，地理标志文化都是根植在它们的历史之中，是民族传统文化的重要组成部分，其文化因子与文化记忆在媒介的作用下传承着它的声誉。这些"接天地之灵气，承山水之精华，合先人之智慧"的地理标志文化都是先辈们赐予后来者的财富珍宝。因此，在弘扬和传播区域优秀历史文化时，可以通过地理标志保护、运用与推广的方式达到意想不到的传播效果。保护地理标志也是在传承和传播地域优秀文化。

地理标志文化是民间传统文化的重要组成部分。它源于民间传统文化，与当地民间民俗民风、生活习惯、地理特征密不可分；它来源于民间传统文化，通过其本身的地域性和独特性，恰到好处地融入当地民间传统文化之中。可以说地理标志的存在对后世的文化传承产生了积极的影响。地理标志文化中的历史典故、神话故事、诗词歌赋、文学艺术等不仅是前人创造力和想象力的彰显，而且还赋予了感悟与哲理。这些脍炙人口的民间传统文化形式成为人们茶余饭后的谈资，成为标榜地方文化特色的素材，也成为人民引以为豪的文化瑰宝，这就是为什么人们谈起地理标志文化时津津乐道的缘故。"开县木香"地理标志文化内涵丰富，民间广为传唱的《竹枝词》中记载："情哥情妹上了山，万亩木香扑面来，情哥情妹上了山，好药采在背篼里……太阳出来照四方，千山万岭木生香，一根一叶都是宝哟，驱疾祛病好吉祥。"由此可见，"开县木香"地理标志文化对当地民众有着极为深远的影响，地方民风民俗的形成使得地理标志文化焕发出勃勃生机。

地域文化是特色产业形成与发展的助推器。地理标志产品与自然因素和人文因素有着天作之合的文化渊源，越是独特的地理标志产品越源于大山深处、偏远村寨。过去由于地处偏远、群山峻岭、山路崎岖、交通不便等恶劣的环境，让这里的山民祖祖辈辈长期过着"日出而作、日落而息"的农耕生活。祖辈传承下来的农业种植技艺、民间非遗技艺是他们安身立命的本事和唯一的经济来源。然而，这些饱含深厚文化因子的地理标志特色产品，由于落后的运输和通信，无法进入市场流通，更谈不上消费者的认可，致使"好酒也怕巷子深"，给地方地理标志产业发展带来阻碍。随着现代科技惠农扶贫政策的落地，遥远的村寨不再遥远。交通、通信、互联网、大物流给大山深处的老百姓带来了致富的福音。这些"天地之灵气、山水之精华、先人之智慧"的地理标志产品带着它的历史文化一起纷纷走出大山，走出偏僻村寨，带给人们人间美味和乡土特色的精神愉悦。无疑，地理标志文化在助推农业经济发展和乡村文化建设中发挥着极其重要的活态引导作用。

四、地理标志文化的概念

1. 地理标志的解读

地理标志有国际和国内两个层面的解读。国际层面，地理标志的定义来自《TRIPS 协定》的解释。国内层面，地理标志的定义来自《中华人民共和国商标法》。

《TRIPS 协定》规定："地理标志是指识别某一商品来源于某一成员的地域或该地域中的地区或地点的标识，而该商品的特定质量、声誉或其他特征主要产生于该地理来源。"[1] 依照《TRIPS 协定》对地理标志的定义，可以将其概括为表明一种商品的来源，以及该商品的品质优劣，声誉或商

---

① 姜琳：《地理标志国际保护问题研究利益纷争及中国制度选择》，哈尔滨工业大学出版社 2013 年版，第 19 页。

品好坏等特征，这些特征主要与该商品的来源有关。

2019 年 11 月 1 日起施行的《中华人民共和国商标法》规定："前款所称地理标志是指标示某商品来源于某地区，该商品的特定质量、信誉或者其他特征，主要由该地区的自然因素或人为因素所决定的标志。"①

2. 对地理标志文化的阐释

研究发现，地理标志是农耕文明遗存至今的一种文化记忆。这种饱含着农耕文明基因的地理标志文化记忆和当下非物质文化、原生态文化等构成了"新型文化基因群"，它们之间有着密不可分的历史渊源和文化脉络。我国是一个农业大国，千百年来的农耕文明为中华民族留下了许许多多优秀的农耕文化。毋庸置疑，地理标志这一新生事物的发展在我国有着巨大的上升空间。正如李顺德教授谈道："TRIPS 协定对中国知识产权制度的影响……知识产权的意识增强以及知识产权文化的观念逐渐形成，企业正在成为创立、运用、保护和管理知识产权的主体……"② 因此，在探讨地理标志的同时，不要遗忘地理标志不仅是一种文化记忆，也是一种文化遗产。我国幅员辽阔历史悠久，有许多具有浓郁地方特色的名优产品或称土特产品，在市场上久负盛名，它们都是发展地理标志的重要资源和根本保障。深入挖掘、合理开发和利用好、保护好这些地理标志文化资源，对于拉动地方经济发展，促进自然生态的复苏，吸引农民返乡务农，推进地理标志农业发展，维护正常的市场秩序，保护合法经营者的利益，提高地理标志产业竞争力，都有着十分重要的积极作用。

---

① 《中华人民共和国商标法》，中国法制出版社 2019 年版，第 11 页。
② 李顺德：《TRIPS 协定给我们带来了什么?》，《知识产权》2011 年第 10 期。

五、地理标志文化的研究范畴

"范畴"一词来源于希腊语（Κατηγορία），是指依据事物的共性进行分类，是一种抽象程度最高的命题结构性概念，是哲学及其逻辑系统中最重要、最核心的概念。地理标志是世界知识产权领域中的新生事物，也是一个新兴研究领域。对这个新兴领域，研究者必须要弄清其研究什么？能研究什么？ 2017 年笔者曾对地理标志理论研究展开过学术梳理，并对相关研究进行了数据统计分析，旨在从总体上把握我国地理标志理论研究所取得的成果和研究动向，为探讨地理标志文化的研究范畴提供理论参考。

1.我国地理标志理论研究的主要时期划分

数据统计，我国地理标志理论研究可追溯到 20 世纪 90 年代中叶（即 1995 年），截至 2017 年 11 月，我国地理标志理论研究的各项成果总数达到 9614 项。依照这些数据，以自然年为时间段，将我国地理标志理论研究拟划分为四个时期。

第一个时期，从 1995 年至 2004 年，这一时间段为初创期。这十年间，我国地理标志相关理论研究成果仅 131 项，占各项成果总数的 1.3%。其中出版书籍 62 部、期刊论文 33 篇、硕博论文 28 篇、媒体传播（报纸、新闻）8 篇。这一时期的研究主要为对西方地理标志的各种协定、理论、观点的介绍，以及对地理标志法律制度中国化的司法解读与应用。代表学者及著作有：郑成思的《关贸总协定与世界贸易组织中心知识产权　关贸总协定乌拉圭回合最后文件〈与贸易有关的知识产权协议〉详解》、1996 年的《世界贸易组织与贸易有关的知识产权》、2000 年的《知己知彼打赢知识产权之战——中国"入世"知识产权纵横谈》、2001 年的《WTO 知识产权协议逐条讲解》，郑先生的这些著作为我国地理标志研究奠定了理论参照与法律依据；冯寿波的以 TRIPS 协议为视角的《论地理标志的国际法律保护》；田芙蓉的《地理标志法律保护制度研究》；王火灿的《WTO 与知识产权争端》等。这些著作主要分析了我国对地理标志保护制度的问题，这一阶段我国地理标志研究主要集中在法律研究领域。

第二个时期，从 2005 年至 2009 年，这一阶段为成长期。近五年间，我国地理标志相关理论研究达到了 1641 项，占各项成果总数的 17%。其中出版书籍 748 部、期刊论文 517 篇、硕博论文 227 篇、媒体传播（报纸、新闻）107 篇、会议论文 42 篇。这一时期的研究主要用相关理论诠释我国地理标志发展中的现实问题。代表学者及著作有：黄桂林所著《地理标志的国际保护和中国现状》一书，主要分析了地理标志的重要性、必要性、法律的界定、申请及法规，还有赵小平的《地理标志的法律保护研究》和李祖明的《地理标志的保护与管理》。

第三个时期，从 2010 年至 2014 年，这一阶段为发展期。近五年间，我国地理标志相关理论研究已达到 4753 项，占各项成果总数的 49.5%。其中出版书籍 2113 部、期刊论文 1706 篇、硕博论文 665 篇、媒体传播（报纸、新闻）183 篇、会议论文 86 篇。这一时期的研究主要对地理标志经济分析、保护模式选择、农业经济发展和特色产业对策等问题展开研究。有董炳和的《地理标志知识产权制度研究——构建以利益分享为基础的权利体系》、金发忠的《农产品地理标志概述》、吕苏榆的《地理标志保护研究：基于农业区域品牌化发展视角的思考》，以及刘瑞峰的《新疆地理标志农产品：生产、消费与政策效应》等代表作，在这一时期主要着眼于农产品地理标志，研究除了"法律、经济、管理"等研究领域外，还涉及"特色产业、区域品牌、政策制度、文化传播"等研究领域。

第四个时期，从 2015 年至 2017 年，这一阶段拟定为成熟期。近两年中，我国地理标志相关理论研究就达到 3089 项，占各项成果总数的 32.2%。其中出版书籍 1271 部、期刊论文 1378 篇、硕博论文 294 篇、媒体传播（报纸、新闻）110 篇、会议论文 36 篇。这一时期是我国地理标志理论研究与实践进入上升期，其成果不仅符合习近平总书记强调的"四个坚持""四个自信"的讲话精神，而且，更加贴近新时代我国"文化大发展、大繁荣"国情和"一带一路""精准扶贫"及"乡村振兴计划"的国家战略。其研究内容丰富，更能落地生根。这一时期我国地理标志研究范畴衍生到"一带一路、精准扶贫、乡村振兴计划、跨文化传播与交流、国家形象建设、文化传播力建设、媒介创新与应用"等研究领域。

2. 我国各时期地理标志相关理论研究的数据一览表

表 1-1 我国各时期地理标志相关理论研究的数据一览表（笔者绘制）

年份 \ 数目 \ 类别	书籍	期刊论文	硕博论文	媒体传播（报纸、新闻）	会议论文
1995	1				
1996					
1997	1				
1998					
1999	1	1			
2000	3		1		
2001	5	5		1	
2002	9	6	3	1	
2003	20	7	15		
2004	22	14	9	6	
2005	57	42	20	3	1
2006	71	47	23	18	2
2007	197	126	52	20	11
2008	191	151	66	16	16
2009	232	151	66	50	12
2010	309	211	77	43	15
2011	407	298	95	50	19
2012	460	422	105	34	16
2013	439	357	246	28	13

续表

年份	数目	类别	书籍	期刊论文	硕博论文	媒体传播（报纸、新闻）	会议论文
2014			498	418	142	28	23
2015			443	423	113	15	9
2016			417	453	139	51	21
2017			411	502	42	44	6
共计			4194	3634	1214	408	164

3. 我国各时期地理标志相关理论研究成果数据图

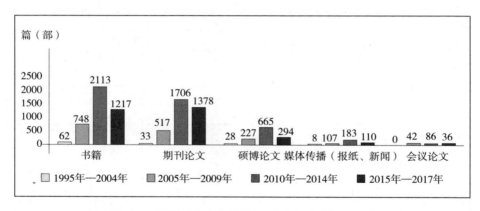

图 1-1 我国地理标志相关理论研究数据图（笔者绘制）

随着研究的不断深入，人们开始意识到地理标志不仅是一个法律概念，同时它还是一个准品牌概念，甚至是一种文化概念，等等。研究表明，所有概念的衍生随时代的发展而变化，其研究范畴从应对国际化开始向关照"本土化、品质化、多元化、创新性"方面发展，逐步展现出中国在世界地理标志领域的道路自信、理论自信、制度自信、文化自信，以及彰显出的大国风范、大国精神和大国话语权。依照上述对我国地理标志各时期相关理论研究梳理，其研究范畴可大致归纳为："物质文化、精神文化、制度文化、行为文化"四个研究领域，主要内容涉及法律、经济、管理、文化、特色产业、区域品牌、政策制度、劳动就业、生态建设、文化传播、一带一路、精准扶贫、乡村振兴计划、传统文化、跨文化传播与交流、国家形象建设、讲好中国故事、文化传播力建设、媒介创新与应用等。

研究发现，地理标志物质文化主要包括文化生态、文化遗产等；地理标志精神文化主要包括文化历史（生成、发展、遗存）、文化习俗（民族风俗、节日习俗、传统礼仪）、文化价值（历史、审美、艺术、品牌、经济、教育、活态）等；地理标志制度文化主要包括国际协定、公约、法律、国际贸易、国内贸易、区域经济、产业发展等；地理标志行为文化主要包括文化传播（组织传播、形象识别与认同、媒介策略、跨文化交流）、文化教育（活态、生态、思政）等。

六、地理标志文化的内涵

何谓"文化内涵"？从字面上解读，"文化"是人类生活要素形态的统称，这里并不是在给文化下定义，因为文化学者们都无法定义。"内涵"是人对某事物的认知和感觉，是内在的感受，而不是浮于表面的事物。它是隐藏在事物深处的，需要通过人们探索和挖掘才能被发现的事物。综上所述，"文化内涵"可以理解为：人类的精神和思想方面的内容通过文化载体所反映出来的内容。或换句话说：一个事物所反映出来的"特点"或是它"特有的方面"就是这个事物的文化精髓。针对地理标志文化的内涵而言，就是地理标志文化属性所反映出来的特点，或者是地理标志文化属性所表现出来的特有方面。地理标志文化内涵是地理标志产品最关键也是最为重要的核心价值体现，对于地理标志文化内涵的进一步挖掘、开发与利用有重要意义，更有利于地理标志产品价值最大化和集聚效应的发挥。以下对文化学相关理论研究进行梳理，作为地理标志文化内涵的解读。

1. 地理标志文化缩影论解读

（1）地理标志文化是人类物质与精神生活的文化缩影。从古至今人类创造了许许多多的物质财富和精神财富，其中不乏像"土特产"（即地理标志产品）这样千姿百态、绚烂的文化因子与人类生活的方方面面融为一体。如物质文化方面，农耕文化、牧猎文化、渔盐文化、茶文化、酒文化、丝绸文化等；再如精神文化方面，民间文学、美术、音乐、戏剧、舞蹈、体育、技艺、医药、曲艺、游艺、杂技、民俗等。不难发现，人类的物质生活和精神生活在地理标志文化中无不反映得淋漓尽致，其涉及内容包罗万象。

（2）地理标志文化缩影论符合人类文化生成机制规律。地理标志定义中的"自然因素"和"人文因素"是认定地理标志的两大重要因素，也是人类文化生成机制的重要因素，是人类精神生活与物质生活的缩影，其文化内涵是符合人类文化生成机制的。关于"文化生成机制"，民族文化学者段超在《土家族文化史》一书的开篇第一章写道："任何一个民族文化的形成都有其特定的条件。这些条件的有机组合便构成该民族文化的生成机制。这种生成机制在很大程度上决定了该民族文化的特点和发展进程。"[1]学者们对文化生成机制的精辟论断，是对构建地理标志文化学具有重要的理论引导。随着时代的发展与经济需求，文化内涵也发生了一些新的变化。与以往相比，我国地理标志产品开始重视从文化角度来塑造品牌，以期丰富品牌的文化内涵。对地理标志文化缩影论的简要解读，为今后开展地理标志文化学研究开阔了视野、明确了方向。

2. 地理标志文化记忆论解读

（1）关于"文化记忆理论"。"文化记忆理论"是德国的扬·阿斯曼和

---

① 段超：《土家族文化史》，民族出版社 2000 年版，第 1 页。

阿莱达·阿斯曼这对学者伉俪于 20 世纪 90 年代提出的,《文化记忆:早期高级文化中的文字、回忆和政治身份》中概述了"文化记忆"的概念,"文化记忆以仪式、文本、纪念物或者其他媒介物为主,与历史留存下的回忆合成一体,每个文化体系都存在着一种凝聚性结构⋯⋯"① 这一理论引起我国学术界的特别关注,许多学者主要是文化学者们纷纷参与讨论,并对其学术价值表示认同,有的学者发表文章对其理论展开研究与阐述。刘振怡曾在《文化记忆与文化认同的微观研究》一文中,对扬·阿斯曼"文化记忆"理论观点进行了重新解读与阐释:"与集体记忆理论相比,文化记忆理论最大的特点就是以微观的视角审视和衡量个体的历史体验和社会走向,它展示了日常世界中被忽略的维度和其他潜在可能性,从而实现了对日常生活世界的拓展和补充。"②

(2)地理标志文化中蕴含着丰富的文化记忆。这种文化记忆是农耕文明的文化遗存,在我国已注册的地理标志文化中随处可见。这些文化记忆是地理标志申请注册确权中表明其历史文化是否客观存在的重要证明依据,其文化记忆可追溯到几十年、有的几百年,甚至上千年。如传统美术地理标志牙舟陶、松桃苗绣、黄陂泥塑、黄梅挑花等中的文化记忆;再如传统技艺地理标志都匀毛尖、仁怀酱香酒、福建普洱茶、伍家台贡茶、利川红、巴东郡贡茶等中的文化记忆。这些地理标志有的蕴含着古朴的传统技艺、有的蕴含着精湛的民间美术、有的蕴含着地理优势、有的蕴含着民风民俗等,都与其文化记忆有着密不可分的历史渊源和割不断的文化脉络,都是农耕文明的优秀文化。因此,在探讨地理标志内涵时,不要遗忘地理标志本身就是一种文化记忆现象,它是一种不该被遗忘的文化遗产,是地理标志持续发展的重要文化资源。在新时代,我们一定要清楚地认识到,对地理标志文化内涵的挖掘、开发和利用是生态文明建设的有效途

---

① [德] 扬·阿斯曼:《文化记忆:早期高级文化中的文字、回忆和政治身份》,金寿福、黄晓晨译,北京大学出版社 2015 年版,第 5 页。
② 刘振怡:《文化记忆与文化认同的微观研究》,《学术交流》2017 年第 10 期。

径，为地理标志文化学研究奠定了理论基础和参照。

3. 地理标志文化"民俗事象"论解读

（1）关于"民俗事象"的解读。地理标志文化是一种民俗事象。"民俗事象"是"关于人类社会生产、生活、信仰、制度等方面的民俗现象与民俗活动的一个总称"①。民俗事象是一种民族文化的创造。人类社会发展的各个阶段，民族形成的历史长河中，即从氏族—部落—部族—现代民族的发展中，都伴随着民俗事象的产生、发展、演变、衰亡等现象。②"民俗事象"是民俗学界的通用语，日本的民俗学家最先使用这一专业名词，后来我国的民俗学者也经常使用。有学者以民俗学和文化地理学理论为基础提出了"民俗地理学"理论，并认为"民俗地理学是探讨民俗文化与当地自然环境、民俗文化与社会经济条件的相互关系，并阐明其形成发展、演变规律的学科。它是研究一定地域内各民族人民民俗事象和民俗活动范围内文化现象的地区差异和分布规律"③。

（2）地理标志文化中存在着民俗事象。在地理标志文化挖掘的考察中，某地区的地理特征和社会形态、民众的心理素质及文化发展是田野调查中需要了解和把握的文化信息。这些文化信息，如贵州的"仁怀酱香酒"这一民俗事象，出自中国酒都仁怀茅台镇，其有上千年的酿酒历史。在"仁怀酱香酒"地理标志文化中有着悠久的历史文化渊源。有史料记载：西汉帝使者在赤水河畔，发现了当地"僚人"酿造的美酒，这种成为贡酒的美酒名为"枸酱"④。数千年来"仁怀酱香酒"端午制曲，重阳取酒流程从未改变。"仁怀酱香酒"地理标志这一民俗事象的产生、发展、演变、

---

① 张紫晨：《中外民俗学词典》，浙江人民出版社 1991 年版，第 178 页。
② 淘立璠：《民俗学》，学苑出版社 2003 年版，第 16 页。
③ 李慕寒：《文化地理学引论》，中国矿业大学出版社 1995 年版，第 104 页。
④ 司马迁：《史记》，线装书局 2006 年版，第 481 页。

衰亡等现象，为探究非遗类地理标志历史文化价值提供了重要文献依据。不同地区的民族，其民族文化和宗教信仰以及生活习惯都存在着差异。不同的地方都有自己特有的民俗文化事象，都有着各具特色的地理标志文化。地理标志文化中存在着民俗事象的提出对开展地理标志文化学研究具有重要的理论启示。

七、地理标志文化的功能

从学术研究的严谨性来讲，要想把握地理标志文化的功能，首先要了解什么是"功能"。在汉语词典中，"功能"是一个词语，意指事物或方法所发挥的有利作用。源于《汉书·宣帝纪》："五日一听事，自丞相以下各奉职奏事，以傅奏其言，考试功能。"[①]牛津词典中"功能"指"一种行为模式，通过此行为，某物实现了它的目的"[②]。在企业管理术语中，"功能"是指满足用户需求的任何属性都属于功能类别。"谓有为法，若能为因，引摄自果，名为作用，若能为缘，摄助异类，是谓功能。"[③]从品牌文化视角分析，地理标志文化功能大体可归为三个方面：有助于提高和增加地理标志产品的经济附加值；有助于增强对特色民族文化认同和凝聚力；有助于开展国际交流与合作促进国家传播力建设。此外，地理标志文化的功能性还对经济增长、农村发展、文化遗产、生态建设和环境保护等具有重要作用。

1. 增加附加值的功能

地理标志与其特定的地理环境和人文环境有着密不可分的联系，它

① （东汉）班固：《汉书》卷八，太白文艺出版社 2006 年版，第 40 页。
② ［英］Judy Pearsall：《新牛津英语词典》，上海外语教育出版社 2001 年版。
③ （唐）玄奘译：《阿毗达磨顺正理论》卷 21，平江府碛砂延圣寺，第 1216—1306 页。

不仅可以表明来源，同时还是一种品质的证明。这一特点使地理标志产品具备了独特的优势。这种优势最明显的体现是，市场上带有地理标志产品的价格远超过其他类似产品的价格。如 2012 年在中国济南举行的首届农产品展销会上，章丘大葱的售价为每斤 6 元，2 斤鲍鱼的售价为 180 元。2018 年，"利川红"由于独特的质量和声誉，每 500 克极品利川红茶的售价高达 1 万元以上，是普通茶叶的 20 倍至 30 倍。可以看出，具有地理标志保护的产品价格比同类普通产品要高得多，这已成为不争的事实。如若地理标志产品产自某一特定的区域或地方，局限于有限的总体产量，品质独特，这类产品极大提升了地理标志产品的经济附加值。如"大红袍"，2004 年 6 月 17 日，在第七届中国武夷山大红袍文化节暨"大红袍"极品拍卖会上，产量极其有限的珍品"大红袍"茶叶再次拍出惊人天价，美籍华人王艺以 20.8 万美元，买走了 20 克"大红袍"母树茶叶。1000 克"大红袍"价值 1040 万元，可以说最贵的茶叶是武夷山大红袍。①

2. 增强文化载体的功能

"自然因素和人文因素"是决定地理标志的重要因素，对地理标志文化形成起着决定性作用。地理标志不仅是一种文化遗产，还可以视为一种文化载体。作为文化载体，地理标志承载着具有地方特色的民族历史文化信息。保护和发展地理标志不仅可以促进产业经济发展，还可以通过地理标志文化的载体作用增加民族文化认同感和识别力。"阿胶"作为一种历史悠久的物质文化载体，其制作方法记载于北魏后期郦道元所著的《水经注》中。2003 年 3 月，山东东阿阿胶有限公司和山东富胶集团分别获得"东阿县阿胶"和"东阿镇阿胶"地理标志商标，很快让"阿胶"这一地理标

---

① 佚名：《最贵大红袍多少钱一斤？母树大红袍的种类》，普洱茶网，2019 年 9 月 18 日。

志产品得到了好的宣传与发展，这是大众对民族文化认同与识别的有力证明。地理标志文化还是对外贸易合作中一张靓丽的名片。正如在谈论某特定地方时，人们常常不由自主地想到那个地方的土特产。有个基本常识需要说明：土特产不等于地理标志产品，只有经国家市场监督管理相关部门核准认定的土特产品才能称为地理标志产品。地理标志文化是地理标志产品的核心竞争力，对提升知名度，提高文化自信、增强民族文化认同和凝聚力等具有重要作用，对传播特色传统优秀文化有助推作用。

3. 促进国家传播力建设功能

我国农产品是国际贸易谈判中的重要内容。欧盟和美国、日本等国家对中国的出口产品采取了大量的反补贴、反倾销和贸易壁垒措施，给中国进出口贸易造成了巨大的经济损失，对中国经济发展造成了极大影响。入世以来，我国严格遵守和履行《TRIPS协议》，积极调整产业结构，特别是在农产品出口方面，严把质量管理体系，地理标志产品的过硬品质和声誉受到世界瞩目，极大增强了地理标志产品国际市场竞争力。因此，地理标志的保护和利用，对促进农业产业发展、提高人民生活水平、弘扬传统文化、增强文化软实力等方面都发挥了重要作用。在新时代，地理标志文化对促进国家传播力建设具有重要意义。国际贸易中对农产品的生产过程和环节要求十分严格，只有保证农产品不会受到农药等化学物质的污染，欧盟和美国、日本等国针对我国实行的"绿色壁垒"就无处发挥、不攻自破。我们知道，农产品是我国地理标志注册保护和使用管理中的重要内容。地理标志农产品不仅可以带给人们衣食住的物质生活享受，还不断给人们带来精神生活方面的愉悦。在人们的衣食住行中，地理标志农产品主要为人们物质生活提供"食"的享受。在中国民俗文化中"民以食为天"是亘古不变的道理。"食"作为民俗文化的一部分，不仅促进了中国传统文化的发展，同时，还向世界人民源源不断地提供"物产丰富、品质优良、味美独特、自然生态"的地理标志农产品。无疑，地理标志文化在促进国际贸易交流与合作，跨文化传播中华优秀传统文化等方面不断彰显其文化魅力，也对促进国家文化传播力建设起到了积极作用。

第二章　地理标志文化学的理论研究构想

2001 年 12 月 11 日我国正式加入世界贸易组织（WTO），意味着中国地理标志研究伊始。"地理标志文化学"理论是笔者率先提出的学术理论构想。自 2004 年开始，在十余年地理标志法律实践及文化理论研究中，这一学术构想在不断得到升华、明晰。借此，本章从地理标志研究的学理层面，对这一创新理论构想中所涉及的四大基础理论展开文献梳理并予以阐述，以期得到学术共鸣。

一、理论研究的历史沿革

1. 地理标志理论研究背景

2001 年 11 月 11 日《人民日报》第一版发表社论"祝贺我国加入世界贸易组织"。自此，我国正式成为世界贸易组织（WTO）第 143 个成员。①

2016 年 12 月 11 日是中国加入 WTO 15 周年纪念日，以中国法学会、世界贸易组织法研究会为代表，组织国内外机构专门举行研讨会和年会，开设专题进行讨论以示纪念。中国法学会、世界贸易组织法研究会常务

---

① 《中国改革开放进程中具有历史意义的一件大事——祝贺我国加入世界贸易组织》，《人民日报》2001 年 11 月 11 日。

副会长、清华大学法学院杨国华教授在《中国加入 WTO 十五周年，纪念什么?》一文中谈道:"中国加入世贸组织，是为我国经济发展营造了一个稳定、可预见的国际贸易环境，实现了初步的法治。中国是 WTO 多边贸易体制的受益者，这一点众所周知，毋庸置疑。在过去的十五年，中国是完全能够认真遵守 WTO 规则的，在遇到问题的时候，通过法律手段解决争端，遵守和严格执行 WTO 裁决，甚至因此而修改法律（例如 2010 年为执行'中国知识产权案'而修改《著作权法》第 4 条第 1 款），这一切都标志着中国在国际贸易领域的社会进步。"① 还谈道:"也许过去十五年，中国是在学习和适应，而在今天，中国在国际贸易中的地位举足轻重，多边贸易体制却出现了危机，那么中国就理所应当挺身而出，重振这个以规则（法治）为基础的体制，既有利于自己，也造福于他人。"② 不难看出，我国地理标志研究是从法律层面开始展开的。

2. 地理标志理论研究的学术梳理

统计数据显示，截至 2017 年 11 月，我国地理标志的各项理论研究成果总数达到 9614 项。从统计数据中不难发现，我国地理标志理论研究可追溯到 20 世纪 90 年代中叶（即 1995 年，数据显示，这一时间段的成果几乎为零）。依照数据，设定以自然年为时间节点，可将我国地理标志的理论研究分为四个时间段，也可称为四个时期。

从 1995 年至 2004 年为"初始期"。数据显示，在 1995 年至 2004 年近十年间，我国地理标志相关理论研究成果仅 131 项，占总数成果的 1.3%。

---

① 杨国华:《中国加入 WTO 十五周年，纪念什么?》，http://www.wtolaw.org.cn/news-item/277576661。

② 杨国华:《中国加入 WTO 十五周年，纪念什么?》，http://www.wtolaw.org.cn/news-item/277576661。

从 2005 年至 2009 年为"成长期"。这五年间，我国地理标志相关理论研究达到了 1641 项，占总数成果的 17%。其中出版书籍 748 部、期刊论文 517 篇、硕博论文 227 篇、媒体传播（报纸、新闻）107 篇、会议论文 42 篇。

从 2010 年至 2014 年为"发展期"。这一时期，我国地理标志相关理论研究已达到 4753 项，占总数成果的 49.5%。其中出版书籍 2113 部、期刊论文 1706 篇、硕博论文 665 篇、媒体传播（报纸、新闻）183 篇、会议论文 86 篇。

从 2015 年至 2017 年为"成熟期"。数据显示，在 2015 年至 2017 年近两年时间，我国地理标志相关理论研究就达到 3089 项，占总数成果的 32.2%。其中出版书籍 1271 部、期刊论文 1378 篇、硕博论文 294 篇、媒体传播（报纸、新闻）110 篇、会议论文 36 篇。这一时期是我国地理标志理论研究与实践进入"建构期"，其成果不仅符合习近平总书记强调的"四个坚持""四个自信"的讲话精神，而且，更加贴近我国新时代"文化大发展、大繁荣"国情和"一带一路""精准扶贫"及"乡村振兴计划"的国家战略。研究内容丰富、更能落地生根。

二、理论研究的创新构想

1.地理标志发展，成效世界瞩目。地理标志理论研究从国际化开始步入关照"本土化、多元化、高品质、创新性"发展。可以自信地说，2017年世界地理标志大会在扬州召开，标志着我国自加入世贸组织以来，在地理标志诸多方面已进入了一个全新的历史阶段，让世界瞩目；2020 年 9 月 14 日，习近平总书记与欧盟正式签署了《中欧地理标志协定》对深化中欧经贸合作具有里程碑意义。2021 年 3 月 1 日该协定正式实施，意味着随着双边协定的实施与推进，为我国地理标志产品走出国门、迈向国际市场、传播中华文化提供了新机遇，同时，也彰显出中国在世界地理标志领域的大国风范、大国精神和大国话语权。

2.增强学术自信，拓宽学术创新。坚定中国传统文化的自信心，"在实践中进行文化创造，提高国家文化软实力"。研究中发现"历史文化学理论、文化记忆理论、文化地理学理论、媒介理论"，这四大理论在地理标志实践中被广泛应用。笔者以为这四大理论可以成为"地理标志文化学"的理论基础，成为构建"地理标志文化学"理论的重要理论框架和理论支撑。开展"地理标志文化学"理论研究的创新构想，旨在为武陵民族地区地理标志商标扶农富农提供理论参照与范式，以期为我国地理标志文化构建添砖加瓦，这些充分体现了作为新时代学者，秉承"心系民族、商标富农，落实扶贫、求真务实，锐意进取、严谨治学，文化自信、学术创新"的社会责任与担当的民族情怀，相信，随着地理标志文化学研究成果的不断取得和实践检验，其《地理标志文化学》理论之花将在我国地理标志文化建设中绽放光芒。

三、地理标志文化学研究的理论基础

"地理标志文化学"研究是笔者提出的一种理论构想，这一创新理论研究是一项艰巨的学术探索之路，需要以更加全面、系统、科学、严谨的学术观，倾注毕生精力加以实施的学术梦想，它将成为笔者今后学术生涯的研究重点和奋斗目标。下面就影响地理标志文化学研究的四大理论基础展开梳理与阐述。

1.理论基础之一：文献学理论

（1）关于"文献"。"文献"一词在我国古代早已出现，朱熹把"文献"

两个字分成两部分解析："文，典籍也；献，贤也。"①"文"指"文字构成的篇章"，古代编撰的重要书籍，也就是以书面的形式写的资料；"献"指"贤德的人、有才的人"，指这些人所口述的话。宋以后，一些以"文献"命名的典籍，已有现在"文献"的模式了。杜泽逊在《文献学概要》一书中对"文献"的定义是"任意拥有一定的历史或科学价值的具有知识讯息的物质介质，它的存在方式包括文字、图片、看得见的、听得见的等等，总之，一切记载知识的介质，都是文献"②。

（2）文献学理论的产生与发展。"文献学"是社会科学学科发展的产物，它是由"校雠学"演变而来的。"校雠学"被古人用于校对书籍，以正误谬，是必不可少的工具书，是古代文献学的一部分。中国传统文献学源远流长，南宋郑樵的《通志·校雠略》是最早用著作的方式全面系统地阐述文献学的典籍，从理论层面对文献的"收录、真假、分类、运用、传阅"等问题进行了阐述。之后，清代章学诚在"校雠学"中最著名的观念是"辨章学术、考镜源流"，主张"在梳理文献时要准确地显示出学术见解，并要细心研究其产生、发展和互相关系"等。"文献学"在西方没有对应中文意思完全相同的文字和词。如"bibliology"只能译为中文的"图书学"，因为"bibliography"译为的中文是"参考书目和文献目录"的意思，与"文献学"的意思有些联系。在 20 世纪 20 年代左右，西方"文献学"形成。这是由于当时文献数量变得越来越大，梳理文献的次数变得越来越频繁，因此，逐渐有了文献学学科的形成。综上所述，文献学是以文献和文献发展规律为研究对象的一门科学，是研究文献的产生、发展、利用和整理的专门学科③。文献学要为文献的梳理提供科学的、系统的理论指导，研究文献梳理的对象、内容和方法以及其历史。古人做这些工作，一个是为古代文献的利用提供便利；另一个是获得了启发，得到很多新的成就，

①　朱熹：《四书章句集注》，中华书局 1983 年版，第 63 页。
②　杜泽逊：《文献学概要》，中华书局 2001 年版，第 5 页。
③　赵国璋、潘树广：《文献学大辞典》，广陵书社 2005 年版，第 237—238 页。

更进一步丰富文献学内容。

（3）文献学研究的代表人物、代表作及观点。20世纪30年代，郑鹤声、郑鹤春两位先生最早以"文献学"一词作为书名，出版了《中国文献学概要》这一重要的学科著作。20世纪80年代是文献学理论研究的创立时期，学者们对文献学的概念界定对之后文献学研究影响深远。最具代表性的人物、作品有：王欣夫的《文献学讲义》、张舜徽的《中国文献学》、吴枫的《中国古典文献学》这三部文献学经典之作①。王欣夫认为："版本、目录、校勘三位一体"，并对"文献学"作出定义，分章说明了目录、版本、校雠；张舜徽是第一个建立"文献学学科体系"的学者，为文献学研究提供了全面的理论体系与方法，还第一次提出文献学的基本要求和任务；吴枫主要阐述了有关民族的文献，对"标注和校对"进行了介绍，在前人基础上发展了文献学②。20世纪90年代是文献学发展变化的时期，在这一时期，文献学的内容进一步丰富，体例上也在不断突破。倪波以文献信息论、传统文献学为基础新增了"现代文献学"③。2000年以后，文献学开始走向繁盛期。主要代表作有潘树广的《文献学纲要》、司马朝军的《文献学概论》、王宏理的《古文献学新论》、杜泽逊的《文献学概要》、黄永年的《古文献学讲义》等。

（4）文献学的研究范畴与研究方法。文献学所涉及的研究范畴非常广泛，是一门综合性的学科，其研究范畴包括版本学、目录学、校勘学，辑佚学、编纂学、辨伪学，经学、哲学、小学、科技史、历史学、古代文学、宗教学等④。从时期上划分有：现代文献学、近代文献学、古典文献学；从区域划分有：外国文献学、中国文献学；从实质划分有：专科文献学

① 王欣夫：《文献学讲义》，上海古籍出版社1986年版，第3页。
② 赵丽婷：《中国古典文献学的各种版本略述》，《报刊荟萃》（下）2018年第8期，第295页。
③ 赵丽婷：《中国古典文献学的各种版本略述》，《报刊荟萃》（下）2018年第8期，第295页。
④ 杜泽逊：《谈谈文献学的方法、理论和学科建设》，《文献》2018年第1期。

（文献类型学、文献流通学、科技文献学、社科文献学）、一般文献学。张
舜徽先生第一次提出文献学的基本要求和任务，就是承继前人的经验和研
究方法。[①] 文献学一般任务是"整理文献"，主要任务是"辨章学术，考
镜源流"，最终任务是"梳理文献中的文化和思想的历史"。[②] 以上对文献
学研究范畴和目的的梳理，对地理标志文化学研究提供了重要的理论参
照。文献学的研究方法分为一般方法和其他学科方法，主要有"统计法、
调查法、计量法、时间分段法、引文分析法、内容分析法等几大类"[③]，还
有"控制论、信息论、系统论、历史法、统计法、分析法、数量方法、马
克思主义的哲学方法等"[④]。有学者认为，一般科学方法和哲学方法是文献
学探究历程中经常用到的，但拥有文献学特点的研究方法还在归纳总结
中。全面了解和把握文献学理论和研究方法，对地理标志文化学研究与
实践活动具有理论指导作用，并将成为构建地理标志文化学研究的理论
基础。

2. 理论基础之二：文化记忆理论

（1）关于文化记忆的解读。20 世纪 70 年代末，德国的阿斯曼夫妇
扬·阿斯曼和阿拉达·阿斯曼提出了"文化记忆"的概念，这一概念基于
文化学和历史人类学。在他们撰写的著作中详细阐述了文化记忆的概念并
表明了观点。《文化记忆》一文中他们提出文化记忆与身份认同的概念：
文化记忆以媒介为象征，主要以仪式、文本和纪念物为主。这种形式超越
了日常生活，成为典礼、非日常社会交往涉及的对象。用自身历史的回忆

---

① 朱新霞：《张舜徽先生对中国文献学的几点主要贡献》，《环球市场信息导报》2017 年
第 18 期。
② 张舜徽：《中国文献学》，上海古籍出版社 2009 年版，第 3 页。
③ 王瑞珍：《我国文献学研究方法之探析》，《新世纪图书馆》2007 年第 5 期。
④ 金恩辉：《关于文献学基本问题的研究》，《文献工作研究》1994 年第 3 期。

和回忆形象重塑群体，确认自身的身份认同。它有别于"传统"的范畴和"知识"的概念。因为"遗忘和隐瞒"这些因素会导致传统的断裂，甚至消失，所以传统的范畴是无法完全包含的。"文化记忆"涵盖的知识，只是那些与身份和身份认同相关的部分。而在《"文化记忆"理论的形成和建构》和《交往记忆与文化记忆》中扬·阿斯曼都提到：文化记忆呈现为一种机制 ①。在《"文化记忆"理论的形成和建构》中扬·阿斯曼说：文化记忆需要保存和重现。因为它是以符号这种外化、对象化的形式储存，因此是相对稳定的。通过代代相传的方式，不同情境之间也可以进行迁移。在传递的过程中，我们会受到外部环境的影响，我们记忆的主体不光只有人类还有其他事物相互作用。在《交往记忆与文化记忆》中，扬·阿斯曼区分了"文化记忆与交往记忆"。提到"文化记忆"是需要借助社会变更，推进媒介和形式多元化来传播和延续的。内容多变，国界和语言基本无法限制它的发展。在《宗教与文化记忆》中扬·阿斯曼又强调了文化记忆与交往的不同："交往记忆"是文化记忆的一个过客，交往过程中留存下来的一段文化记录，是记忆中的一种特例，具有不同的时间结构。如果我们把某一段"交往记忆"典型的三代循环周期看作是一个共时的记忆空间，那么，文化记忆以其到达久远，用当下的时间回到过去的传统，形成了历时的纵轴。

与文化记忆息息相关，互为相依的还有社会记忆和沟通记忆，② 德国汉诺威大学的心理学学院社会心理学教授哈拉尔德·韦尔策在《社会记忆：历史、回忆、传承》中提出"社会记忆"这一概念时就说："社会记忆"是对"文化记忆"和"沟通记忆"的补充。文化记忆是与特定社会框架互动下所产生的驾驭人们行为和体验的知识概念，并使人们愿意一代一代传承下去的知识。

---

① ［德］扬·阿斯曼：《交往记忆与文化记忆》，管小其译，《学术交流》2017 年第 1 期。
② ［德］扬·阿斯曼：《宗教与文化记忆》，黄亚平译，商务印书馆 2018 年版，第 10 页。

（2）文化记忆理论发展与特征。其一，早期的文化记忆理论。国外对"文化记忆"研究经历了两个阶段：第一个阶段是在 19 世纪末至 20 世纪初，来自不同研究领域的知名外国学者们已经对文化、社会和记忆之间的关联性有着密切的关注。① 西格雷蒙·弗洛伊德、亨利·柏格森、爱弥儿·涂尔干、莫里斯·哈布瓦赫、阿拜·瓦尔堡等，这些学者们都在"社会记忆"问题上做过非常精彩的论述。第二个阶段是在 20 世纪初至 90 年代，这一时期是"文化记忆大爆发"的时期，主要流派以"法国流派、德国流派和北美流派"这三大流派最为引人注目。其二，文化记忆理论发展。1925 年，法国的社会学家莫里斯·哈布瓦赫被称为社会记忆研究的鼻祖。他从社会心理学出发提出了"集体记忆"这一概念，② 但对于"集体记忆"的研究仅仅停留在对某一具体团体的意义上，而没有将其扩大到文化范畴中去。德国艺术史学家阿拜·瓦尔堡与哈布瓦赫同时代，他从艺术形式的重复和回归现象的角度着手，提出了"集体图像记忆"的观点，并称其为"社会记忆"。他认为：艺术形式的重复不仅是艺术家们对于古代艺术的模仿，还是通过借助"文化符号"自身的能量来引发记忆。在第二次世界大战时期，哈布瓦赫和瓦尔堡的集体记忆理论被人们暂时遗忘，③ 直至 20 世纪 80 年代才重新得到学者们的重视和高度认可。"集体记忆、社会记忆、村落历史记忆，以及家庭记忆"等相关理论不断吸引着社会学与人类学领域的田野工作者们的关注。此时，法国历史学家皮埃尔·诺拉提出"记忆场"的概念，他认为："记忆场"是能够唤起民族记忆意向的位点。他们的理论为文化记忆理论发展提供了来源和坚实的基础。

（3）文化记忆理论的代表人物、代表作品及主要观点。文化记忆理

---

① 周晓红：《文化展示中的"花街节"与花腰傣集体记忆》，云南大学民族研究院：《西南边疆民族研究》2015 年第 3 期，第 187 页。
② 张盼：《社会记忆视角下口述档案的特性和功能》，《档案》2013 年第 3 期，第 58 页。
③ 王媛媛、樊炳有：《城市体育文化记忆的思想来源及内涵》，《武术研究》2017 年第 7 期，第 141 页。

论的代表人物扬·阿斯曼是国际知名埃及学专家，现为海德堡科学院院士，兼任德国考古研究所、德国历史人类学研究所等机构研究员。1970年他组织的关于记忆问题的跨学科研究，开创了"文化记忆"概念的新篇章，在当时的学术界引起轩然大波。2015 年扬·阿斯曼《文化记忆》副标题"早期高级文化中的文字、回忆和政治身份"原版名称 *Das kulturelle Gedächtnis: Schrift, Erinnerung und politische Identität in frühen Hochkulturen*，金寿福、黄晓晨译；2016 年阿莱达·阿斯曼《回忆空间》，副标题：文化记忆的形式和变迁，潘璐译；2018 年扬·阿斯曼《宗教与文化记忆》，黄亚平译；2016 年扬·阿斯曼《交往记忆与文化记忆》，管小其译；2016 年扬·阿斯曼《"文化记忆"理论的形成和建构》，金寿福译；2016 年扬·阿斯曼《什么是"文化记忆"?》，《国外理论动态》，陈国战译。国内代表作有：2007 年王霄冰、迪木拉提·奥迈尔《文字、仪式与文化记忆》；2011年李义丹、王杰主编《文化记忆》；2014 年陈新、彭刚主编《文化记忆与历史主义》；2014 年肖起清、张意柳《文化记忆与透视》；2015 年赵静蓉《文化记忆与身份认同》；2015 年樊炳有《城市体育文化记忆研究》。文化记忆理论的主要观点有：一是文化记忆的形态多样，具有强异质性，限制它是有一定难度的。[①] 对于文化记忆的理解，我们不应当将它与保守的民族主义者所主张的集体主义相互混淆。文化记忆可借助文字记录，为后人所阅读。但也正因这种记录形式，会面临被撰写者刻意修改的风险。根据当下需求，部分文献可能被废弃或者受到忽视，有些则被视为核心文献。这样一来，缺少了客观性，遗失掉很多文化记忆。记忆其实是有选择性的，人们在潜意识中习惯性地牢记他自认为重要的部分，选择性地遗忘掉无关或不愿回想的记忆。在有文字记录的时期，"文献"通过审查被分为经典与档案两部分，不可或缺的为经典，而"档案"则没有那么重要。而在没有文字的时期，遗失更为常见，那些被认为对当下可有可无的东西自然被遗

---

① 张顺军、廖声武：《城市品牌传播的文化记忆理论阐释维度》，《当代传播》2019 年第 4 期。

失。二是文化记忆建立在过去的固定点之上。它是以"符号"这种视觉化的形式加以变化表达出来，需要结合正在变换的当下，已经不是简单地将本身保存下来，如口头神话或作品所展现出来的样貌。文化记忆的背景下，神话与历史的界线也开始逐渐模糊、消失。考古学家和历史学家不断调查和重建着过去，只有把过去的重新变成"我们的"，文化记忆才能追溯到过去。"关于过去的知识"是不能完全概括这种形式的历史意识。故此"关于过去的知识"与"记忆"区分开来。① 三是总有这样一群人在口述社会和文化社会帮助传播文化记忆。这群人"学者、教师、牧师、艺术家、书记员、官吏、拉比（犹太人中的一个特别阶级）和各种萨满（人与神沟通的使者）、吟游诗人和史官"，在口述社会中，记忆所需的多少成为衡量这些载体的专业化程度的标准。难度最高的是那些被要求坚持逐字进行传播，受到专业化训练的专家们，他们的记忆存储着固定的文本，这些文本来源于口头的"书写"。当人类记忆接近书写的运用，从而产生意义时，就如同"数据库"便于查询。在仪式的背景下，即使"仪式性的知识"（ritual knowledge）危在旦夕，但在仪式进行时，都需要严格遵守这样一个不是以书面形式所规定的"脚本"。绳结、护身符，及其他形式的"前书写"（pre-writing）。符号系统是最古老的识记或记忆存储的方式。② 因此，随着书写系统不断完备，当我们面对这种新的文化技术时，我们不难发现各种宗教的表现其实是大相径庭的。四是文化记忆的参与可以在社会中结构化。这涉及受限知识问题：秘传知识（secrecy）和神秘主义。③ 受限知识的领域被每个传统社会所认知，不同的国家有着各异的经济、政治、社会等多个领域的结构状况，这种具有客观性的物质关系存在，其边界主要是由获取和启蒙（access and initiation）的问题，以及人类记忆和理解的不同能力来界定的。五是在扬·阿斯曼的理论中，文化记忆以及记忆概念有

---

① ［德］扬·阿斯曼：《交往记忆与文化记忆》，管小其译，《学术交流》2017 年第 1 期。
② ［德］扬·阿斯曼：《交往记忆与文化记忆》，管小其译，《学术交流》2017 年第 1 期。
③ ［德］扬·阿斯曼：《交往记忆与文化记忆》，管小其译，《学术交流》2017 年第 1 期。

自己对知识的外部边界的限定，一旦超出边界就不再适用。① 但实际上，好奇心往往驱使着我们探寻外来的、未被认知的理论。这种精神不仅不会阻碍知识的断层，恰恰相反，越有意义的事物学者们越是更为关注，虽然因陌生领域阻碍了对其局限性的认识，但并不妨碍学者们探索对自身之外与文化有关的记忆。只是，在人种学、东方语言与文化、古代美国研究方面，我们从外部考察文化时，才能认识到它在很大程度上是由记忆组成的。以他者为研究对象的学科是整个环节中一个重要的功能，它是研究纽带性知识与一般性文化知识之间形成社会联系的一种方式。

（4）文化记忆理论的研究范畴与方法。其一，研究范畴。文化记忆研究范畴涵盖了社会科学研究的方方面面，主要涉及"心理学、社会学和文化学"。在记忆理论研究的推进下文化记忆理论的不断发展完善。"文化记忆"的产生经历了"个体记忆理论、集体记忆、社会记忆"等演变过程。记忆的研究初期，学者们着重研究的是人的记忆和回忆，从心理学和神经学理论出发。② 至 20 世纪 20 年代，法国社会学家莫里斯·哈布瓦赫创新提出："集体记忆理论"，并论述"记忆和回忆的集体即是一种社会性质"。他在《记忆的社会框架》中谈道："个体记忆和回忆受到特定的社会框架制约。"③ 他提出的观点改变了记忆理论研究的重点。社会人类学家保罗·康纳顿在《社会如何记忆》中提出："社会可以通过纪念仪式来传递自己的记忆。"④ 揭示了群体记忆如何传播和保持的问题。文化记忆研究不仅具有很强的实用性和现实性，而且还为该研究发展奠定了理论基础。金寿福在《扬·阿斯曼的文化记忆理论》中谈道："文化记忆研究不是对过往的人或事所形成客观认识进行追溯，而是旨在以过去的共识为支撑，构

---

① [德]扬·阿斯曼：《什么是"文化记忆"？》，《国外理论动态》，陈国战译，2016 年第 6 期。
② 金寿福：《扬·阿斯曼的文化记忆理论》，《外国语文》2017 年第 33 卷第 2 期。
③ 金寿福：《扬·阿斯曼的文化记忆理论》，《外国语文》2017 年第 33 卷第 2 期。
④ 高萍：《社会记忆理论研究综述》，《西北民族大学学报》（哲学社会科学版）2011 年第 3 期。

建当下与展望未来。"①扬·阿斯曼提出文化记忆的概念，并不断扩充其内涵，认为文化记忆离不开符号学和图像学的研究范畴，以期从艺术作品中找到文化记忆的光辉。他还通过媒介载体、媒介传播机构、媒介技术三个部分实现媒介记忆的传播与建构。实际上来说，文化记忆史就是文化记忆的媒介史。②综上所述，文化记忆理论的研究范畴涉及时间纬度的社会框架、历史事件和媒介纬度的传播手段。全面了解文化记忆学的研究范畴和目的，为地理标志文化学研究探寻理论研究方法和研究路径，为地理标志文化学研究奠定了坚实的理论基础。其二，研究方法。文化记忆理论的研究方法主要有：概念分析法、全面考察法、文献分析法、比较法、历史分析法等研究方法。"概念分析法"，是将文化记忆作为一种分析不同文化现象的工具，从个别归纳出一般，建立单个或多个概念，以阐明社会文化的征象。"全面考察法"，多方面的考察与之具有联系性的问题；"文献分析法"，利用"文献典籍、影像"等现存的二手资料，从不同形式的历史资料中挖掘事实、寻找证据，借历史文献研究过往的社会现象问题；"比较法"，通过比较集体记忆、个人记忆、交往记忆研究之间的异同点及内部联系提出文化记忆的概念；"历史分析法"，阿斯曼以德国历史事件为例，第二次世界大战中屠杀犹太人的历史史实，阐述文化记忆的特征。金寿福作为扬·阿斯曼的得意门生，也是从第二次世界大战、大屠杀等事件切入，引出研究文化记忆理论所带来的现实意义。③

3. 理论基础之三：文化地理学理论

（1）关于文化地理学的解读。从学科发展的角度来看，"文化地理学"

---

① 金寿福：《扬·阿斯曼的文化记忆理论》，《外国语文》2017 年第 33 卷第 2 期。

② 余宏：《基于文化记忆理论的城市文化记忆建构》，《哈尔滨师范大学》（社会科学学报）2019 年第 2 期。

③ 金寿福：《扬·阿斯曼的文化记忆理论》，《外国语文》2017 年第 33 卷第 2 期。

是在人文地理学基础上历经九十年左右的发展，逐步形成的一个分支学科，是文化学的一个组成部分。是人类对其不同地域人类人文生活的特有文化、文化渗透及转变关系的探究，随着我国文化产业的不断发展与繁荣，文化地理学研究受到学界的广泛关注和重视，"地表各种文化现象的分布、空间组合及发展演化规律，文化景观、文化的起源和传播、文化与生态环境的关系、环境的文化评价"等方面，在文化、规划等多个领域正在发挥着积极作用。王恩涌在《文化地理学导论（人·地·文化）》中谈到人类的历史，它是文化与自然矛盾关系发展与演变的一个过程。人类的进化是在文化的基础上进行创新与成长的一个过程，同时它也是与自然相关关系扩展与深化的一个过程。王恩涌将此分为三个层面：人类所需要的一切物质产品，称为物质文化；人们的思想与意识形态、传统教育及心理层面上的需求，称为精神文化；两者文化的结合统一后产生的物质化了的心理和意识，称为制度文化。理论、制度和行为三种文化的相互影响与制约形成文化发展的内在机制。[1] 周尚意曾在《文化地理学》一书中提到：广义的文化地理学研究包括"生计文化、制度文化和意识形态文化"。"生计文化"主要研究人们在日常中的衣食住行、生计类型的生产生活之所需；"制度文化"是对人们行为意识的一种统一，表现在组织生产、生活活动的机构、制度，如法律制度、经济制度、家族制度等方面；"意识形态文化"是人类社会进步的一种表现，与人们心理、信仰、价值观相关的宗教、艺术等有关[2]。依照周尚意等在《文化地理学》中提出的"生计文化、制度文化和意识形态文化"三种文化，尝试与"地理标志文化"进行比对。发现文化地理学与地理标志文化学在研究内容上十分契合。如在地理标志文化中"民间美术""传统技艺""传统医药"非遗文化与文化地理学中"生计文化"研究的内容十分契合，它们的形成都与特定地区自然因素

---

① 王恩涌：《文化地理学导论（人·地·文化）》，高等教育出版社 1989 年版，第 7 页。

② 周尚意、孔翔、朱竑：《文化地理学》，高等教育出版社 2004 年版。

和人文因素联系密切；在地理标志文化中反映原产地制度保护意义的"各种法律制度"与文化地理学中"制度文化"研究内容十分契合。如欧盟制定 TRIPS 协议，可以视为文化地理学在制度文化方面的一种表现形式；在地理标志文化中"民间饮食、傩面艺术"的祭祀文化与文化地理学中"意识形态文化"的研究内容基本契合，文化地理学中的意识形态文化研究可视为地理标志文化中的民俗文化内容。它们都是与人们心理、信仰、价值观相关的宗教、艺术，是影响地理标志产品形成的人文因素，特别涉及民间美术、传统技艺、传统医药等非遗类地理标志文化内容。

（2）文化地理学的产生与发展。其一，19 世纪末，德国地理学家、民族志学者拉采尔的《人类地理学》专著，奠定了"人文地理学"的基础。"文化地理区"是具有独特文化特征的区域；了解人性最佳的方式应该从城市生活的人们着手。为此，拉采尔首先使用了"生存空间"（英文译为 living space）和采用了种族竞争的角度。其著作不仅影响了一批环境决定论者的观点，也推动了人文地理学在美国的发展。20 世纪初，伯克利学派创始人，德裔美国文化地理学者，索尔强烈批判了环境决定地理学的理论。他认为：世界是特别的，而文化则具有历史性，资本主义破坏了文化的多样性。1927 年，他发表的《文化地理学的近期发展》一文在当时引起了社会各界极大的关注，这篇文章为文化地理学基本理论的相关研究奠定了扎实基础。其二，在中国"文化地理"的思想由来已久。历代古籍文献、地方志中可大量查到文化地理方面的文献资料，只是从事这项专门研究的人凤毛麟角，致使文化地理学在中国尚未成为独立的专门学科。中国文化地理学的兴起，可追溯到 20 世纪 80 年代。此阶段的中国与西方文化地理学的学术交流增多，学者们纷纷著书立说，如：周振鹤与游汝杰联手合作的《方言与中国文化》在 1986 年出版，而卢云的《汉晋文化地理》等也在 1988 年写就，并于 1991 年出版，均表明中国对历史文化地理的研究开始进入学术正轨。到 20 世纪 90 年代，学界对历史文化地理研究开始着手进入区域性研究，研究的学术理路与 20 世纪 70 年代东、西方史学界重视中国区域社会研究十分一致。美国学者萨皮尔—沃尔夫（The Sapir-Whorf hypothesis）就曾提出"语言与思维关系"的假设：世界通过语言产生的概念而得到过滤。特殊语言惯常的、规则化的使用，产生了具有文化特定性的习惯化的思维模式。选择语言来研究中国文化地理，实际上是切中了中国文化研究的关键。①

（3）文化地理学的代表人物、代表作及主要观点。其一，在文化地理学研究领域，涌现了许多代表人物，他们的学术思想对文化地理学发展的作用举足轻重。传统文化地理学与新文化地理学是文化地理学研究领域的两个分界线。20 世纪 20 年代到 70 年代，主要是传统文化地理学的活动时期，其研究主题为文化生态学、文化源地、文化扩散、文化区和文化景观，代表人物有卡尔·索尔、瓦特纳（P.L.wagner）与米克塞尔、段义孚等学者。卡尔·索尔在 1925 年《地理景观形态论》中提出："地理学应从地区差别的基本体验入手"，并于 1927 年发表《文化地理学的近期发展》一文；瓦特纳（P.L.wagner）与米克塞尔在 1962 年出版的《文化地理学读本》中，收录了已发表的与"文化地理学"研究有关的文献，并以"文化、文化领域、文化景观、文化史、文化生态"为主题整理归纳出研究成果；当代华裔地理学重要学者段义孚的人本主义地理学思想在西方地理学界产生了重大影响。其二，20 世纪 80 年代以后，主要是新文化地理学的活动时期，这一时期，新文化地理学的发展日趋完善成熟，代表人物有杰克逊（P. Jackson）和科斯克罗夫（D. Cosgrove）两位学者，代表作为《意义的地图》《景观图解》。中国地理文化学研究的代表人物及作品有：周尚意等人的《文化地理学》，王恩涌的《文化地理学导论（人·地·文化)》，周振鹤的《中国历史文化区域研究》，司徒尚纪的《广东文化地理》，张伟然的《湖南文化地理研究》，蓝勇的《西南历史文化地理》等。

---

① ［英］阿雷恩·鲍尔德温等：《文化研究导论（修订版)》，陶东风等译，高等教育出版社 2004 年版，第 50 页。

（4）文化地理学的研究范畴与方法。其一，研究范畴。文化地理学的主要研究范畴涵盖文化生态、文化景观、文化地域三个方面的研究。文化生态的研究内容是文化的环境侧面，是以地表的自然环境与人文环境为对象。人类通过文化的过滤，认识自然环境，对内涵进行定义，对自然环境进行反映，进而改变环境。文化地域的研究内容是文化的地域侧面，是发现存在于地表之上各种事物的差异性与类似性，运用地域（Region）、场所（Place）、空间（Space）等概念进行记述，分析其原因。文化景观的研究内容是人类基于各自文化价值与知识，以文化景观的形式反映在地表之上，是适应自然环境的表现形式，对文化具有象征性意义。文化景观不局限于肉眼所见到的事物，也就是说，在人们心中浮现出的各种印象可被认作是景观。这种文化景观已经成为文化地理学学者们重要的研究对象。其二，研究方法。文化地理学的研究方法有局部形成机制研究方法、或然论的研究方法、空间再现和意义赋予的人文主义分析方法、文化景观分析法、尺度转换方法、结构功能主义的方法、后现代主义的镶拼图法等。这些不同的研究方法对地理标志文化学研究提供重要的理论参照。以下简要介绍这些方法及理论：一是"局部形成机制研究方法"，是一种以结构主义为基础形成的分析方法。马克思主义结构主义理论认为，经济基础决定上层建筑，所以相同经济基础的不同地区，其文化有着共同点。新马克思主义却认为积累和阶级关系是决定经济空间的重要因素，这两个要素还可以推动区域社会文化的发展。二是"或然论的研究方法"，这是法国地理学家维达尔·白兰士提出的一种"人地关系论"。他认为是自然环境为人类活动提供了一定范围的可能性。这种或然论在区域文化特征形成机制的探索过程中，又逐渐发展成历史现实主义。即不同的"地方体制"在不同的地方发展、演变和延伸。三是"空间再现和意义赋予的人文主义分析方法"认为除了自然因素外，许多人文因素也是文化区域的形成原因。四是"文化景观分析法"是哈特向和索尔两位重要学者的观点，前者用经验主义的方法并持区域整体论的观点，而后者采用文化历史学的研究方法。五是"尺度转换方法"是周尚意教授在一次学术报告中谈到的五种尺度转换方法，即文化景观学派的尺度转换、文化扩散理论的尺度转换、结构功能主义的尺度转换、超有机体理论的尺度转换和后结构主义的尺度转换。其中，文化超有机体的理论，兴起于1980年代的英美地理学界，最早是美国人类学家克罗伯于1917年在《美国人类学家》杂志上发表的《超有机体》中提出一种新的理论——"超有机体现象"。六是"结构功能主义的方法——施坚雅的中央边缘理论"是现代西方社会学的理论流派。它认为社会是具有一定结构或组织手段的系统，该理论与地理学的结合很快就形成了结构功能主义地理学。但另外一位经济地理学家却持有不同看法，他们认为，区域的特征还取决于整个区域的结构位置。七是"后现代主义的镶拼图法——索亚的第三空间"，索亚在他的《第三空间：去往洛杉矶以及其他真实与想象地方的旅程》一书中写道：以洛杉矶为例，洛杉矶这个"大文化区"是由许许多多的"小文化区"而组成，这些小文化区如同碎片镶拼成洛杉矶整个文化版图。这些文化碎片不仅是物理的空间，也是想象意义中的精神空间，它具有边缘性、差异性、开放性、批判性等空间。这就是介于物理空间与意义空间之间的空间，是文化地理学要研究的第三空间。

4. 理论基础之四：媒介理论

（1）关于媒介的解读。"媒介"广义上是"指能够使人与人、人与事物或事物与事物之间产生联系或发生关系的介质"，用加拿大媒介理论家麦克卢汉（M. McLuhan）的话说"媒介即万物，万物皆媒介"（The medium is themessage）。① 从传播学的角度分析，媒介是指利用媒质存储和传播信息的物质工具。麦克卢汉在1964年出版的《理解媒介：论人的延伸》

---

① 薛梅：《视听媒介批评导论》，武汉大学出版社2018年版，第4页。

一书中，首创了"媒介"这一术语，提出了"环球村""媒介即讯息""媒介和人的延伸""热媒介与冷媒介"的学术观点。承载信息的容器和传递信息的设备是媒介的两个组成要素。承载信息的容器如"书籍、照片、录音录像带、胶片和光盘"等；传递信息的设备如"电话、传真、电子邮件、电话、广播和互联网"等。这些都是大众传播的工具，也是传播信息的媒介平台。麦克卢汉认为"一切媒介均是感官的延伸"①。文字与印刷形式的媒介是视觉器官眼睛的延伸，广播是听觉器官耳朵的延伸，但新的媒介的产生，却给人们的感官平衡状态带来新的改变。

（2）媒介理论的产生与发展。20 世纪 60 年代，第一次麦克卢汉热的兴起，将人们带入到"新媒介"视觉中，不按现成教条墨守成规的麦克卢汉用诗人的想象力来探索语言的极限。他的诗歌艺术为文化定位和感觉意识提供了新的视角，这个具有独特风格的原创媒介理论家成为 20 世纪最重要的媒介思想家之一，北美的宣传机构发表了数以百计的文章来颂扬这位一生勤于学问，拿了 5 个学位，完成了几次重大的学术转向：工科—文学—哲学—文学批评—社会批评—大众文化研究—媒介研究的理论思想家，他被封为"先知""圣贤"等。整个 20 世纪 60 年代，各大著名企业和机构排队请麦克卢汉演讲，他成了电视明星。20 世纪 90 年代，随着信息化时代的到来，第二次麦克卢汉热兴起。1993 年《连线》在创刊号的刊头上封他为"先知圣贤"。2011 年，为纪念麦克卢汉诞辰 100 周年，麦克卢汉的研究进入第三次热潮。麦克卢汉的媒介理论不仅为新媒介研究提供了启发，而且为媒介理论、传播学和跨学科研究提供了丰富的理论基础。"只要互联网不灭，人们就会怀念他；只要媒介演化还在继续，人们对他的研究就不会停止。"

（3）媒介理论的代表人物、代表作及主要观点。其一，媒介理论的代表人物。马歇尔·麦克卢汉（Marshall McLuhan，1911—1980）是加拿大

---

① 薛梅：《视听媒介批评导论》，武汉大学出版社 2018 年版，第 4 页。

文学批评家、传播学家，他是传播学媒介环境学派的一代宗师，被封为"先知""圣贤"、20世纪"最重要的思想家"。以"环球村"和"媒介即讯息"等论断名震全球。"麦克卢汉学"已然成为世界范围的显学。三次麦克卢汉热使他的思想再度升华，他跨越了国界、跨越了学术边界，对媒介的研究产生了深远的影响。从20世纪40年代起，他的学术研究从文学批评转向社会批评，从文学转向传播学，从单一学科研究转向跨学科研究，并独创了"媒介理论"的概念，成为"媒介环境学"的一代宗师。在1966年和1967年，他的声誉达到了顶峰。他是媒介理论的播种者和解放者，他的思想深刻影响着21世纪的媒介研究。其二，媒介理论的代表作。麦克卢汉的代表作有《机器新娘：工业人的民俗》《理解媒介：论人的延伸》《谷登堡星汉璀璨：印刷文明的诞生》《媒介定律：新科学》《麦克卢汉精粹》《麦克卢汉如是说》《麦克卢汉书简》《媒介即按摩：麦克卢汉媒介效应一览》《媒介与文明》等。马歇尔·麦克卢汉的三部巨著：1951年问世的《机器新娘：工业人的民俗》率先研究大众文化，批判广告，批判美国文化；1962年出版的《谷登堡星汉璀璨：印刷文明的诞生》用精练的文字对西方历史进行了重新表述；1964年的《理解媒介：论人的延伸》预测了不同文化现象与媒介的关联，同时对不同文化和媒介的发展趋势进行了比较并对其发展做出了预测。其三，媒介理论的主要观点。"环球村"（Global Village）："环球村"的主要含义是"人们互动方式以及人们的社会和文化形式发生的重大变化"。交通的便利使"村落"城市化，以前的面对面交流方式已成为一种间接和书面交流方式。电子媒介的"重新村落化"使人们的交流方式重新回到了"个人对个人"的交流中。这种新兴的模式创造了一种和谐的环境，消除了地区界线文化差异，拉近了人与人之间的距离。"媒介即是讯息"：麦克卢汉认为，媒介决定了信息的清晰度和结构。媒介的创造将产生新的社会行为标准和方法。媒介塑造的新环境不仅指导着大众传媒的发展，同时也影响着人类的生活习惯和思维方式。"媒介是人的延伸"：媒介对人的感知和感官都有影响并且具有相对独立性。"书面媒介影响视觉，使人的感知呈线状结构；视听媒介影响触觉，使人的感知成三维结构。""冷媒介和热媒介"：低清晰度媒介如"书信，电话，电视和口头语言"等被称为"冷媒体"。由于这些冷媒介的清晰度不高，所以为观众提供了一个独立思考，自主创造的空间。相反，高清媒介称为"热媒介"，如"印刷，广播，电影"等。因为它们为观众提供了足够清晰的信息，所以"观众失去了深入参与重新创造的潜力"。"电子媒介是中枢神经系统的延伸"：以机械媒介为代表的媒介，所传播的信息都是经过切割调整、平面视觉化、强调视觉感受处理而成的。而电子媒介对这些被碎片化的信息和图像进行拼凑整合，使人的思维回到"重新部落化"，让人的发展更为全面、完整。"部落化—非部落化—重新部落化"：从崭新的媒介演化角度概括人类的历史用公式可表示为："通过合化到分割化然后重新整合化；有机化也是同样如此，它到了机械化后重新有机化；而前印刷文化和前现代化都必须完成印刷文化—无印刷文化，现代化—后现代化这个过程。"

（4）媒介理论的研究范畴与方法。其一，研究范畴。媒介研究大致可分为两类：技术研究和批判研究。其中，技术研究主要是指在美国和其他国家流行的经验媒介研究。关键研究包括机构和学校，例如法兰克福学校传播政治经济学，文化研究有格拉斯哥媒体研究小组和莱斯特大学大众传播研究中心。其中对媒介文化的研究最为引人瞩目，并对学术界产生巨大影响。媒介研究先后经历了四个相对清晰的发展阶段，第一阶段集中于媒体本身。如"传播媒介，传播媒介如何工作，有何功能作用，以什么设备来支持运作"。研究的第二阶段集中于收集使用媒介的用户信息。如"使用这种媒介的意图，如何使用，使用感受如何"等。研究的第三阶段包括对媒体方面在社会、人们的心理和生理影响等方面的研究。例如"媒介是否会影响与引导人们的思维？人们对媒介的要求有哪些？媒介对人类的生活会产生哪些不良的影响？"等。第四阶段主要研究不同阶级的人，他们是通过什么方式方法在媒介中获得信息和娱乐？在怎样使用新型技术的基础上提高画面的清晰度，让媒介的传播范围更为广阔等问题。其二，研究方法。媒介研究的方法以科学研究法为主，科学研究的方法有"公开性、客观性、实证性、系统累积性和预测未来性"这五个特点。人们需要通过一系列的步骤去努力获取事情的真相，某一次研究或者一个单纯的信息源只能表明事情的单一方面，那么，真相只有通过一系列客观的研究和分析出来的数据才能确定。"科学的研究方法"使研究者完全可以通过智能化的研究步骤逐步更正错误，当一个步骤证明了前面的错误时，下一个步骤就自行调整研究理论和研究思路。在传播学的研究中，人们慢慢发现过去曾经关于媒介威力的理论并不完全正确，甚至是错误的。多次的研究之后，大家开始意识到，行为和思想的变化是一系列传播行为的结果，不同的思维也决定了人们对同一信息的反应大相径庭。运用科学的研究方法，目的就在于提供客观的、公正的数据分析。

四、基础理论研究的学科交叉及数据统计

1. 文献学理论的学科交叉及数据统计

（1）文献学的学科交叉领域及其影响。其一，文献学有关学科交叉领域。如前所述，文献学研究主要是"社会科学"学科领域，现代已融入"自然科学"学科领域中进行学科交叉，涉及"控制论、信息论、系统论、历史法、统计法、分析法、数量方法、马克思主义的哲学方法等"[1] 学科领域的交叉。在文献学学科研究领域其学科分布中的交叉性日益突出。如交叉学科"经学、哲学、小学、科技史、历史学、古代文学、宗教学"等。在文献学的主要分支学科中交叉性也很明显：如"历史文献学、文学文献学、小学文献学、哲学文献学、科技史文献学、经学文献学、宗教文献

---

[1]　金恩辉：《关于文献学基本问题的研究》，《文献工作研究》1994 年第 3 期。

学"等。① 以上对文献学学科交叉领域的梳理，为地理标志文化学研究提供了重要的理论参照。文献学的主要研究内容有：一是文献的特征与效用研究；二是文献的类别研究；三是文献以及文献学发展的历史研究；四是文献流的研究；五是针对研究某一学科的文献，能够产生专科文献学；六是对某类别的文献或某指定文献的专项研究。其二，文献学的重要影响。首先，文献是人们获取知识的重要途径。文献学是随人类文明的进步而进步、发展而发展的产物。对知识的"归纳、蕴蓄、提升和储备，再经过文献的记载、梳理、宣传、探究"等是人们实现认知社会的途径，文献可以超越时空将知识代代流传。其次，文献是映衬了一定社会历史时期的文化水平。文献的呈现方式有记载方法、书写工具、宣传手段和构架方式等。古人用"竹简、甲骨、布上"等方式呈现。造纸术和雕版印刷术的发明，使文献以用笔在纸上书写的方式呈现。文献的这些呈现方式无不映衬出一定社会历史时期的文化水平。文献记载方式之便、传播速度之快、传播覆盖面之广、传播效果之好，让文献的知识服务于社会，对加速人类文明历史的进程影响极其深远。文献的呈现形式是由社会文明发展程度和水平所决定，对文献的承袭与创新性利用，又能影响社会的发展进步，形成了有利于社会进步的积极因素。高尔基的名言"书是人类的进步之梯"表明了这个意思。最后，文献是开展对任意学科的科学研究的基础。任意专业科学的研究离不开对文献材料的搜索与利用，做好文献综述就是在大量阅读和理解文献资料的基础上，解析资料的不同形式，探究其内在的关联，做出更加深入的研究成果。在人类的文明和社会的发展中，文献起着非常重要的作用，从古至今，只要做研究工作，都要借鉴和引用相关的文献资料。随着社会的发展，熟练应用现代科技的方法，一定会发挥出古典文献资料更大的作用。地理标志实践中，对传统文化了解和文献资料的把握是决定能否取得研究成果的关键，因此，加强文献学理论知识的学习，有利

---

① 杜泽逊：《谈谈文献学的方法、理论和学科建设》，《文献》2018 年第 1 期。

于掌握有效的研究方法和研究思路，为地理标志文化学研究服务。

（2）近二十年文献学相关理论研究的数据统计。本文数据统计界定为20世纪90年代至今，对近二十年文献学理论研究情况展开学术梳理，旨在从总体上把握其研究成果和研究动向，为地理标志文化学研究提供理论参照。同时，也为以后学者开展文献学理论研究提供文献参考。以下从"数据统计、数据一览表"两种方式呈现：其一，地理标志文献学相关研究数据统计，见表2-1。通过读秀、知网，学校图书馆馆藏资源数据检索，对我国各时期地理标志理论研究进行学术梳理。数据统计显示，我国文献学理论研究这20年是繁荣发展的20年。其二，文献丰富，总体呈增长趋势。我国各时期关于地理标志文献学相关研究趋势图（详见图2-1、图2-2、图2-3）。以便清晰完整地呈现文献数据，使用文献数据一览表形式更能一目了然。

表 2-1　地理标志文献学相关研究数据统计

年份	书籍	期刊论文	硕博论文	媒体传播（报纸、新闻）	会议论文
1999	14	67	11	3	1
2000	31	81	15	1	2
2001	35	86	29	4	0
2002	37	104	35	4	0
2003	40	101	39	1	5
2004	37	122	90	3	6
2005	52	154	134	7	17
2006	258	164	174	9	9
2007	67	163	247	4	9
2008	83	220	281	6	14
2009	55	212	265	10	15
2010	100	185	274	14	14
2011	94	199	334	17	13
2012	62	186	379	6	14

续表

年份	书籍	期刊论文	硕博论文	媒体传播（报纸、新闻）	会议论文
2013	131	208	345	21	21
2014	133	220	313	16	8
2015	112	229	333	9	3
2016	139	236	280	9	4
2017	165	213	339	21	5
2018	197	220	238	16	2
2019	155	324	178	14	0

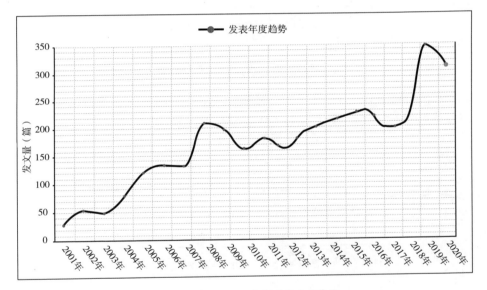

图 2-1　2001—2020 年期刊论文趋势图

2. 文化记忆理论的学科交叉及数据统计

（1）文化记忆学科交叉研究及其影响。自扬·阿斯曼和阿莱达·阿斯曼提出文化记忆理论后，"文化记忆"已不仅限于自身的理论研究。"文化记忆理论"为"心理学、文学、社会学、经济学、政治学、人类学、民俗学、媒介、新闻学"等诸多学科领域提供了求同存异的广阔天地。其

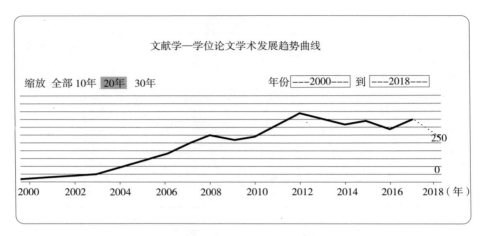

图 2-2　2000—2018 年硕博论文趋势图

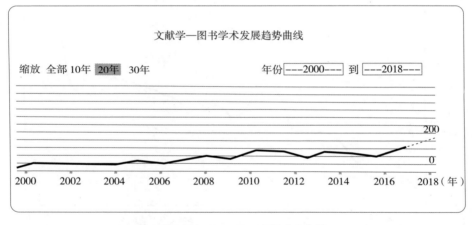

图 2-3　2000—2018 年图书趋势图

一，文化记忆学科交叉研究。一是与社会学学科交叉。学者刘亚秋对阿莱达·阿斯曼的文化记忆理论曾进行了评论，在他所写的《记忆的微光的社会学分析——兼评阿莱达·阿斯曼的文化记忆理论》一文写道："对记忆的研究，社会科学的视角多是政治的、经济的，但面对记忆这一复杂的现实存在，不等同于我们就可以放弃对其他路径的探索。"[①]也就是说，对于

---

① 刘亚秋：《记忆的微光的社会学分析——兼评阿莱达·阿斯曼的文化记忆理论》，《社会发展研究》2017 年第 4 期。

文化记忆理论的研究可以为社会学开辟一条全新的道路，对记忆问题进行思考和讨论。文化记忆学谈到的身份认同问题，若从政治和经济的角度是没有办法合理解决的。主流视角中的记忆边缘状态也许正是深居的某些个体或集体之中身份认同的又一核心问题。基于这种新的思路，思考和探究社会学中个体和集体身份认同残缺的问题。二是与历史学学科交叉。金寿福是扬·阿斯曼的得意门生，现为复旦大学历史学系教授。为了增进北京大学师生对于扬·阿斯曼所提出的有关文化记忆一系列相关学说的理解，2015 年 11 月 4 日，北京大学德国研究中心特意邀请金寿福教授开展一场讲座，内容是"扬·阿斯曼的文化记忆理论"。讲座过程中，金教授以例为证，以第二次世界大战、大屠杀等事件作为话题引出研究文化记忆理论所带来的现实意义，目标不是让大众对历史事件产生客观的认识，而是聚焦在如何用过去为当代甚至未来指出有效的道路。[①] 由此可见，文化记忆理论的实用性和现实性使当下的研究富有价值，对于未来的发展趋势它也能够奠定基础、铺平道路。三是与电影学学科交叉。"谁在记忆，如何记忆，记忆了什么"。海南师范大学欧阳丽花在《文化记忆视野下的第六代电影研究》中，剖析第六代电影所在的位置和时间建构的第六代电影，解决"我是谁"的问题、如何记忆，最后阐述废弃物的影像记忆，即解决第六代电影记忆了什么的问题。探索文化记忆与第六代电影之间的思维碎片与视觉之间的关联性，探寻第六代电影逐步通往文化记忆最为真实的方法，为第六代电影进行文化记忆阐释寻找"缘"和"故"。四是与档案学学科交叉。宁波工程学院人文与艺术学院丁宁在《双重回忆模式与档案资源建设——基于阿莱达·阿斯曼文化记忆理论的思考》一文，阿莱达·阿斯曼谈到文化记忆中的功能记忆和存储记忆两种回忆模式，[②] 这种双重回忆模式对档案资源建设调整、改变有指导性的意义。"档案资源"是对多

---

① 金寿福：《扬·阿斯曼的文化记忆理论》，《外国语文》2017 年第 2 期。

② 丁宁：《双重回忆模式与档案资源建设——基于阿莱达·阿斯曼文化记忆理论的思考》，《档案》2018 年第 8 期。

维身份认可、功能记忆与存储记忆相互补偿、双重回忆模式活动特性的适应。传统的档案资源建设方式已经无法满足需求。正是在文化记忆需求的催促下，传统档案资料建设模式需要进行有针对性的调整。调整的方向就是以"功能记忆"和"存储记忆"这种回忆模式为指导。五是与旅游地理学学科交叉。南京师范大学地理科学学院的吕龙等在《文化记忆视角下乡村旅游地的文化研究进展及框架构建》一文中，以乡村旅游地为重点研究对象，因为它涉及的不光是当地的地理环境，还有和旅游活动相关的人。在我国新型城镇化进程的推动下，乡村文化认同度降低、缺乏自信，公众对于乡村文化的认知问题迫在眉睫。我们着手于乡村原生态旅游概念，从人们最关注的文化内涵、文化表达与测度以及地方文化保护利用、认同感、文化重构等方面对相关文献开展梳理工作，把文化记忆理论和旅游人地关系理论相结合，找寻树立乡村文化自信的可行之路。六是与符号学学科交叉。张帅奇在《文化记忆视阈下古村落的符号象征与传承表达》一文中提出，古村落是文化记忆重要的形式与载体，① 是文化记忆中的一个符号系统，能够传达社会群体以及个人的情感和记忆。古村落作为原住居民赖以生存的空间环境，岁月造就了这样一种传承历史文化的重要场所。在这种空间里具有丰富的社会象征意义。文化得以传承需保护和建构古村落，唤起记忆，增加认同感与归属感，合理规划与管理，挖掘当地文化特色，打造特色产业。要想让社会群体不忘乡情就需要唤起文化空间记忆，让古村落拥有持续的生命力。七是与教育学学科交叉。赵晓霞在《文化记忆视角下青少年传统文化教育的路径与策略》一文中提出，中国把科教兴国、人才强国和创新驱动发展放在国家发展的核心地位。青少年的教育问题受到广泛关注，想要树立文化自信、践行社会主义核心价值观，他们的思想教育需要从传统文化教育的创造性转化与创新性发展的新思路着手。

---

① 张帅奇：《文化记忆视阈下古村落的符号象征与传承表达》，《汉江师范学院学报》2019年第 1 期。

多种集体性的结构，如家庭、学校教育等，能够在构建青少年文化记忆上发挥协同作用。以学校为教育主体，同时发挥社会和家庭教育等多方面力量和资源夯实基础，发挥主观创造的能动性，铸就中华文化的辉煌时代。通过传统的文字、结合文化的仪式感教育和博物馆教育的方式培养文化自信；有计划地采取实践活动的形式激发兴趣，让文化自信从传统中来，应用到当下的创新中去，不断铸就灿烂的中华文化。八是与民俗学学科交叉。舒永智在《民俗文化记忆中的祭祀舞蹈》一文中写到，祭祀舞蹈最早来源于远古时期，用这样的方式表达人们对神灵的崇敬和大自然的敬畏。部落居民用不同的图腾纹样表达情感，以动物纹和植物纹为主，例如龙图腾，它承载着华夏民族的信仰与文化。在举行节日庆典或祭祀祖先神灵时表演祭祀的舞蹈，舞蹈者的服饰上展现出别具一格的图腾样式；背景音乐反映出人们的心理状态，同时，这种肢体语言活灵活现地表现出情感，向神灵传达对于未知的崇敬和对美好生活的冀求。在邹鲁地区，深厚的文化底蕴孕育着具有民族特色的文化艺术形式。作为传统祭祀舞蹈的"阴阳板"就是此类形式的典型代表，在当地众多舞蹈中独具特色，具有较高的文化价值、社会价值、艺术价值，需要受到传承和保护。九是与民间宗教学学科交叉。高长江在《民间信仰：文化记忆的基石》一文中总结道，文化记忆的传承和表达呈现的是一种精神生活，既包括对文化身份的探知，又包括对文化的认同感，还包括文化理想等。文化记忆一般以宗教类文化为载体，而民间信仰是其传播的媒体，通过语言、庆典仪式和肢体文字等来表现。[1] 而对于中国而言，民间信仰是中国文化记忆承载的主体。中国民间信仰无法简单地用古代文官系统以及创造的历史文本、儒家文化、道教思想等来概括，民间信仰具有包容性和广阔性，由于它的记忆形象与中华民族的文化理想一脉相承，承载着中国文化记忆。丰富着人们的精神世界，通过过去的文化照亮当下。十是与民俗学学科交叉。张意柳在《文化记忆

---

① 高长江：《民间信仰：文化记忆的基石》，《世界宗教研究》2017 年第 4 期。

与透视——桂东南传统乐舞文化与民间信仰》一文中提到，我国社会变迁就表现为社会制度、经济结构、城乡结构、社会分层、社会文化等方面的转型。社会结构与文化价值系统的变革是现代化过程中必不可少的环节。中国不同地区拥有各自悠久的民俗文化、历史传统，现代化的发展进程与传统有一定的距离，加强它们之间的互容性成为社会文化变革需要考虑的问题。每一次中国社会的重大变革都会带来社会文化的发展或更新，形成中国式文化发展模式。研究中国的文化发展，特别是区域文化的发展，能够深刻地反映中国社会的变迁或区域社会的历史演变。樊炳有、李建国在《城市体育文化记忆研究》一文中从城市文化记忆的思想来源、精神与物质的关系、特征、类型、视角与分析框架角度进行了一系列研究。研究背景是代表性的体育建筑物拆除导致城市体育文化记忆载体毁灭、消失，甚至无人问津。城市体育文化记忆记录着历史事件、人物、城市环境和体育活动，彰显每座城市独特的体育文化成长历程，是展现体育历史文化资源的重要渠道，城市体育文化记忆研究是新型城市化建设与文化保护协同发展的现实要求，"城市记忆工程"兴起与体育文化记忆项目需进一步关注。

（2）文化记忆的重要影响。其一，对中国文化记忆研究的推动。记忆研究是 21 世纪人文社会科学等多重理论争相关注的焦点，其时空属性、文化张力和社会关怀的特性将文化记忆研究融入了历史学、社会学、人类学、文学、传播学和人文地理等学科中，反过来，跨学科的研究深化了记忆这一问题的探索，不仅扩宽了理论研究，也推动了这一理论给研究工作带来的应用实践。与国外相比，国内对于文化记忆这一理念的探讨、研究以及重视程度是远远不够的。中国对文化记忆的研究往往是寻找和记录历史、区域的悠久文化，而没有深层次解析这些宝贵文化遗产与文化记忆之间的内在关联性，忽视了文化记忆如何能够应用到现今乃至未来等问题。但我国对于文化记忆研究的趋势呈现上升态势，文化记忆研究与其他学科互动方面有了跨越式的发展。近年来，有研究表明文化记忆探寻是一个意义凝聚、生成并解构循环阐释的过程。① 无论是从它本源出发到建构性力量作用至过程，还是以具象符号凝聚于终点等，在时代的驱使下，人们要面对各种社会问题，就会越来越重视文化、记忆等精神世界。文化记忆的研究在这种推动下涉及的领域越来越广泛。中国的研究方向，可从研究议题、研究对象和研究方法等方面拓展，在把握地区本土文化记忆的同时探寻连接过去和未来的途径。其二，推动了文化记忆理论的深化与应用实践。20 世纪 80 年代文化记忆理论产生，德国学者扬·阿斯曼为人们打开了一个新的思路和途径："以宏观视角来审视和衡量历史走向。"这个新的理念和观点正好与传统西方学术界的记忆研究相结合，也是对第二次世界大战后时代的反思。文化记忆理论在中国学术界生根、发芽所处的时期十分特殊。近 20 年，正是中国社会发生翻天覆地变化的时期，传统文化与现代科技发展之间的碰撞，传承保留与去粗取精之间的抉择，它们都在记忆的名义下暗流涌动。跨文化学科在文化记忆理论基础上深化出各类研究，如电影业的发展、青少年教育、自然灾害产生的社会效应等。阿斯曼夫妇对文化记忆的研究仍未停止脚步，不断拓展。浙江大学外国语言文化与国际交流学院刘慧梅、姚源源两位学者，针对我国研究存在滞后和局限的问题在不懈探索。她们结合实际融合发展外来理论，整体把握文化记忆理论，为中国文化理论发展寻求突破口。

（3）近 20 年文化记忆相关研究的数据统计。1999 年至 2019 年 20 年间，一共有以文化记忆理论为研究内容的图书 502 本、期刊 4796 篇、报纸 2536 篇、硕博论文 923 篇、会议论文 236 篇。2009 年至今是文化记忆理论研究进入高峰期的阶段，在这段时间出现了大量专业的研究队伍和集大成者以及各具特色的代表著作等。在这一时期，中国的文化记忆理论研究开始走向繁荣。

其一，文化记忆相关研究涉及领域成果统计。

---

① 刘慧梅、姚源源：《书写、场域与认同：我国近二十年文化记忆研究综述》，《浙江大学学报》（人文社会科学版）2018 年第 4 期。

表 2-2　文化记忆相关研究涉及领域成果统计

文化记忆		
序号	名称	数量
1	文化、科学、教育、体育	1508
2	文学	1258
3	艺术	970
4	历史、地理	640
5	工业技术	511
6	经济	261
7	社会科学总论	175
8	政治、法律	154
9	哲学、宗教	136
10	语言、文字	123
11	医药、卫生	16
12	天文学、地球科学	12
13	农业科学	12
14	交通运输	11
15	环境科学、安全科学	11
16	综合性文献	11
17	生物科学	9
18	自然科学总论	7
19	列宁主义、毛泽东思想、邓小平理论	6
20	军事	6
21	数理科学和化学	4

其二，文化记忆相关研究成果的数据统计。

表 2-3　文化记忆相关研究成果的数据统计

文化记忆						
序号	年份	报纸（数量）	学位论文（数量）	期刊（数量）	图书（数量）	会议论文（数量）
1	2000	2	1	7	0	0
2	2001	0	1	17	0	1
3	2002	8	1	17	1	2

文化记忆					
序号	年份	报纸（数量）	学位论文（数量）	期刊（数量）	图书（数量）	会议论文（数量）
4	2003	1	1	23	1	1
5	2004	31	0	30	2	4
6	2005	24	7	50	3	3
7	2006	53	19	95	4	5
8	2007	78	23	107	9	7
9	2008	103	28	171	12	7
10	2009	90	32	196	19	8
11	2010	109	36	200	30	8
12	2011	171	46	262	30	17
13	2012	173	55	296	17	23
14	2013	157	69	282	40	35
15	2014	179	86	365	43	45
16	2015	240	77	419	39	43
17	2016	289	95	474	43	13
18	2017	286	119	547	69	6
19	2018	261	126	603	54	7
20	2019	281	101	635	86	1
合计		2536	923	4796	502	236

其三，2019 年文化记忆相关论文的数据统计。

表 2-4 2019 年文化记忆相关论文的数据统计

文化记忆					
序号	论文名称	作者	来源	发表时间	数据库
1	"一带一路"题材纪录片文化记忆的建构研究	伊梦寒	山东师范大学	2019.6.10	硕士
2	文化"走出去"视域下中外青年文化记忆的构建研究	陶玮	中国青年研究	2019.3.4	期刊
3	唤醒、重构与认同	施代玲	安徽大学	2019.5.1	硕士
4	大翻译与文化记忆：国家形象的建构与传播	罗选民	中国外语	2019.9.1	期刊

文化记忆					
序号	论文名称	作者	来源	发表时间	数据库
5	文化记忆视阈下古村落的符号象征与传承表达	张帅奇	汉江师范学院学报	2019.2.15	期刊
6	文化记忆视野下的第六代电影研究	欧阳丽花	海南师范大学	2019.3.1	博士
7	文化记忆视角下青少年传统文化教育的路径与策略	赵晓霞	西北师范大学学报（社会科学版）	2019.1.24	期刊
8	城市品牌传播的文化记忆理论阐释维度	张顺军、廖声武	当代传播	2019.7.15	期刊
9	基于文化记忆理论的城市文化记忆建构	余宏	哈尔滨师范大学社会科学学报	2019.3.15	期刊
10	《如果国宝会说话》的文化记忆建构策略	谭筱玲、修伊湄	中国电视	2019.7.15	期刊
11	文化类电视节目文化记忆建构与传承——以央视《国家宝藏》节目为例	余金红	齐齐哈尔大学学报（哲学社会科学版）	2019.1.15	期刊
12	灾害文化记忆的建构：路径、逻辑及社会效应——以海原大地震为例	雷天来	湖北民族学院学报（哲学社会科学版）	2019.3.10	期刊
13	央视《中秋晚会》的文化记忆建构	杨小娟	华中科技大学	2019.5.16	硕士
14	"主客"对乡村文化记忆空间的感知维度及影响效应——以苏州金庭镇为例	吕龙、吴悠、黄睿、黄震方	人文地理	2019.10.15	期刊
15	文化记忆视域下的土家族影视传播研究	姚琴	华南理工大学	2019.4.25	硕士
16	中国"文化记忆"的媒介呈现与文化认同重构研究	马艺	湖南师范大学	2019.5.1	硕士
17	文化记忆理论视域下的古希腊竞技史研究	余佳俊	华东师范大学	2019.5.18	硕士

3. 文化地理学理论的学科交叉及数据统计

（1）文化地理学学科交叉领域及其学术影响。其一，文化地理学学科交叉领域。地球上存在的事物几乎都能成为文化地理学的研究对象，它在分析多种多样事物的视点方面所具有的特征，也是从传统的景观论、环境论到人类内在的东西。切入点是多种多样的，幅度也是宽广深奥的。可以说，文化地理学面向未来，在发展广泛的研究课题和视点的同时，它是具有极大发展可能性的学问。对文化地理学而言，积极向外扩展，不局限于传统地理学的框架是今后发展的趋势，其学科交叉情况见图 2-4。其二，文化地理学的重要影响。一是两个转向，即"文化转向"和"制度转向"。这两个转向在 20 世纪末的经济地理学中出现。"文化和制度"是影响经济活动空间的两个重要因素。英国学者杰索普（B. Jessop）指出，经济地理学中的"制度转向"分为"主题式""方法论"和"本体论"三个方面的转向，在这个过程中，新经济地理学强调"根植"（embedded 也译为"嵌入"）。斯科特、摩根等人都强调通过协调合作，与地方建立"地方伙伴主义"。库克和摩根认为，如果想更好地与当地合作，实现互利共赢，则必须了解当地的行业协会、工会、公民团体和商会。一是文化地理与经济的融合。文化地理学家通过研究发现，地理环境与经济环境是完全可以关联的学术，经济地理学家也认识到他们的研究需要文化地理学家为他们提供

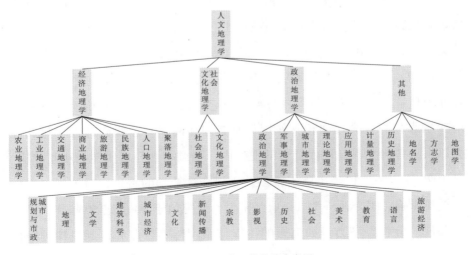

图 2-4　人文地理学学科分类图

本地地理方面的知识来促进经济的发展。二是联合地方性与城市地理学、旅游地理学中的地方营销。地方营销是指在某个区域和城市通过销售的形式突出其特点，增加影响范围和吸引力，其中有包括国家营销、区域营销和城市营销等概念。1993 年科特勒首次提出了地方营销的概念，2002 年安霍尔特在此基础上提出了"地方标签"。安霍尔特的"地方标签"概念与文化地理学的联系更加紧密。"标签"作为一种文化符号，与地方性紧密相连。在经济全球化的背景下，不同地区需要利用独特的本地资源来吸引具有个性的投资和游客。地方特性是区域需要挖掘与发展的文化力量或文化软实力。文化是在人们印象中最深的商标品牌，用文化这个品牌来促进该地区的经济发展，而地方文化资本已成为吸引资本流动的重要因素。本地营销过程实际上是发现、创造、发展与稳固文化符号的过程。

（2）近二十年文化地理学相关研究的数据统计。根据知网论文数据显示，文化地理学交叉学科研究如下。

4. 媒介理论的学科交叉及数据统计

（1）媒介理论学科交叉研究及其影响。媒介理论产生于 20 世纪 60 年代，其代表性学者是加拿大原创媒介理论家、思想家歇尔·麦克卢汉，他认为"媒介即是讯息"（the medium is the message），塑造了当代对媒介的基本认知。之后，许多学者从"媒介社会学、媒介经济学、媒介生态学、媒介地理学"等不同学科领域对媒介理论开展交叉研究。媒介社会学是一门探索媒介与社会之间相互作用和及其规律的学科。媒介融入文化和社会以供思考，尤其在现代社会的框架内，强调媒介与现代性的相互建构。自 1970 年以来，已经出版了许多关于媒介社会学的著作，对该学科产生了重要影响。媒介经济学（传媒经济学）研究始于 20 世纪 50 年代，是一门关注、分析经济力量如何影响传媒体系、传媒行业和传媒机构，探索新闻、出版、广电、网络等具体传媒行业的内在经济机理及其对传媒文

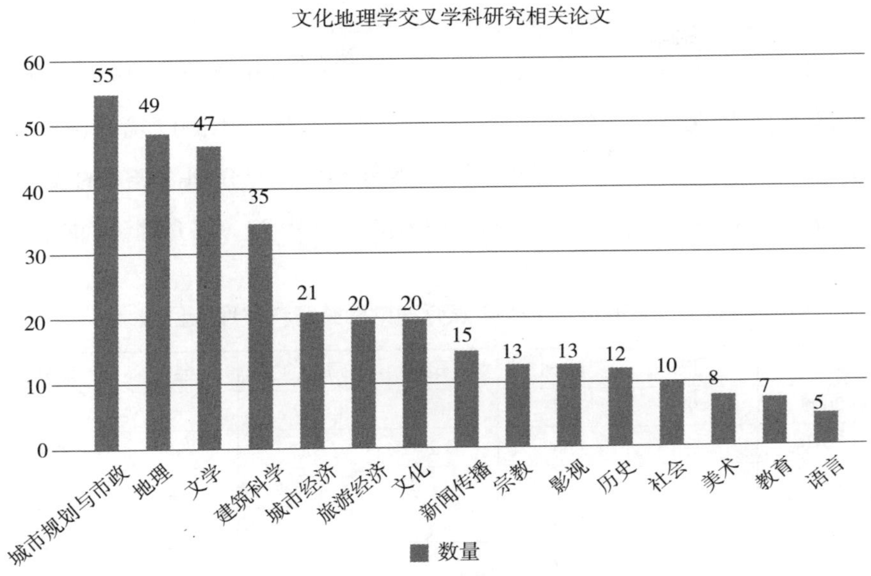

文化地理学交叉学科研究相关论文

图 2-5 文化地理学交叉学科研究相关论文

化作用规律的交叉性学科;媒介生态学是世界著名的媒体文化研究者和批评家尼尔波兹曼在 1968 年的一次演讲中提出的,他将媒介生态学定义为"将媒介作为环境来做研究"(Media ecology is the study of media as environments)。他认为媒介生态是指一种相对平衡的结构状态,它会在一定社会环境中构成要素和媒介之间、媒介与其外部环境之间关联互动。媒介地理学是具有自主和独立条件的新兴学科,它以人类同媒介、地理的相互关系及其互动规律为研究对象;媒介地理学发端于文化地理学,方玲玲认为媒介是反映城市各个方面的一面镜子,也是城市的组成部分。媒介对地理元素的传播、地理图像展示、历史文化记录及唤醒集体记忆等方面发挥着至关重要的作用,通过媒介发布的信息多少也与特定地区的地理要素数量有关。同时,媒介理论的学科交叉研究还在媒介距离论、媒介知觉论、媒介治疗论、媒介迷思论、媒介信息论、媒介依赖论、媒介控制论、媒介导向论、媒介身份论、媒介时空论、媒介盲崇论、媒介恐慌论、媒介集群论、媒介人种论、媒介脑滞论等学术领域形成了许多重要的理论。以上这些学科交叉研究成果为地理标志文化学研究奠定了媒介理论基础。

（2）近10年媒介理论相关研究的数据统计。2009年至2019年十年间，一共有以媒介理论为题的图书49本、期刊904篇、报纸17篇、硕博论文147篇、会议论文25篇、音视频5个。2009年至今是媒介理论研究的成熟期，其中集大成的著作主要有两本：《媒介理论前沿》①和《媒介理论前瞻》②。

表 2-5　2009—2019 年媒介理论相关资料整理数目表

年份	图书	期刊	报纸	硕博论文	会议	音视频
2009	9	64		17	1	
2010	5	68	2	12	4	3
2011	2	66		16	2	
2012	2	84		8	5	1
2013	10	67	2	22	1	
2014	5	80	1	11	6	1
2015	5	85	3	10	3	
2016	1	96	2	13	1	
2017	6	102	3	16	1	
2018	1	103	2	15	1	
2019	3	89	2	7		
合计	49	904	17	147	25	5

五、基础理论对地理标志文化学研究的理论支撑

1.文献学对地理标志文化学的理论支撑

（1）文献学是地理标志文化学研究的方法论。其一，文献学是诸多学

---

① 邵培仁著：《媒介理论前沿》，浙江大学出版社 2009 年版。

② 邵培仁著：《媒介理论前瞻》，浙江大学出版社 2012 年版。

科的承载者。文献最基本的社会功能就是记录、传播和交流知识信息。文献是指历史上的各类文字资料或文章记录有关知识层面的一切介质，又称典籍，也包括有历史价值或者参考价值的图书资料。① 近四十年来文献学理论涉及的领域十分广泛，从内容上区分就有八大类：历史文献、文学文献、民族文献、哲学文献、方志文献、政治文献、科技文献、语言文字文献等。文献又包括古典文献、现代文献，一般多指古典文献。包含清代和清代之前的所有文字资料，涉及面很广。这些正说明文献学是各类学科的承载者，对广泛领会各种知识提供了方便。地理标志实践表明，文献对地理标志管理和认定的影响在很多方面都可以体现，其呈现方式影响和推动着地理标志理论研究的发展，为地理标志文化学研究奠定了理论基础。文献学将成为今后地理标志文化学研究的重要文献来源和承载媒介，可以在文献学理论的指导下，运用其研究方法去发现探索深藏于地理标志文献中的文化奥秘，挖掘地理标志文献中的优秀文化因子。在文献学研究领域中不仅可以找到秉承中华文化的历史文脉，还能在古代典籍文献的根基中探寻生长新的文化启迪，为新时代中华民族全新文化体系的形成添砖加瓦。文献学是地理标志文化学研究的方法论，了解和掌握文献学诸理论的研究方法，犹如解密利器，能够撬开文献古籍这扇浩如烟海又尘封已久的紧锁之门，去发掘、探寻、拾得在地理标志文化形成和发展历程中的奥秘和宝藏。其二，文献学的文化价值。文献古籍中饱藏着中华民族五千年文明精髓，随时代发展、进步、传承并不断发扬光大。在快速发展的新时代，文献学涵盖的领域对任何学科发展都发挥着重要作用。社会进步需要文献跟上时代的步伐，发挥高品质、正能量文化价值的作用将越来越重要。文献是人类认知的介质，它一边承载着知识，一边也为各学科搭建桥梁发挥纽带作用，让人们更好地领悟和把握知识，在知识海洋的探寻中早日达到彼岸，在知识攀登的求索中更上一层楼。

---

① 杜泽逊：《文献学概要》，中华书局 2001 年版，第 6 页。

（2）文献学对地理标志文化学研究的学术意义。其一，文献学是开启探索中华优秀文化的途径。中华民族是一个有着悠久远历史文明的古老国度，创造了辉煌灿烂的古代文明，经历千年万年的沉淀，饱藏了不计其数的绝世文献。这些古籍文献，是人类文明的华章。因此，保护、传承和发扬这些濒危文化遗产，挖掘优秀传统文化价值是后世学者义不容辞的责任与担当。其二，文献学是学者探究学问的必经之路。学者探究学问离不开文献学。包含理论学问、著作。学科探究和研习，需要阅读大量史学、哲学、经学、地理学、天文学、版本学、目录学、校勘学等各种文献典籍。学者只有精通把握文献典籍知识，才能有效运用文献典籍，为学科研究奠定好的基础。对做学问的人，研习中国古典文献学是必经之路，只有这样，才能在研习和探究过程中快速搜索为我所用的文献典籍，才能得到正确的科学论断。其三，文献学是科学研究的重要抓手。学术研究中对古籍文献的梳理阅读，并把握大量的文献知识是非常必要的，唯有如此，在研究中才能减少犯错误的概率。古代典籍是先祖留下的巨大的财富，不仅要保留和秉承这一财富，而且要把这笔财富作为科学研究的重要抓手，用到建设和谐社会的文化复兴中来。总之，文献学是我们研习各种学问的基础，对学习和把握各种知识有十分重要的作用。

2. 文化记忆对地理标志文化学的理论支撑

（1）文化记忆理论是地理标志文化学研究的重要途径。其一，文化记忆理论是地理标志文化的载体。文化除历史性和当下性外，还具有丰富的多元性，正是这些个体的文化记忆，促使人们变得社会化，融入社会变迁之中。记忆不是带人们回到"过去"，而是把"过去"带到现在；记忆也不是对"过去"真实的再现，而是以现在重构"过去"来完成"追寻意义的努力"。阿斯曼认为："文化记忆不仅是由人类记忆和理解的不同能力来界定的，还要由获取和启蒙的问题来界定。"① 它借助文字和书写来传播。"在有文字和没有文字的社会，文字扮演着关键性的角色，诗人和历史学家都曾经是文化记忆的喉舌。"② 如今，文化学者、传播学者们似乎也成为了文化记忆的重要传承者。在谈到"文化记忆储存"时，阿斯曼认为："文化记忆储存主要由文字和图像作为媒介，文字无疑是永生的媒介和记忆的支撑"，这也为地理标志文化学中视觉符号创意提供了理论依据。他还认为："文字虽与文化记忆密不可分，但也可以通过仪式、神话、图像和舞蹈等方式得以保存。"③ "在一个整合的文化史的氛围下，人们开始对文字性的流传抱有怀疑，大家开始发现通过视觉图像和纪念碑可以找到通往过去的新的入口。图像视觉的冲击力来自于它们不可控制的情绪潜能，使得那些把文本看作能导致假象的证据的人抛弃了文本，把图像这种记忆媒介看作文化下意识的更优先的载体。"④ 其二，文化记忆理论是地理标志文化学的理论核心。地理标志文化下的产品要契合国家行业发展的要求，是符合经济社会发展需求和人民群众文化生活需求的，⑤ 在弘扬与传承文化中具有重要的理论意义，对推进文化记忆理论、研究多元化文化发展提供研究基础。它并不是单纯的商标概念，而是集聚文化遗产的内涵，包含与产品有关的各种要素。地理标志所具有的特定的地域性、环境的契合性、生产的活态性、技艺的传承性。从某种意义上说是人类物质遗产和非物质遗产，是人类记忆的结晶和延续，也是人类创新未来的基础和资源，需要庞大的知识内核作为创意源泉。文化记忆的储备形式，无论是文字，还是图像，都为地理标志文化学理论研究提供了理论范式，它将成为构建地理标

---

① ［德］扬·阿斯曼：《交往记忆与文化记忆》，管小其译，《学术交流》2017 年第 1 期。

② ［德］阿莱达·阿斯曼：《回忆空间文化记忆的形成和变迁》，潘璐译，北京大学出版社 2016 年版，第 201—240 页。

③ ［德］扬·阿斯曼：《文化记忆理论的形成和建构》，《光明日报》2016 年 3 月 26 日。

④ ［德］阿莱达·阿斯曼：《回忆空间文化记忆的形成和变迁》，潘璐译，北京大学出版社 2016 年版，第 218—271 页。

⑤ 刘东续：《地理标志保护应重视文化引领效应》，《中国质量与标准导报》2019 年第 4 期。

志文化学研究的重要理论支撑。

（2）文化记忆理论对地理标志文化学研究的意义。其一，开启理论思想的大门。对地理标志文化学研究来讲，文化记忆理论为提升地理标志文化内涵与品牌核心价值，增强地理标志产品的国际市场竞争力开启了思辨之门。以文化记忆作为地理标志文化学的理论核心，以媒介记忆助力地理标志文化传播力拓展，助力地理标志文化学更深层次的研究探索。对文化记忆的理解，一方面，阿斯曼认为："在口语社会中人们无法用文字来记录，在那一时期，人们所需的记忆是等于文化记忆的总和。"[1] 书写文化时期的兴起，人们可以借助各种象征形态，保留延续着为人所需的核心部分。原始时期，部落识别性的"陶符"，到商周时期，成为"权威、神圣象征的族徽"。秦汉时期，文字出现，平面设计逐步发展起来，商标和广告开始广泛流行。文化记忆成为传播人类文化和视觉符号表征意义不可或缺的环节；另一方面，人们对于外来文化记忆的好奇心使得文化多元融合。从地理标志文化视角对文化记忆的理解，地理标志文化兼容并蓄，挖掘、展现出更深层次的文化记忆。文化记忆的传递是将过去留存到现在，再通过现在传输给未来，将三个不同时空的文化关联起来，保存印象脉络，即便会有死亡和某些人与事物的消失，但在人们有关生命有限的空间里仍是可以通过知识发挥其"记忆"的关键作用，[2] 借助文化记忆，我们才有可能超越时间视域，触碰古人建构数千年的历史。人类不同于其他生命，其能够意识到生命的迭代更新，只有构建出超越时间界限的通道，人才有可能将有限性转变为无限性。无论文字、图像、身体，还是以何种形式存储文化记忆，始终为视觉传播者们提供着思想源泉。这些源远流长的历史文化，才能支撑地理标志文化代代流传。在视觉传播的过程中，视觉传播者是信息发送者，大众是信息接收者，中间需要一定程度的知识储备

---

[1]　[德] 扬·阿斯曼：《什么是"文化记忆"？》，《国外理论动态》2016 年第 6 期。

[2]　[德] 扬·阿斯曼：《"文化记忆"理论的形成和建构》，《光明日报》2016 年 3 月 26 日。

才能有效传播，而文化记忆就像一座桥梁，连接着视觉传播者和观者。其二，扩展文化记忆理论空间。回忆的两种模式是存储记忆和功能记忆，它们都不是自然生成的，都需要相关的机构来支持，它们的任务是保存、储藏、开发、循环文化知识。① 在文字文化中，两种形态都是存在的，对文化的未来来说，两种形态在新的媒介条件下能够同时并存是至关重要的。地理标志作为文化载体传承着文化记忆，作为体现地域性文化，展现地方性历史底蕴的文化载体，为文化记忆理论提供了理论内涵。文化记忆与地理标志文化有着千丝万缕的联系。文化记忆理论注入地理标志文化学研究的思想源泉，而地理标志文化学兼容并蓄，挖掘、展现出更深层次的文化记忆。目前，地理标志研究更多是讨论经济价值、知识产权问题。如今地理标志文化作为传承当地文化、历史、民俗的一种文化符号，正在彰显着地理标志视觉符号的艺术审美价值。直至今日，文化记忆随着科技媒介的成熟，跨越了时间和空间上具有差异性的群体身份，使其更富活力，文化记忆理论将成为地理标志文化学研究的理论核心。

3. 文化地理学对地理标志文化学的理论支撑

（1）文化地理学理论是地理标志文化学研究的理论框架。当代地理学研究中的"文化倾向"为地理文化研究提供了新思考方向。文化地理学的产生，开拓了地理学研究视野。文化地理学基于地理的视角研究文化，研究重点是文化对日常生活的影响。因此，在文化地理学中，文化被视为一种可以在现实生活的实际情况中定位的现象。地理标志文化指的是这样的事实，即它可以表明产品的地理来源。产品的特定质量、品牌、声誉或其他特征主要与地理来源文化有关。从中可以看出文化地理学和地理标志文

---

① 王焯：《文化记忆视阈下工匠精神传承机制的比较研究——以辽宁和鲁尔为个案》，《湖北民族学院学报》（哲学社会科学版）2018 年第 4 期。

化都是以特定地理区域为前提来研究具体的文化,文化地理学对地理标志文化学研究具有重要的理论参照,使地理标志文化研究所涉及的内容得到了精准定位,为地理标志文化学研究提供了理论框架。其一,为地理标志文化学研究提供了理论框架。地理标志文化学研究中的景观研究尤其重要,它包括物质文化景观和精神文化景观,他们的形成与自然环境和人文环境都紧密相关。就物质文化景观来讲,地理标志产品都是以各地方的自然环境为基础,形成相应的农业文化景观和产物,有着鲜明的地域特色。就精神文化景观来说,各地区的地理标志产品也多受到各自地方宗教、民族、民俗文化的影响,例如贵州苗绣和恩施州的苗绣在纹样和针法上就有很大不同。从地理标志文化景观的形成可以看出,文化景观无论是有形的还是无形的,都是人类文化作用于自然景观的结果,受到自然环境的制约和影响,也随着人类文化环境的变化和时间的推移而不断发展。地理标志文化起源与扩散研究,正如文化地理学一样,每个地理标志都有着各自独特的起源和时代背景。例如起源于唐朝而盛于明清时期的湖南安化黑茶,在经历一段繁荣后在民国因战乱而逐渐衰退,渐渐淡出了内地市场。自古以来"崇茶"都是安化的代名词,安化是仅有的先有茶叶、后因茶叶立县的地方。安化黑茶历史久远,最早可追溯到公元816年。唐代的杨晔在他的《膳夫经手录》中就有过安化黑茶的记录:"渠江薄片,益阳团茶"。宋代以后,安化每年向朝廷进献茶叶。明万历年间,安化黑茶称"兰芽锅",用火焙之,统称黑茶,在当时极为珍贵,被定为官茶,并以茶叶来与西域交换马匹。可见,安化黑茶的历史距今有一千一百多年了。现如今安化千两茶美称"世界茶王",很少有人知道它本名为"安化花卷茶"。如今这个拥有七十余道工序的安化千两茶制作技艺已于2008年成为国家级非物质文化遗产保护项目,2010年4月6日,安化黑茶成功获得国家工商总局商标局核准注册为地理标志证明商标。地理标志文化生态学研究,以湖南安化县为例,安化位于资水中游,雪峰山北段主带。形成土壤的母质主要是板岩页岩风化,其次是砂砾岩、石灰石和花岗岩风化。土壤为中等沙质，多数为弱酸性，富含营养。安化县属亚热带季风湿润气候，冬暖夏凉，四季分明，降雨充足。这就为当地的茶产业提供了很大的自然优势，也形成了以茶产业为主的生产方式和相应的农业文化景观。适宜的地理环境决定了农业文化的形成，而受农业生产条件的影响，从事茶业的人们注重传统，恪守礼乐，形成了独特的文化性格。因此，可以发现，文化群体与自然环境之间的相互关系，自然环境对文化群体有显著影响，文化也会反过来影响环境。其二，有助于地理标志文化区研究。一、地理标志主要农业文化区有：三江平原、松嫩平原、江淮地区、太湖平原、鄱阳湖平原、珠江三角洲、江汉平原、洞庭湖平原、成都平原；二、主要棉区有新疆棉区、黄淮海棉区、长江中下游棉区等；三、油料作物区有黄淮海花生集中产区、长江中下游油菜产区、云贵油菜产区、黄土高原零星胡麻产区；四、糖料作物产区有松嫩平原甜菜产区、河套平原甜菜产区、南部沿海及海南台湾甘蔗产区、成都平原甘蔗产区；五、主要牧区有内蒙古牧区、青海牧区、西藏牧区、新疆牧区；六、主要工业文化区有辽中南工业区、京津唐工业区、沪宁杭工业区和珠三角工业区。

（2）文化地理学理论对地理标志文化学研究的影响。其一，带动地理标志文化学多元价值的探讨。地理标志的产品因有与众不同的"符号"和品质特征，从而提升其附加值以产生巨大的经济价值，除经济价值之外，地理标志还包含生态价值、旅游价值、文化价值、社会价值等多元文化价值。因此，在文化地理学的理论支撑下，我们可以更正确认识与发现这些价值，并进行合理规范的开发、利用，加强保护和发展地理标志文化的综合竞争力，促进产业化的持续发展，推动产业结构调整在生态环境的保护下步入良性循环的轨道。其二，有助于人文文化与地理标志关系的理解。地理标志产品不仅承载着深厚的历史渊源和文学内涵，地理标志产品在农耕文化中是历代劳动人民智慧的结晶，它展现了当地独特的人文文化属性。在其传统技艺、传说典故、民风、民俗等方面得以传承的同时，人文价值为基础的文化也得到了大力开发。一系列消费者喜爱的富有地方特色和自主品牌的旅游商品得到了宣传与推广，既促进销售又增加产品的纪念意义和消费需求，加快当地旅游经济的发展。在人文方面造就出独特优美的自然风景，促进当地生态旅游。各地可以充分利用地理标志资源，推动"田园风光、农事劳作及农村特有的风土人情"为内容的休闲度假体验游，发展集吃、住、行、购、娱于一体的文化生态游玩模式。地理标志保护作为涉及农产品的特殊产权保护形式出现，对促进和提高农民的产权保护意识起到积极的作用。在地理标志的注册和使用过程中，农民需要不断地学习和掌握符合地理标志生产标准的技术知识，转变思想观念来应对市场的变化。这将会显著提升农民素质，解决中国急需改变的"三农"问题。地理标志产品作为特定地域内品质保证并蕴含历史文化的标志，将会极大地推动当地的经济和社会效益，有效提升地区品牌形象，增加农民收入、解决就业问题。把农民留在土地上，推动农村区域经济的快速发展，这将是地理标志产品的终极目标。

4.媒介理论对地理标志文化学的理论支撑

（1）媒介理论是地理标志文化学研究的理论框架。第一，关于"媒介即讯息"和"冷媒介"理论。麦克卢汉认为，"媒介即讯息"是指"真正有意义的讯息，并不是媒介所承载的具体信息内容，而是媒介的性质与功能、它所开创的可能性以及由此引发的社会变革"。他认为媒介不仅是一种对信息传播的外在载体，同时起着决定性作用的是文化形态和内容。基于麦克卢汉"媒介即讯息"的理论，媒介又被划分为"热媒介"和"冷媒介"。"热媒介"延伸了信息的感觉体验，并使信息具有"高清晰度"的特点。与之相反，言语属于一种低清晰度的"冷媒介"，言语提供的信息很少，它有大量的留白需要我们自己去想象，去填补内容。因此，热媒介对互动性要求不高，而冷媒介需要自己想象和填补的信息和空间更大，参与度更高。电子媒介是一种典型的"热媒介"，这种媒介可以借助多种方式传播，电子媒介包含的信息以明确、直观、高清晰度的信息数据为主。相对而言，文本提供的信息的清晰度很低。文本只能算是一种抽象的表意系统。文本信息的解释需要我们通过自身多种感官来填补信息，所以文字属于"冷媒介"。第二，"冷媒介"对地理标志文化学的"内视形象"塑造。电子媒介以使用图像作为交流和传播的主要形式，因此电子媒介主要使用视觉交流。使用电子媒介作为传播手段的文学作品与传统的基于纸张的传播方法截然不同。就网络文学而言，网络文学经常打破传统固定的时间和空间概念，并可将故事在不同的空间中进行置换。这种方式忽视了叙事的时效性和连贯性。在语言方面，有别于传统的文学作品更加注重叙事和抒情，网络文学通过模仿画面的方法，营造出具有动态画面感觉的效果，将文字视觉化呈现。在以电子媒介为主体的时代，文学作品仍借助着文字来表达内涵，但是文字却被符号化视觉化，成为一种营销的手段。传统文学的深刻内涵变成了浮于表面的视觉符号，其具有的历史内涵也被当下快节奏的其他信息覆盖和替代。与此同时，在文学作品的内容上也出现了通俗化大众化和娱乐化的倾向。电子媒介时代的文学作品，将会用视觉图像替代文字所建构的"内视形象"，文学会在电子媒介的图像代入中给人更加深入的平面直观化，这是文字无法实现和超越的最佳感观体验。因此，电子媒介时代的文学作品，其文学内涵被技术压制，其审美韵味也随先进技术而消失。从"冷媒介"重视文学作品的"内视形象"的这一观点，可以延伸应用于"冷媒介"对地理标志文化学的研究上。使用电子媒介一类高清晰度媒介设计的图像、地理标志等产品更加生动，视觉感受力更强。但相较于电子媒介高清晰度的特征，作为"冷媒介"的文字却发挥着持久和深邃的魅力，所以在对地理标志产品文化内涵的塑造上，应多注重"冷媒介"的应用与传达。第三，"热媒介"使地理标志产品更具审美和想象空间。图像贯穿于人类文明的历史发展中，而视觉文化是随着经济和社会发展才进一步形成的。视觉文化能够将一切存在可视化呈现。对于视觉文化，海格尔总结道，"世界成为图像，这样一回事情标志着现代之本质"。

换句话说就是，电子媒介将文化以图像的方式视觉化，"把世界当作图像来把握"。传统的文字印刷媒介主要以词语解释和概念的方式传播，以可"理解的、象征性的和抽象的"内容引导人们的认知，引导大家发挥想象和深入思考。视觉文化却是以虚拟图像的形式存在，它具有可消费性和观赏性。"媒介是人的延伸"，网络媒介的发展将人类的能力和智力大幅度提升，它更新了知识库，并产生了新的人类意识和新的文化含义。特别是在艺术创作领域，网络媒体已经提出了新的叙事方法。网络媒介的互动是运用对声音、颜色、形态等多种方法结合来描绘形象，不局限于指定的语言或者表达方式，这种方式可以引发不同读者不同的视觉感受和自发的想象。这种方式是一种"超文本"的互动形式，此形式能够让人直观地感受语言描绘下的变幻莫测的图文兼并的世界。文字在地理标志文化中的表现力不高，需要人类主体的亲自互动、深入联想。对于具有深厚文化内涵和历史积淀的地理标志文化，文字发挥着独特而又不可替代的作用。因此，文字是需要被代入感知和深入感悟的媒介。利用"超文本"这种"热媒介"的传播方式，将地理标志文化以声、色、形等方式结合起来描绘，使地理标志产品更具有审美和想象力。

（2）媒介理论视域对地理标志文化学研究的深远意义。文化是人们在创造物质财富时延伸出来的精神层面上的需求，也被人们称为精神财富。它将艺术、教育、文学、科技等多方面内容用一种形式记录下来，文化是一种社会现象，既是人类长期创造下的产物又是历史现象的沉淀物，它是人在物质之中凝结出的思想，能够将历史、地理、传统、习俗和生活方式、行为规范、思维模式等集为一体进行记录与传承，这其中也包括"自然、社会和文化因素"，如"自然环境和特有的生产工艺、操作流程、产品配方、当地的风俗民情和历史传统"等。而地理标志是鉴别产品成员国领土所产生的一个地区或地点的标志，它能明确精准地标示出某产品的来源地域和特定质量、信誉等其他特征，地理标志是一个国家和地区产品的身份证明，它也是知识产权的一种。而文化却能够对这个身份进行明确的提炼与升华，使其"人类精神生活与物质生活"的综合体与地理标志产品进行融合，挖掘出其非常规性的文化内涵。地理标志产品的质量和特征也由许多外在的因素来决定，如大部分农产品的质量主要由自然因素决定，工艺品类地理标志产品的质量主要由人文因素决定，而食品类地理标志产品的质量及其特征多数是自然因素和人文因素双重作用的结果。根据这个规律来断定，地理标志文化学"是对具有特定文化内涵的地理标志产品的文化学研究的交叉学问"。

媒介的发展及新媒介的定义。科技时代的飞跃式发展，互联网缩短了隔山跨海的距离，信息时代成为当下时代发展的主流。媒介发展带来人类社会的网络文化转向，赋予人们更多的个性化文化生产和文化消费权利，并对传统的印刷文化教育、课程建设和教学评价、课堂教学与教师教育甚至教育信息化等都带来严峻的挑战。媒介技术史经过了拼音（图形）文字、印刷术、电子媒介三次飞跃后逐渐发生了重要的转向，以电子邮件、留言板、聊天室等为代表的互联网第一代媒介——新媒介开始崛起。互联网时代悄无声息地改变了书籍、报纸、电视等一切旧媒介。随时可见的互联网信息使人们更乐意以博客网、播客网、维基网、脸谱网、优酷网等形式接受视觉、听觉上的快感，网络文化的诞生迅速掀起了一场前所未有的网络文化热潮。但很快，互动性的新媒体不断地刷新"旧传统"。娱乐节目线上线下的观众互动，手机不再只是简单的通信工具，它也是网络时代互动的工具。"互动"赋予了媒体一种新的生命。最重要的中国传统节日春节晚会，就是媒介互动一个最好的例子，全世界的人都可以通过手机来参与其中，全球互动电视时代已悄然无声地来到了我们身边，理念的传播席卷全球。以大数据为基础的新媒介在不断地对传统媒介进行挑战，已没有了任何优势的传统媒体基本被新媒体完全取代。未来科技的再次提升与转变，有可能将手机、电脑、电视合为一体，将新媒体代入又一轮反客为主的新时代。

新媒介在地理标志文化传播中的作用。地理标志具有丰富的文化内涵，传统地理标志品牌文化传播是一种视觉上展示本地独特地理标志产品的方式，它本身具有一定的典型性。它的传统交流方式表现出静态的特性，通常无法完全有效地展示视觉艺术文化的影响。新媒体是在信息技术和科学技术日新月异的背景下诞生的一种新型的传播媒介。其原理是充分利用技术和现代信息技术的动态传输效果，通过记录、处理和传播方法进行内容传播。这样，在地理标志品牌的实际传播过程中，新媒体的使用已大大改变了传统媒体传播静态图像的方式。相反，它可以使用更多样化的形式来传播地理标志文化，有效地提高地理标志品牌文化的质量，在优化地理标志的视觉效果方面也起到了很好的作用。

利用新媒介进行地理标志文化传播的对策。新媒体的使用，可以充分有效地使地理标志文化传播在视觉特征上更显突出。主要原因是在传播视觉艺术文化时，使用新媒体可以帮助地理标志在文化上有效呈现，内容变得更加直观。在地理标志文化传播方面，除了传播传统文化内容外，还必须充分重视其艺术方法的传播手段。与传统媒体相比，在传播各种形式的传统文化内容的同时，新媒体的应用使地理标志文化传播显得更加专业化。因此，通过新媒体传播地理标志文化，需要充分利用先进的数字设备和相应的科学技术，使得传播效果更加动态化。这也是信息技术和科学技术飞速发展的重要体现。就传统交流而言，静态中的地理标志文化沉闷而又活力不够，很难达到最佳的影响力，也满足不了人们生活质量水平提高的背景下的生活需求，人们越来越需要高质量的信息。因此，使用新媒体传播地理标志文化显然更受欢迎。在传播地理标志文化中充分使用新媒体资源，强调使用先进的技术来处理地理标志文化的信息，并确保其多种传播方法可以应用于地理标志文化的传播中。

第三章　地理标志文化的类型

地理标志文化的类型是具有创新价值的研究内容，基础研究主要划分为"生态农业"和"民间非遗"两种类型。其中"生态农业"主要包括"茶叶、药材、鲜果、蔬菜、河流、矿产、植物、动物"等地理标志文化；"民间非遗"主要包括"传统技艺、民间美术、传统医药"等地理标志文化。类型的划分主要源于实际经验，是依据地理标志申请注册保护过程中的实践操作经验总结、分析、归纳所得。本章主要就地理标志文化类型的政策性把握与学术性理论展开梳理与阐述，以期从政策法规层面了解其内涵，进而为应用研究服务，对武陵民族地区开展地理标志商标保护与管理具有指导意义。

一、生态农业型

1. 国外关于生态农业的概念

"生态农业"最早由美国密苏里大学土壤学家威廉·罗伯特于 1971 年提出，很快便掀起全球范围内对生态农业进行理论研究的热潮。发展不是高产和高污染的代名词，而应逐步实现高产加健康且不影响、威胁周边环境和子孙后代可持续农业生产过程的方式，因此，生态农业系统的构成不仅包括农业本身的要素，还包括人类的活动。由此可见，生态农业是"集农业、林业、畜牧业、副产品和渔业以及辅助产品加工于一体"的农业综合体。

各国根据自己国家农业发展情况，对生态农业有着不同的定义。在美国，学者们将"生态农业"定义为："农产品生产过程到结束，不使用任何化肥和添加剂，并且过程中产生的废物还可以继续利用。"在此基础上，英国农业科学家补充道："生态农业是一种少投入、多产出，经济、社会、生态三方面达到最优平衡的农业，即可持续农业。"

2. 国内关于生态农业的概念

我国"生态农业"一词最早出现在《中国的农业生态工程》一书中，是 1991 年 5 月马世骏等专家从农业生态学的角度总结中国生态农业的基本概念时出现的。农业的生态发展是基于社会、经济和生态三大利益，是建立在综合农业生产系统的整体协调基础上形成的理论。该系统依据循环利用和再生的原则设计，结合系统工程方法和当地条件，从"诚信、协调、回收和再生"角度考虑，组织农业生产，利用生态经济发展空间与经济、生态、社会效益的循环整合，实现能源的多层次利用和循环利用。唐建荣给"生态农业"的定义是：基于生态系统中的物质循环和能量转换定律，利用现代科学技术和系统工程方法来维护和改善农业的生态动态平衡的概念系统，合理地安排生产结构和产品布局，努力提高太阳能的转化率和利用率，促进材料的系统回收，提供更多的替代农产品和加工产品，从而获得一个高度生态和经济有效的农业发展模式。

3. 生态农业的政策法律

迄今为止，中国有关促进生态农业发展的法规一直都是政府较为关注与重视的，有关政策的制定与颁布从未停止过，例如：农业部于 1980 年 5 月发布的《农业环境保护规划设想意见》；农牧渔业部、国家环境保护局 1985 年 3 月向国务院上报的《关于发展生态农业的报告》；国务院 1990 年

12 月发布的《国务院关于进一步加强环境保护工作的决定》；在各级政府的红头文件、工作报告和会议文件中，这些政策以宏观政策为指导。1997年 10 月国家环保局、农业部、化工部联合印发的《关于进一步加强对农药生产单位废水排放监督管理的通知》等。国家一直大力支持和倡导生态农业发展，对发展生态农业的环境资源也采取积极保护的措施，但是这些法规和政策仍有不足之处，对于生态农业具体的措施也未落实。

4. 生态农业的学术研究

中国生态农业的发展不仅依靠法律政策支持，学术层面也应加快建设，建立生态农业的标准需要符合中国农业资源的环境特点和社会经济的发展水平。中国农业发展的有效途径主要从发展生态农业和走可持续发展道路出发，逐步开展生态农业标准化研究与开发，一套统一的生态农业标准体系对于指导中国生态农业的生产，以及推动生态农业走向国际化标准化进程，显得尤其重要，它是生态农业发展的理论支撑，有着十分现实的意义和学术价值。李金才表明实施生态农业体系标准化是发展生态农业的必然之路，并从生态农业标准体系的概念和特性、总体思路和目标基础等方面，制定了我国生态农业标准体系的整体框架并进行了详细阐述，他还与其他学者共同探讨并拟定有关基础层、共性层、个性层和细化层的生态农业标准体系框架的核心内容。

5. 生态农业的主要特征

20 世纪 80 年代以来，我国农学家、生态学家和环境保护专家在不断的研究中，有的放矢吸收国外生态农业的科学内涵，结合中国农业的基本特点，提出了具有中国特色的创新思路。在世界生态农业发展潮流的影响和中国国情背景下，中国的生态农业产生了"整体、协调、循环、再生"

的区域特征和与时俱进的特点。虽与国际面对资源和环境挑战时具有相同的特点，但中国生态农业也不同于欧美等发达国家的生态农业，具有以下基本特征。

第一，追求"生态效益与经济效益"的统一。中国生态农业的根本目的是提高生产力水平和经济效益，其中心内容是注重资源的合理利用和对自然环境的保护。将经济效益、社会效益、生态效益相结合，实现生态与经济效益的共同发展。

第二，具有"鲜明的区域"的特色。中国幅员广阔，不同地域的自然环境、经济发展水平都有显著差异。因此我国生态农业发展不仅要运用地域内的自然资源和社会资源，同时也要规划出符合地域内农业发展的对应政策。通过不断的尝试和创新，最终形成有地域特点的稳定的生态农业发展模式，令当地的农产品更加具有商品优势。

第三，具备"综合性与多元化"的功能。中国的生态农业从生态学的原理入手，运用多种因素，高水平地构建了良性生态循环系统。近年来，中国的生态农业在农村新能源、饲料工业、化肥工业、食用菌工业、农产品加工业等方面得到很大重视，甚至农村服务业和文化产业的融合也备受关注。

第四，"自然调控与人工调控"相结合。中国的生态农业以自然调节为主，人工调节为辅。它将生态、经济、环境以及农业科学等集于系统工程理论，通过与整体的效应、生态、生物共同的生物食物链结合农业生产，在自然调节的基础上，遵循自然的原则规定和规律。在人类长远发展中，实现人为调节和自然调节的结合，以利用和保护自然资源为宗旨，达到理想中的经济效益和生态效益的目的。

第五，融合现代科学技术与传统农业经验。中国生态农业的增长过程由传统农业的基础上过渡而来，受到了极大的影响。在中国人口多、负担沉重的情况下，我国劳动人民在集约化耕作和土地保护方面积累了丰富的经验，这使数千年来的农业经验和耕地能力变得强大而持久。中国的生态农业是一种效率很高的农业生产体系。生态农业将传统与现代相融合，形成了经济、生态、社会三大效益相辅相成的农业体系。

第六，生态农业的主要内容。生态农业是一种实现效益最大化地将生态和经济向相融合的高效农业，将几大产业融为一体，以适应经济的不断发展和市场需求的不断变化。生态农业的发展重点是协调发展，必须因地制宜地合理安排农业多样化生产，确保生态环境达到最佳。生态农业要确保在生产过程中对自然资源的合理利用和农产品的增值。生态农业在生产过程中应注意对自然能源的利用和生物能源的转化，实现生物与环境的最佳配置。同时，生态农业还可以实现生态经济的有效循环，提升作物的抗灾能力。关于中国生态农业的基本内容，中国科学院院士杨晓东谈道："总结并借鉴多种农业生产模式的成功案例，在经济与环境协调发展的原则下，利用生态经济学和系统工程学原理建立和发展农业系统。"他还谈道："将粮食生产与其他经济作物结合起来，协调经济发展与环境、资源利用和保护的关系，形成农业的可持续发展。"

二、民间非遗型

"民间非遗"是人们对"非物质文化遗产"的一种简称。联合国教科文组织的《保护非物质文化遗产公约》中规定：非物质文化遗产是指被各社区、群体，有时是个人，视为文化遗产组成部分的各种社会实践、观念表达、表现形式、知识、技能及相关的工具、实物、手工艺品和文化场所。《中华人民共和国非物质文化遗产法》规定：非物质文化遗产是指各族人民世代相传并视为文化遗产组成部分的各种传统文化表现形式，以及与传统文化表现形式相关的实物和场所。包括：传统口头文学以及作为其载体的语言；传统美术、书法、音乐、舞蹈、戏剧、曲艺和杂技；传统技艺、医药和历法；传统礼仪、节庆等民俗；传统体育和游艺；其他非物质文化遗产。属于非物质文化遗产组成部分的实物和场所，凡属文物的，适用《中华人民共和国文物保护法》的有关规定。这种民间非遗文化世代相传，不断地被再创造，是人们对文化多样性和人类创造力的一种尊重。

1. 国外对民间非遗概念的界定

民间非遗，即非物质文化遗产，是根据不同民族在不同的环境和历史的变化中，经历数代传承，不断创新而产生的。民间非遗的产生，增强了各个民族的自我认同感和民族文化的多样性，激发了更多劳动人民的创造热情。这种文化价值不仅体现在思想观念、身份认同、场所精神等社会领域，同时也与经济相融合，二者紧密交织在一起，即文化资源，亦可转化为文化资本；"文化创意产业"是经济，利用的资源是文化。

2. 国内对民间非遗概念的界定

民间非遗是人类的无形文化遗产，它是由某一文化区域共同创造，以历史为背景、以传统为根据的大众或民间文化。"非遗"文化一直受到国内外学者的关注，它除了特定的口头文化外，还包括人类行为文化。非遗研究的学者们从民间活动、表演艺术、传统知识和技能三个方面概括了"非遗产"的内容，即"非遗产"的"非遗产"。与非物质文化遗产有关的"物质形式""文物"的"非遗产"，例如器皿和手工艺品。

3. 民间非遗的政策法律

（1）国家层面的立法。2011 年通过的《中华人民共和国非物质文化遗产法》将我们代入一个非遗法律保护全新的时代，非遗保护被正式纳入法律层面，正式进入法律体系之中。国家越来越重视历史文化的传承工作，用了大量的人力、物力和时间先后分成四批对关于国家级非物质文化遗产名录进行了公布，并将每年 6 月的第二个周六设立为"文化和自然遗产日"。在大数据的支持下，2013 年全国实现了非物质文化遗产的数字化保护，搭建起国内非物质文化遗产的数据平台，基本保证我国非物质文化遗产数据库的完整。随着越来越多人关注非遗文化工作，国务院相继出台了非遗保护的相关文件，联合发布的法规文件数量已经达到了 30 项。

（2）地方政府对非遗立法情况。国家对非遗的高度重视与关注也推动了各个省、市、县等地区的非遗文化的保护工作。北京市在十五届人大二次会议中表决通过《北京市非物质文化遗产条例》，条例的出台在部分濒临失传的传统技艺上有着深远和重大的意义，在法律的保护下，他们通过非遗进校园、进社区等方式，让更多的人零距离接触和体验中国的传统文化。与北京相同的非遗城市在中国有很多，多数地区非遗文化"人亡技消"的尴尬现象普遍存在。针对此现象，各个城区根据当地的实际情况都相继出台了与非遗密切相关的保护条例。目前，已有 21 个省份制定了本省的非物质文化遗产保护条例。根据文化部发布的《中华人民共和国非物质文化遗产法》评估报告显示，非遗地方性法规已经达到 72 部。

4. 民间非遗学术研究

国家十分注重对传统文化和民间文化的保护，扶持对重要文化遗产和优秀民间艺术的保护工作，成为民间非遗工作的中心任务。在各界的关注下民间非遗逐渐被重视起来，虽然学者们对非遗未来的发展抱有积极乐观的态度，但也不乏有批判的声音。民间理论家刘魁立表示：提高全民珍视和关怀"非遗"是最重要、最根本的任务。张晓雁提到：传承、利用措施不落实导致人们对"非遗"的忽视，我国"非遗"名存实亡等问题。乔晓光认为：我国"非遗"现状不容乐观，尽管当地的文化遗产比较丰富，但也消失得较快。社会对非物质文化遗产的认知不够深刻，造成了非物质文化遗产的不被重视，甚至忽视了非遗对民族深远而又积极影响的重要意义。民间非遗在发展与保护中存在着许多问题也是不争的事实，例如：对民间文化传承人保护力度欠缺、城市建设对非遗文化的损坏、参与非遗工作的人员参差不齐、非遗专业人才大量短缺等，更有个别企业和当地地方保护主义者在利用民间非遗过度消费与开发旅游中造成了巨大的文化流失等，都将成为国内学者们研究民间非遗保护所面临的巨大挑战。

5. 民间非遗的主要特征

"非遗"这一概念在我国出现的时间较短，全称为"非物质文化遗产"，它是各族人民世代相传后继承下来的，并与人们生活密切相关的各种传统风俗文化，这种形式下产生的文化在特定的环境中得以传承与发展，它有着极强的民间生活性与生态性等特性。中国研究民俗的贺学君女士曾说过："非遗"的本质表现是只要还继续存在，就是生动鲜活的"有灵魂的"。活态性、民间性、生活性、生态性等特征是民族传统文化的基础，但在法律性质上，中国政法大学费安玲却认为：特定民族性、活遗产性、以口传身授方式体现的是利益性和传承性。民间非遗的主要特征表现在：

（1）活态性。民间非遗是随人类的产生而产生，跟随人类的发展而变化的，人类是民间非遗的重要载体。所以，民间非遗必须由人来继承和传承。人类活动与当地历史、民族和文化相融合是民间非遗新的表达形式。

（2）区域性。民间非遗生根发芽的土壤，必须是在特定时期、从特定地区和特定种族传承继续的。由于中国疆域广袤，经数千年的历史积淀，蕴藏了丰富的"民间非遗"资源。继承者在继承过程中吸收了当地的历史文化和民族特色，并反映出明显的地域性。

（3）无形性。民间非遗的无形性决定了它必须有一个实物性的载体，通过附加到特定的材料上来进行表达。实际上是将实物传递和转换成一种精神寄托的特征。我国民间非遗在展现特定地区或民族精神上的特征中发挥着无形作用，将代表着中华民族精神文化的某种信念，作为一种精神财富代代相传。

6. 民间非遗的主要内容

民间非遗主要有价值、意义和功能三个基本内容。民间非遗是各族人民经过百年甚至千年沧海桑田，在特定的、恶劣的自然地理环境与生产生活中，不断尝试与摸索总结出来的智慧与结晶，是世代传承下来的民族文化。上千年的发明创造对于我们有着史料、文化及科研价值，人们通过民间非遗可以更真实地了解历史，传承华夏文明。留下来的文化是有顽强的生命力的。正因为有民间非遗这些文化的顽强生命力，才使今天的人们能欣赏到远古的民间艺术，享受着民间美食，用民间医药消除病痛。实际上民间非遗潜在的价值经常出现在我们的生活中，只是我们忽略了它的源头与前身。随着时间的推移，我国濒临灭绝的民间非遗将会越来越多，挖掘整理、保护和传承民间非遗的工作已是刻不容缓的事实。

三、地理标志文化价值阐述

在我国地理标志实践中发现，地理标志文化所蕴藏的价值内涵丰厚、附加值高、开发和利用潜力巨大。地理标志文化价值主要包括历史文化价值、艺术审美价值、品牌经济价值、思政教育价值以及活态传承价值等。针对地理标志文化这一新现象、新事物，展开多层面、多角度的文化价值探讨，旨在为扩大其文化影响力、提升文化感召力、增强文化核心竞争力等提供理论参照。同时，也为更好地顺应新时代呼唤，在"精准扶贫""一带一路"及"乡村振兴"中充分彰显其多元文化价值魅力。

1.历史文化价值

地理标志是一定历史时期人类社会活动的产物,与其他事物一样,它的文化特征也体现在"记录历史事件、印证历史背景"方面,是历史文化的重要载体,是地理标志申报认定中的重要依据和必备条件。非物质文化遗产都经历过岁月的洗礼,有着深厚的历史沉淀和不可替代的历史文化渊源。人类在生产生活中创造出的智慧成果,凝聚着特色鲜明的地域文化和民族精神,成为世代沿袭相传的历史财富和文化瑰宝。人们可以通过它们来探究其历史文化的成因,再现其在各时期生产力发展和生产生活状况等,历史文化价值不言而喻。如:湖北"黄梅挑花"地理标志历史文化,有史料记载:"黄梅挑花"起源于唐宋,发展成熟于明末清初。早在宋代,黄梅就有了十分讲究的挑花工艺。1958 年,在黄梅县蔡山镇湖脚下村发掘的明朝嘉靖四十一年(公元 1562 年)墓葬中,墓中女尸头上搭有彩线挑绣的"福寿双桃"方巾,可以证明"黄梅挑花"这门民间工艺,最少距今约有 500 年历史。再如:贵州"仁怀酱香酒"地理标志历史文化,出自中国酒都仁怀茅台镇,有上千年的酿酒历史。据《史记》中记载:西汉帝使者在赤水河畔,发现了当地"僚人"酿造的美酒,这种成为贡酒的美酒名为"枸酱"。"仁怀酱香酒"酿酒工艺遵循传统工艺,端午制曲、重阳取酒的基本法则,与农业社会的生产节令完全吻合。千百年来,这样的流程未曾改变。这些文献记载是探究地理标志历史文化价值的宝贵资源和重要依据。

在人类历史文化长河中,地理标志文化资源常常以其特有的方式存在着、记载着、流传着、传承着。然而,在地理标志实践中,要想获得地理标志文化资源绝非易事。如何将这些蕴藏深厚的历史文化资源得以呈现,便于认知,其历史文化价值如何受到人们的尊崇等等,不仅需要学者们参与到地理标志文化资源的挖掘与整理中来,更需要经历艰辛的田野调查、个案分析等扎实耕耘,深层了解其成因及文化特征。同时,还需要地理标志工作者独具慧眼、长期坚守、深谙其道、探索其奥秘，从浩如烟海的史志文献、民间歌谣、神话传说、名人轶事、传承人口述史等历史文献、口传心授中去体会、去探索、去发现、去挖掘这些悄然消逝的文化因子。只有这样，才能真正获取有价值的地理标志文化资源，才能更全面、更丰厚地把握其历史文化原貌，展现其历史文化价值的魅力。

2. 艺术审美价值

艺术的第一价值就是审美价值。艺术之所以称为艺术，审美价值就是最主要的区分标志。在地理标志实践中，地理标志产品以其非凡的艺术创造力、精妙绝伦的工艺技巧及独树一帜的艺术风格和样式，表现出独具匠心的审美特征，成为时代的文化经典。这种具有审美意味的文化产物蕴含着民族传统的艺术精神，给人以"艺术之美"的感受，具有极高的艺术审美价值。[1] 以注册类别为20类的湖北省"黄陂泥塑"地理标志商标为例。"黄陂泥塑"是中国古老的传统民间艺术，是人类早期手工捏制的艺术品。武汉黄陂是中国雕塑之乡，有悠久的泥塑历史传统，技艺精熟，艺人辈出。闻名遐迩的汉阳归元寺"五百罗汉"是"黄陂泥塑"的重要代表作品。《归元丛林罗汉碑记》里的五百罗汉，是以南岳衡山祝圣寺的五百罗汉石刻拓本为原型，进行加工提炼，创造而成的。工艺上采用"脱胎漆塑"，又称"金身托沙塑像"。先用泥胎塑成模型，然后用葛布生漆逐层粘贴套塑，最后饰以金粉。它的特点是抗潮湿，防虫蛀，经久不变。两百年间罗汉堂几次受水灾侵袭，罗汉满堂漂，但水退后罗汉仍完好无损，可见雕塑工艺之高超。"黄陂泥塑"作为湖北省省级"非遗"在20世纪七八十年代就闻名全国，《收租院》雕塑作品就出自黄陂的当代雕塑名家之手，作品不仅进入中国美术馆展出，还在全国各地进行巡回展览，成为中国最有影响力的

---

① 李金果、余建波：《非物质文化遗产的地理标志保护》，《法制与社会》2009 年第 10 期。

雕塑作品。再如：以注册类别为21类的贵州省"牙舟陶"地理标志商标为例。"牙舟陶"作为国家级非物质文化遗产，始于明代洪武年间，距今已有六百多年历史。它融入了贵州本土流传下来的陶文化内涵，形成了独具一格的本土陶艺，是贵州陶瓷艺术中的精绝之作。"牙舟陶"造型自然古朴，线条简洁明快，色调淡雅和谐，具有浓重的出土文物神韵。"牙舟陶"选择蜡染、刺绣、桃花图案，以浮雕的手法体现，很富有装饰性。其色泽鲜艳、晶莹光润、神韵别致、富有浓厚的民族特色，在中国陶瓷界独树一帜，极具艺术性、观赏性和收藏价值。"马嘘嘘"是"牙舟陶"中最具影响力的作品。"马嘘嘘"是一种小孩玩具，是延传至今的手捏造型工艺品，外形有小鸟或鱼或牛或马，形态多样化，内空，两侧有变音孔，口吹时可以发出动听的声音。上述种种案例表明，无论是湖北省"黄陂泥塑"，还是贵州省"牙舟陶"，这些实用美观、审美性强的非遗类地理标志产品，都受到了人们喜爱，体现出我国民间工艺美术的无穷魅力和极高的艺术审美价值。

3. 品牌经济价值

品牌价值是非遗类地理标志文化的核心。当今世界是一个品牌竞争的时代，品牌不仅成为人们茶余饭后谈论的焦点，而且已成为人们购物的指向标。各行各业的人们都会将目光聚焦在品牌的创建和品牌的形象塑造上。他们不惜财力打造品牌形象、传播品牌文化，以期通过品牌的杠杆神力撬动未来世界，彰显品牌文化内涵，增加品牌附加值。在地理标志实践中，非遗类地理标志品牌的影响力和美誉度要高于其他品牌几十倍，甚至几百倍，这是由非遗类地理标志的文化内涵所决定的。地理标志定义中明确表述"地理标志产品的质量、信誉主要由该地区特定的自然因素和人文因素所决定"。如：湖北的武汉汉绣、黄陂泥塑、红安大布；贵州的玉屏箫笛、大方漆器、牙舟陶、松桃苗绣、湄潭翠芽、都匀毛尖、威宁荞酥、仁怀酱香酒等，这些非遗类地理标志都具有极强的品牌价值。优秀品牌是独特的资源、过硬的质量、美好的信誉等品牌价值的集合体，是其核心文化价值的最佳体现。非遗类地理标志产品与其他商品品牌一样，不仅需要有一系列完整的品牌规划，科学、规范、统一地传播和推广它的核心文化价值，而且还需要去打造它的信誉度、美誉度和忠诚度，使之在人们心目中形成强有力的品牌效应，真正实现其品牌价值。

经济价值是非遗类地理标志文化的价值形态。非遗类地理标志的经济价值依附于它的文化价值，属稀缺的文化资源。人们在生产活动中不断改造自然、创造财富，让自然社会中的文化价值、艺术价值等为实现经济价值服务。人们将这些稀缺的文化资源转化成为生产力，助推特色产业形成，提升经济效益，促进经济发展。从这个意义上讲，非遗类地理标志文化具有很高的经济价值，是不可或缺的财富资源。从黄陂泥塑和牙舟陶案例中不难发现，它们不仅带给人们以艺术审美的观赏性，还为地方的旅游经济、文化创意产业经济等区域经济发展带来了新的增长点，具有很高的经济开发和利用价值。

武汉汉绣刺绣工艺是湖北武汉地道的民间工艺非物质文化遗产。2008年6月7日，武汉汉绣获国家级第二批非物质文化遗产项目。2013年8月28日，武汉汉绣地理标志证明商标获国家商标局核准注册，成为湖北省首例非遗类地理标志商标。武汉汉绣非遗类地理标志商标的核准注册，为保护和传承武汉汉绣刺绣工艺，提升武汉旅游地的知名度具有重要的作用，成为江城武汉一张靓丽的文化名片。当人们来到武汉，不仅会品尝武汉的小吃，还能亲眼目睹武汉汉绣传承人的精湛绝活。游客们在感受人文情怀的同时，也有机会购买汉绣，对拉动武汉旅游经济发展起到了推动作用。随着旅游业日趋发达，越来越多的人开始喜欢上武汉汉绣刺绣技艺。在政府的引导下，许多武汉汉绣传承人纷纷加入武汉汉绣刺绣技艺的传承公益活动中，许多残疾人、戒毒所的妇女们积极学习汉绣技艺，以汉绣为业，客观上助推了武汉汉绣非遗文化产业的发展，在一定程度上为地方解决就业问题减轻了压力，增加了个人收入的渠道，对提高广大人民生活的幸福指数具有不可估量作用。经济价值是非遗类地理标志非常重要的价值形态，是造福一方的重要财富资源，需要人们去发现、去挖掘、去探索。

4.思政教育价值

教育价值是对非遗类地理标志文化的传承。非遗类地理标志悠久的历史文化具有原生态的文化特征，它蕴藏着十分丰富的科学文化知识、历史事件、艺术成就等诸多文化资源，是知识教育的重要来源。这些非遗文化知识在非遗类地理标志文化传播的作用下更能被人们所接受。它与多种教育形式的结合，对广大青少年接受中华优秀传统文化有着潜移默化的教育作用。通过对非遗类地理标志文化加深认识，可以启迪人们的创新思维，并对其进行再利用、再创造。这些文化教育活动，有利于发展文化创意产业，有利于非遗文化的传承与发展，有利于增强对非遗类地理标志文化的参与感、互动感。在此过程中，参与人员自身也在提升对这些知识的认知，从而自觉起到推广和传播的教育作用。如武汉汉绣获得地理标志证明商标以来，在一批武汉汉绣传承人的不懈努力与执着坚守下，武汉汉绣已成为非遗文化教育传承与传播的典范。黄春萍就是其中一员，她是中国民间工艺山花奖的获得者。2018年9月20日，中国文联在武汉召开的《中国民间文学大系·湖北卷》出版工程暨国家社科基金项目《中国民间工艺集成·湖北卷》工作调度会上，黄师傅声情并茂地讲述了她在武汉汉绣非物质文化遗产传承与保护方面所经历的鲜活而生动故事。这些故事所展现出的教育功能和彰显出的教育价值在她娓娓道来间凸显出来。她经常受到武汉地区许多艺术院校的邀请，开展武汉汉绣刺绣技艺进校园、进社区，帮助残疾人、戒毒妇女等多种形式的公益活动。特别感人的是，她通过武汉汉绣刺绣技艺的传授，改变了一批又一批戒毒妇女的世界观、价值观和人生观。黄师傅精心传授她们汉绣技艺，她们不负老师教诲，埋头学习汉绣知识，认真练习汉绣技艺。通过一段时间的学习，她们在汉绣技艺中找到了人生真正的乐趣。这些昔日的"吸毒女"变成了美丽的"汉绣娘"！如此等等。武汉汉绣这一非遗类地理标志已成为传承中华文化的重要载体，为非遗类地理标志文化传播开创了又一个创新教育的传播途径，其文化教育价值有目共睹，值得关注和探索。

5. 活态传承价值

活态价值是非遗类地理标志文化的生命。非物质文化遗产的活态传承是非遗文化的生命线，也是非遗类地理标志文化的生命线，它们都是人类文明发展史的重要组成部分。如前所述，非遗类地理标志经过岁月的沉淀，是留给后人的不朽杰作，是人类的宝贵财富。非遗类地理标志文化经历了数百年甚至数千年的洗礼，并以顽强的生命力、以活态的方式世代相袭。然而，人们常常为这些文化遗产处于濒危境地而感到惋惜。这些人类珍贵的历史文化记忆正在悄然消失、不复存在！人们不愿想象，未来我们的子孙只能在博物馆、图书馆等场所才能看见这些宝贵的文化遗产。甚至，只能从数字媒体、影像、图片、文本等资料中观看它们的容貌。这些极具"原创性、不可再生性的"[①]活态文化资源，将变得越来越匮乏。正因为如此，世界文化遗产保护公约中特别强调非物质文化遗产的活态传承保护。非物质文化遗产应该是"活"历史，而非仅借助影像、图片、文本的历史，即使采用现代最先进的 VR/AR 技术"真实"还原、呈现这些历史，仍无济于事。非遗类地理标志与许多非物质文化遗产一样，必须保存它的活态性。这是由非物质文化遗产不可或缺的生存价值所决定的，是唯一的。因此，生存是非遗类地理标志的第一要务，活态是非遗类地理标志永续不变的价值体现。当下，在新时代乡村振兴计划

---

① 杨青山、罗梅：《非物质文化遗产的新媒体传播价值分析》，《传媒》2014 年第 11 期。

的推动下，举国上下大力弘扬中华优秀传统文化的号角已经吹响，各地"非遗特色小镇"如雨后春笋。一方面，这种创意做法为非遗传承人提供了生产、生活场地；另一方面，也为非遗活态性保护营造了生存空间和条件。这一创新举措，既可以为人们提供观赏学习、参与互动的生态文化场所，同时，也可以成为非遗传承人繁衍生息的生产生活场地。在非遗类地理标志实践中，通过大力开展各种创意传播活动，赋予非遗地理标志活态价值的普遍认同感和使命感，以富有创新性的内容与形式，让其活态价值的生存之路走得更远。

湖北是楚文化的发源地，有着悠久的历史和灿烂的文化。在漫长的历史长河中，"筚路蓝缕，以启山林"的楚国先民创造出了古老恢宏、精湛奇巧的手工技艺，"九佬十八匠"在荆楚大地处处开花、名扬四海。2017年11月，由湖北省人力资源和社会保障厅举办的2017年首届民间工艺技能大赛，是湖北省委省政府贯彻落实国务院《中国传统工艺振兴计划》和推进湖北技能强省战略工程实施的重要举措。大赛以"技艺传承、弘扬文化"为宗旨，设有木雕、根雕、刺绣、剪纸、皮影制作、漆艺（髹饰彩绘）、印章雕刻、烙画、雕塑共9项富有荆楚特色的民间工艺项目，参赛的民间艺人达213人，高手云集。其中既有82岁的耄耋老人，也有年轻才俊，经过两天的角逐，一件件匠心独具、工艺奇巧、美轮美奂的工艺美术作品绽放荆州古城。这次大赛，一方面让曾经遗落的匠心重放异彩，让曾经隐逸的绝技再现光芒，展示了荆楚民间工艺高手的精湛技艺，印证了"高手在民间"的预言。另一方面对更多民间工艺技艺后继有人、薪火相传起到了积极的推动作用。这些都将对非遗类地理标志发展产生重要意义。

综上所述，对地理标志文化价值的探究，即对新文化现象融合的重新认识、重新评价和创新思考，为探寻深藏于地理标志中的多样性文化价值提供了创新性的理论参照，其多样性文化价值将成为地理标志文化传播中取之不尽、用之不竭的文化源泉。它不仅是一个国家的文化资源，更是人类文明的共同财富。在新时代乡村振兴战略的旗帜下，科学地开发和利用地理标志文化价值资源，充分发挥各民族地区特色自然资源和人文资源优势，服务地方经济发展，是一个非常值得关注与思考的问题，其研究对我国地理标志发展具有现实指导意义和学术理论参照。

第四章 武陵地理标志发展梗概

本章以"湘鄂渝黔"三省一市武陵民族地区 71 个县（市）大量田野调查为基础，展开实证性、探索性研究。主要从"荆楚崛起、潇湘五化、巴渝富民、贵黔攻坚"四个层面，对武陵地理标志发展进行较全面的梳理、分析与阐述，以期了解和把握各县（市）地理标志发展全貌，为助推地理标志产业扶贫，推进"一带一路"跨文化传播提供理论参照。

通过《武陵山片区行政区域范围》（表 4-1）和《武陵山片区行政区划图》（图 4-1），可以了解武陵地区全貌。

表 4-1　武陵山片区行政区域范围

省（市）	地（市、州）	县（市、区）
湖北省 （11 个）	宜昌市	秭归县、长阳土家族自治县、五峰土家族自治县
	恩施土家族苗族 自治州	恩施市、利川市、建始县、巴东县、 宣恩县、咸丰县、来凤县、鹤峰县
湖南省 （37 个）	邵阳市	新邵县、邵阳县、隆回县、洞口县、绥宁县、 新宁县、城步苗族自治县、武冈市
	常德市	石门县
	张家界市	慈利县、桑植县、武陵源区、永定区
	益阳市	安化县
	怀化市	中方县、沅陵县、辰溪县、溆浦县、会同县、 麻阳苗族自治县、新晃侗族自治县、芷江侗族自治县、 靖州苗族侗族自治县、通道侗族自治县、鹤城区、洪江市
	娄底市	新化县、涟源市、冷水江市
	湘西土家族苗族 自治州	泸溪县、凤凰县、保靖县、古丈县、 永顺县、龙山县、花垣县、吉首市

续表

省（市）	地（市、州）	县（市、区）
重庆市 （7个）		丰都县、石柱土家族自治县、秀山土家族自治县、酉阳土家族自治县、彭水苗族土家族自治县、黔江区、武隆区
贵州省 （16个）	遵义市	正安县、道真仡佬族苗族自治县、务川仡佬族苗族自治县、凤冈县、湄潭县、余庆县
	铜仁市	铜仁市、江口县、玉屏侗族自治县、石阡县、思南县、印江土家族苗族自治县、德江县、沿河土家族自治县、松桃苗族自治县、万山区

资料来源：武陵山片区区域发展与扶贫攻坚规划（2011—2020年）

编制单位：国务院扶贫开发领导小组办公室、国家发展和改革委员会，2011年10月

一、荆楚崛起　湖北武陵

"中部崛起"是湖北省委省政府在制定全省经济发展方略时，在政府报告、政策文件、宣传报道中使用频次较高的词汇。湖北亦称"荆楚"，故我们以"荆楚崛起"为名，表征其既具有地域文化特色，又饱含励志奋进之意。

1.湖北武陵区域位置

湖北省位于我国中南部、长江中游、洞庭湖之北，其北接河南省，东连安徽省，东南与江西省相接，南面与湖南省为近邻，西边靠着重庆市，西北与陕西省交界，因地处洞庭湖以北，故称"湖北"。

春秋战国时期，湖北为楚国的疆域，宋时为荆湖北路，元代属湖南江北行省，清代置湖北省。湖北古称荆、楚、荆楚，是楚国的发源地，楚地之中心，楚文化的主要影响区域。湖北省简称鄂，省会武汉，下辖13个地级行政区，包括12个地级市、1个自治州、103个县级行政区。

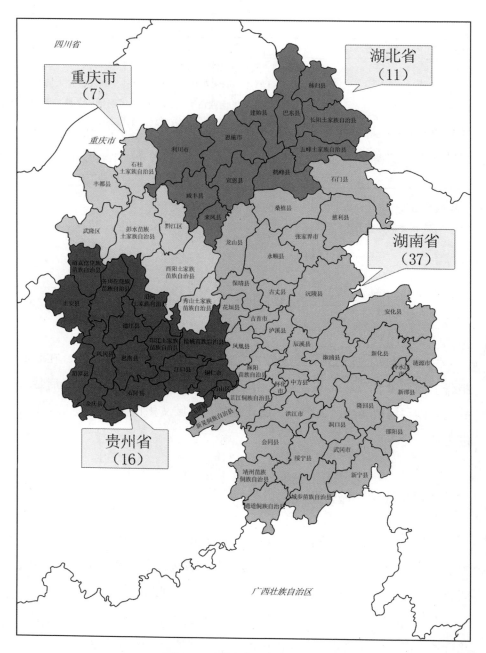

图 4-1 武陵山片区行政区划图

资料来源：武陵山片区区域发展与扶贫攻坚规划（2011—2020 年）

编制单位：国务院扶贫开发领导小组办公室、国家发展和改革委员会，2011 年 10 月

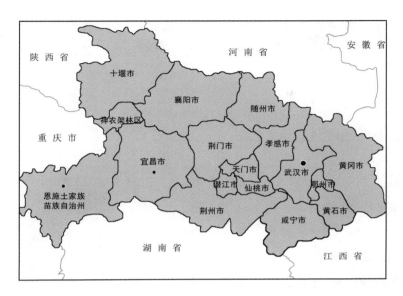

图 4-2 湖北省区域位置及下辖武陵民族地区县市区划图

图 4-3 湖北省武陵民族地区县市区划图

　　湖北武陵民族地区（以下简称"湖北武陵"）主要县市有恩施土家族苗族自治州（以下简称"恩施州"）2市6县和宜昌市武陵民族地区3县。

2.湖北武陵地理标志分布

　　截止到2019年12月，湖北省地理标志商标总数为435件。湖北武陵地理标志商标总数为59件，其下辖各县（市）地理标志商标分布情况分别为：恩施州区域32件，即恩施市、利川市、巴东县、来凤县各6件，宣恩县4件，咸丰县2件，建始县和鹤峰县各1件；宜昌市武陵三县共为27件。

　　湖北全省有103个县（市），其中湖北武陵11个县（市），占全省县（市）10.68%。截至2019年12月，湖北省

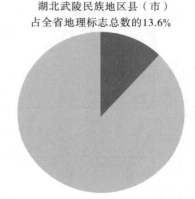

湖北武陵民族地区县（市）
占全省地理标志总数的13.6%

■ 湖北武陵民族地区地理标志总数59件
■ 湖北省地理标志总数435件

图4-4　湖北武陵地理标志数据分析

地理标志总数435件，其中湖北武陵十一县（市）地理标志总数59件，占全省地理标志总数的13.6%；非武陵地区占全省总数的86.4%。对于地理标志资源蕴藏丰厚的湖北武陵来讲，这一数据表明湖北武陵地理标志发展仍有巨大的上升空间，根据笔者多年深入该地区调研经验预估，湖北武陵地理标志总数在近五年将会继续上升，值得关注和重视。

3.湖北武陵地理标志扫描

　　截止到2019年12月，湖北省地理标志总数为435件，其中湖北武陵恩施州总数为32件，占全省地理标志总数的7.4%，位居全省第七。湖

北武陵宜昌市总数为 71 件，占全省地理标志总数的 16.3%，位居全省第一。下面以田野调查为基础，分别对湖北武陵 11 个县市地理标志进行多维度扫描，以期有更全面的了解和把握。为助推湖北武陵地理标志申请注册保护、文化价值挖掘、传播推广、交流学习、协同发展提供有价值的参照。

（1）地理标志扫描：恩施市

区域简介：恩施市是武陵民族地区的县级市，以土家族、苗族和侗族为主的少数民族聚居地，是湖北省九大历史文化名城之一，被誉为"世界硒都"。恩施市历史悠久，早在春秋战国时期属巴国，后历经时代变迁，1981 年国务院批准设立县级市。恩施市总面积 3971.58 平方公里，恩施市总人口 78 万，土家族、苗族和侗族等少数民族人口占 38%。

自然环境：清江大峡谷是恩施市自然环境中的一个代表，保存完好的原始森林，巨峰千丈下的绝壁瀑布，若隐若现的远古村寨，都是大自然馈赠给人类最好的礼物。境内冬不严寒、夏少酷暑，终年湿润、雨水充沛，适宜各类植物、水果与牲畜生长；境内硒矿资源丰富；常年都能收获玉米、水稻、红薯、小麦等农作物。"恩施黑猪"为全国知名

图 4-5　恩施市区位图

的优良品种，养殖以散养、食天然植物为主；珍贵药材与树种繁多，有党参、当归、水杉等一百多种植物常年生长在此；玉露茶、板桥党参、石窑当归、紫油厚朴、香菌、中华猕猴桃等是恩施较为有名的土特产。

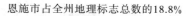

恩施市占全州地理标志总数的18.8%

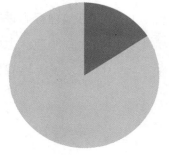

■ 恩施市地理标志总数6件

■ 恩施土家族苗族自治州地理标志总数32件

图4-6 恩施市地理标志数据分析

人文环境：恩施市被誉为休闲胜地，"神州第一漂"的"清江漂流"成为人们夏天向往的避暑探险集中地。这里旅游资源具有民族特色，土家"女儿会"是青年男女们的最爱；"三岔傩面"被学术界视为民族文化奇珍，恩施市已成为中国最具少数民族特色的旅游胜地。

数据分析：截止到 2019 年 12 月，恩施市地理标志总数为 6 件，占全州的 18.8%。

商标类别：截止到 2019 年 12 月 12 日，恩施市 6 件地理标志商标分别为：恩施富硒茶、恩施玉露、恩施黄牛（活动物）、恩施黄牛（肉）、板桥党参、恩施硒茶。地理标志所涉及的商标类别有：5 类、29 类、30 类、31 类总共四个类别。

使用商品：活动物（黄牛）、茶叶、肉食品（牛肉）、药材四种。

表 4-2 恩施市地理标志商标注册情况一览表

商标类别	使用商品	商标名称	商标注册人	注册号	备注
31 类	活牛（活动物）	恩施黄牛	恩施市黄牛产业协会	26694807	—
30 类	茶叶	恩施富硒茶	恩施市茶业协会	4150055	—
30 类	茶叶	恩施玉露	恩施玉露茶产业协会	6761802	国家级非遗
30 类	茶叶	恩施硒茶	恩施市茶业协会	17754772	—
29 类	牛肉（肉）	恩施黄牛	恩施市黄牛产业协会	26694808	—
5 类	药材	板桥党参	恩施市本草药业产业协会	9655604	—

资源挖掘：恩施市辖 13 个乡镇、172 个行政村。田野调查发现，恩施

市有待挖掘的地理标志商标资源主要有：恩施土蜂糖、恩施大棚香菇、恩施紫油厚朴、恩施马铃薯、湖川山地猪、恩施沙地油栗、恩施酱香饼、恩施鸡爪黄连、恩施生漆、恩施大集珍米、中华童子李、恩施酸萝卜、恩施玉米爽等。还有传统技艺、传统美术、传统医药、传统音乐、民俗饮食，如恩施扬琴、手工包、手工棉鞋、百鹤玉工艺品、恩施三岔傩面、恩施香粑粑、恩施野蕨粑、恩施绿豆皮、恩施油香儿等民间非遗地理标志商标资源。调查显示，恩施市可挖掘的地理标志商标资源丰富，为地理标志保护提供了可持续发展的资源优势。

建议与对策：数据显示，近三年恩施市在地理标志商标注册保护方面有所进步，发展势头良好。以下针对恩施市地理标志发展提出几点建议：一是妥善经营和管理好已注册成功的地理标志商标，政府对新增的地理标志商标品牌要加以扶持引导，充分利用恩施市旅游产业发展，借助多方渠道进行地理标志品牌推广与宣传；二是恩施市茶叶类地理标志商标占恩施市地理标志商标总数的一半，应加大对地理标志商标公共品牌的使用管理、文化价值挖掘、品牌形象塑造、跨文化传播力建设、商标维权等方面的重视；三是对有待挖掘的特色产品展开摸底调查，特别在非遗地理标志培育方面，对本市非遗情况进行全面摸底调查，登记造册，制定《恩施市非遗地理标志情况普查报告》，有计划、有经费、有目的地开展非遗地理标志挖掘与注册保护等发展工作，正确引导、培育帮扶，对符合地理标志商标注册条件的进行专门指导。

（2）地理标志扫描：利川市

区域简介：利川市位于湖北省西南部，是恩施土家族苗族自治州面积最大、人口最多的县级市。全市总面积 4600 平方公里，总人口 91.37 万，其中以土家族、苗族为主的少数民族人口占 59.2%。2019 年 3 月，被列为第一批革命文物保护利用片区分县名单。利川市地处长江、清江上游，因土地肥沃，物产丰富，素有"银利川""贡米之乡"称号。自古以来为

图 4-7　利川市区位图

"有利之川""大利之川"，故名"利川"。

自然环境：利川市属亚热带大陆性季风气候，因山峦起伏，沟壑幽深，为典型的山地气候，是地球上的珍稀孑遗树种"水杉树"的发祥地。境内生物、矿产、水能、风能资源丰富，盛产坝漆、黄连、莼菜等特色产品，有坝漆之乡、黄连之乡、莼菜之乡、水杉之乡的美誉。有野生动物 100 余种，主要粮食作物 10 余种，家畜家禽 10 余种。矿产资源门类齐全，已探明有 43 种；天然气、卤水、煤炭、生物礁、石膏、石灰石蕴藏量较大。

人文环境：《龙船调》就是体现当地风情的一首歌曲，特殊的人文环境造就了世界优秀民歌的故乡，歌舞与优美的自然风光使利川曾获"中国民间文化遗产旅游示范区"和"中国歌舞之乡"美称，而独特的传统文化积淀与熏陶又让利川有"中国诗词楹联之乡""十佳书香县市""湖北省作协创作基地""湖北摄影之乡"之称。摆手舞、土家服饰、利川灯歌、毛古斯舞、肉连响、土司制度等民间传统文化流传至今。腾龙洞系世界特级溶洞之一，龙船水乡被誉为"天下第一水洞"，植物活化石"天下第一杉"和大水井、鱼木寨等都是全国重点文物保护单位。

利川市占全州地理标志总数的18.8%

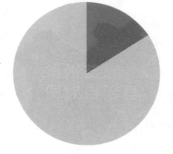

■ 利川市地理标志总数6件
■ 恩施土家族苗族自治州地理标志总数32件

图 4-8　利川市地理标志数据分析

苏马荡被称作"中国最美小地方"，齐岳山系中国南方最大的高山草场，星斗山系国家级自然保护区。

数据分析：截止到 2019 年 12 月，利川市地理标志总数 6 件，占全州的 18.8%。

商标类别：截止到 2019 年 12 月 12 日，利川市 6 件地理标志商标分别为：利川黄连、利川山药、利川天上坪甘蓝、利川天上坪大白菜、利川天上坪白萝卜、利川工夫红茶。地理标志所涉及的商标类别有：5 类、30 类、31 类共三个类别。

使用商品：食用植物根（山药）、新鲜蔬菜（甘蓝）、新鲜蔬菜（大白菜）、新鲜蔬菜（白萝卜）、茶叶、药材（黄连）六种。

表 4-3　利川市地理标志商标注册情况一览表

商标类别	使用商品	商标名称	商标注册人	注册号
31 类	山药（食用植物根）	利川山药	利川市团堡镇蔬菜协会	6868017
31 类	甘蓝（俗称"包菜"）	利川天上坪甘蓝	利川市蔬菜行业协会	8681069
31 类	大白菜	利川天上坪大白菜	利川市蔬菜行业协会	8681070
31 类	白萝卜	利川天上坪白萝卜	利川市蔬菜行业协会	8681340
30 类	茶	利川工夫红茶	利川市茶产业协会	16745054
5 类	黄连	利川黄连	湖北省利川市黄连协会	7729215

资源挖掘：利川市辖 7 镇、5 乡、2 街道办事处。田野调查发现，利川市有待挖掘的地理标志商标资源主要有：利川柏杨豆干、利川莼菜、利川木雕工艺品、利川坝漆、利川芸豆、团堡山药、利川霉豆腐、龙潭香梨等。省级非遗项目有利川坝漆、利川木雕、利川柏杨豆干等民间非遗地理标志。还有大量有价值的市级非遗项目：毛坝造纸技艺、吊脚楼营造技艺、雾洞绿峰茶制作技艺、麻糖制作技艺、红薯糖制作技艺、切面制作技艺、洋芋酱制作技艺、忠路豆筋制作技艺、忠路豆皮制作技艺、长乐豆腐

皮制作技艺、豆豉酿制技艺、竹筒酒制作技艺、野生刺梨酒酿造技艺、铜锣制作技艺、颜氏正骨疗法等民间非遗地理标志商标资源。调查显示，利川市可挖掘的地理标志资源丰富，为地理标志商标注册保护提供了可持续发展的资源优势。

建议与对策：数据显示，在利川市已注册的地理标志商标中，以生蔬类、药材类为主的农产品居多，非遗类地理标志几乎没有得到开发和关注。针对利川市地理标志情况提出几点建议：一是以大白菜、白萝卜为主的农产品公共品牌在市场销售中，容易出现冒牌产品，有关部门应进行市场管控和维权行动。地理标志协会应针对不同市场展开菜篮子农产品公共品牌的形象塑造与传播；二是随着利川红茶品牌知名度上升，政府及地理标志协会应加大对地理标志公共品牌授权使用的管控；三是对有待挖掘的特色产品展开摸底调查，特别是在非遗地理标志培育方面。对本市非遗情况进行全面摸底调查，登记造册，制定《利川市非遗地理标志情况普查报告》，有计划、有经费、有目的地开展非遗地理标志挖掘与注册保护发展工作，正确引导、培育帮扶，对符合地理标志商标注册条件的进行专门指导。

（3）地理标志扫描：来凤县

区域简介：来凤县位于湖北省西南部，酉水上游，处鄂、湘、渝三省市交界处，是鄂湘渝黔边区重要的物资集散地，湖北省的西大门。因翔凤山传说而得名，政府驻地在翔凤镇。全县总面积 1342.05 平方公里，总人口 40 万人，其中土家族、苗族等 18 个少数民族人口占 61%。来凤县是中国第一个实行土家族民族区域自治的地区，也是中国文化先进县、体育先进县、民族团结进步先进集体，享有"歌舞之乡"的美誉。

自然环境：来凤县气候属亚热带大陆性季风湿润型山地气候。境内动植物资源及水和矿藏资源丰富，耕地盛产粮油，山上自然生长许多松、杉、樟、竹。"金丝桐油"以它的特殊性成为"全国质量第一"，声名远扬。

"橘、桃、李、梅、核桃、板栗"等干鲜果驰誉边区，"烟叶"醇厚芳香，"凤头生姜、大头菜、凤椒、大白菜、松花皮蛋、竹器"等畅销省内外，"水牛、麻鸭、黑猪"为湖北省优良品种。境内河溪纵横，有大小河流25条，长487.5公里，水能蕴藏量80832千瓦，地下矿藏主要有原煤、铁、铅锌矿、紫砂陶土、重晶石、方解石

图4-9　来凤县区位图

等二十余种，重晶石以量大质优列全国县市前茅，极具开发前景。

人文环境：土家人一直以来都勤劳勇敢、质朴豪爽、热情好客，特别是每年的传统节日，展现出来的民风民俗浓郁似酒。土家人能歌善舞，人人都会跳的摆手舞被称为东方"迪斯科"，在保留有号称"神州第一堂的"摆手堂里经常能看到土家人围跳在一起。传统流传下来的地龙灯、肉连响、哭嫁歌、打绕棺、八宝铜铃舞等更使人流连忘返。"土家油茶汤"是独具特色的东方茶文化，结合当地茶文化配制加工，浓郁的香油夹杂着茶叶的清纯，家中来了贵客端上一碗，沉淀的不仅仅是一种美味，更多的是土家人热情好客的特点。

数据分析：截止到2019年12月，来凤县地理标志总数6件，占全州的18.8%。

商标类别：截止到2019年12月12日，来凤县6件地理标志商标分别为：来凤姜（新鲜）、来凤姜（腌制）、来凤大头菜、来凤金丝桐

来凤县占全州地理标志总数的18.8%

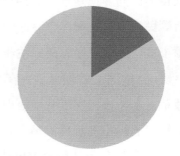

■ 来凤县地理标志总数6件
■ 恩施土家族苗族自治州地理标志总数32件

图4-10　来凤县地理标志数据分析

油、来凤松花皮蛋、来凤藤茶。地理标志所涉及的商标类别有：31类、30类、29类、4类共四个类别。

使用商品：新鲜蔬菜、藤茶、皮蛋、腌制姜、大头菜、桐油共六种。

表4-4　来凤县地理标志商标注册情况一览表

商标类别	使用商品	商标名称	商标注册人	注册号	备注
31类	新鲜蔬菜	来凤姜	来凤姜产业发展管理协会	14419988	省级非遗
30类	藤茶	来凤藤茶	来凤县优质农产品产销协会	25031830	—
29类	皮蛋（松花蛋）	来凤松花皮蛋	来凤县优质农产品产销协会	25031831	—
29类	腌制姜	来凤姜	来凤姜产业发展管理协会	14416300	—
29类	大头菜	来凤大头菜	来凤县优质农产品产销协会	16425169	—
4类	桐油	来凤金丝桐油	来凤县金丝桐油协会	9060017	—

资源挖掘：来凤县辖6个镇、2个乡、203个村。田野调查发现，来凤县有待挖掘的地理标志商标资源主要有：重晶石、林麝、来凤杨梅、来凤山茶油、花皮蛋、来凤漆筷、土家织锦西兰卡普、土家绣花鞋垫、油茶汤、麻辣唆螺、来凤腊猪脚、生姜炒腊肉等。省级非遗项目：油茶汤制作技艺、来凤漆筷制作技艺、土家织锦西兰卡普等传统技艺、传统美术、民俗饮食等民间非遗地理标志商标资源。还有大量利川市级非遗项目：民间绣活等民间非遗地理标志商标资源。调查显示，来凤县可挖掘的地理标志资源丰富，为地理标志商标注册保护提供了可持续发展的资源。

建议与对策：数据显示，在来凤县已注册的地理标志商标中新增了来凤藤茶、来凤松花皮蛋两个地理标志商标，来凤姜的腌制技艺属于省级非遗。针对利川市地理标志情况提出几点建议：一是来凤姜、来凤大头菜等地理标志产品在产品包装上可选择引进不同系列的包装形式、包装风格，以适应不同的消费人群，突出原产地的特色；二是注重"来凤重晶石、来凤林麝、来凤杨梅"地理标志培育工作。加强对来凤漆筷、土家织锦西兰卡普、土家绣花鞋垫等非遗特色产品的扶持力度；三是对有待挖掘的特色产品展开摸底调查，特别在非遗地理标志培育方面，对本县非遗情况进行全面摸底调查，登记造册，制定《来凤县非遗地理标志情况普查报告》，有计划、有经费、有目的地开展非遗地理标志挖掘与注册保护发展工作，正确引导、培育帮扶，对符合地理标志商标注册条件的进行专门指导。

（4）地理标志扫描：巴东县

区域简介：巴东县位于湖北省西南部，长江中上游两岸，全县总面积3351.6平方公里，总人口为48.8万人，其中常住人口为43.12万人，信陵镇为县人民政府驻地。2019年入选2018年度全国"平安农机"示范县。2019年巴东县委县政府十分重视"巴东郡贡茶"地理标志区域公共品牌的形象塑造与传播推广工作，邀请中南民族大学

图4-11　巴东县区位图

地理标志文化传播创新团队开展校际协同创新活动，成功打造"巴东郡贡茶"地理标志茶叶品牌，将商标富农、商标扶农落到实处，赢得了良好的社会效益，为民族院校开展产学研服务民族地区提供了范式。

自然环境：巴东县位于亚热带季风区，水资源、矿产资源、植物资源丰富，地域辽阔，山川纵横，无烟煤储量居全省第一，境内已知各类植物近2000种，尤其是巴东木莲、亚洲巴山松王，生长于巴峡山谷间。巴东县还是中国古银杏群落之乡，生物资源繁多，河谷地带建立了柑橘生产基地，是全国的锦橙县，低山和二高山是油桐、乌桕的重点产区，全县野生、半野生和栽培药用植物种类繁多。

人文环境：巴东境内大量的旧石器时代、新石器时代以及各个历史时

巴东县占全州地理标志总数的18.8%

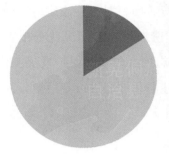

■ 巴东县地理标志总数6件

■ 恩施土家族苗族自治州地理标志总数32件

图 4-12　巴东县地理标志数据分析

期的古文化遗址、古墓群遗迹及古栈道造就了巴东古老的文化，火焰石的旧石器文化遗址、长江古栈道、西壤坡古墓群、东壤口驸马墓、盐池河巴人文化活动遗址等也成为考古学者们关注的地方。巴东民族文化题材广泛、内容丰富、形式多样。大体可以分为：民族语言、地方戏曲、土家舞蹈、历史传奇、民间故事、薅草锣鼓、劳动号子、山歌民谣等八大类，其中巴东堂戏是国家重点保护的曲种。2019 年在地理标志文化传播创新团队的积极倡导下，为"巴东郡贡茶"设计创作了一系列脍炙人口的品牌主题口号："巴东神农氏发现茶叶地方——硒世贡茶礼冠中华"；品牌推广口号："贡茶之宗本于巴东"；宣传片口号："清香引神农，巴东孕古茶"。

数据分析：截止到 2019 年 12 月，巴东县地理标志总数 6 件，占全州的 18.8%。

商标类别：截止到 2019 年 12 月，巴东大蒜（生蒜）、巴东红三叶、巴东郡贡茶、巴东五香豆腐干、巴东大蒜（腌制）、巴东独活是巴东县具有影响力的 6 件地理标志商标。地理标志所涉及的商标类别有 31 类、30 类、29 类、5 类共四个类别。

使用商品：新鲜大蒜、红三叶鲜草、茶叶、豆腐干、腌制蔬菜、药用植物根六种。

表 4-5　巴东县地理标志商标注册情况一览表

商标类别	使用商品	商标名称	商标注册人	注册号	备注
31 类	大蒜	巴东大蒜	巴东县大蒜专业技术协会	11148785	—
31 类	鲜草	巴东红三叶	巴东县牧工商技术服务中心	11409702	—

商标类别	使用商品	商标名称	商标注册人	注册号	备注
30 类	茶	巴东郡贡茶	巴东县经济作物技术推广站	26323461	—
29 类	豆腐干	巴东五香豆腐干	巴东县豆制品行业协会	13744427	省级非遗
29 类	腌制蔬菜	巴东大蒜	巴东县大蒜专业技术协会	11146410	—
5 类	药用植物根	巴东独活	巴东县中药材行业协会	11265128	—

资源挖掘：巴东县辖 12 个乡镇、322 个村（居）委会。田野调查发现，巴东县有待挖掘的地理标志商标资源主要有：巴东玄参、巴东富硒天麻、巴东魔芋、巴东野生香菇、巴东魔芋鸭、巴东土腊肉、巴东雷家坪椪柑等。省级非遗项目：三峡老窖酒传统酿造技艺等民间非遗地理标志商标资源。还有巴东羊肉大面、巴东葵花年肉、巴东渣大椒炒腊肉、野三关苞谷酒、巴东三峡老窖酒等民间非遗地理标志商标资源。调查显示，巴东县可挖掘的地理标志资源丰富，为地理标志商标注册保护提供了可持续发展的资源优势。

建议与对策：数据显示，在巴东县已注册的地理标志商标中，巴东郡贡茶作为新增的地理标志产品，现阶段进行了品牌形象的塑造和设计工作。针对巴东县地理标志情况提出几点建议：一是继续开展校际协同创新，以巴东郡贡茶地理标志区域公共品牌形象塑造与传播推广为契机，利用互联网媒介和手段探索巴东特色文化挖掘与传播，提升巴东县知名度、美誉度，在巴东神农溪漂流影响力悄然隐世之后，再次打造巴东郡贡茶茶旅全域旅游示范区这一新名片，助推巴东区域经济发展更上一层楼；二是巴东境内自然资源和人文资源丰富，潜在挖掘的地理标志产品种类繁多，如三峡老窖酒传统酿造技艺属于省级非遗项目，应加以重视，以实现"非遗类地理标志"的保护模式，同时在已注册的地理标志商标中衍生多类保护，做到防微杜渐；三是对有待挖掘的特色产品展开摸底调查，特别是在非遗地理标志培育方面，对本县非遗情况进行全面摸底调查，登记造册，制定《巴东县非遗地理标志情况普查报告》，有计划、有经费、有目的地开展非遗地理标志挖掘与注册保护等发展工作，正确引导、培育帮扶，对符合地理标志商标注册条件的进行专门指导。

（5）地理标志扫描：宣恩县

区域位置：宣恩县地处湖北省西南边陲，全县总面积2740平方公里，总人口35.80万人，以土家族、侗族为主。宣恩，寓意"宣示浩荡皇恩"。政府驻地在珠山镇。2018年宣恩县委县政府十分重视"伍家台贡茶"地理标志区域公共品牌的打造，积极与地理标志文化传播创新团队开展校际协同创新活动，获得了良好的社会效益和经济效益，为民族院校开展产学研服务民族地区再次提供了参照。

自然环境：宣恩县属中亚热带季风湿润型山地气候，境内地形地貌受地质构造的影响，形成东北高西南低的总趋势。境内河网密布，纵横交错；矿藏资源门类较为齐全，主要矿产资源有：煤炭、石灰石、硫铁矿，此外还蕴藏石油、铜矿、硒矿及优质重晶石、白云石、硅石、菊花石、冰洲石和古生物大理石等；县内动植物资源丰富。

图4-13　宣恩县区位图

人文环境：人们自创与喜爱的宣恩薅草锣鼓、宣恩三棒鼓文化入选国家级非物质文化遗产保护名录，彭家寨、庆阳凉亭古街以它的古朴被命名为中国历史文化名村。八宝铜铃舞是土家族民间的一种传统舞蹈，在宣恩一带最为流行，侗族民间音乐最有名的是侗族大歌。历史文化分为习俗和特产两大方面，习俗包括八宝铜铃舞、侗族大歌、成年礼仪式、特产包括土家腊肉、土家油茶汤、贡水白柚。从源头白水河顺流而下，有如亲临三峡之感，有七姊妹山、白水孔、一天门、鸳鸯峡、月亮岩、将军山等景点。

数据分析：截止到2019年12月，宣恩县地理标志总数为4件，占全州的12.5%。

商标类别：截止到2019年12

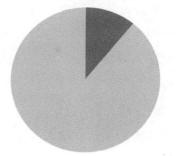

宣恩县占全州地理标志总数的12.5%

■ 宣恩县地理标志总数4件
▪ 恩施土家族苗族自治州地理标志总数32件

图4-14　宣恩县地理标志数据分析

月，宣恩县4件地理标志商标分别为：伍家台贡茶、贡水白柚、黄坪黄金梨、宣恩贡米。地理标志所涉及的商标类别为：31类、30类共两个类别。

使用商品：新鲜水果（白柚）、新鲜水果（黄金梨）、茶叶、大米四种。

表4-6　宣恩县地理标志商标注册情况一览表

商标类别	使用商品	商标名称	商标注册人	注册号	备注
31类	白柚（新鲜水果）	贡水白柚	宣恩县贡水白柚协会	20515848	—
31类	黄金梨（新鲜水果）	黄坪黄金梨	宣恩县黄坪黄金梨产业协会	20685741	—
30类	茶叶	伍家台贡茶	宣恩县贡茶产业协会	7892386	省级非遗
30类	大米	宣恩贡米	宣恩县贡米产业协会	20515849	—

资源挖掘：宣恩县辖5个镇、4个乡。田野调查发现，宣恩县有待挖掘的地理标志商标资源主要有：宣恩火腿、宣恩贡米、宣恩黄连、宣恩腊肉、宣恩竹编工艺品、宣恩绣花鞋垫、宣恩土家油茶汤等。还有土家

炕洋芋、张关合渣、土家油茶汤、鲊广椒炒腊肉、薇菜烧腊肉等民俗饮食地理标志商标资源。省级非遗项目有宣恩竹编、土家族苗族绣花鞋垫的民间绣活等民间非遗地理标志商标资源。调查显示，宣恩县可挖掘的地理标志资源丰富，为地理标志商标注册保护提供了可持续发展的资源优势。

建议与对策：数据显示，在宣恩县已注册的地理标志商标中宣恩伍家台贡茶的制作技艺属省级非遗，现阶段进行了品牌形象的塑造和设计工作。针对宣恩县地理标志情况提出几点建议：一是继续扩大"伍家台贡茶"地理标志品牌文化影响和传播力，以伍家台贡茶为首的地理标志协会可在茶园建设、品牌推介等方面与当地旅游业等相关产业相互带动，以茶为媒，促进品牌经济发展；二是关注和重视宣恩竹编、土家族苗族绣花鞋垫为主的非遗项目，积极实施非遗向地理标志商标迈进的相关举措，让更多非遗项目在生产性保护的同时，成为非遗地理标志商标资源；三是对有待挖掘的特色产品展开摸底调查，特别在非遗地理标志培育方面，对本县非遗情况进行全面摸底调查，登记造册，制定《宣恩县非遗地理标志情况普查报告》，有计划、有经费、有目的地开展非遗地理标志挖掘与注册保护发展工作，正确引导、培育帮扶，对符合地理标志商标注册条件的进行专门指导。

（6）地理标志扫描：咸丰县

区域简介：咸丰县地处武陵山东部、鄂西南边陲，扼楚蜀之腹部中心，为荆南之要地，古代就有"荆南雄镇""楚蜀屏翰"的称誉。全县总面积2550平方公里，总人口42万人，有土家族、苗族、朝鲜族、东乡族、蒙古族、畲族等少数民族。

自然环境：亚热带季风和温带季风气候，境内山峦起伏，沟壑纵横，主要高山有星斗山、人头山、二仙岩、坪坝营等，唐崖河流经中部。自然资源丰富，森林覆盖率高达77.2%，优良的生态、适宜的气候孕育了丰富的物产，是省级大鲵自然保护区，境内蕴藏着丰富的矿产、水能资源。

人文环境：咸丰县文学创作成果丰硕，民族文化遗产得到有效保护，唐崖土司城遗址被国务院列为第六批重点文物保护单位，咸丰坪坝营生态旅游区、唐崖河旅游区在内的景点名胜古迹数不胜数，尤其唐崖河流域是中国最大的原生态土司文化旅游区，旅游区内山雄水奇，民风原始，有"武陵百里画廊"之誉。土苗羌侗等十八个少数民族在此繁衍生息，艺术形式有哭嫁歌、摆手舞、傩戏、茅古斯等。咸丰县还是革命根据地，多位将帅在湘鄂西革命根据地留下了不朽战绩。

数据分析：截止到 2019 年 12 月，咸丰县地理标志总数为 2 件，占全州的 6.3%。

商标类别：截止到 2019 年 12 月，咸丰县 2 件地理标志商标分别为：小村红衣米花生（新鲜）、小村红衣米花生（加工）。地理标志所涉及的商标类别有：31 类、29 类共两个类别。

使用商品：新鲜花生、加工过的花生 2 种。

图 4-15　咸丰县区位图

咸丰县占全州地理标志总数的6.3%

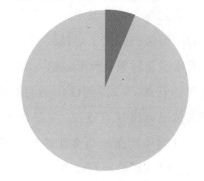

■ 咸丰县地理标志总数2件
　恩施土家族苗族自治州地理标志总数32件

图 4-16　咸丰县地理标志数据分析

表 4-7　咸丰县地理标志商标注册情况一览表

商标类别	使用商品	商标名称	商标注册人	注册号
31 类	新鲜花生	小村红衣米花生	咸丰县小村红衣米花生协会	11294237
29 类	加工过的花生	小村红衣米花生	咸丰县小村红衣米花生协会	11294236

资源与挖掘：咸丰县辖 10 个乡镇 1 个区、263 个村。田野调查发现，咸丰县有待挖掘的地理标志商标资源主要有：咸丰烤烟、咸丰富硒乳猪、咸丰白术、唐崖土司茶、咸丰土家西兰卡普、咸丰帝茶、苗家绞股蓝、咸丰瀑泉茶、咸丰鼓楼茶徽、尖山石刻工艺品、何氏根雕工艺品等。还有咸丰泡粑、咸丰水豆豉、咸丰神豆腐、咸丰土家烧饼等民俗饮食。省级非遗项目尖山石刻、何氏根雕等传统美术；还有县级非遗项目严氏眼科中医疗法、干栏式吊脚楼建造技艺、土家吊脚楼营造技艺、咸丰何氏根雕、彩扎传统技艺等。调查显示，咸丰县可挖掘的地理标志资源丰富，为地理标志商标注册保护提供了可持续发展的资源优势。

建议与对策：数据显示，咸丰县地理环境优渥，蕴藏着丰富的地理标志商标资源，可目前已注册的地理标志商标仅有两个。针对咸丰县地理标志情况提出几点建议：一是加大对当地特色产品的地理标志商标注册力度，借助与唐崖土司文化论坛学术交流，助推各个特色产业可持续发展；二是在已注册的小村红衣米花生地理标志品牌形象传播上，加强与民族院校开展校际合作与文化，充分发挥民族院校服务民族地区的责任与义务，对小村红衣米花生开展产品包装创意设计、文化创意开发、形象设计与传播等活动；三是对有待挖掘的特色产品展开摸底调查，特别是在非遗地理标志培育方面，对本县非遗情况进行全面摸底调查，登记造册，制定《咸丰县非遗地理标志情况普查报告》，有计划、有经费、有目的地开展非遗地理标志挖掘与注册保护发展工作，正确引导、培育帮扶，对符合地理标志商标注册条件的进行专门指导。

（7）地理标志扫描：建始县

区域简介：建始县位于鄂西南山区北部，临近长江干流，长江支流清江穿境而过。建始县版图形似蘑菇，全县总面积 2666.55 平方公里，总人口 49 万人，有汉族、土家族、苗族等 15 个民族。清江流域山羊重点产区和中国南方草场试验示范基地就建在此地，在国家大力支持下，建始县已是中国白肋烟重要种植基地，也是全省最大的山羊饲养基地。

自然环境：建始县属亚热带季风湿润型山地气候，还具有谷地气候、凸地气候、坡地暖带等多种小气候特征。主要有断陷盆地、断裂地带和丹霞地貌。主要河流有清江景阳河段、野三河、马水河、太阳河、东龙河、闸木水河、刀龙河、伍家河、猪耳河、火龙河等 10 条，全县已发现的有开采价值的矿藏有煤、硫、铁、硒、铅、锌、铀等 20 种，是中国南方最大的日本落叶松生产、科研基地县。

图 4-17　建始县区位图

人文环境：建始县有杀雄鸡祭祀青苗土地、打薅草锣鼓、祭鲁班的习惯。县内把老人亡故称为白喜，是一种特殊的"喜庆"，跳丧又叫打丧鼓、撒尔嗬、闹灵歌、撒忧祸、闹夜等，人们运用艺术手段，以"乐"的形式表达"哀"的内容，以此来怀念逝去的亲人，这种特殊的群众性祭祀舞蹈盛行

建始县占全州地理标志总数的3.1%

■ 建始县地理标志总数1件
■ 恩施土家族苗族自治州地理标志总数32件

图 4-18　建始县地理标志数据分析

于全县。境内菜肴独具地方特色，大体可分为酸、辣、干、咸四类。传统小吃有桃片糕、薯片、糍粑、米花糖、苞米花、干鲜果等。县内传统饮料有苞谷酒、绿茶。风景名胜古迹："巨猿洞"俗称"龙骨洞"，"石柱观"古称"蟠龙山朝真观"，民间以状名峰、以峰名观，县内还有花果坪古生物化石洞群、石通洞、古业州遗址、朝阳观、五阳书院、文庙等。

数据分析：截止到 2019 年 12 月，建始县已核准注册地理标志总数为 1 件，占全州的 3.1%。

商标类别：截止到 2019 年 12 月，建始县 1 件地理标志商标为：马坡茶。地理标志所涉及的商标类别有：30 类一个类别。

使用商品：茶叶。

表 4-8　建始县地理标志商标注册情况一览表

商标类别	使用商品	商标名称	商标注册人	注册号
30 类	茶	马坡茶	建始县三里乡农业技术服务中心	14577026

资源挖掘：建始县辖 6 个镇、4 个乡、368 个村 / 社区居民委员会。田野调查发现，建始县有待挖掘的地理标志商标资源主要有：关口葡萄、景阳鸡、花坪桃片糕、建始厚朴、建始猕猴桃、建南霉豆豉、景阳菊花石、景阳薄壳核桃、白肋烟、建始魔芋、三里油菜、景阳白柚、驯养野猪、花坪牡丹等；还有代陈沟神豆腐、土家十大碗等民俗饮食。省级非遗项目：建始花坪桃片糕制作技艺。调查显示，建始县可挖掘的地理标志资源丰富，为地理标志商标注册保护提供了可持续发展的资源优势。

建议与对策：数据显示，目前，建始县仅有马坡茶一件地理标志商标。针对建始县地理标志情况提出几点建议：一是建始马坡茶应在产品包装上对地理标志商标、企业商标等包装视觉要素加以重视和改善，加大对品牌形象的设计和塑造，加强品牌形象的规范性传播力度；二是当地相关部门应加大对特色产品的地理标志商标注册申报；三是对有待挖掘的特色产品展开摸底调查，特别是在非遗地理标志培育方面，对本县非遗情况进行全面摸底调查，登记造册，制定《建始县非遗地理标志情况普查报告》，有计划、有经费、有目的地开展非遗地理标志挖掘与注册保护发展工作，正确引导、培育帮扶，对符合地理标志商标注册条件的进行专门指导。

（8）地理标志扫描：鹤峰县

区域简介：鹤峰县位于湖北省西南部，恩施州的东南部，古称拓溪、容米、容阳，曾属容美立司治所管辖，1735年改土归流后先后设置为鹤峰州、鹤峰县。全县总面积2892平方公里，总人口27万人，政府驻地在容美镇。全县除民族区域自治的土家族、苗族以外，还有蒙古族、白族等少数民族。

图 4-19　鹤峰县区位图

自然环境：鹤峰县属大陆性季风湿润气候，境内地形西北高、东南低，多山间小盆地。境内流程大于3公里以上的河流、沟溪112条，分属澧水、清江和沅水三大水系；植被类型复杂，具有垂直分布的特征，主要有天麻、黄连、贝母、木瓜等；珍稀动物有大鲵、棘蛙、红腹角雉、红嘴相思鸟、麂。

人文环境：鹤峰民族文化底蕴丰厚，是巴文化发祥地之一，明清之际以"田氏诗派"为代表的文人

鹤峰县占全州地理标志总数的3.1%

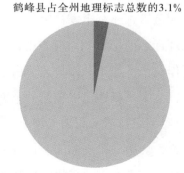

■ 鹤峰县地理标志总数1件
■ 恩施土家族苗族自治州地理标志总数32件

图 4-20　鹤峰县地理标志数据分析

创作使土家族文学得以发扬光大、盛传不衰。撒尔嗬、摆手舞、柳子戏、穿号子、四道茶、傩戏等民俗文化源远流长。鹤峰在新石器时代，土家族的先民容米部落就繁衍生息于此。唐宋以来，为容美土司领地。鹤峰还是土地革命战争时期的湘鄂边革命根据地之一，拥有国家级烈士陵园——满山红烈士陵园。

数据分析：截止到 2019 年 12 月，鹤峰县地理标志总数为 1 件，占全州的 3.1%。

商标类别：截止到 2019 年 12 月，鹤峰县 1 件地理标志商标为：鹤峰绿茶。地理标志所涉及的商标类别有：30 类共一个类别。

使用商品：茶叶。

表4-9　鹤峰县地理标志商标注册情况一览表

商标类别	使用商品	商标名称	商标注册人	注册号
30 类	茶	鹤峰绿茶	鹤峰县茶叶产业协会	9588598

资源挖掘：鹤峰县辖 6 乡、3 镇。田野调查发现，鹤峰县有待挖掘的地理标志商标资源主要有：鹤峰灰灰菜、鹤峰走马葛仙米、鹤峰香菇、鹤峰木瓜、鹤峰贝母、鹤峰走马木瓜、鹤峰薇菜、鹤峰竹节人参、鹤峰南渡江美人鱼等。还有土家社饭、土家公婆饼、鹤峰洋芋粑粑、嘞丢等民间饮食地理标志商标资源。调查中还发现鹤峰县有许多县级非遗项目：丝绢烙画制作技艺、红茶制作技艺、白茶制作技艺、布瓦制作技艺、木制品制作技艺、土家吊脚楼建造技艺、土家榨油技艺、食用淀粉制作技艺、家用竹（篾）器编织技艺、甜酒（糯米、苞谷醪糟）制作技艺、石雕（刻）技艺、烧艾灸、烧胎、兽皮傩面制作技艺、走马印印儿粑粑模子制作技艺、草编制作技艺、土家绣花鞋垫制作技艺、土家四道茶制作技艺、土家腊肉熏制技艺、咸盈河白酒酿造技艺、金阳豆豉制作技艺、化九龙水等民间非遗地理标志商标资源。调查显示，鹤峰县可挖掘的地理标志资源丰富，为地理

标志商标注册保护提供了可持续发展的资源优势。

建议与对策：数据显示，鹤峰县注册的地理标志商标仅有鹤峰绿茶 1 件，在地理标志商标资源上有待开发和挖掘。现针对鹤峰县地理标志情况提出几点建议：一是应加强对鹤峰县境内地理标志潜在商标资源注册上的扶持力度，加大特色产品的境外推广；二是地理标志协会及相关部门应加强对鹤峰绿茶的品牌宣传和形象传播；三是对有待挖掘的特色产品展开摸底调查，特别在非遗地理标志培育方面，对本县非遗情况进行全面摸底调查，登记造册，制定《鹤峰县非遗地理标志情况普查报告》，有计划、有经费、有目的地开展非遗地理标志挖掘与注册保护等发展工作，正确引导、培育帮扶，对符合地理标志商标注册条件的进行专门指导。

（9）地理标志扫描：五峰土家族自治县

区域简介：五峰土家族自治县是一个少数民族山区县。它位于湖北省西南部，邻近长江干流。全县总面积 2372 平方公里，政府驻地在渔洋关镇。总人口 19.84 万人，除土家族和汉族两大民族外，还居住有回族、苗族、满族等民族。2009 年被中国茶叶学会授予湖北省唯一的县级"中国名茶之乡"称号，成功跻身"湖北茶叶大县"行列。

自然环境：五峰土家族自治县属中亚热带湿润季风气候，全境皆为山区，属武陵山支脉，系喀斯特地貌。物种多样，有得天独厚的地理环境，五峰林业、水电、矿产、旅

图 4-21　五峰土家族自治县区位图

游等自然资源丰富，森林覆盖率高达81%。五峰是中国茶叶之乡，国家将五峰定为烟叶生产基地和中药材GAP示范基地，这使五峰的茶叶行业得以良好的持续发展。

人文环境：民间歌谣、故事、传说、原汁原味谚语，使五峰土家族自治县的人文充满了机趣与智慧。以刘德培为代表的民间文人被授予中国民间文艺首届"山花奖"终身成就奖，位居联合国教科文组织命名的"中国十大民间故事家"之首；五峰竹枝词堪称土家族文学百花园里的一枝独特而稀有的诗体，诗韵深厚；而南曲、吹锣鼓、满堂音更是被人们赞不绝口，被称为"曲坛三枝花"。堂戏、柳子戏、傩戏、皮影戏堪称中国戏剧"活化石"。五峰境内有柴埠溪国家森林公园、后河原始森林、白溢寨、长生洞、后河天门峡景区等，旅游资源丰富，洞穴和奇特象形山石为其主要景观。

数据分析：截止到2019年12月，五峰土家自治县地理标志总数为18件，占全市的25.3%。

商标类别：截止到2019年12月，五峰土家族自治县18件地理标志商标分别为：五峰烟叶、五峰红花玉兰、五峰苦荞、长乐空心李、傅家堰香蒜、白溢稻、香水村野茶、五峰香葱、五峰绿茶、五峰红茶、五峰红茶、五峰毛尖、五峰毛尖、白溢稻、五峰香菌、五峰五倍子、湾潭太白贝母、湾潭生漆。地理标志所涉及的商标类别有：34类、31类、30类、29类、5类、2类共六个类别。

使用商品：烟叶（烟丝）、自然花（红花玉兰）、苦荞、新鲜水

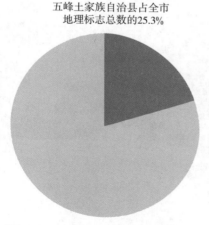

五峰土家族自治县占全市
地理标志总数的25.3%

■ 五峰土家族自治县地理标志总数18件

■ 宜昌市地理标志总数71件

图4-22 五峰土家族自治县地理标志数据分析

果（李子）、新鲜大蒜、大米、茶叶、调味品（干鲜菇）、干香菇、中药材（五味子）、中药材（贝母）、生漆等十二种。

表4-10　五峰土家族自治县地理标志商标注册情况一览表

商标类别	使用商品	商标名称	商标注册人	注册号	备注
34类	烟草、烟丝	五峰烟叶	五峰烟草种植协会	13563830	—
31类	红花玉兰（自然花）	五峰红花玉兰	五峰土家族自治县林业科学研究所	14565477	—
31类	苦荞	五峰苦荞	五峰特色食用作物产业协会	19026755	—
31类	新鲜水果（李子）	长乐空心李	五峰腰牌果蔬专业技术协会	19026754	—
31类	新鲜大蒜	傅家堰香蒜	五峰特色食用作物产业协会	22826275	—
30类	米	白溢稻	五峰白溢寨贡米产业协会	21456037	—
30类	茶	香水村野茶	五峰香水茶叶专业技术协会	21456038	—
30类	干香葱（调味品）	五峰香葱	五峰香葱协会	8488135	—
30类	茶叶	五峰绿茶	五峰土家族自治县茶叶专业经济协会	9901302	—
30类	茶	五峰红茶	五峰土家族自治县茶叶专业经济协会	17790712	—
30类	茶	五峰红茶	五峰土家族自治县茶叶专业经济协会	17790713	—
30类	茶	五峰毛尖	五峰土家族自治县茶叶专业经济协会	17790714	省级
30类	茶	五峰毛尖	五峰土家族自治县茶叶专业经济协会	17790715	—
30类	米	白溢稻	五峰白溢寨贡米产业协会	10831615	—
29类	干香菇	五峰香菌	五峰食用菌产业协会	14220385	—
5类	五倍子（中药材）	五峰五倍子	五峰五倍子产业协会	14543413	—
5类	贝母	湾潭太白贝母	五峰中药材生产服务中心	19026753	—
2类	生漆	湾潭生漆	五峰生漆产业研究所	26156266	—

资源挖掘：五峰土家族自治县辖 5 镇、3 乡、97 个行政村、11 个社区居委会。田野调查发现，鹤峰县有待挖掘的地理标志商标资源主要有：五峰魔芋、五峰白溢寨矿泉水、五峰白溢稻、五峰香葱、五峰烟叶、五峰土家腊肉、五峰土家妹情丝饼、五峰土家蒸肉等。还有县级非遗项目：五峰采花毛尖茶制作技艺、土家精细竹编技艺、宜红茶制作技艺等民间非遗地理标志商标资源。调查显示，五峰土家族自治县可挖掘的地理标志资源丰富，为地理标志商标注册保护提供了可持续发展的资源优势。

建议与对策：数据显示，五峰土家族自治县地理标志商标注册数量多，类别也多，在调查中了解到，五峰香葱现已不存在，名存实亡。现针对五峰土家族自治县地理标志情况提出几点建议：一是当地政府部门、地理标志协会对于已经注册了的地理标志商标应在品牌形象和品牌经营管理上予以重视，确保地理标志公共品牌的良性发展；二是对于销售市场范围较大的地理标志产品，应加强在产品包装形象、地理标志品牌形象上的设计与宣传，增加审美价值；三是对有待挖掘的特色产品展开摸底调查，特别在非遗地理标志培育方面，对本县非遗情况进行全面摸底调查，登记造册，制定《五峰土家族自治县非遗地理标志情况普查报告》，有计划、有经费、有目的地开展非遗地理标志挖掘与注册保护等发展工作，正确引导、培育帮扶，对符合地理标志商标注册条件的进行专门指导。

（10）地理标志扫描：长阳土家族自治县

区域简介：位于鄂西南山区、长江和清江中下游的长阳土家族自治县，是一个集老、少、山、穷、库于一体的特殊县份。全县总面积 3430 平方公里，总人口 49 万人，县政府驻地在龙舟坪镇。有土家族、汉族、苗族、满族、蒙古族、侗族、壮族等 23 个民族，其中土家族约占 51%。

自然环境：长阳地区光照充足，四季分明。因为土家族自治县属亚热带大陆性夏热潮湿气候区，温凉的高山气候使其出产的农产品都具有反季节的特性，火烧坪球白菜就是利用高山独特的气候特点生产出来的比较有代表性的反季节蔬菜。名贵稀有鱼类有：银鱼、美国叉尾鮰鱼等。鄂西大黑猪、清江白山羊为地方优良品种。境内有众多的山川、洞穴、温泉，森林覆盖率达65%以上，各类植物达到1400多种。已探明矿产地70余处，矿种30余种，占湖北省发现矿种的57%，矿藏储量丰富，品质高，地质条件优越，易于勘探和开采。煤炭业一直是长阳工业经济的重要支柱。

图 4-23　长阳土家族自治县区位图

人文环境：长阳是名副其实的"歌舞之乡"，以歌舞胜名的长阳山歌、长阳南曲、巴山舞被誉为"长阳文化三件宝"。长阳的旅游资源以清江为轴，呈线状分布，由丰富的自然资源和特殊的人文资源共同构成。20世纪90年代以来，随着国家对旅游业的逐步重视，湖北省开始对清江流域进行梯级开发，长阳境内形成了"一坝（隔河岩大坝）两库（隔河岩水库、高坝洲水库）"的独特景观，绵延数百公里的梯级长湖，犹如在清江游走的一幅风景画长廊，作为旅游行业的后起之秀，清江与神农架、武当山、长江三峡齐名，并被称为湖北四大甲级旅游资源区。"长阳人"遗址、清江百岛湖、中武当天柱山、武落钟离山、麻池古寨、巴王洞、香炉石夷城、盐池温泉以及传承久

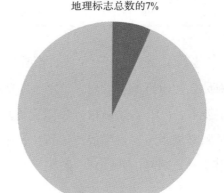

图 4-24　长阳土家族自治县地理标志数据分析

远的巴土文化和民俗风情，构成了长阳的旅游资源特色。现已形成九大特色资源景区。

数据分析：截止到 2019 年 12 月，长阳土家族自治县地理标志数为 5 件，占全市的 7%。

商标类别：截止到 2019 年 12 月，长阳土家族自治县 5 件地理标志商标分别为：长阳金栀、长阳蜜柑、长阳山羊、资丘木瓜、长阳生漆。地理标志所涉及的商标类别有 31 类、5 类、2 类共三个类别。

使用商品：植物（栀果）、新鲜水果（蜜柑）、活动物（山羊）、药材（木瓜）、漆（黑漆）五种。

表 4-11　长阳土家族自治县地理标志商标注册情况一览表

商标类别	使用商品	商标名称	商标注册人	注册号
31 类	栀果（植物）	长阳金栀	长阳金福红栀协会	14603285
31 类	蜜柑	长阳蜜柑	长阳巴人植物研究所	25493792
31 类	山羊（活动物）	长阳山羊	长阳土家族自治县现代草地畜牧业发展协会	21321842
5 类	木瓜	资丘木瓜	长阳土家族自治县资丘木瓜协会	8489491
2 类	漆、黑漆	长阳生漆	长阳经济林推广服务中心	19775318

资源挖掘：长阳土家族自治县辖 8 镇、3 乡、154 个行政村、4 个居民委员会。田野调查发现，长阳土家族自治县有待挖掘的地理标志商标资源主要有：长阳清江椪柑、长阳火烧坪包儿菜、长阳药材、长阳清江肉羊、长阳皱皮木瓜、长阳清江银鱼、长阳清江鱼、长阳高山辣椒、长阳清江白山羊、长阳高山西红柿、长阳牛蒡子、长阳百部根等。还有盆景根艺、清江奇石、炕洋芋、土家酱香饼等地理标志商标资源。县级非遗绿茶制作技艺、民间器乐制作技艺、绿茶制作技艺、土家吊脚楼营造技艺、刺绣、西兰卡普织锦、民间中医正骨疗法、传统中药文化等民间非遗地理标志商标资源。调查显示，长阳土家族自治县可挖掘的地理标志资源丰富，为地理

标志商标注册保护提供了可持续发展的资源优势。

建议与对策：数据显示，长阳蜜柑、长阳山羊属于长阳土家族自治县新增的地理标志商标。经过前期调查，现针对长阳土家族自治县地理标志情况提出几点建议：一是在申请地理标志商标注册的发展形势下，应着重加强对已注册地理标志商标的品牌经营管控，规范统一品牌的视觉形象；二是在长阳独特的清江旅游资源中，除了推广和传播地理标志商标品牌，还可以引荐其他特色产品，为潜在的地理标志商标发展蓄力；三是对有待挖掘的特色产品展开摸底调查，特别在非遗地理标志培育方面，对本县非遗情况进行全面摸底调查，登记造册，制定《长阳土家族自治县非遗地理标志情况普查报告》，有计划、有经费、有目的地开展非遗地理标志挖掘与注册保护等发展工作，正确引导、培育帮扶，对符合地理标志商标注册条件的进行专门指导。

（11）地理标志扫描：秭归县

区域简介：秭归县位于湖北省西部，长江西陵峡两岸，三峡工程大坝库首，是渝东鄂西的交通枢纽，长江上游的交通咽喉。全县总面积 2427 平方公里，总人口370788 人，县政府驻地在茅坪镇。秭归县名来源于《水经注》"屈原有贤姊，闻原放逐，亦来归，因名曰姊归"，"秭"由"姊"演变而来。秭归县先后获"中国最美外景

图 4-25　秭归县区位图

地""中国龙舟之乡"和"中国民间文化艺术之乡""中国诗歌之乡"等称号。

自然环境：秭归县属亚热带大陆性季风气候，境内是长江三峡山地地貌，山岗丘陵起伏，河谷纵横交错。土地资源利用类型复杂多样，且分

秭归县占全市地理标志总数的5.6%

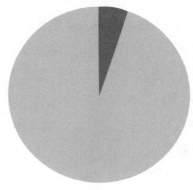

■ 秭归县地理标志总数4件

■ 宜昌市地理标志总数71件

图 4-26　秭归县地理标志数据分析

布不均匀。以农用地为主，且林地所占比重较大。人均拥有土地少，耕地更少。水利资源优势明显，数条水系形成以长江为主干的"蜈蚣"状水系。矿产资源勘探、开采种类多，储量都比较丰富。

人文环境：国家节庆办把秭归确定为屈原故里端午文化节的永久举办地，以"一个端午三次过""年小端午大"的独特习俗为载体，举办端午诗会、龙舟竞渡、民俗展示与体验等活动，向群众宣传端午文化，坚定文化自信。可移动文物主要涵盖了"兵书宝剑峡"悬棺、柳林溪遗址、朝天嘴遗址、东门头遗址等出土的一大批精美文物，是三峡考古的重要成果，具有重大的历史意义和宣传教育价值。

数据分析：截止到 2019 年 12 月，秭归县地理标志总数为 4 件，占全市的 5.6%。

商标类别：截止到 2019 年 12 月，秭归县 4 件地理标志商标分别为：秭归脐橙、秭归核桃、秭归白花桃、秭归薇菜。地理标志所涉及的商标类别有：31 类、29 类共两个类别。

使用商品：新鲜水果（脐橙）、新鲜干果（核桃）、新鲜水果（桃）、薇菜四种。

表 4-12　秭归县地理标志商标注册情况一览表

商标类别	使用商品	商标名称	商标注册人	注册号
31 类	脐橙	秭归脐橙	秭归县柑橘协会	3471533
31 类	新鲜干果（核桃）	秭归核桃	秭归县林业科学技术学会	14897777
31 类	桃（新鲜水果）	秭归白花桃	秭归县农牧生物技术研究所	21456029
29 类	薇菜（干蔬菜）	秭归薇菜	秭归县薇菜技术协会	22030519

资源挖掘：秭归县辖 12 个乡镇、8 个居委会、186 个行政村。田野调查发现，秭归县有待挖掘的地理标志商标资源主要有：秭归茅坪试刺大板栗、秭归桃叶橙、秭归夏橙、秭归屈乡丝绵茶、秭归九畹丝绵茶、秭归泄滩夏橙、秭归板栗、秭归猕猴桃等。还有秭归凉虾、秭归风味腊肉等民俗饮食地理标志商标资源。秭归县级非遗峡江木雕、中医传统制剂方法、秭归何氏膏药等民间非遗地理标志商标资源。调查显示，秭归县可挖掘的地理标志资源丰富，为地理标志商标注册保护提供了可持续发展的资源优势。

建议与对策：数据显示，秭归白花桃、秭归薇菜属于秭归县新增的地理标志商标，在已注册的地理标志商标中，秭归脐橙品牌知名度颇大，饱受市场好评。经过前期调查，现针对秭归县地理标志情况提出几点建议：一是地理标志协会应加强部门人员的分工，秭归脐橙发展势头较好，对其地理标志商标品牌应加强品牌各类资料管理和经营分析等；二是因已注册的地理标志商标皆为特色农产品，在品牌形象塑造和传播上应考虑到产品包装和宣传途径对自身品牌的影响力；三是对有待挖掘的特色产品展开摸底调查，特别在非遗地理标志培育方面，对本县非遗情况进行全面摸底调查，登记造册，制定《秭归县非遗地理标志情况普查报告》，有计划、有经费、有目的地开展非遗地理标志挖掘与注册保护等发展工作，正确引导、培育帮扶，对符合地理标志商标注册条件的进行专门指导。

4.湖北武陵非遗地理标志

荆楚大地，物华天宝，非物质文化遗产和地理标志资源极为丰富。截至 2018 年 5 月，湖北省获国家级、省级非物质文化遗产代表性项目 552 项，其中获国家级项目 127 项，获省级项目 425 项。

注册现状：湖北省非遗类地理标志商标仅有 14 件，其中国家级非遗类地理标志有 3 件，为武汉汉绣、黄梅挑花、恩施玉露。其中汉绣属 26

类（传统美术），黄梅挑花属 24 类、26 类（传统美术），恩施玉露属 30 类（绿茶制作技艺）；省级非遗类地理标志有 11 个，所涉及商标共 7 个类别，其中，传统美术有黄陂泥塑 20 类；传统技艺有红安大布 24 类，枝江布鞋 25 类，来凤姜 29 类，巴东五香豆腐干 29 类，伍家台贡茶 30 类，孝感米酒 33 类、房县黄酒 33 类、木子店老米酒 33 类，赤壁米砖茶 30 类、赤壁青砖茶 30 类。

非遗项目：《中华人民共和国非物质文化遗产法》将非物质文化遗产项目分为民间文学，传统音乐，传统舞蹈，传统戏剧，曲艺，传统体育、游艺与杂技，传统美术，传统技艺，传统医药，民俗十大门类，其中传统美术、传统技艺、传统医药三个大类与非遗类地理标志有关，表 4-13、表 4-14、表 4-15 仅列举了湖北武陵国家级、省级非遗项目。

表 4-13　湖北武陵国家级非遗项目一览表

类别	名称	申报地区或单位	传承人	备注
传统技艺	绿茶制作技艺（恩施玉露制作技艺）	湖北省恩施市	杨胜伟	注册

表 4-14　湖北武陵省级非遗项目一览表

类别	名称	申报地区或单位	传承人	备注
传统美术	木雕（利川木雕）	利川市	—	—
传统美术	石雕（尖山石刻）	咸丰县	—	—
传统美术	咸丰何氏根雕	咸丰县	—	—
传统美术	民间绣活（土家族苗族绣花鞋垫）	咸丰县、宣恩县	—	—
传统美术	竹编（宣恩竹编）	宣恩县	—	—
传统技艺	土家织锦"西兰卡普"	来凤县	—	—
传统技艺	酱菜制作技艺（凤头姜制作技艺）	来凤县	—	注册
传统技艺	五峰采花毛尖茶制作技艺	五峰土家族自治县	—	注册
传统技艺	干栏吊脚楼建造技艺	咸丰县	—	—
传统技艺	蒸馏酒传统酿造技艺（三峡老窖酒传统酿造技艺）	巴东县	—	—

类别	名称	申报地区或单位	传承人	备注
传统技艺	绿茶制作技艺（恩施玉露制作技艺、宣恩伍家台贡茶制作技艺）	恩施市、宣恩县	—	注册
传统技艺	豆制品制作技艺（利川柏杨豆干制作技艺、巴东五香豆干制作技艺）	利川市、巴东县	—	注册
传统技艺	油茶汤制作技艺	咸丰县、来凤县	—	—
传统技艺	漆筷制作技艺（来凤漆筷制作技艺）	来凤县	—	—
传统技艺	制漆技艺（坝漆制作技艺）	利川市	—	—
传统医药	严氏眼科中医疗法	咸丰县	—	—

湖北武陵国家级、省级非遗项目一览表显示，湖北武陵非遗类地理标志在非遗项目门类传统美术、传统技艺、传统医药三个大类中，国家级、省级仅涉及传统技艺一个门类，包括：国家级1件（恩施玉露）、湖北省级5件（凤头姜制作技艺、五峰采花毛尖、恩施玉露、宣恩伍家台贡茶、巴东五香豆干制作技艺），涉及商标注册类别有：30类茶叶、29类豆制品。

表 4-15　湖北武陵国家级、省级非遗项目一览表

等级	类别	名称	申报地区或单位	传承人	类别
国家级	传统技艺	绿茶制作技艺（恩施玉露制作技艺）	恩施市	杨胜伟	30类
省级	传统技艺	酱菜制作技艺（凤头姜制作技艺）	来凤县	—	29类
省级	传统技艺	五峰采花毛尖茶制作技艺	五峰土家族自治县	—	30类
省级	传统技艺	绿茶制作技艺（恩施玉露制作技艺、宣恩伍家台贡茶制作技艺）	恩施市、宣恩县	—	30类
省级	传统技艺	豆制品制作技艺（巴东五香豆干制作技艺）	巴东县	—	29类

趋势预测：综上所述，截止到2019年12月，湖北省地理标志总数为435件，湖北武陵非遗地理标志5件，占湖北省地理标志总数的1.15%；

截止到 2019 年 12 月，湖北武陵地理标志统计数据为 59 件，其中非遗地理标志 5 件，占该地区地理标志总数的 8.47%；截止到 2018 年 5 月，湖北武陵国家级、省级非遗项目合计 24 项，其中国家级（传统技艺 1 项）、省级（传统美术 5 项、传统技艺 17 项、传统医药 1 项），其中非遗地理标志 5 件，占湖北武陵非遗项目总数的 20.8%；截止到 2018 年 5 月，湖北省国家级、省级非遗项目总数为 552 项，其中湖北武陵国家级、省级非遗项目合计 24 项，占全省非遗总数的 4.3%，湖北武陵非遗地理标志 5 件，占全省非遗总数的 0.91%。

数据分析显示，湖北武陵市（州）级、县（市）级非遗项目 89 项，有 6 项升为国家级、省级，占湖北武陵非遗项目总数的 6.74%；其余 83 项中非遗类地理标志为零。不难发现，湖北武陵非遗地理标志仍主要集中在国家级、省级这两级非遗项目中。

调研中发现，湖北武陵市县级对非遗项目生产性转换，以及开发利用等意识淡薄、困难重重，很难形成产业。这些问题成为湖北武陵非遗地理标志发展的主要制约因素。但是，湖北武陵非遗类地理标志商标资源仍存量巨大，特别在"传统美术、传统技艺"这两个门类，以及少量"传统音乐、传统医药"等衍生门类，还有其他衍生的商标类别可以扩展，这表明湖北武陵非遗地理标志注册保护有较大的上升空间。

综上分析，可以预测，随着人们对地理标志和非物质文化遗产挖掘、保护和利用等意识的不断提升，湖北武陵非遗类地理标志商标发展将呈现好的前景。

二、潇湘五化　湖南武陵

"潇湘五化"是湖南省委省政府制定全省经济发展战略时，在政策文件、宣传报道中使用频次较高的关键词汇。湖南亦称"潇湘"，在本节中以"潇湘五化"为名，其既表明地域文化特色，又富含新时期"五化"建设之意。

1. 湖南武陵区域位置

湖南省位于我国的中南部、长江中游南部、洞庭湖之南，其东临江西，西接重庆、贵州，南毗广东、广西，北与湖北相连。因地处洞庭湖以南，故称"湖南"。湖南自古盛植木芙蓉，五代时就有"秋风万里芙蓉国"之说，因此又有"芙蓉国"之称。

图 4-27　湖南省区域位置及下辖武陵民族地区县市区位图

湖南因省内最大河流湘江流贯全境而简称"湘"，其省会驻长沙市，下辖 13 个市、1 个自治州（122 个县、市、区）。

湖南省武陵民族地区主要包括怀化市 12 个市县（区）、邵阳市 8 个

县、湘西土家族苗族自治州 8 个县、张家界市 4 个市县（区）、娄底市 3
个县、益阳和常德市各 1 个县。其中怀化市有：靖州苗族侗族自治县（靖
州县）、洪江市、新晃侗族自治县（新晃县）、芷江侗族自治县（芷江县）、
麻阳苗族自治县（麻阳县）、辰溪县、沅陵县、会同县、通道侗族自治县
（通道县）、怀化市（鹤城区、中方县）、溆浦县；邵阳市有：隆回县、邵阳
县、武冈市、新宁县、绥宁县、新邵县、城步苗族自治县（城步县）、洞
口县；湘西土家族苗族自治州有：泸溪县、凤凰县、古丈县、保靖县、龙
山县、吉首市、花垣县、永顺县；张家界市有：桑植县、张家界（武陵源、

图 4-28　湖南武陵民族地区县市区位图

永定区）、慈利；娄底市有：涟源市、新化县、冷水江市；益阳市有：安化县；常德市有：石门县。

2. 湖南武陵地理标志分布

截止到 2019 年 12 月，湖南省地理标志商标总数为 150 件，湖南省所辖武陵民族地区地理标志商标总数为 65 件，其各县市地理标志商标分布情况分别为：常德市 2 件（石门县 2 件）；怀化市 18 件（辰溪县 2 件、洪江市 3 件、靖州苗族侗族自治县 3 件、麻阳苗族自治县 3 件、新晃侗族自治县 1 件、沅陵县 2 件、芷江侗族自治县 3 件、溆浦县 1 件）；娄底市 5 件（涟源市 2 件、新化县 3 件）；邵阳市 11 件（武冈市 8 件、邵阳县 1 件、隆回县 2 件）；益阳市 5 件（安化县 5 件）；张家界市 5 件（张家界永定区 3 件、桑植县 2 件）；湘西土家族苗族自治州 19 件（湘西土家族苗族自治州 4 件、保靖县 1 件、凤凰县 4 件、古丈县 3 件、吉首市 1 件、龙山县 5 件、泸溪县 1 件）。

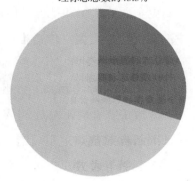

湖南武陵民族地区县（市）占全省地理标志总数的43.3%

■ 湖南武陵民族地区地理标志总数65件

湖南省地理标志总数150件

图 4-29　湖南武陵地理标志数据分析

3. 湖南武陵地理标志扫描

截止到 2019 年 12 月，湖南省地理标志总数为 150 件，湖南武陵民族地区地理标志总数 65 件，占全省地理标志总数的 43.3%。其中：怀化市总数为 18 件，占全省地理标志总数的 12%，位居全省第二；邵阳市总数为 11 件，占全省地理标志总数的 7.3%，位居全省第三；湘西土家族苗族

自治州总数为 19 件，占全省地理标志总数的 12.7%，位居全省第一；张家
界市总数为 5 件，占全省地理标志总数的 3.3%，并列全省第四；娄底市总
数为 5 件，占全省地理标志总数的 3.3%，并列全省第四；益阳市总数为 5
件，占全省地理标志总数的 3.3%，并列全省第四；常德市总数为 2 件，占
全省地理标志总数的 1.3%，位居全省第七。下面以田野调查为基础，分
别对湖南武陵民族地区 37 个县市中的 25 个县市地理标志进行多维度扫描，
以期更全面地了解和把握具体情况。为助推湖北武陵地理标志申请注册保
护、文化价值挖掘、传播推广、交流学习、协同发展提供有价值的参照。

（1）地理标志扫描：靖州县

区域简介：靖州苗族侗族自治县是湖南省怀化市少数民族聚集地之
一。旧石器时期，这里就有人类居住，从先秦时期开始，经历几朝几代
后，1959 年与通道县合并，称为"通道侗族自治县"，随后几年地域划分，
靖州苗族侗族自治县就遂属怀化市。历史上中原与其他地区经济和文化都
是通过靖州进行交往，地理位置的四通八达使靖州有"黔楚门户"和"湘
桂孔道"称号。靖州交通方便，是湘、黔、桂三省边境地区的重要交通枢
纽及各类物资的集散中心。靖州少数民族众多，但以苗族和侗族为主，在
20 万人口中，苗族、侗族人口占整个人口的 74.4%。

自然环境：靖州地处云贵高原斜坡地带，纵横交错的地理环境使这里山峦丛林连绵、丘陵盆地相连。特殊的自然环境造成的山地多、平地少，对原生态植被和野生动植物生长极为有利。天时、地利的良好条件使靖州当地出产了许多家喻户晓的水果和植物，猕猴桃、

图 4-30　靖州苗族侗族自治县区位图

血橙、杨梅等水果珍品声名远扬。山林间植物长势极旺，收成较好，品种优良的核桃、五倍子、香菇、木耳和山林的药用食物茯苓、天麻、玉兰片等产品闻名遐迩，特别是品牌产品木桐杨梅和八龙油板栗获得人们的喜爱，供不应求的产品使靖州有着"杨梅和板栗之乡"的称号。因地质构造以断层和褶皱为主的因素，成矿条件比较优越，境内孕育着丰富的地下矿藏，煤、铁、铜、锰等数十种珍稀矿产已被探明开发。

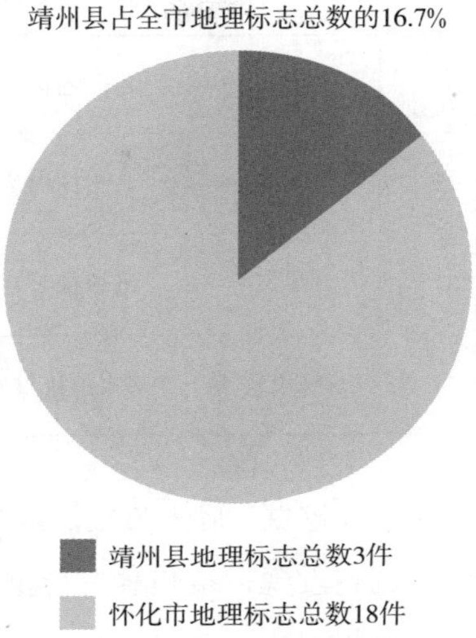

靖州县占全市地理标志总数的16.7%

■ 靖州县地理标志总数3件
■ 怀化市地理标志总数18件

图 4-31　靖州县地理标志数据分析

人文环境：靖州的苗族、侗族和瑶族等属土著民族，与五千多年前的"九黎"和尧、舜、禹时期的"三苗"以及周时期的"荆楚"和古百越民族有着一脉相承的关系。苗侗族流传着许多的民族文化与风俗，如芦笙节、姑娘节、文化节、酒令歌和苗族歌鼟等都是当地人流传至今的风土民情。2006 年苗族歌鼟入选国家首批非物质文化遗产名录，它是苗族民间一种独具韵味的多声部民歌形式。截至 2016 年，靖州县共有各类旅游资源 57 处，对外开放重点景区 7 处，国家 AAA 级景区 5 处，省级风景名胜区 1 处，省级生态旅游示范区 1 处，省级五星级乡村旅游服务 2 家。主要景观有飞山景区、地笋苗寨、岩脚侗寨、排牙山森林公园文峰塔。

数据分析：截止到 2019 年 12 月，靖州县地理标志总数为 3 件，占全市 16.7%。

商标类别：截止到 2019 年 12 月 12 日，靖州县 3 件地理标志商标分别为：靖州杨梅、靖州山核桃、靖州茯苓。地理标志所涉及的商标类别有：31 类一个类别。

使用商品：杨梅、新鲜山核桃、茯苓三种。

表 4-16　靖州县地理标志商标注册情况一览表

商标类别	使用商品	商标名称	商标注册人	注册号
31 类	杨梅	靖州杨梅	靖州苗族侗族自治县杨梅专业协会	11892896
31 类	茯苓	靖州茯苓	靖州苗族侗族自治县茯苓专业协会	8918561
31 类	新鲜山核桃	靖州山核桃	靖州苗族侗族自治县山核桃专业协会	22740635

资源挖掘：靖州苗族侗族自治县下辖 5 个乡、6 个镇、1 个国有林场。田野调查发现，靖州县有待挖掘的地理标志商标资源主要有：靖州雕花蜜饯、靖州蜜饯、靖州木洞杨梅、靖州高山苗米、靖州八龙油板栗、靖州绣花鞋、靖州药食用菌、靖州血橙、靖州杨梅酒等。还有靖州苗族木构建筑营造技艺、靖州苗族织锦、靖州雕花蜜饯制作技艺、靖州苗家糯米饭、靖州苗侗热油茶等地理标志商标资源。调查显示，靖州县特色资源丰富，为地理标志商标注册保护提供了可挖掘的资源优势。

建议与对策：数据显示，靖州县在地理标志商标注册保护方面的工作具有一定成效，从所蕴藏的地理标志及非遗项目来看，其地理标志资源挖掘潜力极大。对靖州县地理标志发展情况提出几点建议：一是妥善经营已注册成功的地理标志产品，对新增的地理标志商标品牌加以扶持引导，可充分利用靖州县旅游产业等多方渠道进行推广和宣传；二是靖州县地理标志商标主要发展空间在新鲜水果及植物方面，应加大对这些地理标志公共品牌使用管理、文化价值挖掘、形象塑造与传播、商标维权等方面的重视；三是对有待挖掘的特色产品展开摸底调查，特别在非物质文化遗产方面，对靖州县非遗情况进行全面摸底调查，登记造册，制定《靖州县非遗地理标志情况普查报告》，有计划、有经费、有目的地开展地理标志发展工作，正确引导、培育、帮扶，对符合地理标志商标注册条件的进行专门指导。

（2）地理标志扫描：洪江市

区域简介：洪江市是湖南省怀化市代管的一个小城，地理环境因受云贵高原东部边缘雪峰山区的影响，东南面高，西北面低。山地夹带着丘陵与河谷平原紧紧相连，东南部的山地海拔在四百米以上，最高峰为苏宝顶，中部的安洪江谷盆地的地势低凹平坦。洪江市的总面积 2173.54 平方公里，下辖 25 个乡镇、316 个行政村、26 个居委会。

图 4-32 洪江市区位图

全市总人口 435651 人，少数民族占全市总人口的 10.67%，是多个民族聚集居住的地方，目前有侗族、苗族、瑶族、回族、土家族等 20 个少数民族，深渡苗族乡与龙船塘瑶族乡两个民族乡也在此地。

自然环境：中亚热带季风气候区中的洪江市是个冬天没有严寒、夏天没有酷暑的地方，光热资源丰富和雨量充沛使当地的农作物生长特别旺盛，洪江既是杂交水稻的发源地，也是中国冰糖橙的故乡。全市土地总面积 2164.4 平方公里，矿产种类有 20 余种，矿床及矿点 38 处，主要矿产有重晶石、黄金、水泥石灰石、石灰石、耐火黏土、磷、电石、铜等，黄金等矿产位居全省前 5 名；境内有大小河流 327 条，河流总长度 596 公里，年平均降水总量 32.2 亿立方米。因为天然的绿色环境较好，在 2019 年被誉为

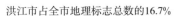

洪江市占全市地理标志总数的16.7%

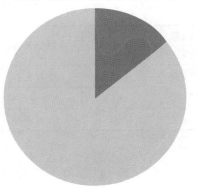

■ 洪江市地理标志总数3件
  怀化市地理标志总数18件

图 4-33 洪江市地理标志数据分析

"中国天然氧吧"称号。

人文环境：悠久的历史成就了今天的洪江。洪江在战国时属楚地，秦为黔中郡地，西汉高帝五年（公元前202）属武陵郡。在这个有千余年历史的古城，随处可见幽深的青石小巷和一座座静谧的窨子屋，每年的三月三这里都会举办隆重的女儿节，当地人采摘兰花草和麻叶、地荠菜沐浴来祛病驱邪，用荠菜煮鸡蛋、做蒿菜饭的独特风俗流传至今。洪江市的民间工艺品众多，如作婚寿喜庆贺礼的镜屏、用竹编制的工艺品、用木头雕制的装饰物、用彩色花纸剪制出来的剪纸艺术品和刺绣出的精美图案等，无不体现出洪江人的勤劳与智慧。主要景点有黔阳古城、沅神湾旅游度假区、雪峰山风景名胜区。

数据分析：截止到2019年12月，洪江市地理标志总数为3件，占全市的16.7%。

商标类别：截止到2019年12月12日，洪江市3件地理标志商标分别为：托口生姜、大崇金秋梨、沙湾香柚。地理标志所涉及的商标类别有：31类一个类别。

使用商品：生姜、梨、柚子三种。

表4-17　洪江市地理标志商标注册情况一览表

商标类别	使用商品	商标名称	商标注册人	注册号
31类	生姜	托口生姜	洪江市托口生姜协会	10744624
31类	梨	大崇金秋梨	洪江市大崇金秋梨协会	11099961
31类	柚子	沙湾香柚	洪江市沙湾香柚协会	17656119

资源挖掘：洪江市下辖25个乡镇、316个行政村、26个居委会。田野调查发现，洪江市有待挖掘的地理标志商标资源主要有：洪江黔阳冰糖橙、洪江黔阳脐橙、洪江黔阳大红甜橙、洪江雪峰山鱼腥草、洪江雪峰乌骨鸡、洪江安江冰糖柚、洪江血粑鸭、洪江安江香柚鸭血粑、洪江

红烧狗肉、洪江米粉等。还有洪江黔阳剪纸、洪江黔阳竹艺、洪江刺绣、洪江托口生姜、洪江黔城花篮、洪江芙蓉楼古根雕、洪江深渡凉席等。还有洪江雪峰山锅粉制作技艺、洪江甜酱制作技艺、洪江沅河黑陶烧制技艺、洪江湾溪石刻杉制木盆工艺、洪江古商城草龙、洪江洪油工艺、洪江苗族木构建筑营造技艺等民间非遗地理标志商标资源。调查显示，洪江市特色资源丰富，为地理标志商标注册保护提供了可挖掘的资源优势。

建议与对策：数据显示，洪江市在地理标志商标注册保护方面居全市前列，表明其工作具有一定成效，从所蕴藏的地理标志及非遗项目来看，其地理标志资源挖掘潜力极大。对洪江市地理标志发展情况提出几点建议：一是妥善经营已注册成功的地理标志产品，对新增的地理标志商标品牌加以扶持引导，可充分利用洪江市旅游产业等多方渠道进行推广和宣传；二是洪江市地理标志商标主要发展空间在新鲜水果及植物方面，应加大对这些地理标志公共品牌使用管理、文化价值挖掘、形象塑造与传播、商标维权等方面的重视；三是对有待挖掘的特色产品展开摸底调查，特别在非物质文化遗产方面，对洪江市非遗情况进行全面摸底调查，登记造册，制定《洪江市非遗地理标志情况普查报告》，有计划、有经费、有目的地开展地理标志发展工作，正确引导、培育、帮扶，对符合地理标志商标注册条件的进行专门指导。

（3）地理标志扫描：新晃县

区域简介：新晃侗族自治县历史比较悠久，从唐贞观八年开始就有对此地的记载，名为夜郎县，后经历几个朝代的多次改名，于1956年经国务院批准成立为侗族自治县后称为新晃县，它是湖南省怀化市区域的县城，总面积为1508平方公里，27万的总人口中共有26个民族，少数民族占总人数的86.7%，而其中侗族人数多达总人数的80%。新晃县位于湖南省的最西部，从版图上来看，它处于湖南"人头形"的"鼻尖上"。

图 4-34　新晃侗族自治县区位图

自然环境：新晃县地理环境特殊，境内的地貌多种多样，但以山地为主，84.11％的山地面积使境内山峦叠嶂，溪河纵横。新晃四季分明的自然气候使当地的春冬温度较低，寒冷多变，但时间较短；夏季和秋季多旱，但境内的两百多条溪河和经常下雨等原因使当地的森林覆盖率达67.5％，特别适宜当地的农作物和野生动植物的生长。右旋龙脑樟是新晃林地的重要资源，它呈群落地分布在新晃境内，是目前国内仅有的树种源地。新晃仙人桥是当地比较有代表性的风景胜地，飞溅的古洞瀑布、翠绿的芳草、幽深的溪壑、对峙的山峰与悬架沟上的石块堆在雾气迷蒙中若隐若现，使人们望而止步又不舍离开。在新晃境内有许多如仙人桥这样历经风蚀作用后而形成的景观，有的雄壮，有的上面山花摇曳，给人以神秘的感觉。

新晃县占全市地理标志总数的5.6%

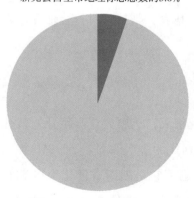

■ 新晃县地理标志总数1件
■ 怀化市地理标志总数18件

图 4-35　新晃县地理标志数据分析

人文环境：从唐贞观八年开始设为夜郎县的新晃县经过历史的沧海桑田，积淀了厚重的侗文化和夜郎文化。与原始时期的稻作共存的傩文化至今都保存完好，傩戏又叫"咚咚推"，通过舞蹈加之各种地方乐器的伴奏，原始而粗犷、神秘而绮丽，将儒、释、道合而为一，极富特色地呈现出来，傩戏已列入国家首批非物质文化遗产保护名录。黄牛文化是当地人们千百年来传承下来的爱牛、惜牛和敬牛的民风和民俗，当地人将农历四月初八定为牛的生日，这天牛不用劳动，能吃到青嫩的草食还加喂米酒和米饭，并给牛全身进行清理刷毛等。每年农历的三月三、六月六和九月九以及其他的重大节日，都能在新晃看到斗牛赛、咏牛的诗词与以牛为中心的丰富多彩的民风民俗，体现出新晃人与牛的不解之缘的传统。

数据分析：截止到 2019 年 12 月，新晃县地理标志总数为 1 件，占全市的 5.6%。

商标类别：截止到 2019 年 12 月 12 日，新晃县 1 件地理标志商标为：新晃黄牛。地理标志所涉及的商标类别有：31 类共一个类别。

使用商品：黄牛 1 种。

表 4-18　新晃县地理标志商标注册情况一览表

商标类别	使用商品	商标名称	商标注册人	注册号
31 类	黄牛	新晃黄牛	新晃侗族自治县牛业协会	9552808

资源挖掘：新晃县下辖 9 个镇、2 个民族乡。田野调查发现，新晃县有待挖掘的地理标志商标资源主要有：新晃五倍子蜂蜜、新晃龙脑、新晃侗藏红米、新晃娃娃鱼、新晃干牛肉、新晃黄牛肉、新晃夜郎丹、新晃夜郎贡烟、新晃锅巴粉、新晃凉伞干豆腐、新晃天麻、新晃牛肉干、新晃腊肉、新晃薯粉、新晃刺梨等。还有新晃侗布织染工艺、新晃糯米酸鱼、新晃大榜飞腿等民间非遗地理标志商标资源。调查显示，新晃县特色资源丰富，为地理标志商标注册保护提供了可挖掘的资源优势。

建议与对策：数据显示，新晃县在地理标志商标注册保护方面的工作具有一定成效，从所蕴藏的地理标志及非遗项目来看，其地理标志资源挖掘潜力极大。对新晃县地理标志发展情况提出几点建议：一是妥善经营已注册成功的地理标志产品，对新增的地理标志商标品牌加以扶持引导，可充分利用新晃县旅游产业等多方渠道进行推广和宣传；二是新晃县地理标志商标主要发展空间在新鲜水果及植物方面，应加大对这些地理标志公共品牌使用管理、文化价值挖掘、形象塑造与传播、商标维权等方面的重视；三是对有待挖掘的特色产品展开摸底调查，特别在非物质文化遗产方面，对新晃县非遗情况进行全面摸底调查，登记造册，制定《新晃县非遗地理标志情况普查报告》，有计划、有经费、有目的地开展地理标志发展工作，正确引导、培育、帮扶，对符合地理标志商标注册条件的进行专门指导。

（4）地理标志扫描：芷江县

区域简介：抗战胜利的喜悦使人们牢牢记住了芷江，此地因是中国抗战胜利的洽降地，故声名远扬，全称为芷江侗族自治县。它所在的芷江镇和怀化市算得上是近邻，仅相距39公里。芷江县较为特殊的地理环境被人们称为"滇黔门户、黔楚咽喉"。芷江少数民族较多，共有14个民族在此地长期居住，民俗文化以侗族为主，此地的侗族人口比例较大，占整个县总人口的50.56%。

自然环境：芷江的地貌主要是以平地、岗地及丘陵、山地为主，因受武陵山系的影响，地形由北和西向东南倾斜，中间自然而然地形成内陷

图4-36　芷江侗族自治县区位图

的凹形山间盆地。芷江的气候多雨潮湿，四季较分明，充沛的雨量和充足的阳光使当地土地肥沃，林果与农作物生长较好。象狮坡森林公园是当地自然环境的一个缩影，天然形成的层峦叠嶂，林树茂密，穿梭其间的山势平缓，山不相依，目前象狮坡森林公园为国家AA级旅游景区。"五溪蛮在"是中国十大最美小城，这

里有着被人们称为"形似神农架、神如九寨沟"的小九寨五郎溪三道坑风景区，每年夏天令人神往的明山叠翠及茅丛河漂流、如诗如画的舞水生态长廊、乡土气息浓厚的蟒湖山水人家等将此地点缀得风光无限。

人文环境：两百多年的城西河岸有一座天后宫，是国内保存至今规模最大的妈祖庙。相传，在宋代有个叫默娘的女子精通医术，又熟知水性。常常为人治病，拯救触礁遇难的船只，人们亲切地称之为妈祖，流传至今的"通贤灵女"

芷江县占全市地理标志总数的16.7%

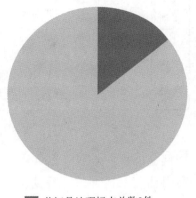

■ 芷江县地理标志总数3件
　怀化市地理标志总数18件

图 4-37　芷江县地理标志数据分析

被敬奉为能救众生于苦难的女神，对她的信仰遍及世界各地，前来朝圣的人络绎不绝。整个庙内的古代建筑和浮雕艺术保存完好，栩栩如生的精湛雕刻有着极高的观赏与文物价值，芷江的天后宫已被定为省级文物保护单位。在芷江的侗族人对建房很讲究，他们信"风水"，会选择后背有山、前面有地的地形来建造居住地，而"屋后不建仓，屋前不建圈"是他们建屋中的大禁忌。芷江的人文环境以侗族和苗族习俗为主，未婚男女以"行歌坐夜"来歌定终身，双方在月圆之夜用唱歌的方式进行交流，男孩子带着糖果，女孩子带着糍粑，边唱边吃，互赠信物。

数据分析：截止到 2019 年 12 月，芷江县地理标志总数为 3 件，占全市的 16.7%。

商标类别：截止到 2019 年 12 月 12 日，芷江县 3 件地理标志商标分别为：芷江鸭（活鸭）、芷江鸭（鸭肉）、芷江绿壳鸡蛋。地理标志所涉及的商标类别有：31 类、29 类共两个类别。

使用商品：活鸭、鸭肉、鸡蛋三种。

表 4-19 芷江县地理标志商标注册情况一览表

商标类别	使用商品	商标名称	商标注册人	注册号
31 类	活鸭	芷江鸭	芷江侗族自治县芷江鸭研究会	5084394
29 类	鸭肉	芷江鸭	芷江侗族自治县芷江鸭研究会	6491547
29 类	鸡蛋	芷江绿壳鸡蛋	芷江县大洪山乡绿壳鸡蛋专业合作协会	4382119

资源挖掘：芷江县下辖 5 个镇、23 个乡。田野调查发现，芷江县有待挖掘的地理标志商标资源主要有：芷江雪峰山鱼腥草、芷江马头羊、芷江高山葡萄、芷江藕心香糖、芷江白蜡等。还有芷江石雕（沅洲石雕）、芷江酸萝卜、芷江辣白菜、芷江小葱鲜鱿芋头饼、芷江酸辣红烧羊肉、芷江葱把鸭、芷江侗布织染工艺、芷江蝴蝶画等地理标志商标资源。调查显示，芷江县特色资源丰富，为地理标志商标注册保护提供了可挖掘的资源优势。

建议与对策：数据显示，芷江县在地理标志商标注册保护方面的工作有一定成效，从所蕴藏的地理标志及非遗项目来看，其地理标志资源挖掘潜力极大。对芷江县地理标志发展情况提出几点建议：一是妥善经营已注册成功的地理标志产品，对新增的地理标志商标品牌加以扶持引导，可充分利用芷江县旅游产业等多方渠道进行推广和宣传；二是芷江县地理标志商标主要发展空间在新鲜水果及植物方面，应加大对这些地理标志公共品牌使用管理、文化价值挖掘、形象塑造与传播、商标维权等方面的重视；三是对有待挖掘的特色产品展开摸底调查，特别在非物质文化遗产方面，对芷江县非遗情况进行全面摸底调查，登记造册，制定《芷江县非遗地理标志情况普查报告》，有计划、有经费、有目的地开展地理标志发展工作，正确引导、培育、帮扶，对符合地理标志商标注册条件的进行专门指导。

（5）地理标志扫描：麻阳县

区域简介：麻阳苗族自治县位于湖南省的西部边陲、南部的湘西、西北部的怀化市，地处于雪峰山与武陵山脉之间的麻阳县独有的特殊地理环境，原生态良好，境内山川秀丽，水资源丰富，天然形成的生态磁化场和净化池让生活在这里的人们神清气爽，是大家公认的"中国长寿之乡"。总面积1561平方公里的土地上生活着多个民族，汉族、苗族、土家族和侗族人民长期和谐相处。苗族人是这里的大族，占全县总人口的78.8%。

图4-38　麻阳苗族自治县区位图

自然环境：三面群山并列的麻阳地区，呈现出筲箕状的地貌环境。丘陵为主兼有平地、山岗等，麻阳县土地资源面积广泛，森林覆盖率达56.48%，绿植茂盛，农作物有粮食、油菜和水果等，以种植柑橘、花生、红薯和烟叶为主。麻阳境内的水资源也极其丰富，历来就有"松柏参天无尽头，山高水清常年流"的美称。两百多条大小溪河，流域面积1500多平方公里。麻阳山地是野生动植物的天堂，有利的生长环境使境内拥有树种500多种，覆盖90多个科，国家保护的珍贵树种有28种，如云山伯乐、银可、香果树等，野生动物有20多种。每到收获季节，麻阳县境内就能看到一层层青黄交错的梯田和漫山遍野的柑橘。每年都会有摄影爱好者被麻阳的自然风景所吸引，在这里流连忘返。

人文环境：盘瓠文化有着悠久的历史，而麻阳的盘瓠祭已流传了上千年，

麻阳县占全市地理标志总数的16.7%

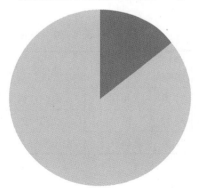

■ 麻阳县地理标志总数3件
□ 怀化市地理标志总数18件

图4-39　麻阳县地理标志数据分析

每年的农历五月举行，当地人以恭请盘瓠庙中龙头及龙船下水的形式举办隆重的仪式，通过拜神、游神和请神来祈求得到神灵的护佑。这种传统风俗已在 2006 年被列入湖南省第一批非物质文化遗产名录，当地的盘瓠文化民俗村被湖南省苗学会命名为"盘瓠文化研究基地"。与盘瓠祭同样被列入湖南省第二批非物质文化遗产名录的还有麻阳花灯戏，这一戏种来自域外，早在唐朝就开始盛行，它既有江南小调的柔和又有当地山歌的直率和傩愿歌的悲壮，并带有苗歌的泼辣，热烈欢快的独特风格深受麻阳人民的喜爱。麻阳人民世代心灵手巧，为后人民留下了许多精湛的民间工艺，如蜡染、剪纸、雕花、泥塑、挑花、刺绣、绘画等。麻阳作为一种区域性的苗族文化风俗特色，是苗族人古老历史文化的遗存，它为华夏五千年文化完整的传承和发展作出了巨大贡献。

数据分析：截止到 2019 年 12 月，麻阳县地理标志总数为 3 件，占全市的 16.7%。

商标类别：截止到 2019 年 12 月 12 日，麻阳县 3 件地理标志商标分别为：麻阳柑橘、麻阳白鹅、麻阳小籽花生。其地理标志所涉及的商标类别有：31 类一个类别。

使用商品：柑橘、活鹅、新鲜花生三种。

表 4-20 麻阳县地理标志商标注册情况一览表

商标类别	使用商品	商标名称	商标注册人	注册号
31 类	柑橘	麻阳柑橘	麻阳苗族自治县柑橘协会	2016493
31 类	活鹅	麻阳白鹅	麻阳苗族自治县养鹅协会	13171359
31 类	新鲜花生	麻阳小籽花生	麻阳苗族自治县小籽花生协会	15779897

资源挖掘：麻阳县下辖 11 个乡、7 个镇。田野调查发现，麻阳县有待挖掘的地理标志商标资源主要有：麻阳猕猴桃、麻阳刺葡萄、麻阳桃、麻阳冰糖橙、麻阳无籽西瓜、麻阳锦江泉酒、麻阳麻鸭等。还有麻

阳苗医药、苗族木雕、苗族剪纸、麻阳苗族纸扎（彩扎）、麻阳十八怪腊肉、麻阳苗子佬食品、麻阳红烧鹅等地理标志商标资源。调查显示，麻阳县特色资源丰富，为地理标志商标注册保护提供了可挖掘的资源优势。

　　建议与对策：数据显示，麻阳县在地理标志商标注册保护方面的工作具有一定成效，从所蕴藏的地理标志及非遗项目来看，其地理标志资源挖掘潜力极大。对麻阳县地理标志发展情况提出几点建议：一是妥善经营已注册成功的地理标志产品，对新增的地理标志商标品牌加以扶持引导，可充分利用麻阳县旅游产业等多方渠道进行推广和宣传；二是麻阳县地理标志商标主要发展空间在新鲜水果及植物方面，应加大对这些地理标志公共品牌使用管理、文化价值挖掘、形象塑造与传播、商标维权等方面的重视；三是对有待挖掘的特色产品展开摸底调查，特别在非物质文化遗产方面，对麻阳县非遗情况进行全面摸底调查，登记造册，制定《麻阳县非遗地理标志情况普查报告》，有计划、有经费、有目的地开展地理标志发展工作，正确引导、培育、帮扶，对符合地理标志商标注册条件的进行专门指导。

　　（6）地理标志扫描：辰溪县

　　区域简介：历史上的辰溪县又称辰阳。辰溪县东边与溆浦相连，南边和怀化为邻，西边又与麻阳、泸溪紧挨，北与沅陵相接。在此长期居住的有30多个民族，汉族居多，其次是苗族和土家族，总人口43.15万人中有21％是少数民族。早在石器时期，先民们就选择在此栖息繁衍，历尽沧海桑田的土地养

图 4-40　辰溪县区位图

育了辰溪人的同时也留下许多历史的印迹和传统文化，这里有国内知名的历史文化名村和省级历史文化名村，为了进一步将传统文化发扬光大，更为了改善当地人民的生活，近几年国家对辰溪进行帮扶工作，已初步完成了生态油茶和水稻、金银花、名优水产、禽畜和无公害菜类六大特色农产品基地。

自然环境：辰溪县属中亚热带季风湿润气候，雨水比较充足，一年中大部分时间以炎热为主，这里的低温比较短，所以当地的林地茂密、资源丰富，水能资源充沛，除有沅江、辰水两大河流外，还有其他大小溪流88条，优良的地质供给环境和丰富的林地资源给55.8%的森林覆盖率的辰溪县蒙上了一抹神秘的色彩。辰溪境内600多个树种中有22种被列为国家和省级重点保护对象，"活化石"水杉、银杏和被称为"铁杉"的辰杉都在此地生长，原生态的环境使辰溪县的材林和油茶林一直以来都是湖南省的重要生长基地之一，1997年国家林业局将辰溪县列为10个封山育林的示范县之一。适宜植物生长的辰溪县也是野生动物的天堂，600多种野生动物中有娃娃鱼、红腹锦鸡和猴面鹰等18种属国家重点保护的珍稀动物。辰溪的金属矿和非金属矿达30多种，矿种贮量大、质地优良、埋藏浅等特点极易开采，最为突出的是煤炭和石灰石。

人文环境：辰溪县是个风土人情比较深厚的地方，悠久的历史造就了流传千年的传统文化及风俗习惯，它既是中华龙文化发祥地，又有善卷归隐地、二酉藏书处和屈原涉江拜登处等古迹。辰河高腔是富有乡土特色的传统戏曲，在百年的传承中不断完善与丰富的辰河高腔历经艰辛，最终成为具有当地独特风格的剧种，被国家列入非物质文化遗产。与高腔的价值相提

辰溪县占全市地理标志总数的11.1%

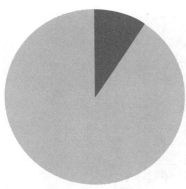

- 辰溪县地理标志总数2件
- 怀化市地理标志总数18件

图4-41 辰溪县地理标志数据分析

并论的还有"茶山号子"，茶山号子是瑶族人在冬天挖茶山时唱的民间歌谣，有着千年的传统，是瑶族人劳动疲惫时为了振奋精神、加快劳动节奏而创作的。这种节奏明快、表达直白的号子式音乐旋律奇特、穿透力极强，从1956年开始就受到群众文艺汇演的喜爱，这种传统的民俗文化已被列入国家非物质文化遗产。辰溪丝弦是当地曲艺的一种，它将音乐、曲艺和戏曲等民间传统结合起来，道具简单，一人饰演多个角色，其强烈的艺术感染力受到了人们的欢迎。

数据分析：截止到2019年12月，辰溪县地理标志总数为2件，占全市的11.1%。

商标类别：截止到2019年12月12日，辰溪县2件地理标志商标分别为：辰溪茶油、辰溪金银花。其地理标志所涉及的商标类别有：29类、5类共两个类别。

使用商品：茶油、金银花两种。

表4-21　辰溪县地理标志商标注册情况一览表

商标类别	使用商品	商标名称	商标注册人	注册号
29类	茶油	辰溪茶油	辰溪县爱民茶油产业协会	15385888A
5类	金银花	辰溪金银花	辰溪县仙峰金银花行业协会	10440612

资源挖掘：辰溪县下辖9个镇、14个乡。田野调查发现，辰溪县有待挖掘的地理标志商标资源主要有：辰溪茶油、辰溪金银花、辰溪湘西粉糍粑、辰溪红萝卜、辰溪金毛乌肉鸡、辰溪脐橙、辰溪九角尖山竹笋、辰溪三屯西瓜、辰溪雪峰山茶油、辰州香柚等。还有辰溪毛狗肉灌肠粑、辰溪酸萝卜、辰溪火炕鱼等地理标志商标资源。调查显示，辰溪县特色资源丰富，为地理标志商标注册保护提供了可挖掘的资源优势。

建议与对策：数据显示，辰溪县在地理标志商标注册保护方面的工作具有一定成效，但从所蕴藏的地理标志及非遗项目来看，其地理标志资源挖掘潜力极大。对辰溪县地理标志发展情况提出几点建议：一是妥善经营已注册成功的地理标志产品，对新增的地理标志商标品牌加以扶持引导，可充分利用辰溪县旅游产业等多方渠道进行推广和宣传；二是辰溪县地理标志商标主要发展空间在新鲜水果及植物方面，应加大对这些地理标志公共品牌使用管理、文化价值挖掘、形象塑造与传播、商标维权等方面的重视；三是对有待挖掘的特色产品展开摸底调查，特别在非物质文化遗产方面，对辰溪县非遗情况进行全面摸底调查，登记造册，制定《辰溪县非遗地理标志情况普查报告》，有计划、有经费、有目的地开展地理标志发展工作，正确引导、培育、帮扶，对符合地理标志商标注册条件的进行专门指导。

（7）地理标志扫描：沅陵县

区域简介：沅陵县是湖南省版图中的大县，这里是少数民族群聚和散居共存的多民族地区，共有 20 多个少数民族在此共同生活。从远古时期开始沅陵县就有人类居住的痕迹，历经几朝几代，逐渐发展成为 37 万多的人口中少数民族占全县总人口 57％的格局，其中苗族、土家族和白族是少数民族中人口比例较多的民族。在沅陵县的麻溪铺、筲箕湾、盘古、太常、二酉和荔溪等地的乡镇，保留着一种特殊的语言，20 多万人会通过这种特殊的统一的"方言"进行沟通交流，他们将这种"乡话"俗称为"佤乡"，这种让不同民族能共同交流的语言却仅限于言语上的表达交流，没有文字。

图 4-42 沅陵县区位图

自然环境：沅陵县属中亚热带季风湿润气候区，充足的阳光和充沛的雨量，使当地的森林及农作物生长得非常好，当地土壤类型的多样化使一部分土壤由板页岩风化而成，天然的土壤中含有机质较高，自保水、肥力较强，使当地发展林业条件优越。树种繁多，在现有的植物中拥有一批待开发、经济价值相当高的特有树种，一年2000多吨的栓皮栎、芳香油类和木本野生药材产品也相当丰富。自然的生态环境使各种野生动物也能较好地生存下来，并有100多种可用于医药。自然环境馈赠给当地人的天然财富成为沅陵县的一部分经济来源。他们充分利用起饲草、水面资源，大面积在山地、林区隙地的草场发展畜牧业，壮大了当地畜牧产业。依靠天然的良好环境和自身的勤劳智慧，沅陵县的茶叶、水产、板栗、竹木四大特色农业改变了当地人的贫困局面，使这里的人们逐渐富裕起来。

人文环境：沅陵县文化历史的悠久得从秦始皇时期说起，在沅陵地区二酉的藏书洞有过相关的记载。据说，秦始皇统一中国后的公元前213年，开始大量焚烧秦记以外的列国史记，在秦前文化面临着灭顶之灾时，有个叫伏胜的博士官知识渊博、热爱书籍，他为将诸子百家学说和列国的史志保存下来想尽了各种办法，后来几经辗转，将1000多卷竹简书籍藏匿于"鸟飞不渡、兽不敢临"的二酉山山洞。二酉藏书为继承、发展和延续华夏五千年的文明历史作出了重大的贡献。楚秦黔中郡遗址是沅陵县的古城遗址，价值可与秦兵马俑相提并论，被誉为"北有兵马俑，南有黔中郡"。这样的文化历史胜迹在沅陵还有几处，如唐代龙兴讲寺、明代虎溪书院和辰州三塔、凤凰寺和湘西剿匪胜利纪念园等。历史给沅陵县遗留下来许多传统文化，使之成为中国民族文化生态旅游名县和中国最具特

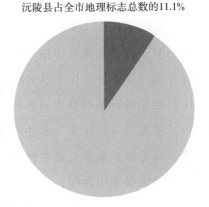

沅陵县占全市地理标志总数的11.1%

■ 沅陵县地理标志总数2件
■ 怀化市地理标志总数18件

图4-43　沅陵县地理标志数据分析

色魅力旅游百强县。

数据分析：截止到 2019 年 12 月，沅陵县地理标志总数为 2 件，占全市的 11.1%。

商标类别：截止到 2019 年 12 月 12 日，沅陵县 2 件地理标志商标分别为：大合坪黑猪、碣滩茶。地理标志所涉及的商标类别有：31 类、30 类共两个类别。

使用商品：猪（活动物）、茶二种。

表 4-22　沅陵县地理标志商标注册情况一览表

商标类别	使用商品	商标名称	商标注册人	注册号
31 类	猪（活动物）	大合坪黑猪	沅陵县大合坪黑猪养殖协会	8804696
30 类	茶	碣滩茶	沅陵县茶叶协会	12836821

资源挖掘：沅陵县下辖 13 个乡、8 个镇。田野调查发现，沅陵县有待挖掘的地理标志商标资源主要有：沅陵山泡子、沅陵蜂蛹、沅陵糍粑、沅陵灯盏窝、沅陵茶叶、沅陵五强溪鱼、沅陵晒兰、沅陵穿丝篮、沅陵酥糖等。还有沅陵赛龙舟、沅陵刺绣等民间非遗地理标志商标资源。调查显示，沅陵县特色资源丰富，为地理标志商标注册保护提供了可挖掘的资源优势。

建议与对策：数据显示，沅陵县在地理标志商标注册保护方面的工作具有一定成效，但从预期所蕴藏的地理标志及非遗项目来看，其地理标志资源挖掘潜力极大。对沅陵县地理标志发展情况提出几点建议：一是妥善经营已注册成功的地理标志产品，对新增的地理标志商标品牌加以扶持引导，可充分利用沅陵县旅游产业等多方渠道进行推广和宣传；二是沅陵县地理标志商标主要发展空间在新鲜水果及植物方面，应加大对这些地理标志公共品牌使用管理、文化价值挖掘、形象塑造与传播、商标维权等方面的重视；三是对有待挖掘的特色产品展开摸底调查，特别在非物质文化遗产方面，对沅陵县非遗情况进行全面摸底调查，登记造册，制定《沅陵县非遗地理标志情况普查报告》，有计划、有经费、有目的地开展地理标志发展工作，正确引导、培育、帮扶，对符合地理标志商标注册条件的进行专门指导。

（8）地理标志扫描：溆浦县

区域简介：溆浦县位于湖南省西部，怀化市东北面，沅水中游，隶属于湖南省怀化市。总面积3438平方公里。2019年，溆浦县下辖18个镇、7个乡。2018年，溆浦县常住人口76.62万人，共居住有土家族、瑶族、苗族、侗族等28个少数民族。

图 4-44　溆浦县区位图

自然环境：溆浦县属亚热带湿润季风气候，境内溪河336条，其中流域面积在100平方公里以上的有16条，属沅水水系；已探明具有开采价值的矿产主要有煤、锑、钨、钒、金、铀、锰、铜、铁、锡、银、硅砂、瓷泥、金刚石、耐火泥、石灰石等37种。

人文环境：溆浦旅游资源丰富，境内唐开元五年（717年）的龙泉寺、清乾隆年间的阳雀坡古村落保存完好；"思蒙山水"被评选为"新潇湘八景"，还有原始次森林"米粮谷"、世界级自然遗产"山背梯田"等景观。溆浦历史悠久，两千多年前，爱国诗人屈原被贬流放至溆浦，写下了《涉江》《山鬼》等楚辞名篇，留下许多名胜古迹和美丽的传说。学者陈抡

溆浦县占全市地理标志总数的5.6%

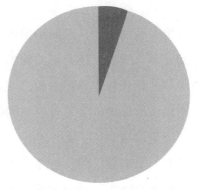

■ 溆浦县地理标志总数1件
　怀化市地理标志总数18件

图 4-45　溆浦县地理标志数据分析

161

在其著作《历史比较法与古籍校释》中，讲到《楚辞》中有的古字读音同溆浦方言完全吻合。2019年3月6日，中央宣传部、财政部、文化和旅游部、国家文物局共同印发的《关于公布〈革命文物保护利用片区分县名单（第一批）〉的通知》，溆浦县名列其中。溆浦县的历史文化有龙舟、灯文化、扎纸、戏曲。风景名胜有向警予同志纪念馆、思蒙丹霞风景区、思蒙与屈原、葛竹坪镇山背花瑶梯田、龙潭镇弓形山、抗日阵亡将士陵园。

数据分析：截止到2019年12月，溆浦县地理标志总数为1件，占全市为5.6%。

商标类别：截止到2019年12月12日，溆浦县1件地理标志商标为：溆浦蜜橘。地理标志所涉及的商标类为31类一个类别。

使用商品：新鲜蜜橘一种。

表4-23 溆浦县地理标志商标注册情况一览表

商标类别	使用商品	商标名称	商标注册人	注册号
31类	新鲜蜜橘	溆浦蜜橘	溆浦县柑橘产销协会	28478856

资源挖掘：溆浦县下辖18个镇、7个乡。田野调查发现，溆浦县有待挖掘的地理标志商标资源主要有：溆浦鹅、溆浦莲藕、溆浦朱红橘、溆浦黑木耳、溆浦糍粑、溆浦柴火腊肉、溆浦脐血橙、溆浦湘蕾金银花、溆浦红枣、溆浦土鸡、溆浦猕猴桃、溆浦片片桔、溆浦物鹅、溆浦枕头粽、溆浦龙潭火腿等。还有溆浦花瑶挑花、溆浦簾纸制作技艺、溆浦功德画等民间非遗地理标志商标资源。调查显示，溆浦县特色资源丰富，为地理标志商标注册保护提供了可挖掘的资源优势。

建议与对策：数据显示，溆浦县在地理标志商标注册保护方面的工作具有一定成效，但从所蕴藏的地理标志及非遗项目来看，其地理标志资源挖掘潜力极大。对溆浦县地理标志发展情况提出几点建议：一是妥善经营已注册成功的地理标志产品，对新增的地理标志商标品牌加以扶持引导，可充分利用溆浦县旅游产业等多方渠道进行推广和宣传；二是溆浦县地理标志商标主要发展空间在新鲜水果及植物方面，应加大对这些地理标志公共品牌使用管理、文化价值挖掘、形象塑造与传播、商标维权等方面的重视；三是对有待挖掘的特色产品展开摸底调查，特别在非物质文化遗产方面，对溆浦县非遗情况进行全面摸底调查，登记造册，制定《溆浦县非遗地理标志情况普查报告》，有计划、有经费、有目的地开展地理标志发展工作，正确引导、培育、帮扶，对符合地理标志商标注册条件的进行专门指导。

（9）地理标志扫描：隆回县

区域简介：隆回县是湖南邵阳市北部的后花园，也是东部城市群的卫星城，这座具有投资发展潜力的县城面积和总人数在邵阳市位居第二。隆回有着深厚的文化底蕴，八千年前的新石器时期就有人类文明的火种在此点燃，历经千年的传播与沉淀，遗留下了以梅山、花瑶、魏源和滩头纸文化为特点的隆回文化，代代相传，生生不息。隆回的名人多，这里养育了毛泽东的老师袁吉六，近代伟大思想家、"睁眼看世界第一人"的魏源以及清代两江总督、抗倭名将魏光焘等。隆回世代居住着不同的民族，但汉族人居多。人杰地灵、风景怡人的隆回至今都保留着瑶族文化和风土人情。

自然环境：隆回的自然环境湿润温和，雨水比较集中，但南北差异比较明显，所以生长在此地的资源品类繁多。水稻就有籼、粳、糯三种类型，旱粮有二十多个品种。133种野生动物资源与品种繁多的家禽畜使当地的物质资源极为丰富。矿产资源的丰富度位居湖南省的前列，有着"中国三大硒"都之首的隆回，土壤硒

图 4-46　隆回县区位图

的含量是世界平均值的 25 倍，优越天然的土壤环境产出"隆回三辣"——辣椒、生姜、大蒜和"隆回四宝"——金银花、龙牙百合、苡来与玉竹。隆回县原生态自然环境的完好与当地瑶族人民古朴纯真的民俗、民风有着紧密的联系，在隆回西北部高寒山区的虎形山上，有着一支与其他瑶族分支不同的民族——过山瑶，他们世世代代足不出村，封闭在赖以生存的特殊山寨里。千百年来，他们视古树为生命，忠实地承袭、继承着先祖"砍树宁肯砍人"的护树传统，使这片土地上的树木经千百年风霜雨雪后，依然树林茂盛，高大挺立。

人文环境：隆回民俗主要以当地瑶族文化为主，在瑶族千年流传的文化中，最为特别的民俗文化是"过山瑶"。过山瑶如他们的名字一样，祖祖辈辈过着游耕的生活，他们没有固定的居所，深居大山、刀耕火种，每到一处便开山拓荒，

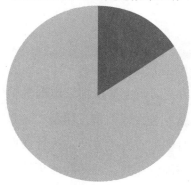

隆回县占全市地理标志总数的18.1%

■ 隆回县地理标志总数2件
■ 邵阳市地理标志总数11件

图 4-47　隆回县地理标志数据分析

他们敬先祖盘王，建大庙立塑像，代代祭拜的风俗流传至今，被人们称为劳动生产与文化精神的一朵奇葩。每到盘王节祭祀，瑶胞们手舞小龙，在舞狮队的迎接中，神圣的草龙舞祭盘王的庆典开始，插满龙身的无数炷香火上下挥舞翻滚，一个民族所有的神秘与记忆在此刻发出巨大的能量。至今，瑶族的祭祀活动是一场精彩的民俗盛会，是瑶族祖先留下的神奇文化珍宝。在隆回的土地上还有着一个比较有趣的群族，它是瑶族的一个分支，却不知道鼻祖"盘王"，也从不过"盘王"节，这个群族叫花瑶族，是一个坚韧不屈、世代承袭着古老遗风的民族，他们视自己为一个独立民族，但却被划在瑶族的范围里。花瑶的女孩子特别爱美，花瑶挑花便是瑶族女子独特的手工技艺，心灵手巧的隆回女孩子在筒裙上挑出艳丽的花来，以展示勤劳智慧。

数据分析：截止到 2019 年 12 月，隆回县地理标志总数为 2 件，占全市的 18.1%。

商标类别：截止到 2019 年 12 月 12 日，隆回县 2 件地理标志商标分别为：隆回龙牙百合、隆回金银花。地理标志所涉及的商标类有：29 类、5 类共两个类别。

使用商品：百合干、金银花两种。

表 4-24　隆回县地理标志商标注册情况一览表

商标类别	使用商品	商标名称	商标注册人	注册号
29 类	百合干	隆回龙牙百合	隆回县农业产业化协会	6576018
5 类	金银花	隆回金银花	隆回县农业产业化协会	6576019

资源挖掘：隆回县下辖 18 个镇、5 个乡。田野调查发现，隆回县有待挖掘的地理标志商标资源主要有隆回猪血丸子、隆回糯米糍粑、隆回麦芽糖、隆回辣椒、隆回红皮大蒜、隆回虎爪生姜、隆回腰带柿等。还有隆回竹纸制作技艺、隆回滩头手工抄纸、隆回挑花（花瑶挑花）、隆回滩头木版年画、隆回农民画、隆回梅山纸马、隆回花瑶药浴药蒸等民间非遗地理标志商标资源。调查显示，隆回县特色资源丰富，为地理标志商标注册保护提供了可挖掘的资源优势。

建议与对策：数据显示，隆回县在地理标志商标注册保护方面的工作具有一定成效，但从所蕴藏的地理标志及非遗项目来看，其地理标志资源挖掘潜力极大。对隆回县地理标志发展情况提出几点建议：一是妥善经营已注册成功的地理标志产品，对新增的地理标志商标品牌加以扶持引导，可充分利用隆回县旅游产业等多方渠道进行推广和宣传；二是隆回县地理标志商标主要发展空间在新鲜水果及植物方面，应加大对这些地理标志公共品牌使用管理、文化价值挖掘、形象塑造与传播、商标维权等方面的重视；三是对有待挖掘的特色产品展开摸底调查，特别在非物质文化遗产方面，对隆回县非遗情况进行全面摸底调查，登记造册，制定《隆回县非遗

地理标志情况普查报告》，有计划、有经费、有目的地开展地理标志发展
工作，正确引导、培育、帮扶，对符合地理标志商标注册条件的进行专门
指导。

（10）地理标志扫描：邵阳县

区域简介：邵阳县共有 25 个民族乡，其中苗族乡 8 个，瑶族乡 7 个，
侗族乡 2 个，回族乡 1 个，苗族侗族乡 4 个，侗族苗族乡 2 个，苗族瑶族
乡 1 个。县常住人口为 936936 人，汉族占 99.6%，其余主要为回族。邵
阳为湖南省邵阳市下辖县，属革命老区根据地。2017 年，邵阳县实现地
区生产总值 1437494 万元，其中第一产业实现增加值 335849 万元，第二
产业实现增加值 496529 万元，第三产业实现增加值 605116 万元。2020
年 2 月 29 日，湖南省人民政府同意邵阳县退出贫困县。

自然环境：邵阳县气候温和，雨量充沛，地貌类型以丘陵为主，山
地、平原、岗地兼有。迄今发现矿藏有 20 余种。邵阳县有野生动物共计
168 种，其中 10 余种系国家二级保护动物。邵阳县农产品比较丰富，以
水稻、辣椒、茶油等为主。随着林木业经济的不断发展与扩张，加上近几
年退耕还林的政策，当地森林覆盖率达到 48.15%。坐落于邵阳县塘田市镇赤山村的响水洞因长年洞内河水滴在石头上发出咕咚声响而得名，洞中有千回百转的洞中洞，洞内可容纳千余人，洞内两边的壁石有的如雄狮蹲卧，有的如神龙飞舞，千姿百态，栩栩如生。

图 4-48　邵阳县区位图

人文环境：邵阳是以汉族

为主，多民族聚居的区域，世居邵阳的苗族、瑶族、回族、侗族 4 个少数民族，人口均在万人以上。蓝印花布是中国的一种工艺品，而邵阳的蓝印花布以传统的镂空版白浆防染印制成花，俗称"浇花布"，蓝白相间，花纹秀丽精美。这种在江南地区流传至今的古老手工印花织物在邵阳人民的手中绽放出异样的光彩，目前邵阳县的蓝印花布已被列入全国非物质文化遗产保护名录。与蓝印花布同样有着地方特色的白仓高跷，最早在春秋末期就已出现在大

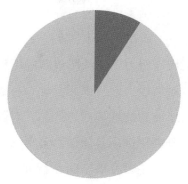

邵阳县占全市地理标志总数的9%

■ 邵阳县地理标志总数1件
■ 邵阳市地理标志总数11件

图 4-49　邵阳县地理标志数据分析

江南北，"高"与"奇"的表演形式是当地人们开展各项活动的主要节目之一，2007 年"白仓高跷"列入省级非物质文化遗产名录项目中。

数据分析：截止到 2019 年 12 月，邵阳县地理标志总数为 1 件，占全市的 9%。

商标类别：截止到 2019 年 12 月 12 日，邵阳县 1 件地理标志商标为邵阳茶油。地理标志所涉及的商标类为 29 类共一个类别。

使用商品：茶油一种。

表 4-25　邵阳县地理标志商标注册情况一览表

商标类别	使用商品	商标名称	商标注册人	注册号	备注
29 类	茶油	邵阳茶油	邵阳县油茶产业发展办公室	11116368	其技艺为省级非遗类地理标志

资源挖掘：邵阳县下辖 12 个镇、8 个乡。田野调查发现，邵阳县有待挖掘的地理标志商标资源主要有：邵阳香辣猪耳、邵阳五彩鲜贝、邵阳酸辣狗肉、邵阳云托八仙等。还有邵阳手工榨油术、邵阳麦芽糖制作技艺、邵阳铜锣制作技艺、邵阳谢氏草药医技、邵阳孙氏正骨术等民间非遗地理

标志商标资源。调查显示，邵阳县特色资源丰富，为地理标志商标注册保护提供了可挖掘的资源优势。

建议与对策：数据显示，邵阳县在地理标志商标注册保护方面的工作还需努力，但从所蕴藏的地理标志及非遗项目来看，其地理标志资源挖掘潜力极大。对邵阳县地理标志发展情况提出几点建议：一是妥善经营已注册成功的地理标志产品，对新增的地理标志商标品牌加以扶持引导，可充分利用邵阳县旅游产业等多方渠道进行推广和宣传；二是邵阳县地理标志商标主要发展空间在新鲜水果及植物方面，应加大对这些地理标志公共品牌使用管理、文化价值挖掘、形象塑造与传播、商标维权等方面的重视；三是对有待挖掘的特色产品展开摸底调查，特别在非物质文化遗产方面，对邵阳县非遗情况进行全面摸底调查，登记造册，制定《邵阳县非遗地理标志情况普查报告》，有计划、有经费、有目的地开展地理标志发展工作，正确引导、培育、帮扶，对符合地理标志商标注册条件的进行专门指导。

（11）地理标志扫描：武冈市

区域简介：武冈是湘西地区第二中心城市。历史悠久的武冈自西汉文

图 4-50 武冈市区位图

景时期置县至今已有2200多年的历史，厚重的历史给当地留下了灿烂的文化瑰宝。武冈区域环境优越，坐落于湘、桂、黔的交界之处，有着"三省通衢、黔巫重镇"之称。随着时代的不断发展，武冈的交通更是得以改善，俨然成为邵阳市西部地区的重要物资集散地。全市总面积1549平方公里。武冈市辖

4个街道、11个镇和3个乡，常住人口78.05万人；除汉族外，主要有苗族、瑶族、回族、侗族等少数民族。2019年12月31日，入选全国农村创新创业典型县。

自然环境：地貌成因分构造、侵蚀（溶蚀）和堆积地貌等。武冈地处中亚热带季风湿润气候区，属中亚热带山地气候，四季分明，雨量充沛，冬少严寒，夏无酷暑，山地逆温效应明显。武冈境内有溪河150条，总流量24.72亿立方米，流域面积1543.07平方公里，占全市总面积的90%以上。武冈境内矿藏以煤为主，铁、锰、铅、锌、砂金、磷、锑、硫、铁、白钨、滑石、石膏、大理石、石灰岩、白云石、石英、陶土等有一定储量。武冈境域查明有陆生植物218科、485属、1168种，其中树木92科、508种；水生植物主要有浮叶、根子菜、菹草等草类和角类藻植物。

人文环境：据1981年《湖南省志》载："长沙近郊出土有西汉'武冈长印'石印一枚。汉大县称'令'，小县称'长'。"由此印证，武冈有两千多年的建制史。是国家商品粮和茶叶的生产基地，也是"丰收计划"重点市和湖南省瘦肉型猪、辣椒基地及"铜鹅之乡"。武冈市的歌调音乐有平腔山歌、开荒锣鼓歌、民歌、朝香歌、民间乐器、劳动号子；民间舞蹈有耍马灯、舞狮；曲艺说唱有吟吟锣、渔鼓、莲花闹、弹词；戏剧文化有武冈阳戏、木偶戏、祁阳戏、板凳戏、丝弦戏。武冈市的地方特产有武冈铜鹅、武冈辣酱、武冈豆腐、武冈米花、武冈卤菜、武冈脐橙。风景名胜有法相岩、凌云塔、云山。

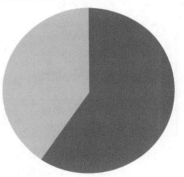

武冈市占全市地理标志总数的72.7%

■ 武冈市地理标志总数8件
□ 邵阳市地理标志总数11件

图4-51 武冈市地理标志数据分析

数据分析：截止到2019年12月，武冈市地理标志总数为8件，占全市的72.7%。

商标类别：截止到 2019 年 12 月 12 日，武冈市 8 件地理标志商标分别为：武冈卤菜（2 件）、武冈铜鹅（活铜鹅）（2 件）、武冈铜鹅（铜鹅肉）（2 件）、武冈葛根、武冈青钱柳。地理标志所涉及的商标类有：31 类、30 类、29 类共三个类别。

使用商品：活铜鹅、葛根粉、茶叶、卤豆腐卤铜鹅卤猪肉、铜鹅肉五种。

表 4-26　武冈市地理标志商标注册情况一览表

商标类别	使用商品	商标名称	商标注册人	注册号	备注
31 类	活铜鹅	武冈铜鹅	武冈市特色产业开发办公室	6053574	—
31 类	活铜鹅	武冈铜鹅	武冈市特色产业开发办公室	10076445	—
30 类	葛根粉	武冈葛根	武冈市特色产业开发办公室	14277377	—
30 类	青钱柳子（茶叶）	武冈青钱柳	武冈市特色产业开发办公室	27346842	—
29 类	卤豆腐、卤铜鹅、卤猪肉	武冈卤菜	武冈市特色产业开发办公室	6053558	其技艺为省级非遗类地理标志
29 类	卤豆腐、卤铜鹅、卤猪肉	武冈卤菜	武冈市特色产业开发办公室	10076444	其技艺为省级非遗类地理标志
29 类	铜鹅肉	武冈铜鹅	武冈市特色产业开发办公室	6053575	—
29 类	铜鹅肉	武冈铜鹅	武冈市特色产业开发办公室	10076446	—

资源挖掘：武冈市下辖 11 个镇、3 个乡。田野调查发现，武冈市有待挖掘的地理标志商标资源主要有：武冈米粉、武冈米花、武冈红烧全鹅、武冈血浆鸭、武冈空饼、武冈法新豆腐、武冈云山芽茶等。还有武冈卤菜制作技艺、武冈空饼制作技艺、武冈柚子糖制作技艺、武冈竹木雕刻技艺、武冈麦芽糖制作技艺、武冈技子拳、武冈传统武医腧穴疗伤术等民间非遗地理标志商标资源。调查显示，武冈市特色资源丰富，为地理标志商

标注册保护提供了可挖掘的资源优势。

建议与对策：数据显示，武冈市在地理标志商标注册保护方面的工作具有一定成效，但从所蕴藏的地理标志及非遗项目来看，其地理标志资源挖掘潜力极大。对武冈市地理标志发展情况提出几点建议：一是妥善经营已注册成功的地理标志产品，对新增的地理标志商标品牌加以扶持引导，可充分利用武冈市旅游产业等多方渠道进行推广和宣传；二是武冈市地理标志商标主要发展空间在新鲜水果及植物方面，应加大对这些地理标志公共品牌使用管理、文化价值挖掘、形象塑造与传播、商标维权等方面的重视；三是对有待挖掘的特色产品展开摸底调查，特别在非物质文化遗产方面，对武冈市非遗情况进行全面摸底调查，登记造册，制定《武冈市非遗地理标志情况普查报告》，有计划、有经费、有目的地开展地理标志发展工作，正确引导、培育、帮扶，对符合地理标志商标注册条件的进行专门指导。

（12）地理标志扫描：湘西土家族苗族自治州

区域简介：湘西土家族苗族自治州是中国版图上一颗璀璨的明珠，隶属湖南省。位于湖南省西北部，地处湘、鄂、黔、渝四省市交界处。以土家族、苗族为主的少数民族占 77.21%。自然的地理风貌造就了郁郁葱葱的绿色植被，在 2015 年，湘西土家族苗族自治州的凤凰县被选入首批国家全域旅游示范区。由参天古木组成的绿色长城使湘西土家族苗族自治州成为天然氧吧，2018 年 10 月获得"2018 年国家森林城市"荣誉称号。勤劳智慧的土家人利用这种天然环境依山而居，在起伏的崇山峻岭间建造家园，吊脚楼就是土家族传统民居之一，它以优美的轮廓感而闻名遐迩，成为吸引人们研究与欣赏的一道风景。

自然环境：因为有着纵横交错的沟壑与溪流，所以这里的山多地少。又因常年迷雾缭绕，所以当地的湿度较大。由于气候的湿热，森林植被资源相当丰富，当地共有维管束植物上千种，用于医药方面的植物就达到了九百多种，其中如杜仲、银杏、天麻、樟脑、黄姜类似的名贵药材就有十

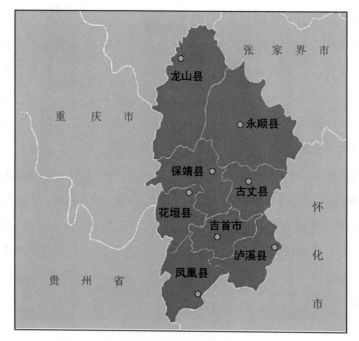

图 4-52　湘西土家族苗族自治州区位图及各县位置

几种，油脂植物已达二百余种之多，观赏植物的种类更是数不胜数。这里是中国油桐、油茶、生漆及中药材的重要产地。茂盛的植物养活了许多的野生动物，湘西土家族苗族自治州野生的动物种类相当繁多，属国家和省政府规定的保护动物就有两百余种，其中云豹、金钱豹、白鹤、白颈长尾雉 4 种国家一级保护动物就生活在此。矿种也是当地的资源之一，已探明资源储量的矿种 38 种。其中金属矿、非金属矿、水气矿已有十几种。

人文环境：湘西土家族苗族自治州的吊脚楼是当地一种传统的建筑，由于特殊的地貌环境与丰富的木材资源，当地山民历来喜欢用木头来建筑房屋，木结构的居所十分普遍。吊脚楼给湘西人提供了群居环境，这些唯美又特殊的建筑被掩映在绿树丛林或建造在依江沿岸、古镇茶洞中，造就了当地传统的山寨人文。湘西人的语言有北部方言和南部方言之分，但这并不影响当地人对歌舞共同的热爱，他们是个能歌善舞的民族，喜爱通过歌舞的方式传递与表达自己的喜怒哀乐。猴儿鼓舞和摆手舞就是传统鼓舞

中比较原始的形式，表演时动
作的灵巧、人数不限、融洽友
善的氛围越来越受到更多其他
民族的热爱与模仿。悠久的历
史传承，给湘西人留下了许多
传统的民族习俗，他们有过苗
年、春节、吃新节和四月八、
龙船节以及清明节的习惯，同
样受着汉族文化的影响，也有
端午、六月六、七月半以及中
秋、重阳节的风俗。

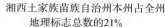

湘西土家族苗族自治州本州占全州
地理标志总数的21%

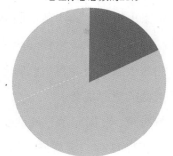

■ 湘西土家族苗族自治州本州地理标志总数4件
■ 湘西土家族苗族自治州地理标志总数19件

图 4-53　湘西土家族苗族自治州地理标志数据分析

数据分析：根据 2019 年相关数据显示，湘西土家族苗族自治州地理
标志总数已达 19 件。湘西土家族苗族自治州本州总数为 4 件，占全市
21%，位居全州第二。

商标类别：截止到 2019 年 12 月 12 日，湘西土家族苗族自治州 4 件
地理标志商标分别为：湘西黄牛（牛）、湘西黄牛（牛肉、牛肉干等）、湘
西黑猪（活猪）、湘西黑猪（猪肉）。地理标志所涉及的商标类有：31 类、
29 类共两个类别。

使用商品：牛、牛肉（牛肉干等）、活猪、猪肉四种。

表 4-27　湘西土家族苗族自治州地理标志商标注册情况一览表

商标类别	使用商品	商标名称	商标注册人	注册号
31 类	牛	湘西黄牛	湘西土家族苗族自治州畜牧工作站	9815196
31 类	牛肉（牛肉干等）	湘西黄牛	湘西土家族苗族自治州畜牧工作站	9815197
31 类	活猪	湘西黑猪	湘西土家族苗族自治州畜牧工作站	14417517
29 类	猪肉	湘西黑猪	湘西土家族苗族自治州畜牧工作站	14417518

资源挖掘：田野调查发现，湘西土家族苗族自治州本州内有待挖掘的地理标志商标资源主要有：湘西扭扭糖、湘西苗家糯米酒、湘西土家擂茶、湘西苗家火烧食、湘西苗市腊肉、湘西土家背篓等。还有湘西土家族织锦技艺、湘西土家族转角楼建筑艺术等民间非遗地理标志商标资源。调查显示，湘西土家族苗族自治州特色资源丰富，为地理标志商标注册保护提供了可挖掘的资源优势。

建议与对策：数据显示，湘西土家族苗族自治州在地理标志商标注册保护方面的工作具有一定成效，但从所蕴藏的地理标志及非遗项目来看，其地理标志资源挖掘潜力极大。对湘西土家族苗族自治州地理标志发展情况提出几点建议：一是妥善经营已注册成功的地理标志产品，对新增的地理标志商标品牌加以扶持引导，可充分利用湘西土家族苗族自治州旅游产业等多方渠道进行推广和宣传；二是湘西土家族苗族自治州地理标志商标主要发展空间在新鲜水果及植物方面，应加大对这些地理标志公共品牌使用管理、文化价值挖掘、形象塑造与传播、商标维权等方面的重视；三是对有待挖掘的特色产品展开摸底调查，特别是在非物质文化遗产方面，对湘西土家族苗族自治州非遗情况进行全面摸底调查，登记造册，制定《湘西土家族苗族自治州非遗地理标志情况普查报告》，有计划、有经费、有目的地开展地理标志发展工作，正确引导、培育、帮扶，对符合地理标志商标注册条件的进行专门指导。

（13）地理标志扫描：泸溪县

区域简介：泸溪县是中国历史文化名镇的摇篮。它位于湖南省西部，湘西土家族苗族自治州东南部。2015 年人口统计数据显示总人口为 31.4 万人，其中少数民族为 16 万人。天然形成的自然景观和起源较为古老的物种在泸溪县境内完好的森林植被中，培育出珍贵的生物物种、孕育了众多的稀有动物。森林覆盖面高达 80% 以上，被人们称为中国的氧吧县。泸溪历史比较悠久，石器和战国时期的文化遗址就有六处之多。被誉为戏曲活化石的泸溪辰河高腔流唱千年，泸溪傩面具雕刻工艺成就了巫文化的不断延续与日渐创新。千百年来已经融入泸溪百姓日常生活的传统文化，再现了当地人对美好生活的憧憬。

图 4-54　泸溪县区位图

自然环境：泸溪县因处于武陵山脉向雪峰山脉的过渡地带，因此形成了"八山半水一分田，半分道路和村庄"的川字状地貌。常年在 16.9℃温和气候和充沛的雨量给动、植物提供了良好的生存空间，大量的稀有动植物在这里繁衍生息。绿植环境配备上分属沅水、武水、辰水和酉溪四大水系的大小溪河 127 条，孕育出各类野生动植物及鱼类。目前，鱼介类已达到二十多种，而兽类、两栖类、鸟类、爬虫类、昆虫类等就有上百种。野生植物的种类更是繁多，六百种植物中有近二百种用于药材，林木、竹、水果、野菜及牧草。泸溪县境内矿藏资源也较为丰富，特别是石煤、磷和铝矿均居全省之冠，而在境内沅水河畔的金刚石更是远近驰名。

人文环境：1395 年建县承载着泸溪人的沧桑与这座县城的厚重历史。泸溪县辰河高腔于明代初期出现，曲腔独特，富有乡土气息，表演朴实。被誉为"东方戏曲艺术的瑰宝"的泸溪县辰河高腔在 1998 年受到巴黎秋季国际艺术节的邀请，在巴黎、巴塞罗那等地演出。2006 年泸溪辰河高腔被列入国家级非物

泸溪县占全州地理标志总数的5.3%

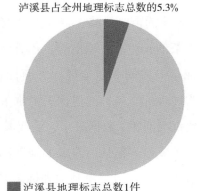

■ 泸溪县地理标志总数1件
■ 湘西土家族苗族自治州地理标志总数19件

图 4-55　泸溪县地理标志数据分析

质文化遗产保护名录。古村落沉淀着悠久的历史，一直都以"盘瓠与辛女"后代自居的泸溪居民将盘瓠文化遗迹完整留存至今。盘瓠文化源于当地一个美丽的爱情传说，苗族英雄盘瓠私奔婚配，将此蛮荒之地建设成繁衍生息的世外桃源。然而他终究没有逃过被追杀的命运，被抛尸于沅水。妻子辛女沿着沅水流域寻夫尸体，悲恸地化为岩石"辛女岩"。湘西苗人将辛女称为"神母"、盘瓠称为"神父"供奉，并立"辛女庵""盘瓠庙"祭之。2010年盘瓠文化及他们的传说被列入我国非物质文化遗产名录。

数据分析：截止到2019年12月，泸溪县地理标志总数为1件，占全市的5.3%。

商标类别：截止到2019年12月12日，泸溪县1件地理标志商标为：泸溪椪柑。地理标志所涉及的商标类有：31类共一个类别。

使用商品：椪柑一种。

表4-28　泸溪县地理标志商标注册情况一览表

商标类别	使用商品	商标名称	商标注册人	注册号
31类	椪柑	泸溪椪柑	湖南省泸溪县柑橘协会	5662872

资源挖掘：田野调查发现，泸溪县内有待挖掘的地理标志商标资源主要有：泸溪浦市铁骨猪、泸溪黄金衣、泸溪苗家酸鱼、泸溪踏虎凿花、泸溪合水茶油、泸溪玻璃椒等。还有泸溪石雕（杨柳石雕）、泸溪传统木雕、泸溪泥塑等民间非遗地理标志商标资源。调查显示，泸溪县特色资源丰富，为地理标志商标注册保护提供了可挖掘的资源优势。

建议与对策：数据显示，泸溪县在地理标志商标注册保护方面的工作具有一定成效，但从所蕴藏的地理标志及非遗项目来看，其地理标志资源挖掘潜力极大。对泸溪县地理标志发展情况提出几点建议：一是妥善经营已注册成功的地理标志产品，对新增的地理标志商标品牌加以扶持引导，可充分利用泸溪县旅游产业等多方渠道进行推广和宣传；二是泸溪县地理标志商标主要发展空间在新鲜水果及植物方面，应加大对这些地理标志公共品牌使用管理、文化价值挖掘、形象塑造与传播、商标维权等方面的重视；三是对有待挖掘的特色产品展开摸底调查，特别在非物质文化遗产方面，对泸溪县非遗情况进行全面摸底调查，登记造册，制定《泸溪县非遗地理标志情况普查报告》，有计划、有经费、有目的地开展地理标志发展工作，正确引导、培育、帮扶，对符合地理标志商标注册条件的进行专门指导。

（14）地理标志扫描：凤凰县

区域简介：凤凰县是湖南省西部一座美丽的小城。隶属于湖南省湘西土家族苗族自治州，坐落在湖南省西部边缘。凤凰县内的古城建筑历经三百多年风雨，仍保存完好。这里，国家级及省、县级以上保护文物近百处，古遗址和特色民居达两百多处。文物和各类珍稀化石一万多件，完好的遗存使凤凰县成为西南地区现存文物古迹最多的县市之一。青石板的街道，精巧古朴的水上吊脚楼以及祠堂、故居等建筑物将这座小城装扮出如小家碧玉般的古意古韵。在凤凰的常住人口中，少数民族就达34.10万人，占总人口的78.97%。苗族是凤凰县最多的少数民族，25.47万的人口占总人口的59.1%。凤凰县不仅享有"北平遥，南凤凰"的美誉，还是国际友人心中最美丽的小城。声名远扬的凤凰县在2001年成为国家特批的历史文化名城。

自然环境：凤凰县为中亚热带季风性湿润气候，由于方位地势差异，受大气层影响，气

图4-56　凤凰县区位图

凤凰县占全州地理标志总数的21%

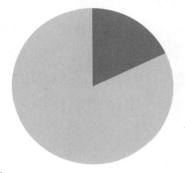

■ 凤凰县地理标志总数4件

湘西土家族苗族自治州地理标志总数19件

图 4-57　凤凰县地理标志数据分析

候分为三种类型：寒山区、较暖区和介于两类之间的其他区。冬季盛吹偏北风，夏季迎来偏南风。气候特有的个性给当地带来了丰富的矿产资源，非金属的多达十多种，黑色金属和建筑砂石等矿产潜力巨大，并已发现煤和石煤两种资源。铅锌的储存量已在全省遥居第二。在凤凰县境西南猴子坪茶田巨大的矿田区就是朱砂的开采区，朱砂的药用价值早在《神农本草经》里就有记载，根据治疗价值按上中下三品分段，朱砂被列为上品之首。两千年的历史，使凤凰朱砂驰名中外。凤凰县生长着各类农作物、水果和山珍野味。钟灵毓秀的自然资源使凤凰县拥有大量的土地面积和宜牧草场，一百多万亩的草地上可载畜 10 万头黄牛单位的养殖。47 座山峰与被称为母亲河的沱江河养育了千万个凤凰儿女在此安居乐业，繁衍生息。

人文环境：原生态的地理环境与古朴的生存空间造就了凤凰县原汁原味的传统民族文化。云卷云舒静看历史演绎的凤凰县在悠悠千年的岁月中沉淀出当地的文化特色，"苗族花鼓舞"流传至今。早在公元前 2600—前 2500 年的荒蛮时代，黄帝与蚩尤的大战中，他们就用舞蹈形式来表达各类形态的企盼，这种以原生态的民间艺术为原型的"苗族花鼓舞"流传至今，与大自然相融合的舞蹈技艺是人们在生产生活中的一种原始表露。人杰而地灵，在凤凰出现过许多的代表性人物，有民国时期的总理，教育家、慈善家以及作家和画家等，他们的出现让更多人再次深入了解凤凰的风土人情，如沱江边捣衣的女人和沱江边上的观江餐厅，还有河边的吊脚楼和古戏台以及培养了作家沈从文、画家黄永玉的文昌阁小学等。有着深厚湘西民族风情和文化底蕴的凤凰县，在漫长的岁月中如一块镶入时空凝固了的琥珀，发出自然纯朴而又悠长的光芒。

数据分析：截止到 2019 年 12 月，凤凰县地理标志总数为 4 件，占全市的 21%。

商标类别：截止到 2019 年 12 月 12 日，凤凰县 4 件地理标志商标为：凤凰红心猕猴桃、凤凰生姜、凤凰姜糖、凤凰血粑鸭。地理标志所涉及的商标类分别有：31 类、30 类、29 类共三个类别。

使用商品：猕猴桃、生姜、姜糖、血粑鸭四种。

表 4-29　凤凰县地理标志商标注册情况一览表

商标类别	使用商品	商标名称	商标注册人	注册号
31 类	猕猴桃	凤凰红心猕猴桃	凤凰县旅游品牌发展协会	15119692
31 类	新鲜生姜	凤凰生姜	凤凰县农副产品协会	23997230
30 类	姜糖	凤凰姜糖	凤凰县姜糖协会	9095841
29 类	血粑鸭	凤凰血粑鸭	凤凰县古城商会	11127268

资源挖掘：田野调查发现，凤凰县内有待挖掘的地理标志商标资源主要有：凤凰米豆腐、凤凰罐罐菌、凤凰苗家酸汤、凤凰社饭、凤凰蜡染、凤凰蓝印花布等。还有凤凰蓝印花布印染技艺、凤凰彩扎（凤凰纸扎）、凤凰芭茅草贴画制作、凤凰扎染、凤凰苗族银饰锻制工艺、苗族花带技艺、凤凰苗医、凤凰苗药、凤凰苗医药二十四脉诊、凤凰纸扎、凤凰烙画、凤凰双峰民间剪纸等民间非遗地理标志商标资源。调查显示，凤凰县特色资源丰富，为地理标志商标注册保护提供了可挖掘的资源优势。

建议与对策：数据显示，凤凰县在地理标志商标注册保护方面的工作具有一定成效，但从所蕴藏的地理标志及非遗项目来看，其地理标志资源挖掘潜力极大。对凤凰县地理标志发展情况提出几点建议：一是妥善经营已注册成功的地理标志产品，对新增的地理标志商标品牌加以扶持引导，可充分利用凤凰县旅游产业等多方渠道进行推广和宣传；二是凤凰县地理标志商标主要发展空间在新鲜水果及植物方面，应加大对这些地理标志公共品牌使用管理、文化价值挖掘、形象塑造与传播、商标维权等方面的重视；三是对有待挖掘的特色产品展开摸底调查，特别是在非物质文化遗产方面，对凤凰县非遗情况进行全面摸底调查，登记造册，制定《凤凰县非遗地理标志情况普查报告》，有计划、有经费、有目的地开展地理标志发展工作，正确引导、培育、帮扶，对符合地理标志商标注册条件的进行专门指导。

（15）地理标志扫描：古丈县

区域简介：古丈县位于湖南省西部。少数民族以苗族和土家族居多，占整个地区人口的76.9%。森林覆盖率71.9%的古丈县是湖南省的重点林业县，纯天然的自然净化条件使当地的空气质量相当优良。古丈县的人口分布较为稀疏，所以大部分地域都是青山绿水，草木茂盛，清新的空气让自然环境显得宁静而幽远。良好的地域环境使高望界和坐龙溪等地的许多小溪流清澈见底，形成天然无污染直饮水质。丰富的森林资源让古丈县历来都以"林业之乡"自居。在阳光、温度和土壤的极佳配合下，古丈县拥有森林面积153万亩，乔灌木高达九百多种，一、二级保护植物银杏、红豆杉等也在此生根落户，良好的生态环境使古丈县在2019年被国家誉为"中国天然氧吧"。古丈三万余枚秦牍简和秦代古城遗址告诉后人，这是个历经沧海桑田屹立不倒的古老乡村。这个不起眼的地方却沉淀出悠久的茶文化，从唐代开始古丈的茶就成为贡品，至今它是湖南省名优茶产区之一。在古丈地区的少数民族有许多的

图4-58　古丈县区位图

人文风情，如苗族和土家族以"六月六"和"鼓舞"为代表的传统风俗流传至今。在这里居住的苗族、土家族和汉族人，互相融合世代共患难，用他们的智慧、善良与勤劳书写着古丈的历史。

自然环境：古丈县海拔落差较大，最高海拔有 1146 米，而最低的却只有 147 米，河流有六十多条。这里雨季较多，非常适合动植物的生长，适宜的气候使此地拥有大量的植被和森林、草场，素来就有林业之乡、名茶之乡的称号。与其他地区相比，古丈的人口不多，加之当地气候和植被丰富等原因，使当地的空气质量相当好。在这种有利植物生长的环境下，古丈县的树木和茶叶长势极旺。得天独厚的生态环境使古丈县的环境资源相当丰富，境内的栖凤湖为当地特殊景观的代表，此地面积为 431 平方公里，25 平方公里的水域面积将湖与陆地连成了一片片的湖心小岛。挺拔高大的红石林直入云霄，与四周的湖、岩、峰遥相呼应，仿佛仙境一般，1993 年栖凤湖就被划定为当地的名胜风景区。像这样大自然给予的天然景观在古丈随处可见，岩壁险陡、石门洞悬、山谷幽深令人惊叹。人们用险、奇、野、美四个字概括古丈地区与众不同的自然环境。

人文环境：古丈的茶文化来自有历史渊源的种植技术。早在唐代古丈的茶叶每年就以贡品的身份被送入宫中，到了民国，古丈茶面积就达到了60 亩，产茶 500 斤，茶产业的不断发展让人们更多地了解到古丈茶叶有 1000 多年的贡茶历史，在 2014 年的中国茶叶学会与常务理事会进行的第四届中国名茶评选中，古丈就以全票被评为中国名茶之乡。居住在古丈的苗族人流传有许多风俗，"六月六"就是他们比较重视的一个节日，关于这个节日的传说很多，每到这天，人们都会举行重

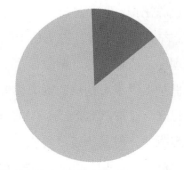

古丈县占全州地理标志总数的15.8%

■ 古丈县地理标志总数3件
■ 湘西土家族苗族自治州地理标志总数19件

图 4-59　古丈县地理标志数据分析

大的祭祀仪式来纪念反压迫的英雄。湘西苗族的鼓舞是当地人最为常见的一种民间舞蹈艺术，每到盛大节日或有红白喜事，老老少少的人们都会集中在一起打鼓，载歌载舞。为了更好地活跃氛围，还会配上铜锣、唢呐、土号等乐器，场面十分热闹。在古丈生活的湘西土家族是个重礼仪、喜爱礼尚往来表达善意的民族，所以这里的人一生中都要经过重情节、礼行、讲友好、尚文明四礼以及人生中的诞生、结婚、祝寿和下葬等礼仪。人们用"天下五洲四海客"来形容古丈人的好客。

数据分析：截止到 2019 年 12 月，古丈县地理标志总数为 3 件，占全市的 15.8%。

商标类别：截止到 2019 年 12 月 12 日，古丈县 3 件地理标志商标为：古丈毛尖、古丈绿茶、古丈红。地理标志所涉及的商标类有：30 类一个类别。

使用商品：茶叶一种。

表 4-30　古丈县地理标志商标注册情况一览表

商标类别	使用商品	商标名称	商标注册人	注册号
30 类	茶叶	古丈毛尖	古丈茶业发展研究中心	1607997
30 类	茶、绿茶	古丈绿茶	古丈茶业发展研究中心	22030430
30 类	红茶	古丈红	古丈茶业发展研究中心	22030429

资源挖掘：田野调查发现，古丈县内有待挖掘的地理标志商标资源主要有：古丈苗家腊肉、古丈糯米腌酸鱼等。还有古丈苗家八合拳等民间非遗地理标志商标资源。调查显示，古丈县特色资源丰富，为地理标志商标注册保护提供了可挖掘的资源优势。

建议与对策：数据显示，古丈县在地理标志商标注册保护方面的工作具有一定成效，但从所蕴藏的地理标志及非遗项目来看，其地理标志资源挖掘潜力极大。对古丈县地理标志发展情况提出几点建议：一是妥善经营已注册成功的地理标志产品，对新增的地理标志商标品牌加以扶持引导，可充分利用古丈县旅游产业等多方渠道进行推广和宣传；二是古丈县地理标志商标主要发展空间在新鲜水果及植物方面，应加大对这些地理标志公共品牌使用管理、文化价值挖掘、形象塑造与传播、商标维权等方面的重视；三是对有待挖掘的特色产品展开摸底调查，特别在非物质文化遗产方面，对古丈县非遗情况进行全面摸底调查，登记造册，制定《古丈县非遗地理标志情况普查报告》，有计划、有经费、有目的地开展地理标志发展工作，正确引导、培育、帮扶，对符合地理标志商标注册条件的进行专门指导。

（16）地理标志扫描：保靖县

区域简介：保靖县是湖南省湘西土家族苗族自治州的一个小县。分布在这块土地上的少数民族比较多，但以土家族和苗族为主体。保靖县的地形较为复杂，地貌高低的悬殊和起伏的群山形成的马鞍形地势，加之石灰岩分布广泛，导致这里的自然环境多半以山地为主。山岗和河流的多层交错使全县境内有溶洞近三百个，大小山头近五千个，900米以上的山高达563座，最高的六座大山被称为"六大山脉"。根据国家环境保护退耕还林的相关要求，保靖县的耕地面积从2000年以后逐年减少，而园地、林地、牧草和水域却呈逐年增加的趋势。保靖县山多，自然矿产资料也较丰富，有各种固体矿物资料、稀有金属。黑色和有色金属，特别是有色金属中的镁矿在全县60%的乡镇都能采到，而且开采的条件也相当优越，是全国最好的矿石之一。

自然环境：特殊的地貌环境造就了当地"两多一怪"的自然环境，两多是山多、溶洞多，一怪是"山下开桃花，山上飘雪花"，"一山有四季，十

图 4-60　保靖县区位图

保靖县占全州地理标志总数的5.3%

■ 保靖县地理标志总数1件

▨ 湘西土家族苗族自治州地理标志总数19件

图 4-61　保靖县地理标志数据分析

里不同天"。保靖县地貌类型比较齐全，峰峦重叠，峻谷相隔，山丘、岗坪交错分布，西北角海拔在900多米以上的高山就有三百多座，最高的为白云山，海拔高达1320.5米。高处有高山，低处自然就有河，境内的凤滩电站水库就是当地水位线达到两百多米的水文站。而境内的吕洞山更是不同，常年的外力作用使地貌发生变化，山体已四分五裂，如刀锋一般直入云霄，被人们叹为"峡谷一线天"。原生态的自然环境使生活在保靖县内的野生动植物较多，淡水鱼和爬行动物及畜禽类达400多种，在此还曾发现灵长目长臂猿等哺乳动物化石18种。除了野生动物，野生植物在保靖也十分丰富，特别是这里的许多野生植物含有丰富的蛋白质、矿物质、糖、钙，还有一部分野生植物是家畜、禽和鱼类的天然饲料。繁多的自然动植物资源使境内的白云山成为国家级自然保护区，并使其有了野生动、植物资源的天然宝库的美称。保靖的自然环境不仅是动植物的天堂，也促进了当地产业发展，除了这些野生的农副产品产业，保靖因自然的原始风光、天然纯净的空气质量，每年都吸引110多万人到此游玩，只旅游这一项就给当地带来实际收入上亿的经济效益。

　　人文环境：保靖县人文环境主要来源于土家族和苗族的传统风俗。在碗米坡镇东洛等地出土的石器时期遗址再次见证了当地人曾经的历史，他们是酉水流域的土家族——他们与苗族一样，都有着悠久的历史和至今保留完好的民族文化。生活在当地的土家族带来了丰富的文学、音乐、戏剧、舞蹈、医药、美术等民俗，与苗族文化相互映衬、互相融合。在保靖县人人都会摆手舞、人人都能跳几步铜铃和毛古斯民间传统的舞步。土家族是个喜爱用歌舞表达情感的民族，"打溜子"就是当地人逢年过节、婚娶喜庆时常用的表现形式，他们用锣鼓、唢呐、牛角、长号等乐器合奏出欢乐、喜庆、和谐、美满的氛围。而苗族的纺织、编织、剪纸、蜡染等制作技艺是苗家人世代相传的文化，他们用自然生长的植物制作出各种生活用品——竹编箩筐、背篓、渔网等，他们将一切美好的事物用笔绘画成图，制成服饰，他们的生活不仅仅是过日子，更多的是一种风情，一种对美好生活的追求与向往。

数据分析：截止到 2019 年 12 月，保靖县地理标志总数为 1 件，占全市的 5.3%。

商标类别：截止到 2019 年 12 月 12 日，保靖县 1 件地理标志商标为：保靖黄金茶。地理标志所涉及的商标类有：30 类一个类别。

使用商品：茶一种。

表 4-31　保靖县地理标志商标注册情况一览表

商标类别	使用商品	商标名称	商标注册人	注册号
30 类	茶	保靖黄金茶	保靖县茶叶产业开发办公室	8532976

资源挖掘：保靖县主要特产可以概括为甘醇黄金茶，美味秤砣粑，人人都爱米粉、酱油和土匪鸭，念念不忘的还是陶瓷瓶中带紫砂。保靖的黄金茶树种是珍稀植物，它与 3500 万年前的景谷宽叶木兰有着一定的亲缘关系，这种稀少的茶树种群生长出来的茶叶经过加工后有着茶香味持久醇厚、颜色翠绿并入口清爽浓郁等特点，且茶氨基酸和茶多酚含量都比同期绿茶要高出许多，被人们称作"一两黄鱼一两茶"，保靖的黄金村因有这样的百年大茶树而得名。与黄金茶同样引起人们关注的秤砣粑是保靖当地最普遍的食品，是用糯米和黏米舂制揉搓成米团后，上笼蒸熟至半透明的乳白色，像琥珀更像白玉，每块粑沉沉的仿佛秤砣一般，故称为秤砣粑。每年清明后，当地人用同样的方法将蒿叶的尖嫩部位与米一起舂碎后

制成的蒿子粑，有清心明目的功效。在保靖类似秤砣粑这样让人食过难忘的土特产还有米粉、酱油和土匪鸭，人类对美食的追求源于对家与故乡的热爱，始终挥之不去的乡愁其实就是妈妈的味道。保靖除了特色饮食外，还有紫砂陶声名远播，因当地的紫砂和镁质陶的资源较为丰富，且土质上乘，保靖便成了全国"紫砂陶土"之乡。陶瓷工艺在保靖已有上百年的历史，制作出来的酒瓶、高档餐具、茶具和工艺品远销全国各地，是当地四大支柱产业之一。像紫砂陶瓷这样经历百年沧桑流传至今的工艺还有苗画、竹编技艺等，这些宝贵的传统美术、传统技艺品位优良，有很大的开发利用空间，资源丰富的当地特色为保靖县的地理标志商标注册保护提供了可挖掘的资源优势。

建议与对策：数据显示，保靖县在地理标志商标注册保护方面的工作具有一定成效，但从所蕴藏的地理标志及非遗项目来看，其地理标志资源挖掘潜力极大。对保靖县地理标志发展情况提出几点建议：一是妥善经营已注册成功的地理标志产品，对新增的地理标志商标品牌加以扶持引导，可充分利用保靖县旅游产业等多方渠道进行推广和宣传；二是保靖县地理标志商标未来主要发展空间在新鲜水果及植物方面，应加大对这些地理标志公共品牌使用管理、文化价值挖掘、形象塑造与传播、商标维权等方面的重视；三是对有待挖掘的特色产品展开摸底调查，特别在非物质文化遗产方面，对保靖县非遗情况进行全面摸底调查，登记造册，制定《保靖县非遗地理标志情况普查报告》，有计划、有经费、有目的地开展地理标志发展工作，正确引导、培育、帮扶，对符合地理标志商标注册条件的进行专门指导。

（17）地理标志扫描：龙山县

区域简介：龙山县 60 万人口中有 16 个少数民族，占据总人口的 71%，不起眼的龙山县是土家族的发祥地之一，它是土家织锦技艺、舞蹈等多种民间传统技艺及风俗保存较好的地区之一，六个项目被列入国家级非物质文化遗产名录，3.7 万余枚秦简出土，被专家们惊叹为"21 世纪以来最大的考古发现”，里耶古城遗址已被国家评为“重点文物保护单位”，而龙山县的里耶镇也因此被誉为“中国历史文化名镇”。龙山县的历史应从秦始皇嬴政建朝开始，龙山县地区最初是属蜀汉，在关云长大意失荆州后，就成为东吴的地盘。到了唐朝，朝廷用道来划分区域单位，便有了“湘鄂川之孔道”之称。

图 4-62　龙山县区位图

　　自然环境：夏无酷暑冬无严寒的气候，使当地植被茂密。龙山地区的自然景观极为原生态，有乌龙山大峡谷、洛塔石林和太平山森林公园，境内有两条水系——沅水和澧水，加上当地的雨水较多，故而水能资源相当充足。有利的自然环境让龙山矿产储量较大，野生中草药资源相当丰富，600 米左右的海拔环境使当地的中药材品质优良，野生中草药有 1300 多种，野生名贵药材达两百余种，像天麻、玄参、三七、厚朴和云母香、杜仲等，纯净的环境下的野生中药材供不应求，成为当地一大经济支柱。天然的自然环境和丰富的水资源使龙山县的野生植物茂密，有两千五百余种。野生动物种类繁多，像华南虎、云豹这样的一级、二级保护动物也都在此地生存繁衍。在得天独厚环境中繁殖茂盛动、植物的龙山县被授予全国黑色金子林之乡、金色油桐之乡、全国农牧渔业丰收奖等称号。

　　人文环境：远在夏商周，龙山就为荆州地域，又因是“辰旗”之地，辰属龙，龙是吉祥权威的象征，加之当地峰峦叠嶂像龙身一般连绵起伏，故名龙山县。生活在这里的土家族是个喜爱歌舞的民族，婚丧嫁娶、每个节庆日都能看到当地人前歌后舞的热闹场景。他们以摆手自然洒脱的舞蹈方式来向人们展示他们的生活。土家族是一个能将歌、舞、乐、剧等艺术

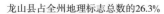

龙山县占全州地理标志总数的26.3%

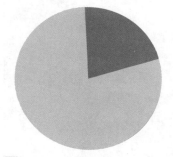

■ 龙山县地理标志总数5件

湘西土家族苗族自治州地理标志总数19件

图 4-63　龙山县地理标志数据分析

集于一体同时进行的民族，这种用气势磅礴、风情浓郁的生活气息来表达的舞蹈——摆手舞在 2006 年被纳入国家级非物质文化遗产。土家族人对居住环境有一定的要求，他们喜欢选择后面有山前面有水、地势相对比较高、坐南朝北的位置建房起屋，这种建筑也寓意着未来的日子有靠山不怕有难，有田种不愁吃穿。当地人用竹子编制成精巧的背篓，小巧玲珑，成为富有特色、倍受欢迎的纪念品，年销量达到 10 万件以上。这些充满生活气息的当地特色是龙山县悠久历史文化沉淀的原生态生活方式。山清水秀的惹巴拉、捞车、梁家寨、耶铺、拉卡车等原始村落里的吊脚、转角楼使历史零零星星的碎片牵起人们对过往的追寻，宁静而旷远。

数据分析：截止到 2019 年 12 月，龙山县地理标志总数为 5 件，占全市 26.3%。

商标类别：截止到 2019 年 12 月 12 日，龙山县 5 件地理标志商标分别为：龙山百合、龙山萝卜、龙山七姊妹辣椒、里耶脐橙。地理标志所涉及的商标类有：31 类、29 类共两个类别。

使用商品：百合干、萝卜、辣椒（植物）、脐橙四种。

表 4-32　龙山县地理标志商标注册情况一览表

商标类别	使用商品	商标名称	商标注册人	注册号
31 类	百合干	龙山百合	龙山县百合产业协会	6488163
31 类	萝卜	龙山萝卜	龙山县蔬菜产业协会	11352836
31 类	辣椒（植物）	龙山七姊妹辣椒	龙山县蔬菜产业协会	15961839
29 类	脐橙	里耶脐橙	龙山县柑橘产业协会	10415880

资源挖掘：田野调查发现，龙山县内有待挖掘的地理标志商标资源主要有龙山土家织锦、龙山紫砂陶器、龙山洗车河霉豆腐、龙山里耶米豆腐、龙山玄参、龙山水黄连、龙山白三七等。还有龙山大头菜制作技艺、龙山药王医药文化等民间非遗地理标志商标资源。调查显示，龙山县特色资源丰富，为地理标志商标注册保护提供了可挖掘的资源优势。

建议与对策：数据显示，龙山县在地理标志商标注册保护方面的工作具有一定成效，但从所蕴藏的地理标志及非遗项目来看，其地理标志资源挖掘潜力极大。对龙山县地理标志发展情况提出几点建议：一是妥善经营已注册成功的地理标志产品，对新增的地理标志商标品牌加以扶持引导，可充分利用龙山县旅游产业等多方渠道进行推广和宣传；二是龙山县地理标志商标主要发展空间在新鲜水果等植物方面，应加大对这些地理标志公共品牌使用管理、文化价值挖掘、形象塑造与传播、商标维权等方面的重视；三是对有待挖掘的特色产品展开摸底调查，特别在非物质文化遗产方面，对龙山县非遗情况进行全面摸底调查，登记造册，制定《龙山县非遗地理标志情况普查报告》，有计划、有经费、有目的地开展地理标志发展工作，正确引导、培育、帮扶，对符合地理标志商标注册条件的进行专门指导。

（18）吉首市地理标志扫描

区域简介：吉首市是镶嵌在武陵山区的一颗翡翠。自古以来都是肩挑南北、手牵东西的商贾云集之地，贸易往来的兴旺发达使此地一度成为整个区域的重要商业繁荣城镇。六千八百多年的延续发展，总面积 1078.33 平方公里土地上哺育了众多的民族，在总人口 31.16 万人中，少数民族达到

图 4-64　吉首市区位图

总人口的 77.3%，其中苗族和土家族居多。原始的生态与历史久远的土家族、苗族文化是吉首市最大的特色。历史的传承在这里体现得极为显著，民俗风情的完好保留，成就了当地"三大生态珍品""三大文化名人"和"三大民族活动"的生态与文化氛围。

自然环境：吉首市的地貌呈现三级阶梯形状，从西向东的降低地势使西北部山峰陡峭，而东南却是山势低矮，中部地势的平缓形成了岩溶丘陵的蜿蜒曲折。特殊的地貌并不影响当地四季分明的气候，冬暖夏凉、春秋温和，冬长秋短是当地最为突出的气候特征。吉首地区交错纵横的溪河有81 条，其中峒河是最大的河流。特殊的地貌和充足的水资源适宜各类动、植物生存。吉首的野生动物，如鸟、兽、爬行和两栖类动物就有两百多种，国家一级保护野生动物金雕、白颈长尾雉和国家二级保护动物都在此长期生存。野生植物种类有 300 多种，一级和二级重点保护植物有 16 种。除此之外，在吉首的矿藏有 26 种，其中水泥灰岩、白云岩等为优势矿种。

人文环境：吉首市的丹青乡、排绸乡和排吼乡是仡佬苗区，至今流传着唱歌对歌的习俗，红白喜事和大小节日都会通过对山歌的形式表达情感，因此在当地流传着许多歌谣。而西鼓却是苗族人们用粗犷豪迈的鼓声来表达情感的方式。"南戏""北狮"和"中春"这些古老的风俗在吉首市人们的心里已经成为抹不去的古老传统，成为他们自然形成的人文特色。吊脚楼是湘西民居中颇为流行的一种传统建筑形式，它将人与自然巧妙联系在一起。起伏连绵的山峰隐约于古老的巫傩中，特殊的地域环境给湘西蒙上了一层神秘的气息。然而湘西的饮食文化更是让人流连忘返，特别是那绝无仅

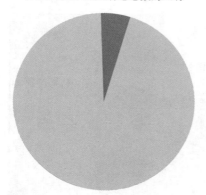

吉首市占全州地理标志总数的5.3%

■ 吉首市地理标志总数1件
■ 湘西苗族土家族自治州地理标志总数19件

图 4-65 吉首市地理标志数据分析

有的"酸辣"无不彰显出地方饮食的"正宗"来。吉首借助特有气候条件将本地丰富资源结合起来，使地方食品形成酸、辣、鲜、腊的特色，自成一家。

数据分析：截止到2019年12月，吉首市总数为1件，占全市的5.3%。

商标类别：截止到2019年12月12日，吉首市1件地理标志商标为：湘西黄金茶。

使用商品：茶1种。

表4-33　吉首市地理标志商标注册情况一览表

商标类别	使用商品	商标名称	商标注册人	注册号
30类	茶	湘西黄金茶	吉首市经果技术推广站	15887938

资源挖掘：田野调查发现，吉首市内有待挖掘的地理标志商标资源主要有吉首湘西草鞋、吉首阴米和糖散、吉首边城香醋、吉首苗族银饰、吉首酸肉等。还有吉首苗绣等民间非遗地理标志商标资源。调查显示，吉首市特色资源丰富，为地理标志商标注册保护提供了可挖掘的资源优势。

建议与对策：数据显示，吉首市在地理标志商标注册保护方面的工作具有一定成效，但就预期所蕴藏的地理标志及非遗项目来看，其地理标志资源挖掘潜力极大。对吉首市地理标志发展情况提出几点建议：一是妥善经营已注册成功的地理标志产品，对新增的地理标志商标品牌加以扶持引导，可充分利用吉首市旅游产业等多方渠道进行推广和宣传；二是吉首市地理标志商标主要发展空间仍在新鲜水果及植物方面，应加大对这些地理标志公共品牌使用管理、文化价值挖掘、形象塑造与传播、商标维权等方面的重视；三是对有待挖掘的特色产品展开摸底调查，特别是在非物质文化遗产方面，对吉首市非遗情况进行全面摸底调查，登记造册，制定《吉首市非遗地理标志情况普查报告》，有计划、有经费、有目的地开展地理标志发展工作，正确引导、培育、帮扶，对符合地理标志商标注册条件的进行专门指导。

（19）桑植县地理标志扫描

图 4-66　桑植县区位图

区域简介：桑植县，隶属于湖南省张家界市，位于湖南西北边陲，东接石门县、慈利县，南毗永定区、永顺县，西接龙山县，北邻湖北省宣恩县、鹤峰县。该县下辖 12 个镇、11 个乡。人口 38.94 万人。桑植县是贺龙元帅的故乡、红二方面军长征出发地，东接世界自然遗产保护区——武陵源风景名胜区，是湖南通往祖国西北的北大门。还拥有峰峦溪国家森林公园 1 个，九天洞赤溪河、娄水省级风景名胜区 2 个。

自然环境：桑植县位于湖南省西北部。处武陵山脉北麓，鄂西山地南端。桑植县气候阴晴不定，不定时的地方性雷雨大风和倾盆暴雨是当地气候的一大特征。这里溪河密集，大小河流有四百多条。桑植县可开发利用的水能资源达 45.6 万千瓦，系全省五大水电开发基地之一，水电开发潜力较大。此外矿产资源丰富。桑植县生物多样性异彩纷呈，动植物群落多样，仅珍稀、濒危植物就达 40 余种，是大鲵（娃娃鱼）之乡。距桑植县城 80 公里的八大公山国家级自然保护区，有亚热带地区保存最完好的原始森林，被誉为亚洲物种"基因库"。

人文环境：桑植县共有 28 个民族长期杂居繁衍，其中，土家族占全县总人口的 63%，白族占全县总人口的 25%。白族是中国最古老的民族

之一，主要聚居在云南大理一带。700 多
年前，一部分白族先祖迁居到桑植繁衍生
息，是全国第二大白族聚居地。各个民族
在此相互交融，积淀了深厚的民族文化底
蕴。桑植是民歌之乡，桑植民歌已成为中
华民族文化交流的象征，深厚的民歌文化
被列入国家级第一批非物质文化遗产名
录，当地民歌被称为"金色的旋律"，多次
受到国外友人的邀请，在国际舞台上进行
表演。

数据分析：截止到 2019 年 12 月，桑植
县地理标志总数为 2 件，占全市的 40%。

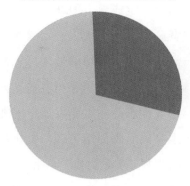

桑植县占全市地理标志总数的40%

■ 桑植县地理标志总数2件
▨ 张家界市除桑植县外其他
地区地理标志总数5件

图 4-67　桑植县地理标志数据分析

商标类别：截止到 2019 年 12 月 12 日，桑植县 2 件地理标志商标为：
桑植魔芋、桑植蜂蜜。地理标志所涉及的商标类为：31 类、30 类共 2 个
类别。

使用商品：魔芋（植物）、蜂蜜 2 种。

表 4-34　桑植县地理标志商标注册情况一览表

商标类别	使用商品	商标名称	商标注册人	注册号
31 类	魔芋（植物）	桑植魔芋	张家界市魔芋科学技术研究所	14637793
30 类	蜂蜜	桑植蜂蜜	桑植县蜜蜂产业协会	25081190

资源挖掘：田野调查发现，桑植县内有待挖掘的地理标志商标资源主
要有：桑植萝卜、桑植土家根雕、桑植土家苞谷烧、桑植大庸毛尖、桑
植趴趴鱼等。还有桑植土方榨油等民间非遗地理标志商标资源。调查显
示，桑植县特色资源丰富，为地理标志商标注册保护提供了可挖掘的资源
优势。

建议与对策：数据显示，桑植县在地理标志商标注册保护方面的工作具有一定成效，但就预期所蕴藏的地理标志及非遗项目来看，其地理标志资源挖掘潜力极大。对桑植县地理标志发展情况提出几点建议：一是妥善经营已注册成功的地理标志产品，对新增的地理标志商标品牌加以扶持引导，可充分利用桑植县旅游产业等多方渠道进行推广和宣传；二是桑植县地理标志商标主要发展空间在新鲜水果及植物方面，应加大对这些地理标志公共品牌使用管理、文化价值挖掘、形象塑造与传播、商标维权等方面的重视；三是对有待挖掘的特色产品展开摸底调查，特别在非物质文化遗产方面，对桑植县非遗情况进行全面摸底调查，登记造册，制定《桑植县非遗地理标志情况普查报告》，有计划、有经费、有目的地开展地理标志发展工作，正确引导、培育、帮扶，对符合地理标志商标注册条件的进行专门指导。

（20）张家界（武陵源区、永定区）地理标志扫描

区域简介：张家界是湖南省地级市，是一座美丽的花园城市，原名"大庸市"，有永定区、武陵源区2个市辖区和慈利县、桑植县2个县。张家界位于湖南西北部，澧水中上游，属武陵山区腹地。张家界是湘鄂渝黔革命根据地的发源地和中心区域。以土家族、白族、苗族为主，少数民族人口占总人口的77.19%。因特殊的地理环境和各个民族居住较多，再加上当地的原生态绿植风景优美，成为国内外游客极其喜爱的地方，目前张家界是中国最重要的旅游城市之一。

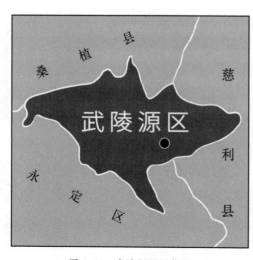

图 4-68　武陵源区区位图

　　自然环境：张家界（武陵源区、永定区）水绕山转，素有"八百秀水"之称。无与伦比的自然环境使张家界成为我国建立的第一个国家森林公园。到过这里的人无不惊叹它的自然风光。砂岩峰林地貌是地球上的一种特殊的形态和特征，是在特定的地质构造部位加上新构造运动和外力作用影响下而形成的一种罕见的地貌环境，张家界因这种特殊的地貌形成的 3000 多座奇峰异石，气势磅礴、鬼斧神工，高度超过两百多米的就有 1000 多座，是世界上独一无二的砂岩峰林景观为中心，以岩溶景观为陪衬的结合景观体，峰间的峡谷小溪长流，林间的参天绿树翠叶遮日，"三千奇峰，八百秀水"的美称一点也不夸张。资源丰富的绿色植被使森林覆盖率高达 98%，被人们称为"自然博物馆和天然植物园"。八大公山自然形成的国家级保护区被称为世界罕见的物种"基因库"，被誉为"百里画廊"的茅岩河和万福温泉使人流连忘返。自然形成的生态系统使当地气候冬暖夏凉，年平均温度在 12.8 摄氏度左右，纯净的空气质量和绝无仅有的美景使张家界成为国家级旅游区、人们休闲避暑净化身心之地。

　　人文环境：张家界虽为少数民族聚居区，但许多风俗习惯多以土家族为主，如土家姑娘在出嫁前半个多月就有哭嫁的习俗，少则哭上三五天，多则哭上一个多月，有的人家还能用连哭带唱的形式进行。土家人在择偶问题上十分谨慎，他们以同姓不同宗或者五服以外的通婚模式进行联姻，五服以内联姻为大逆不道。每年过年是土家族团聚的日子，土家人会在过年的头一天进行，称"赶年"。土家人对土地有着特殊的感情和敬畏，每个村寨都有至少一个或多个土地庙，他们敬奉一方之主的土地神，希望其保佑风

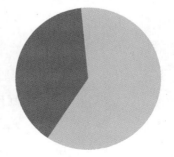

张家界（武陵源区、永定区）占全市
地理标志总数的60%

■ 张家界（武陵源区、永定区）地理标志总数3件
　张家界市地理标志总数5件

图 4-69　张家界地理标志数据分析

调雨顺、五谷丰登、六畜兴旺。张家界的高花灯是富有民族特色的舞蹈，十几人或者二十多人每人手执一盏纸扎的灯笼，摆成阵队，如下象棋一般"将"或"吃掉"对方，热闹而又欢快的斗智游戏不仅当地人喜爱，也深受国内外人士的赞赏，被誉为"中国舞蹈历史上的活化石"而列入湖南省第一批非物质文化遗产保护名录。在张家界类似这样的人文遗产有15类70多项，人们在享受大自然给张家界带来精神与物质财富的同时，也开始关注此地文化遗产的保护工作。

数据分析：截止到2019年12月，张家界（武陵源区、永定区）地理标志总数为3件，占全市的60%。

商标类别：截止到2019年12月12日，张家界（武陵源区、永定区）3件地理标志商标为：张家界椪柑、张家界大鲵、张家界葛根粉。地理标志所涉及的商标类为：31类、30类共两个类别。

使用商品：椪柑（鲜水果）、大鲵（活鱼）、葛根粉（食用淀粉）三种。

表4-35　张家界（武陵源、永定区）地理标志商标注册情况一览表

商标类别	使用商品	商标名称	商标注册人	注册号
31类	椪柑（鲜水果）	张家界椪柑	张家界市名特优水果协会	5488500
31类	大鲵（活鱼）	张家界大鲵	张家界市武陵大鲵研究所	10159626
30类	葛根粉（食用淀粉）	张家界葛根粉	张家界市黄狮寨葛根粉研究所	10986929

资源挖掘：田野调查发现，张家界（武陵源区、永定区）有待挖掘的地理标志商标资源主要有：张家界青岩茗翠、张家界龟纹石雕、张家界苗乡社饭、张家界土家神茶、张家界野菜、张家界泥鳅钻豆腐等。还有张家界土家织锦、张家界牧羊冲古茶制作技艺、张家界土家漆器推光漆技艺、张家界传统制葛、张家界鱼泉贡米的制作与加工、张家界烙铁画、张家界土家理疗、张家界蛇医等民间非遗地理标志商标资源。调查显示，张家界（武陵源区、永定区）特色资源丰富，为地理标志商标注册保护提供了可挖掘的资源优势。

建议与对策：数据显示，张家界（武陵源区、永定区）在地理标志商标注册保护方面的工作具有一定成效，但从所蕴藏的地理标志及非遗项目来看，其地理标志资源挖掘潜力极大。对张家界（武陵源区、永定区）地理标志发展情况提出几点建议：一是妥善经营已注册成功的地理标志产品，对新增的地理标志商标品牌加以扶持引导，可充分利用张家界（武陵源区、永定区）旅游产业等多方渠道进行推广和宣传；二是张家界（武陵源区、永定区）地理标志商标主要发展空间在新鲜水果及植物方面，应加大对这些地理标志公共品牌使用管理、文化价值挖掘、形象塑造与传播、商标维权等方面的重视；三是对有待挖掘的特色产品展开摸底调查，特别在非物质文化遗产方面，对张家界（武陵源区、永定区）非遗情况进行全面摸底调查，登记造册，制定《张家界（武陵源区、永定区）非遗地理标志情况普查报告》，有计划、有经费、有目的地开展地理标志发展工作，正确引导、培育、帮扶，对符合地理标志商标注册条件的进行专门指导。

（21）涟源市地理标志扫描

区域简介：涟源市，隶属于湖南省娄底市，位于湖南省中部，衡邵盆地北缘，涟水、孙水上游，1951年置县，1987年撤县设市。涟源市总面积1830平方千米，辖19个乡镇办事处和1个高新区，截至2017年末常住人口98.3万人，是一个以汉族为主体的多民族共同生活的大家庭，少数民族人口最多的是苗族。2020年2月29日，湖南省人民政府同意涟源市退出贫困县。

图4-70　涟源市区位图

　　自然环境：涟源市属中亚热带大陆性季风湿润气候区。热量丰富，温度适宜，四季分明。涟源市地貌类型组合多样，其中山地占总面积的37.78%，丘陵占26.95%，岗地占25.10%，平原占10.17%。已探明储量的矿产资源有煤、铁、锰、锑、铜、铅锌、硅石等40余种。涟源市自然资源丰富，素称"煤海""建材之乡"和"有色金属之乡"，是湖南能源原材料基地，全国100个重点产煤县市，全国知名煤机生产基地，全国产粮大县，是全国乡村治理体系建设试点单位。

　　人文环境：其景观类型齐全，已形成北有省级风景名胜区、收入国家地质公园名录的湄江，南有国家龙山森林公园、飞水涯旅游区相呼应，中部有洪水岭公园、包围山省级森林公园相承接的旅游格局，丰富的旅游资源使当地的自然资源及人文资源相互补充，相得益彰。"三湘独秀"的省级风景名胜区、国家级地质公园湄江，有区别于云南石林和湖南省张家界的喀斯特地貌的岩溶景观，这里水秀、洞奇、石巧、崖绝，"集五岳之雄奇，纳漓江之秀美，呈武陵风光之绮丽，显桂林山水之风韵"。悬崖跳伞、攀岩和鸟人飞行滑水，更是吸引了四方游客。

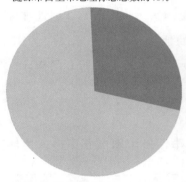

涟源市占全市地理标志总数的40%

■ 涟源市地理标志总数2件
■ 娄底市地理标志总数5件

图4-71　涟源市地理标志数据分析

　　数据分析：截止到2019年12月，涟源市地理标志总数为2件，占全市的40%。

　　商标类别：截止到2019年12月12日，涟源市2件地理标志商标为：枫木贡茶、涟源富田桥游浆豆腐。地理标志所涉及的商标类为30类、29类共两个类别。

　　使用商品：茶、豆腐两种。

表 4-36　涟源市地理标志商标注册情况一览表

商标 类别	使用商品	商标名称	商标注册人	注册号
30 类	茶（绿茶）	枫木贡茶	涟源市枫木贡茶行业协会	21538474
29 类	豆腐	涟源富田桥 游浆豆腐	涟源市富田桥游浆豆制品行业协会	19522236

　　资源挖掘：涟源南粉合菜是用红薯粉丝作为主要材料，配上干黄花、干笋尖和时蔬后用鸡汤和山胡椒烹制而成，"合"而不杂的鲜美味道深受当地人的喜爱，既可成菜亦可当主食。涟源南粉合菜诞生的时间并不长，数十年的光景曾给予过粮食困难时期人们最美好的回忆。涟源竹笋是当地特产，当地人将竹笋去壳、除衣、漂洗和整理成形后进行蒸煮，制成可以长久保存的罐头，鲜而不老，香而不陈，为家用和餐馆烹饪提供了鲜美的食材。涟源的"湘中黑牛"是当地经过改良培育后的一个地方品种，以全身紧凑的肉质，爽口细嫩，肉香浓郁而受到市场和消费者的喜爱。在涟源像这样的土特产有很多，如桥头河萝卜、湘中醉花猪、涟源柴米、花蕊粉丝和玉笋春茶叶、万寿贡米等都是富有代表性的当地美食特色，而由当地美食带来的地方文化和传统技术也不少，比较有代表性的有湘军水浒席和骨牌灯、湘中剪纸（火烙剪纸）等。涟源市特色资源丰富，为地理标志商标注册保护提供了可挖掘的资源优势。

　　建议与对策：数据显示，涟源市在地理标志商标注册保护方面的工作具有一定成效，但就预期所蕴藏的地理标志及非遗项目来看，其地理标志资源挖掘潜力极大。对涟源市地理标志发展情况提出几点建议：一是妥善经营已注册成功的地理标志产品，对新增的地理标志商标品牌加以扶持引导，可充分利用涟源市旅游产业等多方渠道进行推广和宣传；二是涟源市地理标志商标主要发展空间在新鲜水果及植物方面，应加大对这些地理标志公共品牌使用管理、文化价值挖掘、形象塑造与传播、商标维权等方面的重视；三是对有待挖掘的特色产品展开摸底调查，特别在非物质文化遗产方面，对涟源市非遗情况进行全面摸底调查，登记造册，制定《涟源市非遗地理标志情况普查报告》，有计划、有经费、有目的地开展地理标志发展工作，正确引导、培育、帮扶，对符合地理标志商标注册条件的进行专门指导。

（22）新化县地理标志扫描

区域简介：新化县是湖南省娄底市的一个小县城。这里有 18 个民族，汉族人口占绝大多数。新化县西、北部为雪峰山，东、南部为低山深丘，中部是支流河谷。新化县境内山丘盆地较多，水系也比较发达，资江是湖南四水之一。新化县既是一个自然风光优美的小县，历史文化又极为丰富，风土人情和地方特色极为浓厚。

图 4-72　新化县区位图

自然环境：新化县的自然资源较为丰富，有着许多风景优美的地方，比较有代表性的森林公园大熊山和紫鹊界梯田是历史留下的痕迹。自然环境的得天独厚使新化县境内形成了几"最"，湘中的最高峰——九龙峰，山上生长着在国内较有名气的中华银杏王；中国最高松——马尾松；千年侏儒树群和两千公顷原始次生阔叶林等，特种资源的丰富使当地拥有"南方动植物博物园"的称号。千年的原生态植被和当地充沛的雨水以及湿润空气，让此地具有大陆和海洋两种性质的气候特点，动植物的种类特别繁多，有娃娃鱼、红腹锦雉、银杏、金钱松、红豆、天师粟等等。紫鹊界梯田在雪峰山脉奉家山系的中部，1236 的高海拔共有五万六千多亩，遍布几十个山头。梯田是居住在这里的苗族和后来迁徙而来的奉姓人共同开发出来，经历了上千年，经过三十几代人的努力建成。

人文环境：早在 5000 多年前，蚩尤及其部族就在此繁衍生息，作为大梅山地区的中心区域，始祖蚩尤创造的文化熠熠生辉。险峻的地理环境使大梅山几乎与世隔绝，在宋熙宁五年（1072 年）置县之前是不与外界来往的神秘之地。闭塞的环境孕育出代表着梅山文化的蚩尤文化——梅山歌谣、梅山情歌和民歌、傩歌、佛歌在这里人人皆知广为传诵。梅山的武术以历史久远和别具一格而著称，完整保留下来的功法与技击精髓是远古时期先人们在恶劣的自然环境中存活下来的经验，——"观其禽技，仿其兽姿"，以能吃苦、以命相搏的"蛮"精神成为中华武术的源头之一，至今新化县人民都保留着对武术的热爱，有半数以上的人都练过梅山武术。新化县的梅山既是蚩尤的故里，又是中国的武术之乡。新化的美食流传着许多与蚩尤有关的故事与传说。和而不同、辣而不烈的湘菜自成体系，有"十荤""十素"和"十饮"之说。"十荤"便是梅山最具特色的"三合汤"，将十种肉合制而成，作为传统名吃"三大碗"中的一道菜曾入选 2008 年奥运会食谱。而有着千年美食文化的"三大碗"不仅记载着梅山的过往，更多记录着对历史的敬畏与怀念。

数据分析：截止到 2019 年 12 月，新化县地理标志总数为 3 件，占全市的 60%。

商标类别：截止到 2019 年 12 月 12 日，新化县 3 件地理标志商标为：新化红茶、白溪豆腐、新化黄精。地理标志所涉及的商标类为：30 类、29 类、5 类共三个类别。

使用商品：茶，豆腐、豆腐干、豆腐皮、豆腐丝，黄精（中药材）三种。

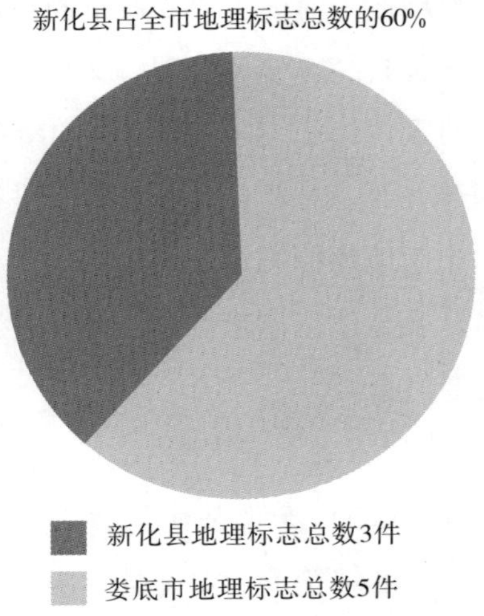

新化县占全市地理标志总数的60%

■ 新化县地理标志总数3件
□ 娄底市地理标志总数5件

图 4-73　新化县地理标志数据分析

表 4-37　新化县地理标志商标注册情况一览表

商标类别	使用商品	商标名称	商标注册人	注册号
30 类	茶	新化红茶	新化县茶叶产业协会	25468550
29 类	豆腐、豆腐干、豆腐皮、豆腐丝	白溪豆腐	新化县白溪豆腐协会	25468551
5 类	黄精（中药材）	新化黄精	新化县中药材协会	24981458

资源挖掘：田野调查发现，新化县内有待挖掘的地理标志商标资源主要有：新化紫鹊界贡米、新化三合汤、新化湘妃茶、新化猪血巴、新化梅山板鸭、新化年羹萝卜、新化蒙洱茶等。还有新化梅山武术等民间非遗地理标志商标资源。调查显示，新化县类似此种特色的资源丰富，为地理标志商标注册保护提供了可挖掘的资源优势。

建议与对策：数据显示，新化县在地理标志商标注册保护方面的工作具有一定成效，但就预期所蕴藏的地理标志及非遗项目来看，其地理标志资源挖掘潜力极大。对新化县地理标志发展情况提出几点建议：一是妥善经营已注册成功的地理标志产品，对新增的地理标志商标品牌加以扶持引导，可充分利用新化县旅游产业等多方渠道进行推广和宣传；二是新化县地理标志商标主要发展空间在新鲜水果及植物方面，应加大对这些地理标志公共品牌使用管理、文化价值挖掘、形象塑造与传播、商标维权等方面的重视；三是对有待挖掘的特色产品展开摸底调查，特别在非物质文化遗产方面，对新化县非遗情况进行全面摸底调查，登记造册，制定《新化县非遗地理标志情况普查报告》，有计划、有经费、有目的地开展地理标志发展工作，正确引导、培育、帮扶，对符合地理标志商标注册条件的进行专门指导。

（23）安化县地理标志扫描

区域简介：安化县是湖南占地面积较大的一个县，为亚热带季风气候，不仅土地肥沃，水资源也比较丰富。它的东面有桃江、宁乡，南面和涟源、新化相靠，西边和溆浦、沅陵交界，北边与常德、桃源紧紧相连。在这片土地上生活着 26 个民族，其中汉族、土家族、苗族、蒙古族等居多。辖 5 个乡、18 个镇，总人口 103 万。2015 年 9 月，安化县成为湖南国土资源省直管县经济体制改革试点县（市），是湖南省人民政府 13 个县（市、区）脱贫摘帽县之一。

图 4-74　安化县区位图

自然环境：安化的气候比较温暖，四季相对分明，夏季润湿多雨，雨水比较集中。安化的矿产资源种类较为丰富，蕴藏大量的锑、钨、钒、锰、黄金、铅锌、萤石、重晶石、石英石、花岗石等矿产资源。热带季风的气候使当地水能资源、林业资源、茶叶生产和药材产业较为丰富。原生态的自然风景和当地人对植被的保护，使安化拥有六步溪国家级自然保护区和柘溪国家森林公园以及雪峰国家湿地公园、世界第一冰碛岩的省级地质公园等众多的原始美景。安化县也是动植物的天堂，境内 1000 多种木本植物中就有如银杏、南方红豆杉等 23 种国家级保护植物，100 多种野生动物中就有 40 多种如云豹和金钱豹类的珍稀动物。奇石、奇洞和文庙、武庙、陶澍陵园等文化遗存古迹保存完好，73.05% 的森林覆盖率将安化自然景观与人文景观集于一体，享有"中国最美小城"之誉。

人文环境：安化是梅山文化的发祥地。古时此地被称为"梅山蛮地"，至今有千年的历史。在安化流传着许多的风俗习惯，安化猎俗是当地文化的一个重要内容，身处崇山峻岭与兽为邻，狩猎自然就成为当地人自我保护的一项任务。长期与野兽的角逐，形成了特有的狩猎风俗。安化的狮子舞既是当地的一种娱乐活动又是一种祭赛会，当地人通过这种方式祈求神灵赐福来守护一方的平安。傩祭也是安化人民用于祭拜天地保佑国泰民

安化县占全市地理标志总数的100%

■ 安化县地理标志总数5件
■ 益阳市地理标志总数5件

图 4-75　安化县地理标志数据分析

安、丰衣足食、风调雨顺的一种春秋祭活动。安化的茶马古道是源于当地茶文化开辟的一条通商渠道，是一条人类超越与生死体验之路，烙在茶马古道上的每一个足迹象征着千百年来华夏民族不畏艰辛勇于开拓的精神。茶马古道已被列入第七批全国重点文物保护单位。而行驶在茶马古道上的马帮文化被列入了非物质文化遗产。

数据分析：截止到 2019 年 12 月，安化县地理标志总数 5 件，占全市的 100%。

商标类别：截止到 2019 年 12 月 12 日，安化县 5 件地理标志商标为：安化茶、安化黑茶、安化千两茶、安化红、安化红茶。对照尼斯协定《商标注册用商品和服务国际分类》分析，其地理标志所涉及的商标类为：30 类，1 个类别。

使用商品：茶 1 种。

表 4-38　安化县地理标志商标注册情况一览表

商标类别	使用商品	商标名称	商标注册人	注册号	备注
30 类	绿茶	安化茶	安化县茶业协会	4378207	——
30 类	茶	安化黑茶	安化县茶业协会	6006528	制茶技艺为国家级非遗类地理标志
30 类	茶	安化千两茶	安化县茶业协会	6006529	制茶技艺为国家级非遗类地理标志
30 类	茶	安化红	安化县茶业协会	8947176	——
30 类	茶	安化红茶	安化县茶业协会	8947177	——

资源挖掘：田野调查发现，安化县内有待挖掘的地理标志商标资源主

要有：安化腊肉、安化松针、安化擂茶、安化荞麦、安化黄姜、安化阿香柑橘、安化土纸等。还有安化黑茶制作技艺（千两茶制作技艺）、安化黑茶制作技艺（安化天尖茶制作技艺）、安化梅城擂茶工艺等民间非遗地理标志商标资源。调查显示，安化县特色资源丰富，为地理标志商标注册保护提供了可挖掘的资源优势。

建议与对策：数据显示，安化县在地理标志商标注册保护方面的工作具有一定成效，但从所蕴藏的地理标志及非遗项目来看，其地理标志资源挖掘潜力极大。对安化县地理标志发展情况提出几点建议：一是妥善经营已注册成功的地理标志产品，对新增的地理标志商标品牌加以扶持引导，可充分利用安化县旅游产业等多方渠道进行推广和宣传；二是安化县地理标志商标主要发展空间在新鲜水果及植物方面，应加大对这些地理标志公共品牌使用管理、文化价值挖掘、形象塑造与传播、商标维权等方面的重视；三是对有待挖掘的特色产品展开摸底调查，特别在非物质文化遗产方面，对安化县非遗情况进行全面摸底调查，登记造册，制定《安化县非遗地理标志情况普查报告》，有计划、有经费、有目的地开展地理标志发展工作，正确引导、培育、帮扶，对符合地理标志商标注册条件的进行专门指导。

（24）石门县地理标志扫描

区域简介：石门隶属于湖南省常德市，是湘西北边门户。土家族占全县总人口比例的51%，土家族传统习俗浓郁。石门县面积3973平方千米，辖10个镇、7个乡、5个农林场、4个街道，总人口70万。居民中有土家族、回族、苗族等16个少数民族，是一个少数民族聚居县，历史上是添

图4-76　石门县区位图

205

平土司统治的中心区域。2019 年 12 月，成为全国乡村治理体系建设试点单位。

自然环境：石门县属中亚热带向亚热带过渡的季风气候区。河流沟溪较多，有 236 条。气候温和，年平均气温 16.7 度，最冷季节的平均气温也在 5 度。一年中最热的季节在 7 月，平均气温 28.6 摄氏度。全年无霜期有 282 天，日照 1646.9 小时，年平均降雨量 1540 毫米。地形呈现弯把葫芦状，地势自西向东南倾斜。是湖南省矿产资源大县，有储量居世界之冠的雄磺矿，居亚洲之冠的矽砂矿、磷矿。

人文环境：石门县的特产丰富，在国内享有中国名茶之乡、中国茶禅之乡、全国绿茶出口基地县、中国柑橘之乡和中国早熟蜜橘第一县等盛誉；高山、平湖、温泉、峡谷、瀑布、溶洞、奇泉、鸟岛、橘岗、茶山等一应俱全的特殊地貌，保存完好的原生态地域，自北向南分布着壶瓶山、东山峰、仙阳湖、夹山寺、蒙泉湖等景区，使石门成为"湖南省旅游强县"和国家主体功能区（国家级重点生态功能区）建设试点县。因古树与特殊地貌较多，石门县就有了敬土地、敬古树的民俗文化。

石门县占全市地理标志总数的100%

■ 石门县地理标志总数2件
■ 常德市地理标志总数2件

图 4-77　石门县地理标志数据分析

数据分析：截止到 2019 年 12 月，石门县地理标志总数 2 件，占全市的 100%。

商标类别：截止到 2019 年 12 月 12 日，石门县 2 件地理标志商标为：石门柑橘、石门银峰。地理标志所涉及的商标类为：31 类、30 类共两个类别。

使用商品：柑橘、茶两种。

表 4-39　石门县地理标志商标注册情况一览表

商标类别	使用商品	商标名称	商标注册人	注册号
31 类	柑橘	石门柑橘	石门县柑橘协会	5038954
30 类	茶	石门银峰	石门县茶叶产业协会	4717767

资源挖掘：田野调查发现，石门县内有待挖掘的地理标志商标资源主要有：石门八月楂、石门罗坪野樱桃、石门苦瓜芦、石门茶叶、石门土鸡、石门望羊麻花、石门马头山羊等。还有石门传统饴糖熬制技艺、石门望羊麻花制作技艺、石门泰和合宜红茶制作技艺、石门传统木榨油技艺、石门陈氏白草膏等民间非遗地理标志商标资源。调查显示，石门县特色资源丰富，为地理标志商标注册保护提供了可挖掘的资源优势。

建议与对策：数据显示，石门县在地理标志商标注册保护方面的工作具有一定成效，但就预期所蕴藏的地理标志及非遗项目来看，其地理标志资源挖掘潜力极大。对石门县地理标志发展情况提出几点建议：一是妥善经营已注册成功的地理标志产品，对新增的地理标志商标品牌加以扶持引导，可充分利用石门县旅游产业等多方渠道进行推广和宣传；二是石门县地理标志商标主要发展空间在新鲜水果及植物方面，应加大对这些地理标志公共品牌使用管理、文化价值挖掘、形象塑造与传播、商标维权等方面的重视；三是对有待挖掘的特色产品展开摸底调查，特别在非物质文化遗产方面，对石门县非遗情况进行全面摸底调查，登记造册，制定《石门县非遗地理标志情况普查报告》，有计划、有经费、有目的地开展地理标志发展工作，正确引导、培育、帮扶，对符合地理标志商标注册条件的进行专门指导。

4. 湖南武陵非遗地理标志

三湘大地，物华天宝，地理标志和非物质文化遗产资源极为丰富。截至 2017 年 9 月，湖南省获国家级、省级非物质文化遗产代表性项目 442

项，其中获国家级项目 118 项，获省级项目 324 项。

注册现状：湖南省已获非遗类地理标志商标 14 件，国家级非遗类地理标志有 6 件，其中传统技艺 4 件（浏阳花炮是 13 类、醴陵釉下五彩瓷是 21 类、安化黑茶和安化千两茶是 30 类），传统美术 2 件（湘绣是 24 类、25 类、26 类，浏阳菊花石雕是 19 类）。省级非遗类地理标志有 8 个，所涉及商标类别是 8 个（分别是 13 类、19 类、20 类、21 类、24 类、27 类、29 类、30 类），其中传统技艺有岳阳芭蕉扇 20 类、古丈毛尖 30 类、武冈卤菜 29 类、邵阳茶油 29 类、桃江竹凉席 7 类、醴陵烟花 13 类、岳州青瓷 21 类，而且古丈毛尖茶在省级非遗中也属于民俗（古丈茶俗）。

非遗项目：《中华人民共和国非物质文化遗产法》将非物质文化遗产项目分为民间文学，传统音乐，传统舞蹈，传统戏剧，曲艺，传统体育、游艺与杂技，传统美术，传统技艺，传统医药，民俗十大门类，其中传统美术，传统技艺，传统医药三个大类与非遗类地理标志有关，表 4-40 仅列举了湖南武陵国家级、省级非遗项目。

表 4-40　湖南武陵国家级非遗项目一览表

类别	项目名称	申报地区或单位	传承人
传统美术	苗画	保靖县	
传统美术	石雕（沅洲石雕）	芷江侗族自治县	
传统技艺	土家族吊脚楼营造技艺	永顺县	
传统技艺	竹纸制作技艺（蔡伦古法造纸技艺、滩头手工抄纸技艺）	耒阳市、隆回县	
传统技艺	赛龙舟	沅陵县	
传统技艺	蓝印花布印染技艺	凤凰县、邵阳县	刘大炮
传统技艺	土家族织锦技艺	湘西土家族苗族自治州	叶水云、刘代娥
传统技艺	彩扎（凤凰纸扎）	凤凰县	

续表

类别	项目名称	申报地区或单位	传承人
传统技艺	黑茶制作技艺 （千两茶制作技艺、茯砖茶制作技艺）	安化县、益阳市	
传统技艺	侗锦织造技艺	通道侗族自治县	粟田梅
传统技艺	梅山武术	新化县	
传统医药	中医正骨疗法（新邵孙氏正骨术）	新邵县	
传统医药	苗医药 （癫痫症疗法、钻节风疗法）	凤凰县、花垣县	

传统技艺 30 项、传统美术 11 项、传统医药共 3 项。

表 4-41　湖南武陵省级非遗项目一览表

类别	项目名称	申报地区或单位	传承人
传统美术	土家族转角楼建筑艺术	湘西土家族苗族自治州永顺县	
传统美术	木雕 （湘西木雕） （洞口木雕）	湘西土家族苗族自治州永顺县 邵阳市洞口县	
传统美术	石雕 （塔卧石雕） （杨柳石雕） （菊花石雕） （洞口墨晶石雕）	湘西土家族苗族自治州永顺县 湘西土家族苗族自治州泸溪县 湖南工艺美术研究所 邵阳市洞口县	
传统美术	土家族竹雕	湘西土家族苗族自治州龙山县	
传统美术	棕编（长沙棕叶编）	长沙市天心区	
传统美术	木雕（傅氏木雕）、（湘西木雕）	怀化市、湘西土家族 苗族自治州泸溪县	
传统美术	剪纸（大桥剪纸）、（梅山剪纸）	衡阳市衡东县、益阳市安化县	
传统美术	木雕（桃源木雕）	常德市桃源县	朱德元
传统美术	石雕（沅洲石雕）	怀化芷江县	蒲学塘
传统美术	滩头木版年画	邵阳市隆回县	尹冬香
传统美术	石雕（杨柳石雕）	湘西土家族苗族自治州泸溪县	佘军
传统技艺	花瑶挑花	怀化市溆浦县	

类别	项目名称	申报地区或单位	传承人
传统技艺	竹编技艺（中方斗笠、民间手工竹编技艺）	怀化市中方县、怀化市会同县	
传统技艺	苗族武术	湘西土家族苗族自治州花垣县	
传统技艺	湘西苗绣	湘西土家族苗族自治州花垣县、凤凰县	
传统技艺	苗族花带技艺	湘西土家族苗族自治州花垣县	
传统技艺	湘西土陶制作技艺	湘西土家族苗族自治州龙山县、永顺县、保靖县	
传统技艺	竹编技艺	湘西土家族苗族自治州永顺县、保靖县	
传统技艺	保靖松花皮蛋制作技艺	湘西土家族苗族自治州保靖县	
传统技艺	岩鹰拳	邵阳市新宁县	
传统技艺	东安武术	永州市东安县	
传统技艺	苗族插绣	邵阳市绥宁县	
传统技艺	滩头手工抄纸	邵阳市隆回县	
传统技艺	邵阳手工榨油术	邵阳市邵阳县	
传统技艺	凤凰扎染技艺	湘西土家族苗族自治州凤凰县	
传统技艺	苗家八合拳	湘西土家族苗族自治州古丈县	
传统技艺	彩扎（麻阳苗族纸扎）	怀化市麻阳县	何应标
传统技艺	挑花（花瑶挑花）	邵阳市隆回县	沈燕希
传统技艺	挑花（土家族挑花）	湘西土家族苗族自治州永顺县	余爱群
传统技艺	黑茶制作技艺（千两茶制作技艺）	益阳市安化县	刘新安
传统技艺	黑茶制作技艺（安化天尖茶制作技艺）	益阳市安化县	肖益平
传统技艺	侗族木构建筑营造技艺	怀化市通道县	李奉安
传统技艺	凤凰扎染技艺	湘西土家族苗族自治州凤凰县	向云芳
传统技艺	苗族花带技艺	湘西土家族苗族自治州凤凰县	龙玉门
传统技艺	竹纸制作技艺（滩头手工抄纸技艺）	邵阳市隆回县	刘凡弟
传统技艺	武冈卤菜制作技艺	邵阳市武冈市	陈福元

类别	项目名称	申报地区或单位	传承人
传统技艺	竹编技艺	湘西土家族苗族自治州永顺县	胡廷贤
传统技艺	雕花蜜饯制作技艺	怀化市靖州县	易明珍
传统技艺	苗家八合拳	湘西土家族苗族自治州古丈县	龙云海
传统技艺	技子拳	邵阳武冈市	曾令其
传统医药	湘西苗医苗药	湘西土家族苗族自治州 花垣县、凤凰县	
传统医药	孙氏正骨术	邵阳市新邵县	
传统医药	土家医小儿提风疗法	湘西土家族苗族自治州永顺县	

湖南武陵国家级省级非遗项目一览表显示，目前，湖南武陵国家级省级非遗类地理标志所涉及非遗项目门类为"传统技艺"，其中：国家级 2 件（安化千两茶、安化黑茶）、湖南省级 4 件（古丈毛尖、邵阳茶油、武冈卤菜 2 个），涉及商标注册类别有 30 类"茶叶"和 29 类"卤菜、茶油"。

表 4-42　湖南武陵国家级省级非遗项目已获地理标志一览表

商标类别	级别	类别	名称	申报地区或单位	传承人
30 类	国家级	传统技艺	安化千两茶	湖南安化县	
30 类	国家级	传统技艺	安化黑茶	湖南安化县	
30 类	省级	传统技艺	古丈毛尖	湖南古丈县	
29 类	省级	传统技艺	邵阳茶油	湖南邵阳县	
29 类	省级	传统技艺	武冈卤菜（2 个）	湖南武冈市	

趋势预测：综上所述，截止到 2019 年 12 月，湖南省地理标志商标总数为 150 件，其中武陵非遗地理标志商标 6 件，占湖南省地理标志商标总数的 4%；截止到 2019 年 12 月，湖南武陵地理标志商标总数为 65 件，其中非遗地理标志 6 件，占湖南武陵地理标志总数的 9.2%；截止到 2018 年 5 月，湖南武陵国家级、省级非遗项目合计 55 项，其中国家级 13 项（传统技艺 9 项、传统美术 2 项、传统医药 2 项），省级 42 项（传统技艺 28

项、传统美术 11 项、传统医药 3 项），其中非遗地理标志 6 件，占湖南武陵非遗项目总数的 10.9%；截至 2017 年 9 月，湖南省获国家级、省级非物质文化遗产代表性项目 442 项，其中湖南武陵国家级、省级非遗项目合计 55 项，占全省非遗代表性项目总数的 12.4%，湖南武陵非遗地理标志 6 件，占全省非物质文化遗产项目总数的 1.35%。

数据分析显示，湖南武陵市（州）级、县（市）级非遗项目 339 项，有 6 项升为国家级和省级，占 1.77%；其余 332 项中非遗类地理标志为零。不难发现，湖南武陵非遗地理标志仍主要集中在国家级和省级两级非遗中。

调研中发现，湖南武陵市县级对非遗项目生产性转换以及开发利用等意识淡漠，感觉看不到希望，困难重重，很难形成产业等消极思想。以上这些现象是制约湖南武陵非遗地理标志发展的主要因素。同时，也表明湖南武陵在非遗类地理标志商标发展方面资源存量巨大。特别在传统美术、传统技艺这两个门类，以及传统音乐、传统医药等衍生门类及商标注册类别的扩展等发展空间很大。

综上分析，可以预测，随着人们对地理标志和非物质文化遗产挖掘、保护和利用等意识的不断提高，湖南武陵非遗类地理标志商标发展前景巨大。

三、黔贵攻坚　贵州武陵

"黔贵攻坚"是贵州省委省政府制定全省经济发展战略时，在政策文件、宣传报道中使用频次较高的词汇。贵州亦称"黔"或"贵"，贵州省是我国西部大开发、武陵片区精准扶贫攻坚的主战场，故在本节中以"黔贵攻坚"为名，既表明黔贵地域特色，同时也表明新时期贵州省"精准扶贫"攻坚战的决心与意志。

1. 贵州武陵区域位置

贵州省位于我国的西南地区东部，其东毗湖南、南邻广西、西连云南、北接四川和重庆。贵州省是中国西南地区重要的交通枢纽和长江经济带重要组成部分。全省地貌可概括为高原山地、丘陵和盆地，以高原山地居多，素有"八山一水一分田"之说。

贵州是我国古人类发祥地之一。据史料记载，春秋以前，贵州为荆州西南裔，属于"荆楚"或"南蛮"地域，宋代属夔州，元代遍行土司制，明朝永乐十一年（1413 年）设置贵州承宣布政使，以贵州为省名。贵州省简称"黔"或"贵"，省会贵阳市。下辖 6 个地级市行政区，包括 3 个自治州、1 个国家级新区（贵安新区）、8 个县级市和 78 个县（区、特区），其中少数民族自治县 11 个。

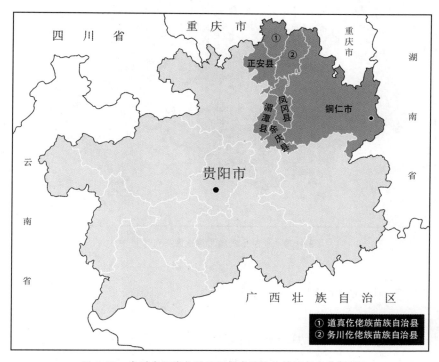

图 4-78　贵州省区域位置及下辖武陵民族地区县市位置图

贵州省武陵民族地区（以下简称"贵州武陵"）主要县（市）包括铜仁市和遵义市。铜仁市地区有9个县：江口县、玉屏侗族自治县、石阡县、思南县、印江土家族苗族自治县、德江县、沿河土家族自治县、松桃苗族自治县、万山区；遵义市有6个县：正安县、道真仡佬族苗族自治县、务川仡佬族苗族自治县、凤冈县、湄潭县、余庆县。贵州武陵民族地区县市位置图，见图4-79。

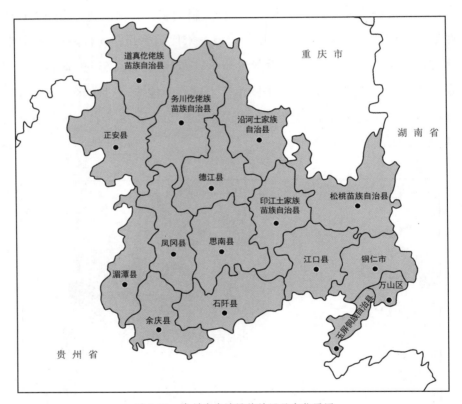

图4-79 贵州省武陵民族地区县市位置图

2. 贵州武陵地理标志分布

截止到2019年12月，贵州省总共有地理标志98件。贵州武陵地理标志商标总数为27件，其下辖各县（市）地理标志商标分布情况分别为：

铜仁市总数为 14 件（玉屏县 2 件、思南县 2 件、德江县 1 件、石阡县 2 件、印江土家族苗族自治县 2 件、江口县 2 件、沿河土家族自治县 2 件、松桃苗族自治县 1 件）；遵义市地理标志总数有 13 件（湄潭县 2 件、遵义市区 2 件、正安县 2 件、绥阳县 2 件、凤冈县 1 件、余庆县 1 件、仁怀市 1 件、道真县 2 件）。

贵州全省有 88 个县（市、区、特区），其中贵州武陵有 16 个县（市），占全省县（市）18.18%；截至 2019 年 12 月，贵州省地理标志总数为 98 件，其中贵州

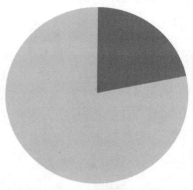

贵州武陵民族地区县（市）占全省
地理标志总数的27.55%

图 4-80　贵州武陵数据分析

武陵 16 县（市）地理标志总数为 27 件，占全省地理标志总数的 27.55%，非武陵地区占全省总数的 72.45%。丰厚的资源表明贵州武陵地理标志发展仍有巨大的上升空间，根据笔者多年深入该地区调研经验预估，贵州武陵地理标志总数在近 5 年内可上升 10 个百分点以上，方属基本饱和点。值得关注和重视。

3. 贵州武陵地理标志扫描

截止到 2019 年 12 月，贵州省地理标志总数为 98 件，其中贵州武陵铜仁市为 14 件，占全省地理标志总数的 14.29%。贵州武陵遵义市为 13 件，占全省地理标志总数的 13.27%。下面以田野调查为基础，分别对贵州武陵 16 个县（市）地理标志进行多维度扫描，以期更全面地了解和把握具体情况。为助推贵州武陵地理标志申请注册保护、文化价值挖掘、传播推广、交流学习、协同发展提供有价值的参照。

（1）德江县地理标志扫描

区域简介：德江县，隶属于贵州省铜仁市，位于贵州高原的东北部，地处武陵山、大娄山汇接处。东与印江相邻，南与思南接壤，西与凤冈

交界，北接沿河、务川之间。面积 2072 平方千米，总人口 54 万。特产中天麻最引人注目，因其天麻素含量高，曾荣获 1993 年在曼谷举办的中国优质农产品展览会银奖，之后德江被人们称为天麻之乡。

自然环境：典型的亚热带季风性湿润气候，滋润着广袤的高原土地。资源富饶给德江提供了巨大的种、养殖空间，人们用"满

图 4-81　德江县区位图

山无闲草，遍地皆灵药"来形容盛产的天麻、杜仲等天然药材一千多种的德江。除了植物，珍稀动物也满山可见，如小云豹、小灵猫、猕猴、苏门羚等 80 余种。德江的矿石资源同样很丰富，品质优良的石灰石和重晶石基本都集中在乌江沿岸四周。德江除乌江以外还有各种天然落差大小河流 70 多条，水力资源的优势让德江地区的土质优良农业发展稳定。在大自然馈赠给德江特殊的地理环境下，粮食、树木、药材、烟叶、水果成为当地人的支柱产业，远销国内外。

人文环境：德江不仅是动植物的天堂，也是独特的少数民族文化的故乡。依山而建的土家山寨似散落在人间的繁星，或屹立或静卧在每一处秀丽的溪河与谷地，错落于青葱的密林翠竹间，与石板小巷连成了一座古朴的乡镇街道。千年的传承，德江有许多流传至今的传统文化，如薅草锣鼓、摆手舞、花灯、炸龙灯和傩戏等。特别是傩文化上刀山，通过民间驱鬼除疫的祭祀活动来表达人们对天、地、祖先的敬畏，被曹禺、曲六乙等

戏剧理论大师誉为"中国戏剧活化石"，傩文化及土家舞龙分别被国家和贵州省政府定为非物质文化遗产。德江境内历史遗迹也较多，有从隋唐时期保留下来的扶阳县城遗址、思州遗址、黎氏古民居群，土家古桥群和枫香溪会议纪念碑、田氏庄园，古墓群、田秋题词等都完好地保留下来。保留了 28 处国家、省、县级革命文化遗产和遗迹。

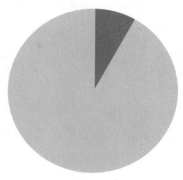

德江县占全市地理标志总数的7.1%

■ 德江县地理标志总数1件
■ 铜仁市地理标志总数14件

图 4-82　德江县地理标志数据分析

数据分析：截止到 2019 年 12 月，德江县地理标志总数为 1 件，占全市的地理标志总数的 7.1%。

商标类别：截止到 2019 年 12 月 12 日，德江县地理标志 1 件，为德江天麻。地理标志所涉及的商标类别为 5 类，共 1 个类别。

使用商品：天麻 1 种。

表 4-43　德江县地理标志商标注册情况一览表

商标类别	使用商品	商标名称	商标注册人	注册号
5 类	天麻	德江天麻	德江县天麻行业协会	8490578

资源挖掘：德江县辖 3 个街道、11 个镇、8 个乡。田野调查发现，德江县有待挖掘的地理标志商标资源主要有德江猕猴桃、德江白果、德江土家族麻饼、德江麻糖水、德江杜仲、德江旱鸭等。还有德江傩面具制作工艺、德江土家熬熬茶制作技艺等民间非遗地理标志商标资源。调查显示，德江县特色资源丰富，为地理标志商标注册保护提供了可挖掘的资源优势。

建议与对策：数据显示，近三年德江县在地理标志商标注册保护方面有所进步，现针对德江县地理标志发展情况提出几点建议：一是妥善经营已注册成功的地理标志产品，对新增的地理标志商标品牌加以扶持引导，可充分利用德江县旅游产业等多方渠道进行推广和宣传。二是应加大对地理标志公共品牌使用管理、文化价值挖掘、形象塑造与传播、商标维权等方面的重视。三是对有待挖掘的特色产品展开摸底调查，特别在非物质文化遗产方面，对本市非遗情况进行全面摸底调查，登记造册，制定《德江县非遗地理标志情况普查报告》，有计划、有经费、有目的地开展地理标志发展工作，正确引导、培育、帮扶，对符合地理标志商标注册条件的进行专门指导。

（2）江口县地理标志扫描

区域简介：江口县是贵州省铜仁地区肥沃的绿地。常住的 17.52 万人口中，少数民族就达 15.02 万人。是汉族、土家族、苗族、侗族、羌族等 19 个民族的聚集地，少数民族人口占当地总人口的 68%。江口县的地势起伏很大，两头高中部低的地势格局使当地的生态和旅游业很发达。人们在溪河密度大的区域种植稻谷和油菜；在丘陵区间种植粮食和烟草。地处梵净山迎风坡向的亚热带季风湿润气候，使当地的气候四季分明，雨量充沛，植物生长极为旺盛。山川与河流是江口县地区种植发展的重要地理环境，属长江流域沅江水系的太平河、闵孝河、桃映河和车坝河在沟谷溪河纵横交错间沿岸而下。2016 年江口县被国家旅游局评为首批"国家全域旅游示范区"。梵净山作为江口县的旅游景区，被国家评为中国 AAAA 级旅游景区、中国五大佛教名山和

图 4-83　江口县区位图

中国十大避暑名山称号。

　　自然环境：位于云贵高原向湘西平原倾斜地段的江口县，地处梵净山南麓，为典型的喀斯特丘陵地貌，这里是重要的交通要道，也是崇山深壑、树木紧密的原始生态地。67.73%的森林覆盖率使当地的生态环境十分可人，负氧离子每立方厘米含量高达11万个，是人们理想中的天然氧吧。良好的居住环境先后被命名"全球绿色城市""全国低碳、精品旅游示范区""全国十大避暑名山"等多种称号。天然的生态环境给当地的动、植物提供了良好的生存条件，粮食及瓜果丰富，许多珍稀树木和药材也都生长在此地。野生动物鸟类等多达二百多种，濒危特种黔金丝猴和二类保护动物大鲵也都在此繁衍生息。

　　人文环境：作为一个多民族的县城，江口县的民族文化自然也是多种多样。云舍土家文化村是江口土家族苗乡的一个村子，全村以杨姓为主，有着"中国土家第一村"的头衔。700多年的土司制度，将土家民俗沉淀得灿烂辉煌。数百年的土法造纸工艺造就了深厚的造纸文化，代代相传的传统工艺也成为云舍土家族生活来源的重要支柱。梭家苗寨地处梵山下的大平河畔，全寨以龙姓为主，是当地较早的土著民族，传统遗留下来

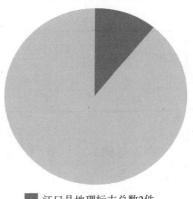

江口县占全市地理标志总数的14.3%

■ 江口县地理标志总数2件
■ 铜仁市地理标志总数14件

图 4-84　江口县地理标志数据分析

的舞龙和板凳拳、棍术及龙灯文化远近闻名。特别是龙灯，每到重大节日，他们都会伴着响起的锣鼓在水上舞起长龙，随河水上下翻滚的长龙极为壮观。六月六、傩堂戏、金钱杆都是当地极有代表性的民俗风情。而土家族的"女儿会"更是别具一格，每到这天，土家族女孩们打扮得格外漂亮，她们佩戴自己亲手缝制的各式各样的精美服饰，在众多的小伙子中找到心仪的伴侣，这种相亲似的聚集被誉为"东方情人节"。梵净山的佛教

文化起源于隋唐，到了明清就更为盛行，鼎盛时期的四大皇庵、四十八脚庵等百座寺庙在时代的纷乱中几毁几建，如今，江口县作为上梵净山的主要通道，每年都会举办各种朝拜活动，香火旺盛时，朝拜路上游人如织。

数据分析：截止到 2019 年 12 月，江口县地理标志总数为 2 件，占全市地理标志总数的 14.3%。

商标类别：截止到 2019 年 12 月 12 日，江口县地区 2 件地理标志商标分别为：江口萝卜猪（活体和猪肉）。地理标志所涉及的商标类别有：31 类、29 类共两个类别。

使用商品：活动物（猪）、食用品（猪肉）两种。

表 4-44　江口县地理标志商标注册情况一览表

商标类别	使用商品	商标名称	商标注册人	注册号
31 类	猪	江口萝卜猪	江口县畜牧技术推广站	11000225
29 类	猪肉	江口萝卜猪	江口县畜牧技术推广站	11000224

资源挖掘：江口县辖 2 个街道、6 个镇、2 个乡。田野调查发现，江口县有待挖掘的地理标志商标资源主要有：江口米豆腐、江口豆腐干、江口山野菜、江口油茶等。还有江口豆制品制作技艺等民间非遗地理标志商标资源。调查显示，江口县特色资源丰富，为地理标志商标注册保护提供了可挖掘的资源优势。

建议与对策：数据显示，近年来江口县在地理标志商标注册保护方面有所进步，现针对江口县地理标志发展情况提出几点建议：一是销售运输成本较大。因地理标志产品为活体猪，在快递运输方面，只能线下，销售范围主要为贵州省相近的省市；不宜外销，途中耗资成本巨大，人力物力时间财力消耗巨大。二是销售时间节点大，淡季旺季差距大，每年 11 月至 12 月为销售旺季，年销量在临近春节销量巨大且年需求量不稳定，少数情况会出现供不应求，多数情况会出现销售膨胀供过于求。三是受自然环境影响，如流感，会使同年销售量急剧下降。对策为：将鲜猪肉制成深加工食品，如罐头、肉肠等，需要专业技术人员指导与硬件设施的资金支持。此转型需要大量劳动力，可带动江口县发展，解决就业问题，同时一次性解决运输、销售节点、储存等其他问题。

（3）石阡县地理标志扫描

区域简介：石阡县是贵州省的一颗夜明珠。它隶属于贵州省东北部，铜仁市的西南部。石阡是一个多民族地区，仡佬、侗、苗、土家等 12 个少数民族在此生息，占据了当地总人口的 68％。有较好的天然生存环境和种植环境，石阡县的粮食、肉类、禽蛋、水产品和烟叶，是全县的主要经济来源，特别是烟草产业，在烤

图 4-85　石阡县区位图

烟均价和上等烟比例中在全市遥遥领先。山美水甜天然适宜人类的环境，使石阡县有了许多称号："中国营养健康示范基地""国家级温泉群风景名胜区""中国最佳休闲旅游目的地""中国温泉之乡""中国苔茶之乡"和"中国十大著名山峰"等。

自然环境：充足的日照和丰沛的雨量使石阡县拥有大量的耕地、草原和水域面积，植被环境相当优越，森林覆盖率已达到 57.46％。除此之外，石阡县的水资源也很发达，大小河流有 117 条，这些水资源不仅养育当地人、灌溉农作物，同时有一部分水资源有着医用价值，人们称之为——温泉，天然的地下水资源使石阡地区的地热水蓄能丰富，赋存着大量的氢、锶和硅酸等对人体有益的元素物质，呈现密度在全省排名第

石阡县占全市地理标志总数的14.3%

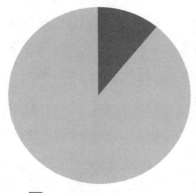

■ 石阡县地理标志总数2件

■ 铜仁市地理标志总数14件

图 4-86　石阡县地理标志数据分析

一。优越的自然生态环境使当地人的寿命都长于其他很多地区。石阡县可称为全球 27.52 纬度地区唯一保存完整的有原始森林的地区，干净空气、纯净的水质和无污染的土质使这里成为落在人间的世外桃源。

人文环境：石阡县有这样一个村寨——尧上仡佬文化村，它既是人们心中的仡佬第一村，又是世界濒危民族的聚居点，寨上居住着约 50 户仡佬族人家，他们的祖先是贵州最古老的民族，曾建立过自己的国家。每年的农历二月初一是仡佬人传统的"敬雀节"，以敬鸟神和山神为主而组织的综合性民俗祭拜活动，目前已被列入贵州首批非物质文化遗产中。毛龙节也是仡佬族人们世世代代流传下来的民俗，每年从年三十夜开始直至正月十五，人们用竹子扎成形象逼真的"长龙"，配合着马锣和铜制作的体鸣乐器等一起进行各种仪式的表演，这一独特的民族及地域性的传承在 2006 年被国务院列入了国家级非物质遗产名录。茶灯是石阡县茶文化中最富代表性传统活动，它被人们称为散落在石阡非遗中的碎片，茶灯是茶文化延伸出来的风俗民情，流传至今已有 300 多年的历史，茶文化的起始源于当地的茶产业，适宜的气候加上适宜的土壤让茶农们栽培选育出当地的古茶树系列，古茶树的培育与出产使石阡有了"中国苔茶之乡"的称号，茶文化也就随之衍生。石阡茶灯与当地的茶文化有着不可分割的历史渊源，从唐朝开始就有过相关的记载。人们按每年 12 个月布置出 12 种不同时节的采茶场景，表现当地人采茶时的各种喜怒哀乐与人间百态，茶灯生动地将茶文化融入其中，既是真实的生活又是升华后的人生。

数据分析：截止到 2019 年 12 月，铜仁市总数为 14 件，石阡县地理标志总数为 2 件，占全市地理标志总数的 14.3%。

商标类别：截止到 2019 年 12 月 12 日，石阡县 2 件地理标志商标分别为：石阡矿泉水、石阡苔茶。对照《商标注册用商品和服务国际分类》分析这两个地理标志所属类别为 32 类、30 类共两个类别。

使用商品：饮料、水（石阡矿泉水），茶叶两种。

表 4-45　石阡县地理标志商标注册情况一览表

商标类别	使用商品	商标名称	商标注册人	注册号	备注（非遗）
32 类	水（饮料）；矿泉水（饮料）；纯净水（饮料）	石阡矿泉水	石阡县地热矿泉水协会	15930617	—
30 类	茶叶	石阡苔茶	石阡县茶业协会	7921997	省级非遗

资源挖掘：石阡县下辖 3 个街道、6 个镇、10 个乡。田野调查发现，石阡县有待挖掘的地理标志商标资源主要有石阡豆腐乳、石阡草凳、石阡泡椒、石阡苦丁茶、石阡皮蛋、石阡红心李等。还有石阡印染工艺、石阡苔茶传统制作技艺、石阡木雕技艺等民间非遗地理标志商标资源。调查显示，石阡县特色资源丰富，为地理标志商标注册保护提供了可挖掘的资源优势。

建议与对策：石阡县茶产业虽然有良好的生态环境资源和得天独厚含锌硒的土壤，但利用率却不高，很多地区的资源都在闲置浪费中，茶产业的利益最大化没得充分发挥。这就使政府的全盘计划、合理分配资源显得尤其重要。加强与扩大当地的茶产业的稳定与进一步提升，是目前各级政府需要研究的问题，石阡县拥有大量丰富的茶业资源，需有强大的组织队伍站在高度掌全局，低下头来握细节，高瞻远瞩地带领茶农们种好富民茶、确保放心茶、推广文化茶、打造品牌茶。产品结构的单一、精深细加工的薄弱也是石阡县茶业未来发展的阻碍之一。在高端茶叶方面，石阡县没有强大的龙头企业来形成辐射性的带动，低端的茶叶产品普遍的现状造成当地茶产业经济效益一直处于瓶颈期，极大制约了石阡县茶业的再发展与升级。这些都需要政府做后盾进行强有力的政策扶持与大量的资金引入，借用得天独厚的生态环境和地理优势将茶产业推向市场，用绿色环保理念作为茶叶深加工的主导，发挥当地有机茶、绿色食品茶、无公害茶等环保优势，形成庞大的产业链，通过科技创新带动茶叶生产和加工的龙头企业从规模、标准与专业上进一步深入发展和再壮大，以点带面地铺开茶产业高端产品的广泛种植与加工，让石阡县的茶叶市场向多元化方向发展，提高当地的茶叶品质与口碑。

（4）思南县地理标志扫描

区域简介：思南县是贵州省铜仁市的一个小县城，汉族人居多，是汉族和其他 17 个民族的聚合地。思南地热资源较为丰富，每天的全县出水量在万吨以上，以温泉为主要形式的综合体旅游受到人们的欢迎，成为当地旅游行业的一大亮点。思南县天然植被主要以农作物、人工林和园林为主，当地主要的经济来源靠种植粮食、油菜和养殖牲畜等。土家花灯和民间歌舞是当地人的传统风俗习惯。思南人有过年吃花甜粑、冬天腌乌江酸鱼的习俗，米豆腐、羊肉粉和绿豆粉等是他们的地方美食，每到重大节日和家中来了客人时，思南人都会拿出自己制作的食物来盛情款待，欢聚一堂，共度美好时光。

自然环境：思南县夹居在武陵与大娄山山脉之间，乌江干流沿着斜坡进入，将县境分为东西两部分，形成了思南县东南和西北边缘高，而中间地势

图 4-87　思南县区位图

较低的"V字"形结构。两边环山的组合使思南县形成以山区气候为主，春夏较长、冬秋较短的温热气候。与贵州的其他地区相比，思南县天灾较频繁，经常会有干旱、冰雹和暴雨等自然现象。而这并不影响位于乌江中游的思南境内的珍稀动、植物生存。在白鹭湖有上千只白鹭栖息，被国家拟建为湿地公园，与白鹭同居的鱼和禽、两栖及兽类以及珍稀植物共六百多种。隔江相望，蚀余的石林、形态各异的钟乳石千佛洞、以马尾松为主的万圣屯森林公园、绝壁上两千余米长的乌江腾龙峡，还有四十余米高的古老建筑中天塔都是大自然赐予思南人的最好礼物。

　　人文环境：在思南这块有众多民族聚居的土地上，土家族的传统习俗是当地人的聚焦中心。刻纸是思南土家族自古流传下来的民间装饰艺术，当地艺人张著权的"百囍"刻纸艺术为众多人熟知并喜爱。他通过丰富的想象力，在原生态的刻纸基础上用夸张和变形剪纸方法将土家剪纸进行改良，达到了一个新的艺术境界。他的每幅作品都是以"喜"字为中心，用各种传说中的神兽和动、植物及建筑物为基础，烘托出喜字的吉庆氛围。思南花烛是当地人对美好未来

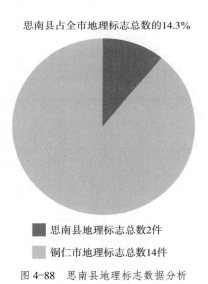

思南县占全市地理标志总数的14.3%

■ 思南县地理标志总数2件
■ 铜仁市地理标志总数14件

图 4-88　思南县地理标志数据分析

祈盼的一种艺术形式，花烛的品种很多，根据不同的需求用蜡、油、颜料、竹和灯草制作出不同颜色的花烛，或喜庆或哀思，栩栩如生的各种花烛表现出思南人对传统技艺的热爱。传统的技艺不仅传承着思南人生活也影响着当地人的创新思维，从小在思南县长大的张安邦受母亲做扎染影响，取大山上的蓝草、红花等作颜料，潜心研究出的蜡染书法成为中国蜡染书法创始人。思南历史文化造就了独特地域文化特色，千年的历史世代的传承，沉淀下来的不仅是一种厚重的文化，更多的是人们对

过往的敬畏与追思和对未来的美好期盼。

数据分析：截止到 2019 年 12 月，思南县为 2 件，占全市地理标志总数的 14.3%。

商标类别：截止到 2019 年 12 月 12 日，思南地区地理标志 2 件，为思南黄牛、思南晏茶。对照《商标注册用商品和服务国际分类》分析，其地理标志所涉及的商标类别有：31 类、30 类共两个类别。

使用商品：活动物（牛）、茶叶两种。

表 4-46　思南县地理标志商标注册情况一览表

商标类别	使用商品	商标名称	商标注册人	注册号
31 类	牛	思南黄牛	思南县畜禽品种改良站	8279699
30 类	茶叶	思南晏茶	思南县茶桑局	23890216

资源与挖掘：众多民族的集中，使思南县辖的少数民族乡就有 8 个，多个民族的融合使当地特色产品的种类也比较多。田野调查发现，思南县有待挖掘的地理标志商标资源主要有思南土家香肠、思南花甜粑、思南绿豆粉、思南斗笠、思南塘头斗笠、思南羊肉粉、思南松花皮蛋、思南塘头棕编、思南酱瓜等。调查显示，思南县特色资源丰富，为地理标志商标注册保护提供了可挖掘的资源优势。

建议与对策：思南县地理标志存在大产量的运输、品牌效应不明显等问题。据了解，思南县的肉牛养殖技术与设备比较完备，5 亿元的投入能将 5 万头肉牛集繁育、养殖、加工为一体完成。优质品种的引进是思南县肉牛产业需要深化的工作。将外地优质肉牛品种与思南黄牛相结合，有计划地建设精品肉牛养殖基地项目、交易配送中心配套项目、建设母牛繁育基地、肉牛屠宰及深加工项目，形成产业链。思南县优质肉牛产业项目，对促进农业结构优化升级作用明显，双方应加强对接，主动协调配合，尽快开工，尽早建成，让该项目早日发挥效益，达到双赢目的。希望通过此次签约思南肉牛产业项目建设，辐射带动贫困人口脱贫，促进思南经济实现快速发展。

（5）松桃县地理标志扫描

区域简介：松桃苗族自治县是贵州省铜仁市辖县的一个小乡镇，它是国务院批准成立最早的苗族自治县之一，坐落于贵州、湖南与重庆两省一市的相接部位。因为区位的左连右接，上下贯通，所以松桃县的交通比较便利，被人们称为"黔东门户""一脚踏三省"。松桃地区冬无严寒，夏无酷暑，山川秀美，气候温度适中。

图 4-89　松桃苗族自治县区位图

天然良好的环境基础让农作物及畜牧业发展较好，当地以畜牧业、烤烟和树木中药材为主的四大农业支柱带动起当地的经济。松桃的矿产资源极为丰富，尤其是锰矿，得天独厚的地理环境使其出矿量大质优，在全国排名第一。

自然环境：松桃海拔落差很大，气候特征明显给当地的各种生物带来了多样性的生长环境，保护完好的绿色植被使森林和中药材资源充足。在四面峻山间，飞流直下的瀑布和蜿蜒盘旋的梯田，是松桃当地的一大自然景观，随着季节更替变换着不同颜色的土地，吸引了无数摄影爱好者。潜龙洞是生长在白云岩石层中数亿年的古溶洞群，它们神奇而又罕见地顽强存活下来，被誉为中国十大溶洞奇观之一，至今还在生长与繁育，在洞里的笋也是密度很大，极为少见，这种特殊的自然环境中的地貌奇观与风景在松桃还有许多被完好保留，如梵净山东线有被誉为梦幻家园桃花源风光、绰约多姿的丹霞地貌、十里画廊的三阳峡谷、风光瑰异的马槽河大峡谷和西晋时期的古悬棺遗址云落屯等。保护完好的生态环境给当地人带来了极好的经济效益，被列为联合国"人与生物圈"保护网成员单位，每年都吸引成千上万的游客。

人文环境：在梵净古道交汇处，有一个叫桃花源村的地方，远离尘世的绝美风景与陶渊明诗词中写到的桃花源极为相似。四通八达的地理环境，让桃花源村历来都是兵家的必争之地。1934 年，红二、红六军团通过此道完成了会师的壮举。响水洞苗寨至今都保留着完整的传统语言和古朴的传统习俗以及特殊的生活习惯，当地供奉神灵的祭祀仪式"上刀山、下火海"被称为"中华之最"的神功绝技。"八人秋"是松桃当地的一项民族传统体育项目，关于"八人秋"在民间流传着这样一个传说：一个有钱人家的女儿突然失踪，父亲心急如焚，为了找到女儿，他请木匠制作了如纺车样的秋千，十里八乡的人看着他荡秋千时，女儿真的出现在了人群中。从那以后，人们都会在节日或喜庆的时候，架上八人秋以求自己的愿望能如愿以偿，幸福圆满。松桃的滚龙表演流传至今有 600 多年的历史，也被称为舞龙。当地人通过编扎制成身长 108 尺的龙身，然后绘画出各种图案与色彩，一条这样制作出来的龙需要 60 到 80 人才能舞得起来，特别是在晚上的滚龙，在灯光下浑身通透，为了增加艺术氛围，人们用"三跌铳"喷射出铁花，缔造出"火树银花不夜天"的意境，场面极为壮观。2003 年松桃县的寨英镇因滚龙技艺被文化部授予"中国滚龙艺术之乡"的称号。除了这些，松桃的饮食也是人文环境的一种，当地的"苗家八大碗"既是美食，更是文化，独特丰富的滋补美食弘扬着苗家人饮食习俗的文化传承，被列入省级非物质文化遗产名录。

松桃县占全市地理标志总数的7.1%

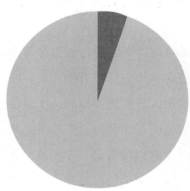

■ 松桃县地理标志总数1件
■ 铜仁市地理标志总数14件

图 4-90　松桃县地理标志数据分析

数据分析：截止到 2019 年 12 月，松桃县地理标志总数 1 件，占全市地理标志总数的 7.1%。

商标类别：截止到 2019 年 12 月 12 日，松桃县地理标志 1 件，为松桃苗绣。对照《商标注册用商品和服务国际分类》分析，其地理标志所涉及的商标类别为 26 类，共 1 个类别。

使用商品：刺绣品（松桃苗绣）1 种。

表 4-47　松桃县地理标志商标注册情况一览表

商标类别	使用商品	商标名称	商标注册人	注册号	备注（非遗）
26 类	刺绣品（绣花饰品）	松桃苗绣	松桃苗族自治县松桃苗绣协会	13644803	省级非遗

资源挖掘：松桃县辖 5 个街道、17 个镇、6 个乡。田野调查发现，松桃县有待挖掘的地理标志商标资源主要有松桃桐油、松桃烂糊桥米豆腐、松桃卤鸭、松桃锅巴粉、松桃绿茶、松桃牛肝菌等。还有松桃苗绣等民间非遗地理标志商标资源。调查显示，松桃县特色资源丰富，为地理标志商标注册保护提供了可挖掘的资源优势。

建议与对策：传承人越来越少，人才外流，工艺性产品随着科技的发展，如绣花机电子自动机器设备，让手绣受到压制，从人力财力耗时来看，传统手工艺产品销售市场受到压制。国人对于民族品牌的了解不够深入。对策为：线上＋线下的互联网非遗营销方式文创设计，是非遗技艺得以发扬和维系的重要环节。将非遗技艺融入时下生活并引领潮流，得以有效传承和发展是文创事业的终极目标，更是创意园展馆得以持续高速发展的命脉。公司将与省外产品设计类重点大学、高端产品设计师、生产机构建立深度合作，引导和带领自建文创团队从事贵州非遗技艺的提升性研发，切实为自身长久运营和贵州非遗的可持续发展提供源动力。与省外的先进理念的融合，也将为贵州文化事业的人才储备提供强有力的支撑。借助专业非遗文化电商平台的能效释放，以线上、线下相结合的形式，满足近、远程客户情怀释放的需求。并且，随着营销推广力度的加大，卖场人流量的增加，电商线上结算、展示、活动的功能能够有效节约线下的实际运营成本。因知识产权保护与品牌运营的需要，应指定唯一具有文化运营实力的专业电商平台进行文化产品运营。让非遗传播推广规模化但不宽泛化、市场化但不粗俗化，符合文化品牌运营推广的基本定律。结合时下流行的直播方式，将"人"+"物"="文化"的公式更加直观地呈现在受众面前，现场观看非遗传承人与其技艺的施展过程，通过主播的文化引导，形成即时关注和消费指引，运用互联网低成本扩大非遗影响力的同时，更加促使非遗接地气的实现。

(6) 沿河土家族自治县地理标志扫描

区域简介：沿河土家族自治县位于贵州省东北角，铜仁地区北部，地处黔、渝、湘、鄂四省（市）边区结合部的乌江中下游。沿河区位优势明显，素有"黔东北门户，乌江要津"之称，是黔、渝、湘、鄂边区物资的集散地。县域面积 2468.8 平方千米，辖 4 个街道、17 个镇、2 个乡；2018 年户籍人口 69.08 万人。沿河土家族人爱唱山歌，2010 年沿河土家族自治县被命名为"中国土家山歌之乡"。沿河土家族自治县是各族人民的聚集地，二十多个民族组成的大家庭和睦相处，在此繁衍生息。

自然环境：沿河县属中亚热带季风湿润气候区。沿河土家族自治县境内河流有乌江及其支流洪渡河、暗溪河、白泥河、坝坨河等 26 条河流，属长江流域乌江水系。保存完好的植被环境使沿河土家族自治县境内有许多珍贵稀

图 4-91　沿河土家族自治县区位图

有植物——香菇、木耳、茯苓、竹荪（阳雀菌）、冻菌、猴头菇等，丰富的植物资源中，自然生长的高等植物就有21种，其中不乏一级、二级和三级保护植物数种。根据2014年的统计数据，沿河县境内的野生动物中脊椎动物有85科309种，陆栖寡毛类动物有2科3属19种。沿河土家族自治县已探明或发现的矿藏有煤、萤石、重晶石、铅锌、汞、铁、磷、方解石、硫磺、铜、金、钴锰、石英砂、铝矾土、高岭土、冰洲石、硫铁（黄铁）、大理石、石膏、石灰石、白云石、陶土等20多种。

人文环境：沿河土家族有许多地方特色文化，他们是中国古代巴人的后裔，有着祭奉白虎的习俗，他们住在吊脚楼里喝油茶汤，喜爱饮着麻糖酒吃灰豆腐，唱土家山歌、哭嫁歌，跳丧鼓摆手舞，寄托思念与表达喜悦欢庆等。此外，当地流传的洪水朝天等神话传说使后人对大自然心存敬畏之心。女人们针织挑花刺绣，男人们木石雕刻、藤竹编织，每年有赶年集庆等节日，古朴的民风使当今的土家人仍保持着鲜明的土家民族风格和特色。风景名胜有乌江山峡风景名胜区、麻阳河国家级自然保护区、淇滩古镇、黔东特区革命委员会旧址。

数据分析：截止到2019年12月，铜仁市总数为14件，沿河土家族自治县地理标志总数为2件，占全市的地理标志总数的14.3%。

商标类别：截止到2019年12月12日，沿河县地理标志2件，为沿河沙子空心李、沿河山羊。对照《商标注册用商品和服务国际分类》分析，其地理标志所涉及的商标类别有31类，共一个类别。

使用商品：食品（羊）、鲜水果（李子）两种。

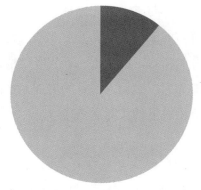

沿河土家族自治县占全市地理标志总数的14.3%

■ 沿河土家族自治县地理标志总数2件
■ 铜仁市地理标志总数14件

图4-92　沿河县地理标志数据分析

表 4-48　沿河县地理标志商标注册情况一览表

商标类别	使用商品	商标名称	商标注册人	注册号
31 类	羊	沿河山羊	沿河土家族自治县畜牧产业发展办公室	12087192
31 类	李子（鲜水果）	沿河沙子空心李	沿河土家族自治县经济作物工作站	12087191

资源挖掘：沿河县辖 4 个街道、17 个镇、2 个乡。田野调查发现，沿河县有待挖掘的地理标志商标资源主要有沿河浑浆豆花荞面、沿河蜂蜜、沿河姚溪贡茶、沿河金竹贡米、沿河困龙山铁叫鸡、沿河糯米包子、沿河富硒土酒—麻糖水酒、沿河藤器等。调查显示，沿河县特色资源丰富，为地理标志商标注册保护提供了可挖掘的资源优势。

建议与对策：调查发现，沿河县地理标志产品，如沿河沙子空心李，其附加值不高，保存期较短，若不及时出售会烂掉，可制成果汁、果干、果脯，但存在技术及资金问题。需要专业技术人员的支持与教授，以及解决硬件设施采购的资金问题。公司将与省外产品设计类重点大学、高端产品设计师、生产机构建立深度合作，引导和带领自建文创团队从事贵州非遗技艺的提升性研发，切实为自身长久运营和贵州非遗的可持续发展提供源动力。与省外的先进理念的融合，也将为贵州文化事业的人才储备提供强有力的支撑。借助专业非遗文化电商平台的能效释放，以线上、线下相结合的形式，满足近、远程客户情怀释放的需求。并且，随着营销推广力度的加大，卖场人流量的增加，电商线上结算、展示、活动的功能能够有效节约线下的实际运营成本。

（7）印江县地理标志扫描

区域简介：印江是以土家族和苗族为主要民族的自治县，它是贵州省铜仁市辖自治县，位于贵州省黔东北、铜仁市西部，地势东高西低，东南向西北倾斜，冬无严寒，夏无酷暑；总面积 1969 平方千米，辖 3 个街道、

13 个镇、1 个乡，2018 年总人口 45.45 万人。印江世居着土家族、苗族、汉族等民族。

自然环境：印江土家族苗族自治县属亚热带湿润季风气候。印江土家族苗族自治县境内河流属长江流域乌江水系。主要河流有印江河、车家河、乐茂江河、洋溪河、江源沟河等，地表河网较密。印江土家族苗族自治县境内野生动物种

图 4-93 印江土家族苗族自治县区位图

类繁多，有金丝猴、金钱豹、华南虎、娃娃鱼等珍稀动物。印江土家族苗族自治县境内具有贵州省最古老的地层，经历了非常多的构造运动并分布有最齐全的岩类这一独特的地质背景，产生了种类齐全且较丰富的矿产资源。全县共发现矿种 33 个，其中初步查明资源储量的有 22 个。

人文环境：印江县有梵净山、严氏宗祠、依仁书院、护国禅寺。历史文化有土家族婚俗文化、印江狮子灯、苗族宗教习俗、土家族过赶年、印江傩堂戏。地方特产有印江油纸伞和梵净山团龙贡茶。位于县城东部的梵净山风景迷人，是一座原生态保护完好的风景区，国家在 1986 年就将此地划定为国家级自然保护区。纯朴的印江土地孕育了众多的儿女，严

印江土家族苗族自治县占全市地理标志总数的14.3%

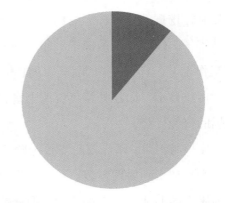

■ 印江土家族苗族自治县地理标志总数2件
■ 铜仁市地理标志总数14件

图 4-94 印江土家族苗族自治县地理标志数据分析

233

寅亮先生题写的"颐和园"匾额就是印江县书法文化代表之一，还有国务委员戴秉国、美籍太空博士吴学超等一批国内外名人也都来自印江。印江县通过自身的努力，受到国家重视，先后获得多种荣誉称号。

数据分析：截止到 2019 年 12 月，铜仁市总数为 14 件，印江土家族苗族自治县地理标志总数为 2 件，占全市的地理标志总数的 14.3%。

商标类别：截止到 2019 年 12 月 12 日，印江县地理标志 2 件，为印江苕粉、梵净山翠峰茶。对照《商标注册用商品和服务国际分类》分析，其地理标志所涉及的商标类别有 30 类，共 1 个类别。

使用商品：茶叶、红薯粉 2 种。

表 4-49　印江县地理标志商标注册情况一览表

商标类别	使用商品	商标名称	商标注册人	注册号
30 类	茶叶	梵净山翠峰茶	印江土家族苗族自治县茶业管理局	9571612
30 类	红薯粉	印江苕粉	印江土家族苗族自治县红薯粉协会	14579913

资源挖掘：印江县辖 3 个街道、13 个镇、1 个乡。田野调查发现，印江县有待挖掘的地理标志商标资源主要有印江社饭、印江绿豆粉、印江苞谷酸辣子、印江糯米酸辣子、印江酸扎鱼等。还有印江印染工艺、印江砂陶制作工艺、印江皮纸制作、印江古法造纸等民间非遗地理标志商标资源。调查显示，印江县特色资源丰富，为地理标志商标注册保护提供了可挖掘的资源优势。

建议与对策：印江苕粉需要晾晒后方可进行下一步包装，自原料提取到生产到加工到后期包装，整个工作流程需要占地面积过大，工厂只能建在远离市区的地方，人烟稀少，但需要劳动力众多，所以其生产成本随之提高。对策为形成产业链模式，以一推十，离不开政府的扶持和公司的自身努力。梵净山翠峰茶假冒伪劣产品较多，擦边球较多，群众品牌意识不够。对策为：因地制宜，科学规划，形成了 6 条茶叶产业带、7 个茶叶专业镇、一批茶叶专业村和专业户，实现集约化、标准化、规模化经营。以茶产业发展为抓手，推进扶贫攻坚，带动一方百姓致富奔小康。全县有8.8 万余户、35.1 万余茶农因茶走向致富路。加大产业基础设施建设，实施茶旅一体化发展，延伸产业链条，提升茶产业综合效益。

（8）玉屏县地理标志扫描

区域简介：玉屏侗族自治县是贵州省铜仁市下辖县，原为玉屏县，始建于清朝雍正五年（1727年）。县域地理环境为东西直径36 公里，南北直径 42 公里，总面积 516.6 平方千米。东南依湖南新晃，西邻镇远、岑巩，北边与碧江区、万山区，县人民政府驻皂角坪街道相接。1984 年经国务院批准，撤销玉屏县，改为玉屏侗族自治县。作为第二批国家新型城镇化综合试点地区的玉屏侗族自治县将迎来一个全新的开始。

图 4-95　玉屏侗族自治县区位图

自然环境：特殊的地貌环境和适宜的自然气候不仅使当地有着丰富的植物资源，也让当地的河流山川有着别样的风景。车坝河片区以车坝河为主要自然资源，河流两边的悬崖峭壁、奇岩险峰随处可见，溶洞间的瀑布腾云驾雾倾盆而落，如银河一般，自然环境中的车坝河以雄、奇、险、秀的特色成为当地一大奇观。而化石山却如仕女一般静静地坐落在玉屏县田坪镇黄泥塘和报日垅一带，漫山遍野的动物化石仿佛在诉说着动物们当年的热闹，形象逼真、清晰的化石山成为人们观赏和科研的对象。

人文环境：玉屏有生产竹管乐器的传统，清越优美的音色和音质，

玉屏侗族自治县占全市地理标志总数的14.3%

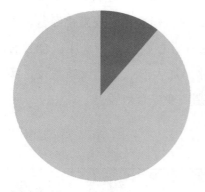

■ 玉屏侗族自治县地理标志总数2件
■ 铜仁市地理标志总数14件

图 4-96 玉屏侗族自治县地理标志数据分析

精雕细琢的外观使其名扬海内外，玉屏箫笛又称"平箫玉笛"，两个乐器并不是一个时代产生的，"平箫"是公元 1573—1619 年间玉屏自治县平溪镇民间艺人郑维藩所创，玉笛创始于公元 1727 年。箫的生产与发展在民间有着这样的一个传说，据说三百年前有位道人，云游到了玉屏，见当地竹林茂丰，便随手采来一根竹子制成了箫吹奏起来，悠扬的箫声引来了一位姓郑的路人，两人对乐器都有着相同的爱好，便结为知己。不久后道人要远游他乡，临行前，将箫的制作技艺传给了这位知己，从此以后，郑家便开始自制箫进行销售。百年流传的乐器至今都一直被人们当作礼品赠送和收藏，玉屏县也因此家喻户晓，玉屏箫笛与茅台镇的茅台酒、大方县的漆器一道被称为"贵州三宝"。

数据分析：截止到 2019 年 12 月，铜仁市地理标志总数为 14 件，玉屏侗族自治县地理标志总数为 2 件，占全市的地理标志总数的 14.3%。

商标类别：截止到 2019 年 12 月 12 日，玉屏侗族自治县地理标志 2 件，为玉屏箫笛、玉屏黄桃。对照《商标注册用商品和服务国际分类》分析，其地理标志所涉及的商标类别有 31 类、15 类，共两个类别。

使用商品：水果（桃）、乐器（箫、笛）两种。

表 4-50 玉屏侗族自治县地理标志商标注册情况一览表

商标类别	使用商品	商标名称	商标注册人	注册号	备注
31 类	桃	玉屏黄桃	玉屏侗族自治县黄桃协会	22350273	—
15 类	箫、笛	玉屏箫笛	玉屏侗族自治县箫笛行业协会	6296476	国家级非遗

资源挖掘：玉屏县辖 4 个街道、3 个镇、1 个乡。田野调查发现，玉屏县有待挖掘的地理标志商标资源主要有：玉屏社饭、玉屏油茶籽油、侗乡荤油茶、玉屏板栗、侗族腌酸菜、郭家湾贡米、侗乡油茶、侗乡腌鱼、玉屏无核糯柿、玉屏甜酒等土特产；玉屏箫笛制作技艺等传统技艺。调查显示，玉屏县特色资源丰富，为地理标志商标注册保护提供了可挖掘的资源优势。

建议与对策：应对玉屏县地理标志现状，提出以下建议：玉屏箫笛选材严谨，制作讲究，工艺复杂，成本相对较高，所以市场上出现了很多假冒伪劣产品。对策为：加强品牌宣传，依靠政府力量，在打假的道路上坚持不懈地走下去。玉屏黄桃，保存时间较短，不宜储存，产量巨大，销售范围受地理环境影响。对策为：以网络经济局为牵头，联合农牧科技局、林业局、产业办等相关部门单位，举全民之力，大力发展黄桃产业。当地政府通过互联网组成合作社，将玉屏黄桃"统一价格、统一商标品牌、统一种植标准和统一管理"进入网销平台，开启实体与电商互相销售模式，突破了销售瓶颈。

（9）道真县地理标志扫描

区域简介：道真仡佬族苗族自治县是遵义市下辖的自治县，它是黔中经济区连接成渝经济区的"结合部"，也是黔渝开放合作的桥头堡。道真是全国两个仡佬族苗族自治县之一，现有仡佬族 17 万人、苗族 9 万多人。常住人口为 24.42 万人。早在秦代，此地属巴郡管辖，经过几朝几代的历史变迁，到了 1949 年，道真县人民

图 4-97　道真仡佬族苗族自治县区位图

政府成立，归属于贵州省遵义区的管辖范围，1987年再次撤县成立了道真仡佬族苗族自治县。

自然环境：道真县境内湿润、气候宜人，自然保护区内有许多名胜景区，仙女洞坐落在芭蕉山东北坡，离县城60公里的地方。10余米的钟乳石柱如仙女般亭亭玉立。中间洞海拔700多米，下面洞高约200多米，上洞海拔高度达到1000多米。在民间有许多关于此洞的传说，最多的传说是洞内藏匿有兵书和宝剑。境内的阳溪茶条坝海拔在1580米，狭长的草场四面环山，空气质量相当纯净。在道真县北部有一条大沙河，河流两岸是原生态动、植物的天堂，以银杉和黑叶猴为代表的珍贵物品成为当地主要保护对象，在2001年，贵州省政府批准道真大沙河为省级自然保护区。

道真县占全市地理标志总数的15.4%

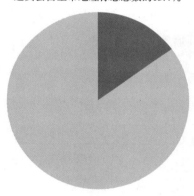

■ 道真县地理标志总数2件
■ 遵义市地理标志总数13件

图4-98　道真县地理标志数据分析

人文环境：道真县的文化历史比较悠久，当地的仡佬族三幺台、傩戏、高台舞狮和哭嫁歌等众多非物质文化遗产吸引了国内外各界人士，国家已将其特色作为"中国傩城"进行文化旅游的打造。道真的生态资源也是极为原始，有仙女洞、阳溪茶条坝、道真大沙河等省级自然保护区和洛龙国家生态公园等。政府以道真为全县核心打造的文化旅游得以迅速发展，改变了当地人的经济与生活状况。

数据分析：截止到2019年12月，道真县地理标志总数为2件，占全市地理标志总数的15.4%。

商标类别：截止到2019年12月12日，道真县地理标志2件，为道真玄参、道真洛党。地理标志所涉及的商标类别有5类，共1个类别。

使用商品：中药材（玄参或党参）一种。

表 4-51　道真县地理标志商标注册情况一览表

商标类别	使用商品	商标名称	商标注册人	注册号
5 类	玄参（中药材）	道真玄参	道真仡佬族苗族自治县特色产业发展中心	13465995
5 类	党参（中药材）	道真洛党	道真仡佬族苗族自治县特色产业发展中心	17200321

资源挖掘：道真县有待挖掘的地理标志商标资源潜力非常大，在它辖区内有 1 个街道、11 个镇、2 个乡、1 个民族乡，主要产品有道真绿茶、道真灰豆腐果、道真板栗、道真猕猴桃、道真牛打滚、道真酸菜芡耳面等。调查显示，道真县特色资源丰富，为地理标志商标注册保护提供了可挖掘的资源优势。

建议与对策：数据显示，近三年道真县在地理标志商标注册保护方面有所进步，现针对道真县地理标志发展情况提出几点建议：一是妥善经营已注册成功的地理标志产品，对新增的地理标志商标品牌加以扶持引导，可充分利用道真县旅游产业等多方渠道进行推广和宣传；二是应加大对地理标志公共品牌使用管理、文化价值挖掘、形象塑造与传播、商标维权等方面的重视；三是对有待挖掘的特色产品展开摸底调查，特别在非物质文化遗产方面，对本市非遗情况进行全面摸底调查，登记造册，制定《道真县非遗地理标志情况普查报告》，有计划、有经费、有目的地开展地理标志发展工作，正确引导、培育、帮扶，对符合地理标志商标注册条件的进行专门指导。

（10）凤冈县地理标志扫描

区域简介：凤冈县位于贵州东北部，隶属贵州省遵义市。凤冈的历史要追溯到明代，建县时名为龙泉县，1913 年废府州重新划分区域命名时改为凤泉县，1930 年改名凤冈县，至今四百多年的历史。全县总面积 1885.09 平方千米的土地上居住着汉族、土家族、仡佬族、苗族等多个民族。

图 4-99　凤冈县区位图

自然环境：凤冈县森林覆盖率达 62%，凤冈县气候适宜，年均气温 15.2℃，冬无严寒，夏无酷暑，属中亚热带湿润季风气候。平均海拔在 700 多米的凤冈县发现矿种有 20 种以上，各类矿床、矿点有 90 多处。凤冈县森林植被有 61 科 180 余种植物，多集中于北部和南部山区。凤冈县内野生动物，大约有 100 科 600 余种。

人文环境：到过凤冈县的人都会被素有"黔中乐土"之美誉的风景所吸引。凤冈大地那广袤无边的黔中黑森林、古朴村庄和自然形成的原始石桥，将人们梦幻中的历史与现实重叠，完美地润泽出绿木繁盛在林间、百鸟朝凤在山冈的人文景象。在凤冈有距今约 4.5 亿年世界上最早的陆生植物化石——黔羽枝，还有西南地区保存最完好的玛瑙山"古军事洞堡"，明代摩崖石刻"夜郎古甸"、中华山"万古徽猷"保存完好，集道学、佛学、易学文化为一体的"太极洞"和世界最大汉书"凤"字摩崖成为文人墨客的必到之地。凤冈县的中国西部茶海森林公园、碧波荡漾的九道拐十里长河、神秘的万佛峡谷以及民间傩戏、花戏等造就了其他地域无法替代的人文环境文化。

数据分析：截止到 2019 年 12 月，凤冈县地理标志总数为 1 件，

凤冈县占全市地理标志总数的7.7%

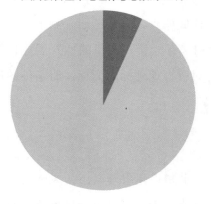

■ 凤冈县地理标志总数1件
　 遵义市地理标志总数13件

图 4-100　凤冈县地理标志数据分析

占全市地理标志总数的 7.7%。

商标类别：截止到 2019 年 12 月 12 日，凤冈县地理标志 1 件，为凤冈锌硒茶。地理标志所涉及的商标类别为 30 类，共 1 个类。

使用商品：茶叶 1 种。

表 4-52 凤冈县地理标志商标注册情况一览表

商标类别	使用商品	商标名称	商标注册人	注册号
30 类	茶叶	凤冈锌硒茶	凤冈县茶叶协会	8585068

资源挖掘：凤冈县辖 13 个镇、1 个乡。田野调查发现，凤冈县有待挖掘的地理标志商标资源主要有：凤冈蜂岩黄饺、凤冈蜂岩麻、凤冈养生油茶、凤冈田坝有机茶、凤冈七彩八宝糯米饭、凤冈绿豆粉等。调查显示，凤冈县特色资源丰富，为地理标志商标注册保护提供了可挖掘的资源优势。

建议与对策：数据显示，近三年凤冈县在地理标志商标注册保护方面有所进步，现针对凤冈县地理标志发展情况提出几点建议：一是妥善经营已注册成功的地理标志产品，对新增的地理标志商标品牌加以扶持引导，可充分利用凤冈县旅游产业等多方渠道进行推广和宣传；二是应加大对地理标志公共品牌使用管理、文化价值挖掘、形象塑造与传播、商标维权等方面的重视；三是对有待挖掘的特色产品展开摸底调查，特别在非物质文化遗产方面，对本市非遗情况进行全面摸底调查，登记造册，制定《凤冈县非遗地理标志情况普查报告》，有计划、有经费、有目的地开展地理标志发展工作，正确引导、培育、帮扶，对符合地理标志商标注册条件的进行专门指导。

（11）湄潭县地理标志扫描

区域简介：湄潭县好比贵州省遵义市养在闺中的小家碧玉，它地处大

图 4-101　湄潭县区位图

娄山南麓，乌江北岸，在名城遵义东南侧。它坐落在贵州省北部，境内各个民族分布较广，有多个民族：汉族、彝族、白族、傣族、壮族、苗族、回族、傈僳族、拉祜族、佤族、纳西族、瑶族、藏族、景颇族、布朗族、布依族、阿昌族、哈尼族、锡伯族、普米族、蒙古族、怒族、基诺族。湄潭县土地肥沃，生态保持良好，"湄潭翠芽""遵义红""贵州针"和"湄江翠片"等品牌茶叶都出自这里，是贵州高原上的一颗闪闪发亮的明珠，也被人们称为云贵的小江南。

自然环境：湄潭县属亚热带湿润季风气候，属长江流域乌江水系，矿产资源贫乏，已探明的矿种有 12 种，全县的土地面积为 185913.17 公顷。全县共有用材乔木 30 科 60 种；木本粮食林木 2 科 4 种；经济林木 9 科 16 种；水果林木 4 科 14 种；竹类 12 种；木本花 5 科 10 种；主要灌木 23 科 47 种；主要藤本植物 10 科 14 种；古老原始树种 1 科 1 种；蕨类植物 6 种；主要草本及其他植物 33 科 82 种。

人文环境：用"人间四月芳菲尽，山寺桃花始盛开"来形容湄潭县一点也不为过。湄潭县的茶海生态环境下的茶文化是人与自然的最佳体验，"中国名茶之乡""天下第一壶"等景区吸引了成千

湄潭县占全市地理标志总数的15.4%

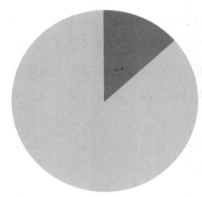

■ 湄潭县地理标志总数2件
□ 遵义市地理标志总数13件

图 4-102　湄潭县地理标志数据分析

上万的游客。湄潭县因茶文化形成了"九个一"旅游格局：一海、一城、一馆、一壶、一泉、一山、一河、一镇和一村，将此地纺织成人间天堂。人们闲暇时来到这里漫步于茶城间，畅吸着生态博物馆中的原生态空气，欣赏着天下第一壶的壮观，在古朴的风情小镇品着馥郁的绿茶。茶文化给湄潭县带来的旅游繁荣改变了整个地区的生活面貌，据 2013 年数据显示，共接待游客 183 万人次，实现旅游综合收入 8.65 亿元。

数据分析：截止到 2019 年 12 月，湄潭县地理标志总数为 2 件，占全市地理标志总数的 15.4%。

商标类别：截止到 2019 年 12 月 12 日，湄潭县地理标志 2 件，为湄潭翠芽、遵义红。地理标志所涉及的商标类别有 30 类，共 1 个类别。

使用商品：茶叶 1 种。

表 4-53　湄潭县地理标志商标注册情况一览表

商标类别	使用商品	商标名称	商标注册人	注册号	备注
30 类	茶叶	湄潭翠芽	贵州省湄潭县茶业协会	4928703	省级非遗
30 类	茶叶	遵义红	贵州省湄潭县茶业协会	7989698	—

资源挖掘：湄潭县辖 3 个街道、11 个镇、8 个乡。田野调查发现，湄潭县有待挖掘的地理标志商标资源主要有湄潭茅贡米、湄江茶、湄窖酒、湄江翠片、湄潭红豆腐、湄潭茶叶、湄潭核桃坝茶叶、湄潭香米、湄潭小米椒、湄潭无花果、湄潭马山灰豆腐等。还有湄潭翠芽茶制作技艺、湄潭手筑黑茶制作技艺等民间非遗地理标志商标资源。调查显示，湄潭县特色资源丰富，为地理标志商标注册保护提供了可挖掘的资源优势。

建议与对策：数据显示，近三年湄潭县在地理标志商标注册保护方面有所进步，现针对湄潭县地理标志发展情况提出几点建议：一是妥善经营已注册成功的地理标志产品，对新增的地理标志商标品牌加以扶持引导，可充分利用湄潭县旅游产业等多方渠道进行推广和宣传；二是应加大对地理标志公共品牌使用管理、文化价值挖掘、形象塑造与传播、商标维权等方面的重视；三是对有待挖掘的特色产品展开摸底调查，特别在非物质文化遗产方面，对本市非遗情况进行全面摸底调查，登记造册，制定《湄潭县非遗地理标志情况普查报告》，有计划、有经费、有目的地开展地理标志发展工作，正确引导、培育、帮扶，对符合地理标志商标注册条件的进行专门指导。

（12）余庆县地理标志扫描

区域简介：余庆县是黔中一块腹地，因四周都是群山环绕，故地貌环

图 4-103　余庆县区位图

境是典型的山区，在此生活的 22 个民族以种植农作物为主，所以余庆也是当地的农业县。余庆县从西晋时期开始，地域边界经历了千百年的变动，在 1914 年才将五个行政区基本固定下来。近几年随着道路交通的不断发展，余庆县已从往日的交通死角变成如今的交通枢纽，五百吨级的船舶通过乌江北驶入长江。高速和高铁贯穿全县，四通八达，已形成了快速便捷的水陆交通格局。

自然环境：在余庆县生活的动、植物已经适应了当地冬天不寒冷、夏天不炎热的气候。有如银杉、桫椤、珙桐等 82 科 300 多种，当地很重视林业的发展，近 20 年来新引进外地水杉、柳杉、华山松等十余树种。野生动物如黑叶猴、白冠长尾雉和大灵猫等有 200 余种。余庆县是大乌江风景名胜区，景区围绕大乌江分为五个区，即大乌江金城峡段区、四龙场区、牛尾滩段区、沙湾段区和万丈坑红军烈士墓景点。余庆县风景怡人，怪石嶙峋，比较有代表性的老林河风景区以"奇"为主要特征，景区内

的美女梳头、猪鼻孔、字库、羊狮岩栩栩如生。因地貌而形成的"石家洞"是大自然鬼斧神工的杰作，它位于乌江边三百米高的悬崖峭壁上，进洞需借助船只和绳索攀岩而上。洞内多处有题字，从洞中残留的文字和洞外的物件来分析，350 年前这里应该是南明政权官兵曾居住过的地方，所以就有了"太平天国冀五石达开兵败大渡河后在此洞隐居避难"的故事与传说。

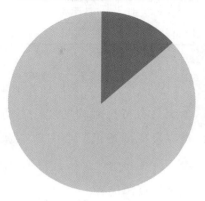

余庆县占全市地理标志总数的15.4%

■ 余庆县地理标志总数1件
■ 遵义市地理标志总数13件

图 4-104　余庆县地理标志数据分析

人文环境：余庆县历史悠久，流传了许多的民俗文化，如民歌小调就是当地山野风味极浓的歌曲，它以粗犷高亢和热情奔放受到当地人的喜爱。锣鼓和唢呐同样是余庆人比较喜欢的乐器，大、小节日和婚丧嫁娶都离不开它们的参与。余庆的龙灯从唐朝开始，至今都有布衣龙、棒槌龙和草龙的表演。余庆县既是名胜古迹的休闲度假旅游区，又是红色革命的战斗遗址。在《余庆县志》的记载中，当地有一种水果——红金橘，是红军长征经过余庆时，有百余人受伤、失散后被俘虏杀害至此，其中一名小红军被龙家横担山的小和尚救了下来，小红军为感谢救命之恩，将随身带着的几十颗橘树种托付给小和尚种在红军牺牲的地方。次年的秋天，这些种子长成了树并结满橘子，人们称之为"红金橘"。

数据分析：截止到 2019 年 12 月，余庆县地理标志总数为 1 件，占全市地理标志总数的 15.4%。

商标类别：截止到 2019 年 12 月 12 日，余庆县地区 1 件，为"余庆苦丁茶"。地理标志所涉及的商标类别有 30 类，共 1 个类别。

使用商品：茶叶 1 种。

表 4-54　余庆县地理标志商标注册情况一览表

商标类别	使用商品	商标名称	商标注册人	注册号
30 类	茶叶	余庆苦丁茶	余庆县茶叶行业商会	11816123

资源挖掘：余庆县辖 8 个镇、1 个民族乡、1 个街道。田野调查发现，余庆县有待挖掘的地理标志商标资源主要有：余庆红金橘、余庆红油炸糕、余庆擂茶粑、余庆乌江鲢鱼豆腐火锅、余庆乌江豆腐鱼、余庆灌粑等。调查显示，余庆县特色资源丰富，为地理标志商标注册保护提供了可挖掘的资源优势。

建议与对策：数据显示，近三年余庆县在地理标志商标注册保护方面有所进步，现针对余庆县地理标志发展情况提出几点建议：一是妥善经营已注册成功的地理标志产品，对新增的地理标志商标品牌加以扶持引导，可充分利用余庆县旅游产业等多方渠道进行推广和宣传；二是应加大对地理标志公共品牌使用管理、文化价值挖掘、形象塑造与传播、商标维权等方面的重视；三是对有待挖掘的特色产品展开摸底调查，特别在非物质文化遗产方面，对本市非遗情况进行全面摸底调查，登记造册，制定《余庆县非遗地理标志情况普查报告》，有计划、有经费、有目的地开展地理标志发展工作，正确引导、培育、帮扶，对符合地理标志商标注册条件的进行专门指导。

（13）正安县地理标志扫描

区域简介：正安县是贵州遵义东北部的一个小镇。在春秋战国时期有着大夜郎鳖国的称谓，1958 年才从道真县并入正安县，1961 年恢复道真县的建置。位于遵义东北部、大娄山脉东麓和芙蓉江上游的正安县是渝南、黔北经济文化的重要交汇区域，素来以"黔北门户"自居。境内多个民族长期共居此地，在仡佬族、苗族、土家族、布依族、回族、壮族等20 多个少数民族中，以仡佬族、苗族居多。当地的服饰、民俗习惯与风土人情也是以仡佬族为主。

自然环境：正安县河流居多，有芙蓉江、清溪河等大小河流393条，属乌江水系。根据2009年的记录，正安县境内有野生动物上百种、植物近千种，在160种野生动物中就有20多余种如云豹、金钱豹、毛冠鹿、大鲵等国家一、二、三类保护动物。而上千种植物里主要有红豆杉、香果树、野木瓜等稀有植物。正安县的矿资源比较丰富，以原煤、铝土矿、含钾页岩、萤石等16种为主的矿产资源中煤炭资源储量达20000万吨、铝土矿蕴藏量达20000万吨。正安县的野木瓜、正安白茶是大自然给予当地人的财富，它以原汁原味的特点赢得市场，需求前景空间巨大。尹珍务本堂、九道水国家森林公园等自然环境中的风景名胜区也受到旅客们的追捧。

人文环境：正安地区的大多数

图4-105 正安县区位图

正安县占全市地理标志总数的15.4%

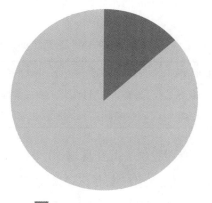

■ 正安县地理标志总数2件
■ 遵义市地理标志总数13件

图4-106 正安县地理标志数据分析

风俗是以仡佬族为主，他们喜爱穿仡佬族人传统的桶裙，男性是粗布对襟短衫，女孩子们是接腰筒裤。服饰上的各种刺绣图案是评判女孩们手工好坏的标准，刺绣也就成为当地人的一种技艺。千百年流传下来的风俗造就了正安县的传统文化。仡佬族有着古老而又神圣的婚俗，男女双方订下终身后，男方选择吉日将彩礼送到女方家，女主收到后将酒肉放到祖宗神龛前进行祭祀，女方出嫁时要哭着走出家门，边哭边唱哭嫁歌，哭嫁的风俗流传至今。而最为隆重的传统要数"年俗"，到了腊月，民间就有着杀猪过年、煮甜酒、祭灶神和打扫扬尘等习惯，人们互相送着春贴，洗浴干净一起置办着年货。除夕夜，先献饭祭祖后大家才能围坐在一起吃团圆饭。吃完年饭族里人相邀一起，带着纸钱、爆竹和香烛等，敲着锣打着鼓到自家的坟上烧香敬祖。

数据分析：截止到 2019 年 12 月，正安县地理标志总数为 2 件，占全市地理标志总数的 15.4%。

商标类别：截止到 2019 年 12 月 12 日，正安县地理标志总数 2 件，为正安白茶、正安娃娃鱼。地理标志所涉及的商标类别有 31 类、30 类，共 2 个类别。

使用商品：活动物（娃娃鱼）、茶叶 2 种。

表 4-55　正安县地理标志商标注册情况一览表

商标类别	使用商品	商标名称	商标注册人	注册号
31 类	娃娃鱼（活）	正安娃娃鱼	正安县水产技术推广站	18020346
30 类	茶叶	正安白茶	贵州省正安县茶业协会	7620458

资源挖掘：正安县辖 20 个镇（乡、街道）。田野调查发现，正安县有待挖掘的地理标志商标资源主要有正安野木瓜、正安白及、正安石磨辣椒酱、正安冰粉籽、正安油茶、正安红苕粉、正安豆腐干、正安张家牛肉干、正安藤茶、正安山竹笋、正安老鹰茶、正安油桐、正安长富牛肉干等。还有正安墨石雕刻技艺等民间非遗地理标志商标资源。调查显示，正安县特色资源丰富，为地理标志商标注册保护提供了可挖掘的资源优势。

建议与对策：数据显示，近三年正安县在地理标志商标注册保护方面有所进步，现针对正安县地理标志发展情况提出几点建议：一是妥善经营已注册成功的地理标志产品，对新增的地理标志商标品牌加以扶持引导，可充分利用正安县旅游产业等多方渠道进行推广和宣传；二是应加大对地理标志公共品牌使用管理、文化价值挖掘、形象塑造与传播、商标维权等方面的重视；三是对有待挖掘的特色产品展开摸底调查，特别在非物质文化遗产方面，对本市非遗情况进行全面摸底调查，登记造册，制定《正安县非遗地理标志情况普查报告》，有计划、有经费、有目的地开展地理标志发展工作，正确引导、培育、帮扶，对符合地理标志商标注册条件的进行专门指导。

4.贵州武陵非遗地理标志

多彩贵州，物华天宝，非物质文化遗产和地理标志资源极为丰富。截至 2019 年 12 月，贵州省获国家级、省级非物质文化遗产代表性项目 895 项，其中获得国家级项目 140 项，获省级项目 755 项。

注册现状：贵州省非遗类地理标志商标 9 个，其中国家级非遗类地理标志有 4 个，其中传统技艺涉及 3 个类别（玉屏箫笛 20 类、大方县大方漆器 20 类、平塘县牙舟陶 21 类、黔南州都匀毛尖 30 类）；省级非遗类地理标志有 5 个，所涉及商标 3 个类别（第 26 类、第 30 类、第 33 类）。其中传统美术涉及 1 个类别（松桃苗绣 26 类）、传统技艺涉及 2 个类别（湄潭翠芽 30 类、石阡苔茶 30 类、威宁荞酥 30 类、仁怀酱香酒 33 类）。

非遗项目：《中华人民共和国非物质文化遗产法》将非物质文化遗产项目分为"民间文学，传统音乐，传统舞蹈，传统戏剧，曲艺，传统体育、游艺与杂技，传统美术，传统技艺，传统医药，民俗"十大门类，其中传统美术，传统技艺，传统医药三个大类与非遗类地理标志有关，以下表格仅列举了贵州武陵国家级、省级非遗项目。

表 4-56　贵州省武陵国家级非遗项目一览表

类别	名称	申报地区或单位	传承人	备注
传统技艺	仁怀酱香酒	仁怀市（茅台）酒文化研究会		注册
传统技艺	松桃苗族	松桃苗族自治县松桃苗绣协会		注册

贵州省武陵省级非遗项目一览表（传统手工技艺14项）。

表4-57　贵州省武陵省级非遗项目一览表

商标类别	名称	申报地区或单位	传承人
传统技艺	苗绣	丹寨县、松桃苗族自治县	田应芝
传统技艺	松桃苗绣	松桃县	田应芝
传统技艺	傩面具制作工艺	德江县	黎世宏
传统技艺	印染工艺	印江县	
传统技艺	焰火架制作技艺	印江土家族苗族自治县	
传统技艺	墨石雕刻技艺	正安县	
传统技艺	湄潭翠芽茶制作技艺	湄潭县	
传统技艺	"遵义红"茶制作技艺	湄潭县	
传统技艺	湄潭手筑黑茶制作技艺	湄潭县	
传统技艺	石阡苔茶制作技艺	石阡县	
传统技艺	土家熬熬茶制作技艺	德江县	
传统技艺	豆制品制作技艺	江口县	
传统技艺	印染工艺	石阡县	
传统技艺	砂陶制作工艺	印江土家族苗族自治县	

依据贵州武陵国家级省级非遗项目一览表显示，目前，贵州武陵国家级省级非遗类地理标志所涉及非遗项目门类为"传统技艺"，其中国家级1件（玉屏箫笛）、贵州省级4件（仁怀酱香酒、松桃苗绣、湄潭翠芽、石阡苔茶），涉及商标注册类别有：30类"茶叶"、20类"漆器"、26类"刺绣"共三类。

表4-58　贵州武陵国家级省级非遗项目已获地理标志一览表

商标类别	级别	类别	名称	申报地区或单位	传承人
33类	国家级	传统技艺	仁怀酱香酒	仁怀市（茅台）酒文化研究会	
20类	国家级	传统技艺	玉屏箫笛	玉屏侗族自治县箫笛行业协会	
26类	省级	传统技艺	松桃苗绣	松桃苗族自治县松桃苗绣协会	
30类	省级	传统技艺	湄潭翠芽	贵州省湄潭县茶业协会	
30类	省级	传统技艺	石阡苔茶	石阡县茶业协会	

趋势预测：综上所述，截止到 2019 年 12 月贵州省总共有地理标志 98 件，贵州武陵非遗地理标志 4 件，占贵州省地理标志总数的 4.08%。截止到 2019 年 12 月，贵州武陵地理标志总数为 29 件，其非遗地理标志 5 件，占该区域地理标志总数的 17.3%。截至 2018 年 12 月，贵州省武陵国家级、省级非物质文化遗产共 14 项，其中国家级 1 项，省级 13 项（传统手工技艺），其非遗地理标志 5 件，占贵州省武陵非遗项目总数的 35.7%。贵州省获国家级、省级非物质文化遗产代表性项目 895 项，贵州省武陵国家级、省级非物质文化遗产共 14 项，占全省非遗总数的 1.56%。贵州省武陵民族地区已获非遗类地理标志商标 4 个，占全省非遗总数的 0.45%。

数据分析显示，贵州武陵市（州）级、县（市）级非遗项目 114 项，有 5 项升为非遗地理标志，占贵州武陵非遗项目总数的 4.38%；其余 109 项中非遗类地理标志为 0。不难发现，贵州武陵非遗地理标志仍主要集中在国家级和省级非遗中。

调研中发现，贵州武陵市县级对非遗项目生产性转换以及开发利用等意识淡漠、看不到希望、感觉很难形成产业等。以上这些问题是制约贵州武陵非遗地理标志发展的主要因素。同时，也表明贵州武陵在非遗类地理标志商标发展方面资源存量巨大。特别在传统美术、传统技艺这两个门类，以及传统音乐、传统医药等衍生门类及商标注册类别的扩展等发展空间很大。

综上分析，可以预测，随着人们对地理标志和非物质文化遗产挖掘、保护和利用等意识的不断提高，贵州武陵非遗类地理标志商标发展前景巨大。

四、巴渝富民　重庆武陵

巴渝富民中"富民"是重庆市委市政府制定全市经济发展战略时，在

政府报告、政策文件、宣传报道中使用频次较高的关键词汇。重庆亦称
"渝",古时属巴蜀之地。以"巴渝富民"为名,既表明重庆市所处地域特
色,同时也表明新时期重庆市在"商标扶贫、商标富农"方面的决心与
意志。

图 4-107 重庆市武陵民族地区县市位置图

1. 重庆武陵区域位置

重庆市地处较为发达的东部地区和资源丰富的西部地区的结合部,位
于中国西南部。东邻湖北、湖南,南靠贵州,西接四川,北连陕西,总面
积 82400 平方千米。

重庆市地处长江上游经济带核心地区,是中国西部唯一的直辖市,简

称"渝"。重庆是我国的历史文化名城、国家重要的现代制造业基地、西南地区综合交通枢纽，与北京、天津、上海同为直辖市，是我国重要的中心城市之一，现辖38个行政区县。

重庆市武陵民族地区（以下简称"重庆武陵"）主要包括武隆区、黔江县、丰都县、石柱土家族自治县、彭水苗族土家族自治县、秀山土家族苗族自治县、酉阳土家族苗族自治县。

重庆武陵民族地区县（区）占全市
地理标志总数的26.3%

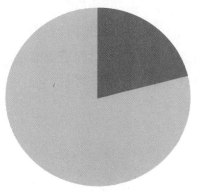

■ 重庆武陵民族地区地理标志总数66件
□ 重庆市地理标志总数251件

图4-108 重庆武陵地理标志数据分析

2.重庆武陵地理标志分布

截止到2019年12月，重庆市地理标志总数251件。重庆武陵理标志商标总数66件，其下辖各县（区）地理标志商标分布情况分别为：武隆区（6件）、黔江区（3件）、丰都县（11件）、石柱土家族自治县（4件）、彭水苗族土家族自治县（23件）、秀山土家族苗族自治县（9件）、酉阳土家族苗族自治县（10件）。

重庆市有38个行政区县，其中重庆武陵有7个县(区)，占全省县(区)18.42%；截止到2019年12月，重庆市地理标志总数251件，其中重庆武陵七县（区）地理标志总数66件，占全市地理标志总数26.3%；非武陵地区占全省总数73.7%。重庆武陵地理标志发展仍有巨大的上升空间，值得关注和重视。

3.重庆武陵地理标志扫描

截止到2019年12月，重庆市地理标志总数为251件，其中武隆区总数为 6 件，占全市地理标志总数的 2.39%，位居全市第十六名。彭水苗族土家族自治县总数为 23 件，占全市地理标志总数的 9.16%，位居全省第一。下面以田野调查为基础，分别对重庆武陵 7 个县市地理标志进行多维度扫描，以便更全面地了解和把握。为助推重庆武陵地理标志申请注册保护、文化价值挖掘、传播推广、交流学习、协同发展提供有价值的参照。

（1）武隆区地理标志扫描

区域简介：武隆在武陵山与大娄山结合部，武隆区东邻彭水，南近贵州，西依南川和涪陵，北接丰都，多深丘、河谷，以山地为主的地理环境，自然概貌为七山一水二分田。地势东北高，西南低。乌江是大小支流

图 4-109　武隆区区位图

由南北两翼汇入而成，自东向西横贯全境，流经 16 个乡镇，东起木棕河，西至大溪河，行程 80 公里。乌江南面的白马山和乌江北面的桐梓山还有弹子山属大娄山系。最高仙女山主峰磨槽湾海拔 2033 米，最低大溪河口海拔 160 米。全区除高山和河谷有少许平坝外，绝大多数为坡地梯土。土壤多属黄壤、黄棕壤，其次为紫色土。长期以来，因渝南黔北地区通江达海只有通过乌江下涪陵，再转道长江，或通过官道大唐路往东，因此，武隆有"渝黔门屏"之称。

自然环境：武隆区最低海拔 160 米，最高海拔 2033 米，属亚热带季风性湿润气候，四季分明，立体气候明显。森林覆盖率 63.5%，空气优良天数常年保持在 340 天以上，负氧离子含量超过 2500 个 / 立方厘米，其

中仙女山国家森林公园空气负氧离子为 3260 个 / 立方厘米。良好的空气质量使这里的银杉、水杉、珙桐等珍稀树种生长茂盛，珍稀动物金钱豹、小熊猫、黑叶猴、大鲵等动物的生存空间和繁殖能力强。全区大小河流 50 余条，水能蕴藏量 240 万千瓦，风能蕴藏量 30 万千瓦，页岩气储量 4000 亿立方米，是重庆重要的清洁能源基地。

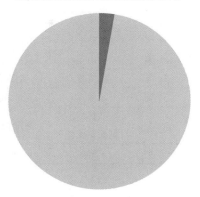

武隆区占全市地理标志总数的2.39%

■ 武隆区地理标志总数6件
■ 重庆市地理标志总数251件

图 4-110 武隆区地理标志数据分析

人文环境：武隆"一江碧水、两岸青山"。武隆山水的美丽如同当地具有代表性的仙女山名字一样美得让人窒息，簇拥成团的野花，蓝天下的青草地，33 万亩森林与 10 万亩草场形成的天然巨型氧吧如同天然的绿色地毯。像仙女山这样的美景在武隆地区还有许多，特别是近几年政府加大了当地旅游业的建设与改造，打造出知名旅游度假区和高品质城市新组团，将武隆建造成全国首批度假区、全市唯一的国家级旅游度假区。已在开发建设中的"武隆·白马山片"是未来的又一个新名片，它将作为当地实施大旅游战略的经济社会发展的主战场之一，万亩高山下的杜鹃花与生态茶山将当地的传统盐茶古道紧密联系在一起，形成集生态旅游、养生度假于一体的综合性旅游度假山村。

数据分析：截止到 2019 年 12 月，武隆区地理标志总数 6 件，占全市 2.39%。

商标类别：截止到 2019 年 12 月 12 日，武隆区 6 件地理标志商标分别为武隆高山萝卜、武隆高山白菜、武隆猪腰枣、沧沟西瓜、武隆板角山羊、白马蜂蜜。地理标志所涉及的商标类别有 31 类、30 类共两个类别。

使用商品：萝卜、白菜、鲜枣、西瓜、活动物（板角山羊）、蜂蜜等六种。

表 4-59　武隆区地理标志商标注册情况一览表

商标类别	使用商品	商标名称	商标注册人	注册号
31 类	萝卜	武隆高山萝卜	武隆区蔬菜产业发展办公室	7739481
31 类	白菜	武隆高山白菜	武隆区蔬菜产业发展办公室	7739482
31 类	鲜枣	武隆猪腰枣	武隆区林木种苗管理站	9698789
31 类	西瓜	沧沟西瓜	武隆区沧沟乡西瓜产业办公室	9670899
31 类	活动物（板角山羊）	武隆板角山羊	武隆区畜禽生产站	11594335
30 类	蜂蜜	白马蜂蜜	武隆区蜜园蜂蜜专业技术协会	15329660

资源挖掘：武隆区辖 4 个街道、10 个镇、12 个乡。田野调查发现，武隆区有待挖掘的地理标志商标资源主要有：武隆酸辣粉、武隆苗家情米酒、武隆油酥香辣牛肉、武隆山椒泡竹笋、武隆高山甘蓝、武隆高山马铃薯、武隆高山辣椒、武隆仙女红高山红茶、武隆白马山天尺茶、武隆土著蜂蜜、武隆老荫茶、武隆羊肉、武隆天根酒、武隆江口鱼、武隆羊角梨、武隆天尺碧芽茶、武隆土坎晶丝苕粉、武隆羊角老醋、武隆土家老腊肉、武隆鸭江老咸菜、武隆蕨根晶、武隆苎麻等。还有武隆大石箐香会等民间非遗地理标志商标资源。调查显示，武隆区特色资源丰富，为地理标志商标注册保护提供了可挖掘的资源优势。

建议与对策：数据显示，近三年武隆区在地理标志商标注册保护方面有所进步，现针对武隆区地理标志发展情况提出几点建议：一是妥善经营已注册成功的地理标志产品，对新增的地理标志商标品牌加以扶持引导，可充分利用武隆区旅游产业等多方渠道进行推广和宣传；二是武隆区特色产品较少，应加大对地理标志公共品牌使用管理、文化价值挖掘、形象塑造与传播、商标维权等方面的重视；三是对有待挖掘的特色产品展开摸底调查，特别在非物质文化遗产方面，对本区非遗情况进行全面摸底调查，登记造册，制定《武隆区非遗地理标志情况普查报告》，有计划、有经费、有目的地开展地理标志发展工作，正确引导、培育、帮扶，对符合地理标志商标注册条件的进行专门指导。

（2）黔江区地理标志扫描

区域简介：黔江区像翡翠玉梭，镶嵌在武陵山脉西翼，东北、西北与湖北咸丰县、利川市相邻，南及酉阳，西抵彭水。黔江区既是革命老区，又是少数民族聚居地，属于重庆所属范围内远离城市的边远山区。这里早在60万年前就有人类祖先活动的足迹，黔江区保存有二十多个民族的生活习俗与风土人情，在这里，土家族和苗族为两大主体民族，所以当地人传统服饰、饮食和居住、婚姻、生育、丧葬等都以土家族为主，节庆却倾向苗族的风俗习惯，像赶秋、放赦及三月三等节日都是苗族人流传千年的传统文化。

图4-111　黔江区区位图

自然环境：黔江地处四川盆地东南边缘，当地的平坝海拔比较低，人口非常稠密。因土壤肥沃，黔江的农业很发达，当地农户以种植水稻、小麦、油菜、柑橘等农作物为主。黔江地区山脉河流走向近似平行，由东北向西南倾斜，呈"六岭五槽"地貌，平坝星落其间。西北部以低山和浅切割中山为主，无明显条状带，山地占全区土地面积的90%，东南部山脉条状明显，切割深；属浅、中切割，中、低山地形。是森林资源的主要分布区。全区丘陵面积小，正阳丘陵是最大的丘陵，是粮食作物和经济作物主产区，主要

黔江区占全市地理标志总数的1.99%

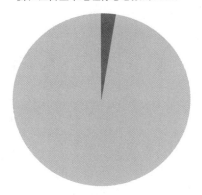

■ 黔江区地理标志总数5件
□ 重庆市地理标志总数251件

图4-112　黔江区地理标志数据分析

分布在阿蓬江两岸以及 G319 公路沿线。良好的自然环境使黔江境内的植物生长繁殖较好，北纬 30 度线上的珍稀植物，在这里都能找到，植物品种齐全与繁多让人惊叹，故称为"神秘黔江"。

人文环境：东汉建安六年始置县，迄今有 1800 多年历史，巴楚文化交汇于此，土家族、苗族、汉族共生共荣，获评全国民族团结进步示范区。民俗文化悠久灿烂、异彩纷呈，跳摆手舞、居吊脚楼、吼南溪号风情独具。原红三军政委万涛的故乡就在黔江，黔江是红三军入渝的首站，刘伯承、邓小平、贺龙等老一辈无产阶级革命家的战斗足迹都在此地熠熠生辉，鲜活纯正的"红色基因"赓续相传，至诚至信"天理良心"名传于世，苦干实干的"黔江精神"享誉全国。城市大峡谷—芭拉胡横卧城市中央，全国唯一，世界罕见，濯水古埠、武陵水岸、香山禅寺、官渡悬棺、深山明珠小南海、世界第一风雨廊桥碧落其境，三千倒流阿蓬江滋养其地。森林覆盖率达 65%，荣膺"绿色中国·杰出绿色生态城市""中国清新清凉峡谷城""中国森林氧吧""中国最具魅力宜居宜业宜游城市"称号。拥有国家 4A 级旅游景区 7 个，数量居渝东南之首。立体农业百花齐放，获评中国猕猴桃之乡、中国脆红李之乡、全国首批农村产业融合发展试点示范区。绿色天然的自然环境被评为"中国最美休闲度假胜地""中国最佳文化旅游名片""中国最佳绿色生态旅游名区""首批全国生态旅游胜地"。

数据分析：截止到 2019 年 12 月，黔江区地理标志总数 5 件，占全市 1.99%。

商标类别：截止到 2019 年 12 月 12 日，黔江区 5 件地理标志商标分别为黔江金溪红心猕猴桃、黔江猕猴桃、黔江脆红李、黔江地牯牛、黔江肾豆。地理标志所涉及的商标类别有 31 类一个类别。

使用商品：猕猴桃、李子（新鲜水果）、新鲜蔬菜（新鲜地牯牛）、花豆（未加工的）4 种。

表 4-60　黔江区地理标志商标注册情况一览表

商标类别	使用商品	商标名称	商标注册人	注册号
31 类	猕猴桃	黔江金溪红心猕猴桃	黔江区金溪镇农业服务中心	11012683
31 类	猕猴桃	黔江猕猴桃	重庆市黔江区生态水果协会	21320442
31 类	李子（新鲜水果）	黔江脆红李	重庆市黔江区农产品质量安全管理站	22178481
31 类	新鲜蔬菜（新鲜地牯牛）	黔江地牯牛	重庆市黔江区农产品质量安全管理站	22178483
31 类	花豆（未加工的）	黔江肾豆	重庆市黔江区农产品质量安全管理站	22178482

资源挖掘：黔江区辖 6 个街道、15 个镇、9 个乡。田野调查发现，黔江区有待挖掘的地理标志商标资源主要有：黔江鸡杂、黔江老鹰茶、黔江神豆腐、黔江马喇贡米、黔江烟熏腊肉、黔江武陵山珍、黔江地牯牛泡菜、黔江土家刺绣、黔江土家绿豆粉、黔江土家肾豆、黔江蜂蜜荞粑等。还有黔江南溪号子、濯水绿豆粉、黔江西兰卡普（土家织锦）制作技艺、黔江石城情歌、黔江薅草锣鼓、黔江角角调、黔江后坝山歌、黔江石鸡坨土陶制作技艺、黔江谢家锣鼓、黔江黎水拗岩号子、黔江吴幺姑传说等民间非遗地理标志商标资源。调查显示，黔江区特色资源丰富，为地理标志商标注册保护提供了可挖掘的资源优势。

建议与对策：数据显示，近三年黔江区在地理标志商标注册保护方面有所进步，现针对黔江区地理标志发展情况提出几点建议：一是妥善经营已注册成功的地理标志产品，对新增的地理标志商标品牌加以扶持引导，可充分利用黔江区旅游产业等多方渠道进行推广和宣传；二是黔江区应加大对地理标志申报的奖励和扶持力度，多宣传和推广地理标志及公共品牌的知识，增大企业和农户的申请热度，加大对地理标志公共品牌使用管理、文化价值挖掘、形象塑造与传播、商标维权等方面的重视；三是对有待挖掘的特色产品展开摸底调查，特别在非物质文化遗产方面，对本区非遗情况进行全面摸底调查，登记造册，制定《黔江区非遗地理标志情况普查报告》，有计划、有经费、有目的地开展地理标志发展工作，正确引导、培育、帮扶，对符合地理标志商标注册条件的进行专门指导。

（3）丰都县地理标志扫描

图 4-113　丰都县区位图

丰都县占全市地理标志总数的4.38%

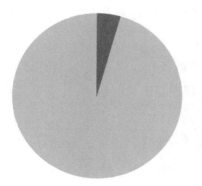

■ 丰都县地理标志总数11件

■ 重庆市地理标志总数251件

图 4-114　丰都县地理标志数据分析

区域简介：丰都县位于重庆市版图中心，长江横穿县境。东边紧挨着石柱土家族自治县，南边与武隆区、彭水县相接，西边紧靠涪陵区，北边与忠县、垫江县为邻。有着 1900 年历史的丰都县以汉族为主共同生活着 26 个民族。4A 级旅游景区由丰都名山、鬼国神宫和双桂山国家森林公园三部分组成，绿荫环绕风景怡人的丰都景点都是用独特的"鬼城文化"命名，奈河桥、鬼门关、黄泉路、望乡台等景区成为旅游胜地。

自然环境：丰都县地貌是以山地为主要组成部分，其次就是丘陵，平坝并不多见，只是在河谷和山谷间才有狭小的容身之处，三种地理形态组成的丰都县形成了南高北低、"四山夹三槽"的地形。丰都县常年气候温和，雨量充足，冬季虽冷但并无严寒，夏天多为炎热天气。特有的自然天气使境内野生动物有 300 种，珍稀动物虎、金钱豹以及中华倒刺鲃和鲟鱼也在此地生存繁殖。丰都境内的天然乔木品种有 170 多种，中药材 1200 多种，野生药材 1000 多种，泡参、天麻和麦冬等植物深受市场的追捧。适宜农作物的气候使丰都物产丰富，畜牧业资源众多。县委、县政府立足"国家农产品主产区"定位，利用天然的养殖资源全力构建以肉牛为主的"1+6+X"农业产业体系。常年发展榨菜 22 万亩、蔬菜 12 万亩、烤烟 2.78 万亩、中药材 2.5 万亩、有机水稻 0.6 万亩，累计发展柑橘 8 万亩、红心柚 7.5 万亩、花椒 6.5 万亩、龙眼 3 万亩、笋竹 9.88 万亩、木本油料 8.68 万亩。

人文环境：丰都是我国的"鬼城"，以鬼文化著称，被称为"幽都""中国神曲之乡"，许多国际友人慕名而来，参观阴曹地府的建筑及鬼传说带来的地方文化。围绕鬼城建筑的长江北岸有着两千多年的历史，名山古刹多达 27 座。历史上文人墨客常来此地题咏。丰都以借鬼仿阳的传统文化利用当地地理环境打造出全国优秀旅游城市、"全国最美生态旅游示范县"和"全国十佳生态休闲旅游城市"。旅游资源的富集独特使当地共有 6 类 64 种 100 余处旅游资源，其中海拔 1000 米以上的高山旅游资源多达 700 多平方千米，最具开发价值的资源用地占重庆市的 10% 以上。境内拥有享誉海内外的首批国家级风景名胜区名山 4A 级景区、被评为"中国最美洞穴"的雪玉洞 4A 级景区、具有高山湖泊的南天湖市级旅游度假区、龙河国家级湿地公园等，还有双桂山国家级森林公园、江池横梁、牛牵峡漂流、双路九重天栈道、南天湖滑雪场等众多景区景点。

数据分析：截止到 2019 年 12 月，重庆市地理标志总数为 251 件，丰都县地理标志总数 11 件。

商标类别：截止到 2019 年 12 月 12 日，丰都县 11 件地理标志商标分别为丰都龙眼、丰都肉牛、丰都红心柚、丰都锦橙、丰都榨菜、丰都栗子大米、保合梨橙、丰都轿子山白菜、丰都轿子山萝卜、董家花椒。对照尼斯协定《商标注册用商品和服务国际分类》分析，其地理标志所涉及的商标类别有：31 类、30 类、29 类共三个类别。

使用商品：龙眼、肉牛、牛肉、柚子、锦橙、榨菜、大米（米）、梨橙（新鲜水果）、白菜（新鲜蔬菜）、萝卜（新鲜蔬菜）、花椒（调味品）等 11 种。

表 4-61　丰都县地理标志商标注册情况一览表

商标类别	使用商品	商标名称	商标注册人	注册号
31 类	龙眼	丰都龙眼	丰都县龙眼协会	7602430
31 类	肉牛	丰都肉牛	丰都县肉牛协会	7602431
29 类	牛肉	丰都肉牛	丰都县肉牛协会	9872488
31 类	柚子	丰都红心柚	丰都县农产品协会	8720512
31 类	锦橙	丰都锦橙	丰都县农产品协会	8720513
29 类	榨菜	丰都榨菜	丰都县农产品协会	9872487
30 类	大米（米）	丰都栗子大米	丰都县农产品协会	11112018
31 类	梨橙（新鲜水果）	保合梨橙	丰都县农产品协会	12568980
31 类	白菜（新鲜蔬菜）	丰都轿子山白菜	丰都县农产品协会	14257789
31 类	萝卜（新鲜蔬菜）	丰都轿子山萝卜	丰都县农产品协会	14257790
30 类	花椒（调味品）	董家花椒	丰都县董家镇农业服务中心	12568981

资源挖掘：丰都县辖 21 个镇、7 个乡、2 个街道。田野调查发现，丰都县有待挖掘的地理标志商标资源主要有：丰都烟叶、丰都三元红心柚、丰都包鸾竹席、丰都仙家豆腐乳、丰都艄公号子鱼、丰都鬼城麻辣鸡块等。还有丰都庙会、丰都榨菜、丰都麻辣鸡块、丰都老八碗、丰都楼子山迎春拜狮会、丰都孔戏牛舞、丰都龙孔吹打、丰都梁山吹打、丰都鬼脸谱瓢画、丰都叶脉画、丰都邹麻雀画技、丰都秦氏烫伤剂、丰都烧灯花、丰都鬼城泥塑、丰都三坝打闹歌、丰都三元小锣鼓等民间非遗地理标志商标资源。调查显示，丰都县特色资源丰富，为地理标志商标注册保护提供了可挖掘的资源优势。

建议与对策：数据显示，近三年丰都县在地理标志商标注册保护方面有所进步，现针对丰都县地理标志发展情况提出几点建议：一是妥善经营已注册成功的地理标志产品，对新增的地理标志商标品牌加以扶持引导，可充分利用丰都县旅游产业等多方渠道进行推广和宣传；二是丰都县农产品类地理标志商标占丰都县地理标志商标总数的一半，应加大对地理标志公共品牌使用管理、文化价值挖掘、形象塑造与传播、商标维权等方面的重视；三是对有待挖掘的特色产品展开摸底调查，特别在非物质文化遗产方面，对本县非遗情况进行全面摸底调查，登记造册，制定《丰都县非遗地理标志情况普查报告》，有计划、有经费、有目的地开展地理标志发展工作，正确引导、培育、帮扶，对符合地理标志商标注册条件的进行专门指导；四是丰都县地理标志发展不均衡，发展好的遥遥领先，发展不佳的几乎未使用。建议丰都县建立地理标志使用激励机制，以适当的方式鼓励企业和农户使用地理标志，对于使用优秀的给予适当奖励。

（4）石柱县地理标志扫描

区域简介：石柱县位于重庆市东南部长江南岸，东边为湖北省利川市，南边为彭水苗族土家族自治县，西南靠着丰都县，西北连着忠县，北边紧邻万州区。县境南北长 98.30 千米，东西宽 56.20 千米，总面积 3012.51 平方千米。长江由西向东流经县境 22 千米。

自然环境：石柱县地处渝东是一片褶皱地带，属巫山大娄山中山区。境内呈起伏下降地势，东边比西边略高。石柱县顾名思义群山连绵，重峦叠嶂，峰坝交错，沟壑纵横。县境呈现出多级夷平

图 4-115　石柱土家族自治县区位图

面与侵蚀沟谷组合的山区地貌，地表形态以中低山为主夹带着丘陵和山原。"两山夹一槽"的地貌特征使西北方斗山背斜、东南老厂坪背斜，顺东北、南西近似平行的地理格局纵贯全境。

人文环境：石柱生态环境宜人，资源丰富，人文底蕴厚重，土家风情浓郁。拥有重庆市巴渝新十二景——黄水林海，网评重庆最美森林——黄水大风堡自然保护区，最美草地——千野草场，高原明珠——太阳湖、月亮湖，首批全国历史文化名镇、巴渝新十二景——西沱古镇，秦良玉历史文化，川东名刹银杏堂、三教寺，国家非物质文化遗产土家"啰儿调"和世界经典民歌《太阳出来喜洋洋》以及土家吊脚楼、哭嫁、盘歌、薅草锣鼓、土家摆手舞等自然、人文资源。

数据分析：截止到 2019 年 12 月，石柱土家族自治县地理标志总数 4 件，占全市 1.59%。

商标类别：截止到 2019 年 12 月 12 日，石柱县 4 件地理标志商标分别为：石柱黄连、石柱长毛兔、倒流水豆腐干、石柱金音石砚。地理标志所涉及的商标类别有：31 类、29 类、16 类、5 类共 4 个类别。

石柱县占全市地理标志总数的1.59%

■ 石柱县地理标志总数4件
■ 重庆市地理标志总数251件

图 4-116　石柱县地理标志数据分析

使用商品：黄连、长毛兔（活的）、豆腐干（豆腐制品）、砚（砚台）4 种。

表 4-62　石柱县地理标志商标注册情况一览表

商标类别	使用商品	商标名称	商标注册人	注册号	备注
5 类	黄连	石柱黄连	石柱土家族自治县黄水黄连专业经济协会	5257645	市级非遗

商标类别	使用商品	商标名称	商标注册人	注册号	备注
31 类	长毛兔（活的）	石柱长毛兔	石柱土家族自治县畜牧技术推广站	9511778	
29 类	豆腐干（豆腐制品）	倒流水豆腐干	石柱土家族自治县大歇镇倒流水豆腐干专业经济协会	10807321	市级非遗
16 类	砚（砚台）	石柱金音石砚	石柱土家族自治县大歇镇石柱金音石砚专业经济协会	18137074	

资源与挖掘：石柱土家族自治县辖 3 个街道、17 个镇、13 个乡。田野调查发现，石柱县有待挖掘的地理标志商标资源主要有：石柱莼菜、石柱辣椒、石柱咂酒、石柱天麻、石柱都巴粉、石柱腊蹄子、石柱鲊海椒炒腊肉、石柱洋芋饭、石柱阴米茶、石柱土家野生菌宴、石柱水晶粉丝、石柱谭氏竹筒酒、石柱土家花袜垫等。还有土家倒流水豆腐干传统手工制作技艺、石柱黄连传统生产技艺、石柱玩牛、石柱土家啰儿调、石柱土家断头锣鼓、石柱薅草锣鼓、石柱土戏、石柱土家竹铃球、石柱轿夫号子、石柱土家米米茶等民间非遗地理标志商标资源。调查显示，石柱县特色资源丰富，为地理标志商标注册保护提供了可挖掘的资源优势。

建议与对策：数据显示，近三年石柱县在地理标志商标注册保护方面有所进步，现针对石柱县地理标志发展情况提出几点建议：一是妥善经营已注册成功的地理标志产品，对新增的地理标志商标品牌加以扶持引导，可充分利用石柱县旅游产业等多方渠道进行推广和宣传；二是石柱县农产品类地理标志商标占石柱县地理标志商标总数的一半，应加大对地理标志公共品牌使用管理、文化价值挖掘、形象塑造与传播、商标维权等方面的重视；三是对有待挖掘的特色产品展开摸底调查，特别在非物质文化遗产方面，对本县非遗情况进行全面摸底调查，登记造册，制定《石柱县非遗地理标志情况普查报告》，有计划、有经费、有目的地开展地理标志发展工作，正确引导、培育、帮扶，对符合地理标志商标注册条件的进行专门指导；四是此项工作需石柱县行业协会主动牵头组织管理，县行业协会利用积极维护本行业利益的优势，有责任有担当地对市场深入了解，依靠自身的工作特点得到政府的支持和帮助，加强对本地的地理标志的申报和保护工作。

（5）彭水县地理标志扫描

区域简介：彭水苗族土家族自治县，地处乌江下游，位于重庆市东南部。地区水陆边界线总长414.90千米，土地面积3905.22平方千米。彭水县北边连石柱土家族自治县，东北连接湖北省鄂西土家族苗族自治州利川市、黔江区，东南边是酉阳土家族苗族自治县，南邻贵州省沿河土家族苗族自治县、务川仡佬族苗族自治县。西南与贵州省道真仡佬族苗族自治县相连，西连武隆区，西北与丰都县紧邻。

图4-117　彭水苗族土家族自治县区位图

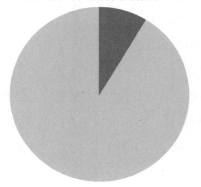

图4-118　彭水县地理标志数据分析

自然环境：彭水全境的地势在自然界长期的风化中构造成剥蚀的中、低山地形，西北地势高而东南低。这种复杂的地貌类型形成了"两山夹一槽"的主要特征。因地形地貌受北北东向构造的长年控制，大多数山脉呈北北东向延伸，分层的地理现象极为明显。坡麓、谷地、岩溶洼地及小型山间盆地相互相间，逆向与顺流的地貌并存。彭水峡谷奇险纵横、溶洞千姿百态、山川秀美怡人，森林覆盖率 54.2%，拥有摩围山、七曜山等生态屏障，是全市森林资源大县。彭水峡谷是由乌江和郁江两个生态水系组成，水质达到国家地表水环境质量标准，是重庆市唯一的"水利能源基地县"。拥有阿依河、摩围山、乌江画廊等融山、水、峰、洞于一身，雄、奇、险、秀于一体的生态旅游资源，被联合国环境基金会评为"绿色中国·杰出绿色生态城市"。

人文环境：彭水苗族土家族自治县是重庆乃至世界的苗乡，它是重庆唯一以苗族为主、全国苗族人口聚居最多的县。百折不挠的苗族人在漫长的历史演进中创造了属于自己的民俗文化，如苗族民歌《娇阿依》、戏剧《木蜡庄傩戏》、杂技《高台狮舞》等都是彭水优秀民族文化的代表；蚩尤九黎城是中国最大的苗族传统建筑群，它集中展示和传承苗族文化的厚重和丰富的内涵，重现当年的历史场景，成为向人们展示和传递苗族人生活的窗口和基地；一年一度的"中国乌江苗族踩花山节暨中国·彭水水上运动大赛"和渝东南生态民族旅游文化节，已成为传承弘扬苗族文化的重要节赛品牌；刺绣、编织、乌江石、擀酥饼、晶丝苕粉等民族资源特色鲜明，开发潜力巨大。

数据分析：截止到 2019 年 12 月，重庆市地理标志总数为 251 件，彭水苗族土家族自治县地理标志总数 23 件，占全县 9.16%。

商标类别：截止到 2019 年 12 月 12 日，彭水县 23 件地理标志商标分别为彭水魔芋、彭水苗家土鸡、彭水龟池大米、彭水五步蛇酒、彭水雷公盖白菜、彭水山地黄牛、彭水黑山羊、彭水七跃山蜂蜜、彭水油茶、彭水大脚菌、彭水苦荞、彭水生姜、彭水高粱、彭水马铃薯、彭水西瓜、彭水辣椒、彭水紫苏油、彭水小米花生、彭水雷公盖萝卜、靛水萝卜干、彭水晶丝苕粉、彭水黄豆、彭水猕猴桃。对照尼斯协定《商标注册用商品和服务国际分类》分析，其地理标志所涉及的商标类别有：31 类、30 类、29 类、5 类共 4 个类别。

使用商品：魔芋（植物）、白菜、黄牛、油茶（植物）、晶丝苕粉（粉丝（条））等 23 种。

表 4-63　彭水苗族土家族自治县地理标志商标注册情况一览表

商标类别	使用商品	商标名称	商标注册人	注册号	备注
31 类	魔芋（植物）	彭水魔芋	彭水苗族土家族自治县农业技术推广站	8639650	
31 类	活鸡	彭水苗家土鸡	彭水苗族土家族自治县畜牧技术推广站	9654977	
30 类	米（大米）	彭水龟池大米	彭水苗族土家族自治县双龙乡农业服务中心	11530636	
5 类	药酒	彭水五步蛇酒	彭水苗族土家族自治县鹿角镇农业服务中心	11473948	
31 类	白菜	彭水雷公盖白菜	彭水苗族土家族自治县汉葭街道农业服务中心	11473949	
31 类	黄牛	彭水山地黄牛	彭水苗族土家族自治县畜牧技术推广站	11473950	
31 类	山羊	彭水黑山羊	彭水苗族土家族自治县鹿角镇农业服务中心	11473951	
30 类	蜂蜜	彭水七跃山蜂蜜	彭水苗族土家族自治县太原乡农业服务中心	11987389	
31 类	油茶（植物）	彭水油茶	彭水苗族土家族自治县油茶管理协会	12405994	
29 类	大脚菌（干食用菌）	彭水大脚菌	彭水苗族土家族自治县农业开发经营管理协会	12405995	
31 类	苦荞（植物）	彭水苦荞	彭水苗族土家族自治县苦荞协会	12422861	
31 类	生姜（新鲜蔬菜）	彭水生姜	彭水苗族土家族自治县生姜管理协会	12422862	
31 类	高粱（谷类）	彭水高粱	彭水苗族土家族自治县农业开发经营管理协会	12422863	
31 类	马铃薯（新鲜土豆）	彭水马铃薯	彭水苗族土家族自治县马铃薯管理协会	12422864	
31 类	西瓜	彭水西瓜	彭水苗族土家族自治县西瓜协会	12422865	
31 类	辣椒（植物）	彭水辣椒	彭水苗族土家族自治县辣椒管理协会	12422866	

续表

商标类别	使用商品	商标名称	商标注册人	注册号	备注
29 类	紫苏油（食用油）	彭水紫苏油	彭水苗族土家族自治县紫苏协会	12422867	
31 类	小米花生（花生）	彭水小米花生	彭水苗族土家族自治县小米花生协会	12422868	
31 类	萝卜（新鲜蔬菜）	彭水雷公盖萝卜	彭水苗族土家族自治县雷公盖秋淡蔬菜种植协会	12422869	
29 类	萝卜干	靛水萝卜干	彭水苗族土家族自治县靛水街道农业服务中心	12405996	
30 类	晶丝苕粉（粉丝（条））	彭水晶丝苕粉	彭水苗族土家族自治县红薯专业技术协会	12405997	市级非遗
31 类	黄豆（未加工的）	彭水黄豆	彭水苗族土家族自治县黄豆管理协会	13777862	
31 类	新鲜水果（猕猴桃）	彭水猕猴桃	彭水苗族土家族自治县猕猴桃协会	16425225	

资源挖掘：彭水苗族土家族自治县辖 3 个街道、18 个镇、18 个乡。田野调查发现，彭水县有待挖掘的地理标志商标资源主要有：苗妹香香优质米、彭水荞面豆花、彭水苏麻、嘟卷子、心肺米粉等土特产品，还有竹板桥造纸术、鞍子苗歌、普子铁炮火龙、高台狮舞、郁山擀酥饼、郁山鸡豆花、诸佛盘歌、梅子糍粑、苗家天锅酿酒技艺、牛麻滕编制技艺、彭水棕编技艺、彭水米刻技艺、彭水蜡染与扎染、普子土陶烧制技艺、菜油传统榨制技艺、彭水桐油榨制技艺、乌江石鉴赏习俗、彭水吹打玩牛、保家镇昌红正骨术、长尧号子、梅子佛山唢呐、土家三道席等传统技艺、传统美术、传统医药、传统音乐、民俗饮食等，调查显示，彭水县特色资源丰富，为地理标志商标注册保护提供了可挖掘的资源优势。

建议与对策：数据显示，近三年彭水县在地理标志商标注册保护方面有所进步，现针对彭水县地理标志发展情况提出几点建议：一是妥善经营已注册成功的地理标志产品，对新增的地理标志商标品牌加以扶持引导，可充分利用彭水县旅游产业等多方渠道进行推广和宣传；二是彭水县农产

269

品类地理标志商标占彭水县地理标志商标总数的一半，应加大对地理标志公共品牌使用管理、文化价值挖掘、形象塑造与传播、商标维权等方面的重视；三是对有待挖掘的特色产品展开摸底调查，特别在非物质文化遗产方面，对本县非遗情况进行全面摸底调查，登记造册，制定《彭水县非遗地理标志情况普查报告》，有计划、有经费、有目的地开展地理标志发展工作，正确引导、培育、帮扶，对符合地理标志商标注册条件的进行专门指导；四是规范彭水县地理标志使用，保证地理标志产品的特色和质量。对类似产品的生产和进入市场进行管理，保证地理标志产品有严格的生产标准。

（6）秀山县地理标志扫描

区域简介：秀山县位于四川盆地东南缘的外侧，武陵山脉中段，为川东南重要门户。东和东北与湖南省花垣、龙山、保靖县毗邻，南和东南、西南与贵州省松桃苗族自治县相连，北和西北与省内酉阳土家族苗族自治县相接。东北角距湖北省来凤县境仅20余千米，是重庆市最边远的县之一。全县面积2462平方千米。

自然环境：秀山县境中部是武陵山区最大的平坝，境内平坝、丘陵、山地各占三分之一，素有湘黔锁钥、武陵明珠和小成都美誉。秀山县的气候温和，土地肥沃，盛产优质粮油、油茶、猕猴桃。山上蕴藏着极具开发价值的黄花、玄参、白术、金银花、杜仲等中药材，中草药资源丰富，有1270余种，其中道地中药材资源644种，是中药材种植大县。除此之外，秀山县还是全国粮食生产基

图4-119　秀山土家族苗族自治县区位图

地县。矿产资源富集，已探明可开采的矿产资源有锰、硅、矾等20余种，其中汞矿储量1万吨（属全国特大型矿床），锰矿储量1亿吨以上。

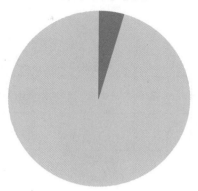

秀山县占全市地理标志总数的3.98%

■ 秀山县地理标志总数10件
■ 重庆市地理标志总数251件

图 4-120　秀山县地理标志数据分析

人文环境：秀山土家族苗族自治县旅游资源丰富，有边城洪安、川河盖草场、凤凰山、百年西街、大溪酉水国家湿地公园等一批极具开发潜力的人文自然旅游资源。秀山少数民族很多，位置也较偏远，所以造就了民风民俗独特和淳朴。境内梅江民族小学是重庆市唯一保留苗、汉双语教学的学校。秀山有自制花灯的历史，形态各异的花灯体现着人们对美好生活的憧憬。花灯歌曲《黄杨扁担》《一把菜籽》等剧名扬海内外。秀山人喜爱书法从唐朝就有记载，千载的书法文化成就了当地深厚的文化氛围，故秀山为中国花灯歌舞之乡、中国书法之乡和中国楹联文化县、全国文化先进县、全国体育先进县。现如今有"秀山花灯"和"秀山民歌"同时被列入国家非物质文化遗产。1934年贺龙元帅在此开辟革命根据地，境内洪安是刘邓大军解放大西南的第一站，秀山地区是著名的红色革命老区。

数据分析：截止到2019年12月，秀山土家族苗族自治县地理标志总数10件，占全市3.98%。

商标类别：截止到2019年12月12日，秀山县10件地理标志商标分别为秀山金银花、秀山土鸡、秀山白术、秀山黄花、秀山豆腐乳、秀山大头菜、秀山猕猴桃、秀山毛尖。地理标志所涉及的商标类别有：31类、30类、29类、5类共4个类别。

使用商品：金银花、鸡、白术（中药材）、鲜黄花（新鲜蔬菜）、猕猴桃、茶等10种。

表 4-64　秀山土家族苗族自治县地理标志商标注册情况一览表

商标类别	使用商品	商标名称	商标注册人	注册号	备注
5 类	金银花	秀山金银花	秀山县金银花专业经济协会	7482051	
29 类	鸡（非活的）	秀山土鸡	秀山土家族苗族自治县家禽养殖专业经济协会	8422039	
31 类	活鸡	秀山土鸡	秀山土家族苗族自治县家禽养殖专业经济协会	8422040	
5 类	白术（中药材）	秀山白术	秀山土家族苗族自治县农业技术服务中心	9927320	
31 类	鲜黄花（新鲜蔬菜）	秀山黄花	秀山土家族苗族自治县农业技术服务中心	11477896	
29 类	干黄花（黄花菜）	秀山黄花	秀山土家族苗族自治县农业技术服务中心	11477897	
29 类	豆腐乳（腐乳）	秀山豆腐乳	秀山土家族苗族自治县农业技术服务中心	11477898	市级非遗
29 类	大头菜（腌制蔬菜）	秀山大头菜	秀山土家族苗族自治县农业技术服务中心	14420723	
31 类	猕猴桃	秀山猕猴桃	秀山土家族苗族自治县农业技术服务中心	14420722	
30 类	茶、茶叶、绿茶	秀山毛尖	秀山土家族苗族自治县茶叶协会	25833693	市级非遗

资源挖掘：秀山土家族苗族自治县辖 27 个乡镇、街道。田野调查发现，秀山县有待挖掘的地理标志商标资源主要有秀山苗家菜豆腐、秀山斑鸠豆腐、秀山米豆腐、秀油、苗家老腊肉、秀山油茶、秀山绿豆粉、秀山豆腐鱼等土特产品，还有龙凤花烛、秀山竹编制作技艺、辛家老店豆腐乳传统制作技艺、洪安腌菜鱼传统制作技艺、秀山毛尖栽培与制作技艺、龙灯彩扎工艺、秀山金珠苗绣、秀山米豆腐食俗、秀山赦饭制作与分享习俗等传统技艺、传统美术、传统医药、传统音乐、民俗饮食等，调查显示，秀山土家族苗族自治县特色资源丰富，为地理标志商标注册保护提供了可挖掘的资源优势。

建议与对策：数据显示，近三年秀山县在地理标志商标注册保护方面有所进步，现针对秀山县地理标志发展情况提出几点建议：一是妥善经营已注册成功的地理标志产品，对新增的地理标志商标品牌加以扶持引导，可充分利用秀山县旅游产业等多方渠道进行推广和宣传；二是秀山县农产品类地理标志商标占秀山县地理标志商标总数的一半，应加大对地理标志公共品牌使用管理、文化价值挖掘、形象塑造与传播、商标维权等方面的重视；三是对有待挖掘的特色产品展开摸底调查，特别在非物质文化遗产方面，对本县非遗情况进行全面摸底调查，登记造册，制定《秀山县非遗地理标志情况普查报告》，有计划、有经费、有目的地开展地理标志发展工作，正确引导、培育、帮扶，对符合地理标志商标注册条件的进行专门指导；四是政府应加大资金和技术上对地理标志的使用政策支持，协会应该多为农户发声，而不是做政府的代言人。

（7）酉阳县地理标志扫描

区域简介：酉阳县面积 5173 平方千米，是重庆市面积最大的区县。酉阳土家族苗族自治县位于渝鄂湘黔四省市结合部，东邻湖南省龙山县，南与秀山县、贵州省松桃、印江县相接，西与贵州沿河县隔江（乌江）相望，西北与彭水县，正北与黔江区、湖北省咸丰、来凤县相连。

自然环境：酉阳自治县全县地形起伏较大，地貌分为中山区，属武陵山区。该县的地势是中部高、东西两侧略低。全县以毛坝盖山脉为分水岭，形成两大水系；东部的西水河、龙潭河为沅江水系；西部的小河、阿蓬江等为乌江水系。北部老灰阡梁子为全县的最高点，西部董家寨为最低点。全县地貌起伏较大，地貌分为中山区、低山区、槽谷和平坝区。酉阳属亚热带湿润季风气候区，是全国首个"中国气候

图 4-121　酉阳土家族苗族自治县区位图

酉阳县占全市地理标志总数的3.98%

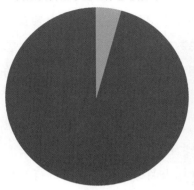

■ 酉阳县地理标志总数10件
■ 重庆市地理标志总数251件

图 4-122　酉阳县地理标志数据分析

旅游县"。

人文环境：酉阳自治县传统文化较多，遗留下来的国家非遗项目就有三项，市级非遗项目为 25 项，县级非遗项目 198 项，国家级、市级"非遗"传承人共 46 人。政府对此地的非遗文化非常重视，成立了里都文化传播有限责任公司、酉阳子月苗族文化传播有限责任公司两个市级非遗生产性保护基地。在酉阳自治县建有中国历史文化名镇 1 个，重庆市历史文化名镇 2 个，重庆市历史文化名村 7 个。除此之外，中国民间文化艺术之乡（摆手舞）2014—2016 年就在酉阳自治县举办，酉阳是中国土家族摆手舞之乡，也是武陵山区（渝东南）土家族苗族文化生态保护区核心区。

数据分析：截止到 2019 年 12 月，酉阳土家族苗族自治县地理标志总数 10 件，占全市 3.98%。

商标类别：截止到 2019 年 12 月 12 日，酉阳县 10 件地理标志商标分别为酉阳青蒿、西州乌羊、麻旺鸭、酉阳贡米、酉阳茶油、酉阳蜂蜜、酉阳大白菜、酉阳白术、酉阳苦荞。地理标志所涉及的商标类别有：31 类、30 类、29 类、5 类共 4 个类别。

使用商品：青蒿（医用药草）、乌羊、苦荞、茶油、活鸭等 10 种。

表 4-65　酉阳县地理标志商标注册情况一览表

商标类别	使用商品	商标名称	商标注册人	注册号
5 类	青蒿（医用药草）	酉阳青蒿	酉阳青蒿管理办公室	5455692
31 类	乌羊（活动物）	西州乌羊	酉阳土家族苗族自治县畜牧技术推广站	9758016

续表

商标类别	使用商品	商标名称	商标注册人	注册号
29 类	乌羊（非活）	酉州乌羊	酉阳土家族苗族自治县 畜牧技术推广站	11041331
31 类	活鸭	麻旺鸭	酉阳土家族苗族自治县 畜牧技术推广站	9758015
30 类	米	酉阳贡米	酉阳土家族苗族自治县 花田乡农业服务中心	11237935
29 类	茶油	酉阳茶油	酉阳土家族苗族自治县 可大乡农业服务中心	13571873
30 类	蜂蜜	酉阳蜂蜜	酉阳土家族苗族自治县 两罾乡农业服务中心	16425224
31 类	大白菜（新鲜蔬菜）	酉阳大白菜	酉阳土家族苗族自治县 毛坝乡农业服务中心	17981499
5 类	白术	酉阳白术	酉阳土家族苗族自治县 腴地乡中药材种植专业技术协会	19291290
31 类	苦荞	酉阳苦荞	重庆市酉阳县 后坪苦荞专业技术协会	19290804

资源挖掘：酉阳土家族苗族自治县下辖 19 个镇、18 个乡、278 个行政村（含 8 个社区）。田野调查发现，酉阳县有待挖掘的地理标志商标资源主要有酉阳葛根酥、酉阳油茶汤、酉阳山茶油、酉阳八年老柴葛、酉阳苦荞茶、酉阳薏米、酉阳双池宜居茶、酉阳藤茶、酉阳阳雀菌、酉阳土家白酒、酉阳麻辣牛肉片、酉阳杜仲茶、酉阳黑蜂等。还有酉阳西兰卡普传统制作技艺、酉阳宜居乡传统制茶技艺、酉阳传统造纸技艺、酉阳龙潭鸭子龙彩扎技艺、酉阳柚子龟传统制作技艺、酉阳龚滩镇绿豆粉传统制作技艺、酉阳白酒传统酿造技艺、酉阳土家油茶汤传统制作技艺、酉阳麻旺醋传统酿造技艺、酉阳藤茶传统制作技艺、酉阳浪坪传统织绸技艺、酉州苗绣、雷氏蛇药等民间非遗地理标志商标资源。调查显示，酉阳土家族苗族自治县特色资源丰富，为地理标志商标注册保护提供了可挖掘的资源优势。

建议与对策：数据显示，近三年酉阳县在地理标志商标注册保护方面有所进步，现针对酉阳县地理标志发展情况提出几点建议：一是妥善经营已注册成功的地理标志产品，对新增的地理标志商标品牌加以扶持引导，可充分利用酉阳县旅游产业等多方渠道进行推广和宣传；二是酉阳县农产品类地理标志商标占酉阳县地理标志商标总数的一半，应加大对地理标志公共品牌使用管理、文化价值挖掘、形象塑造与传播、商标维权等方面的重视；三是对有待挖掘的特色产品展开摸底调查，特别是在非物质文化遗产方面，对本县非遗情况进行全面摸底调查，登记造册，制定《酉阳县非遗地理标志情况普查报告》，有计划、有经费、有目的地开展地理标志发展工作，正确引导、培育、帮扶，对符合地理标志商标注册条件的进行专门指导；四是部分地理标志因为产业特殊，销售渠道固定，认为地理标志作用不大，所以在注册成功后并没有使用。政府应多推广地理标志使用办法，对特殊产业给予硬件和技术上的支持。

4. 重庆武陵　非遗地理标志

巴渝大地，物华天宝，非物质文化遗产和地理标志资源极为丰富。截至 2019 年 12 月，重庆市获国家级、省级非物质文化遗产代表性项目 756 项，其中获国家级项目 44 项，获省级项目 712 项。

注册现状：截至 2019 年 12 月，重庆市已获地理标志商标总数为 251 件，其中非遗类地理标志商标仅有 27 件，分别为国家级非遗类地理标志 5 件：传统美术（梁平木版年画 16 类）、传统技艺（荣昌夏布 24 类、荣昌陶器 21 类、永川豆豉 30 类、涪陵榨菜 29 类）；市级非遗类地理标志 22 件：传统医药（南川天麻 5 类、石柱黄连 5 类、垫江牡丹 31 类），传统技艺（梁平竹帘 20 类、合川桃片 30 类、合川峡砚 16 类、永川豆豉 30 类、城口老腊肉 29 类、大足冬菜 29 类、松溉盐白菜 29 类、忠州豆腐乳 29 类、长寿血豆腐 29 类、开县冰薄月饼 30 类、合川肉片 29 类、开县龙珠茶 30

类、白马蜂蜜 30 类、倒流水豆腐干 29 类、中秀山豆腐乳 29 类、中永川秀芽 30 类、江津花椒 30 类），传统美术（铜梁龙灯 28 类、大足石雕 19 类）。

非遗项目：《中华人民共和国非物质文化遗产法》将非物质文化遗产项目分为"民间文学，传统音乐，传统舞蹈，传统戏剧、曲艺，传统体育、游艺与染技，传统美术，传统技艺，传统医药，民俗"十大门类，其中"传统美术，传统技艺，传统医药"三个大类与非遗类地理标志有关，以下表格仅列举重庆武陵国家级、省级非遗项目。

表 4-66　重庆市武陵国家级非物质遗产代表性名录及传承人情况

类别	名称	申报地区或单位	传承人
传统技艺	土家族吊脚楼营造技艺	重庆市石柱土家族自治县	刘成柏

表 4-67　重庆武陵省级非物质文化遗产代表性名录及传承人

类别	名称	申报地区或单位
传统美术	秀山金珠苗绣	秀山县
传统美术	彭水苗绣	彭水苗族土家族自治县
传统美术	巴渝棕编（白土棕编、青吉棕编、老黑山传统棕编）	黔江区、武隆区、万盛经开区
传统美术	朱氏麦秆画	丰都县
传统美术	马氏根艺	石柱土家族自治县
传统美术	西州苗绣	酉阳土家族苗族自治县
传统技艺	朗溪竹板桥造纸	彭水苗族土家族自治县
传统技艺	龙凤花烛	秀山土家族苗族自治县
传统技艺	朗溪竹板桥造纸	彭水苗族土家族自治县
传统技艺	纸竹工艺	武隆区
传统技艺	重庆吊脚楼营造技艺	渝中区　石柱土家族自治县
传统技艺	郁山鸡豆花制作技艺	彭水苗族土家族自治县
传统技艺	郁山擀酥饼制作技艺	彭水苗族土家族自治县

类别	名称	申报地区或单位
传统技艺	秀山竹编制作技艺	秀山土家族苗族自治县
传统技艺	濯水绿豆粉制作技艺	黔江区
传统技艺	黔江珍珠兰茶罐窨手工制作技艺	黔江区
传统技艺	黔江斑鸠蛋树叶绿豆腐制作技艺	黔江区
传统技艺	仙家豆腐乳传统制作技艺	丰都县
传统技艺	包鸾竹席传统制作技艺	丰都县
传统技艺	羊角豆腐干传统制作技艺	武隆区
传统技艺	石柱黄连传统生产技艺	石柱土家族自治县
传统技艺	酉阳西兰卡普传统制作技艺	酉阳土家族苗族自治县
传统技艺	宜居乡传统制茶技艺	酉阳土家族苗族自治县
传统技艺	彭水青瓦烧制技艺	彭水苗族土家族自治县
传统技艺	彭水灰豆腐制作技艺	彭水苗族土家族自治县
传统技艺	彭水普子火药制作技艺	彭水苗族土家族自治县
传统技艺	西兰卡普（土家织锦）制作技艺	黔江区
传统技艺	麻辣鸡块传统技艺	丰都县
传统技艺	后坪木器制作工艺	武隆区
传统技艺	羊角老醋传统制作技艺	武隆区
传统技艺	濯水石鸡砣土陶制作技艺	黔江区
传统技艺	鲊（渣）海椒传统制作技艺	黔江区
传统技艺	黔江鸡杂传统制作技艺	黔江区
传统技艺	黔江牛肉脯传统制作技艺	黔江区
传统技艺	火炉药膳羊肉传统制作技艺	黔江区
传统技艺	白马天然蜂蜜传统酿制技艺	黔江区
传统技艺	土家倒流水豆腐干传统手工制作技艺	石柱土家族自治县
传统技艺	辛家老店豆腐乳传统制作技艺	秀山土家族苗族自治县
传统技艺	洪安腌菜鱼传统制作技艺	秀山土家族苗族自治县
传统技艺	酉阳传统造纸技艺	酉阳土家族苗族自治县
传统技艺	龙潭鸭子龙彩扎技艺	酉阳土家族苗族自治县
传统技艺	柚子龟传统制作技艺	酉阳土家族苗族自治县

类别	名称	申报地区或单位
传统技艺	龚滩镇绿豆粉传统制作技艺	酉阳土家族苗族自治县
传统技艺	酉阳白酒传统酿造技艺	酉阳土家族苗族自治县
传统技艺	土家油茶汤传统制作技艺	酉阳土家族苗族自治县
传统技艺	麻旺醋传统酿造技艺	酉阳土家族苗族自治县
传统技艺	藤茶传统制作技艺	酉阳土家族苗族自治县
传统技艺	苗族银饰锻制技艺	彭水苗族土家族自治县
传统技艺	郁山泼炉印灶制盐技艺	彭水苗族土家族自治县
传统技艺	彭水米花传统制作技艺	彭水苗族土家族自治县
传统技艺	土法制香	黔江区
传统技艺	王氏灶台建造技艺	黔江区
传统技艺	白土唢呐制作工艺	黔江区
传统技艺	巴渝皮鼓传统制作技艺 （黔江王氏牛皮鼓制作技艺、 云阳皮鼓制作传统手工技艺）	黔江区、云阳县
传统技艺	竹编（黔江传统竹编、 江津四面山传统烘笼竹编、梁平竹编）	黔江区、江津区、梁平区
传统技艺	官村麻糖制作技艺	黔江区
传统技艺	陆氏中药酒曲传统制作技艺	黔江区
传统技艺	巴渝羊肉传统制作技艺（涪陵同乐羊肉制作技艺、铜梁赵木二羊肉制作技艺、武隆碗碗羊肉制作技艺、石柱临溪刘记羊肉制作技艺）	涪陵区、铜梁区、武隆区、石柱土家族自治县
传统技艺	重庆藤编 （巷口藤编、外郎藤编传统手工技艺）	武隆区、云阳县
传统技艺	土坎苕粉传统制作技艺	武隆区
传统技艺	茶元白酒传统酿造技艺	丰都县
传统技艺	青龙茶传统制作技艺	丰都县
传统技艺	马武白酒传统酿造技艺	石柱土家族自治县
传统技艺	秀山毛尖栽培与制作技艺	秀山土家族苗族自治县
传统技艺	浪坪传统织绸技艺	酉阳土家族苗族自治县
传统技艺	传统铁器锻打技艺	彭水苗族土家族自治县

类别	名称	申报地区或单位
传统技艺	鞍子酥食制作技艺	彭水苗族土家族自治县
传统技艺	龙塘麻糖制作技艺	彭水苗族土家族自治县
传统技艺	郁山晶丝苕粉制作技艺	彭水苗族土家族自治县
传统技艺	郁山三香制作技艺	彭水苗族土家族自治县
传统技艺	苗家天锅传统酿酒技艺	彭水苗族土家族自治县
传统技艺	浩口仡佬族蜡染传统制作技艺	武隆区
传统技艺	武隆白酒传统酿造技艺（赵家花酒传统酿造技艺、武隆洞藏酒传统酿造技艺）	武隆区
传统技艺	武隆老鹰茶传统制作技艺	武隆区
传统技艺	涪翁烧白传统制作技艺	彭水苗族土家族自治县
传统技艺	龙灯彩扎工艺	秀山土家族苗族自治县
传统技艺	包鸾竹席传统制作技艺	丰都县
传统技艺	羊角豆腐干传统制作技艺	武隆区
传统技艺	石柱黄连传统生产技艺	石柱土家族自治县
传统医药	刘氏"捏膈食筋"疗法	黔江区
传统医药	曾氏"正骨术"	黔江区
传统医药	诸佛冯氏蜂毒疗法	彭水苗族土家族自治县
传统医药	鹿角镇民间蛇伤疗法	彭水苗族土家族自治县
传统医药	古方精骨术	石柱土家族自治县
传统医药	雷氏蛇药	酉阳土家族苗族自治县
传统医药	向氏针罐压穴灸	石柱土家族自治县

重庆武陵国家级、省级非遗项目一览表显示，目前，重庆武陵国家级省级非遗类地理标志所涉及非遗项目门类为"传统技艺"，其中国家级0件，重庆市级5件（石柱黄连、倒流水豆腐干、秀山豆腐乳、秀山毛尖、彭水晶丝苕粉），涉及商标注册类别有5类药材、29类豆制品、30类茶叶，详见重庆武陵省级非遗项目一览表：

表 4-68　重庆武陵省级非遗项目一览表

商标类别	级别	类别	名称	申报地区或单位
5 类	省级	传统医药	石柱黄连	石柱土家族自治县黄水黄连专业经济协会
29 类	省级	传统技艺	倒流水豆腐干	石柱土家族自治县大歇镇"倒流水"豆腐干专业经济协会
29 类	省级	传统技艺	秀山豆腐乳	秀山土家族苗族自治县农业技术服务中心
30 类	省级	传统技艺	秀山毛尖	秀山茶叶协会
30 类	省级	传统技艺	彭水晶丝苕粉	彭水苗族土家族自治县红薯专业技术协会

趋势预测：综上所述，截止到 2019 年 12 月，重庆市地理标志商标总数为 251 件，重庆武陵非遗地理标志 5 件，占重庆市地理标志总数的 1.9%。重庆武陵地理标志统计数据为 69 件，其中非遗地理标志 5 件，占该地区地理标志总数的 7.2%。重庆武陵国家级、省级非遗项目合计 92 项，其中国家级（传统技艺 1 项），获市级项目（传统技艺 78 项、传统医药 7 项、传统美术 6 项）。其中非遗地理标志 5 件，占重庆非遗项目总数的 5.4%。重庆市国家级、省级非遗项目总数为 756 项，其中重庆武陵国家级、省级非遗项目合计 92 项，占全省非遗总数的 12.1%，重庆武陵非遗地理标志 5 件，占全省非遗总数的 0.7%。

数据显示，重庆武陵地（州）级、县（市）级非遗项目 423 项，有 5 项升为省级，占重庆武陵非遗项目总数的 1.18%；其余 418 项中非遗类地理标志为 0。不难发现，重庆武陵非遗地理标志仍主要集中在省级非遗中。

调研中发现，重庆武陵地县级对非遗项目生产性转换以及开发利用等意识淡漠，感觉看不到希望，很难形成产业链。以上这些问题是制约重庆武陵非遗地理标志发展的主要因素。同时，也表明重庆武陵在非遗类地理标志商标发展方面资源存量巨大。特别在传统美术、传统技艺这两个门类，以及传统音乐、传统医药等衍生门类及商标注册类别的扩展等发展空间很大。

综上分析，随着人们对地理标志和非物质文化遗产挖掘、保护和利用等意识的不断提高，重庆武陵非遗类地理标志商标发展前景巨大。

第五章　武陵生态农业地理标志文化

本章以"生态武陵"为主题，分别以武陵各县市最具代表性的地理标志文化为研究对象，以点带面展开文献梳理，从寻根究源、讲好故事、精品荟萃三个层面，旨在揭示地理标志文化中所蕴藏的丰富多彩的历史文脉、文化记忆。了解和把握地理标志文化价值挖掘的相关知识、研究路径和研究方法，是成功获得地理标志商标确权法律依据的重要途径，为武陵民族地区有效开展地理标志商标保护、品牌形象塑造及跨文化传播与交流提供理论参照。

一、生态武陵　茶叶文化

茶叶是武陵民族地区最独特的生态农业资源，是区域农业经济发展的支柱性产业。对湘鄂黔渝三省一市生态武陵茶叶文化的发现、挖掘与探索，对该地区生态发展具有重要的理论意义和实用价值。

1.武陵鄂茶：玉绿甘鲜

武陵鄂茶商标注册：截止到 2019 年 12 月，湖北武陵 11 个县（市）已核准注册的茶叶地理标志商标总数为 14 件，其中恩施土家族苗族自治州 8 件（恩施富硒茶、恩施玉露、恩施硒茶、利川工夫红茶、伍家台贡茶、鹤峰绿茶、马坡茶、巴东郡贡茶）；宜昌市三个自治县 4 件(五峰绿茶、五峰红茶、五峰毛尖、香水村野茶)。

表5-1 鄂茶地理标志商标注册一览表

商标类别	使用商品	商标名称	商标注册人	注册号	非遗
30 类	茶叶	恩施富硒茶	恩施市茶业协会	4150055	
30 类	茶叶	恩施硒茶		17754772	
30 类	茶叶	恩施玉露	恩施玉露茶产业协会	6761802	国家级
30 类	茶	利川工夫红茶	利川市茶产业协会	16745054	
30 类	藤茶	来凤藤茶	来凤县优质农产品产销协会	25031830	
30 类	茶	巴东郡贡茶	巴东县经济作物技术推广站	26323461	
30 类	茶叶	伍家台贡茶	宣恩贡茶产业协会	7892386	省级
30 类	茶	马坡茶	建始县三里乡农业技术服务中心	14577026	
30 类	茶	鹤峰绿茶	鹤峰县茶叶产业协会	9588598	
30 类	茶叶	五峰绿茶	五峰土家族自治县茶叶专业经济协会	9901302	
30 类	茶	五峰红茶		17790712	
30 类	茶	五峰红茶		17790713	
30 类	茶	五峰毛尖		17790714	省级
30 类	茶	五峰毛尖		17790715	
30 类	茶	香水村野茶	五峰香水茶叶专业技术协会	21456038	

武陵鄂茶非遗项目:截止到2018年6月,湖北武陵11个县(市)有非物质文化遗产名录代表性项目,制茶技艺(传统技艺类)4件,其中:恩施土家族苗族自治州3件,恩施玉露(国家级、省级)、伍家台贡茶(省级);宜昌市三个自治县1件,五峰毛尖(省级)。

表5-2 鄂茶非物质文化遗产项目一览表

类别	名称	申报地区或单位	传承人	备注
传统技艺	绿茶制作技艺(恩施玉露制作技艺)	恩施土家族苗族自治州	杨胜伟	国家级
传统技艺	五峰采花毛尖茶制作技艺	五峰土家族自治县		省级
传统技艺	绿茶制作技艺(恩施玉露制作技艺)	恩施土家族苗族自治州		省级
传统技艺	绿茶制作技艺(伍家台贡茶制作技艺)	宣恩县		省级

武陵鄂茶文脉挖掘:

(1) 恩施玉露探源:据文献记载,湖北武陵"恩施玉露"茶距今已有350多年的历史,在唐代有"施南方茶"之称。陆羽《茶经》中记载有用唐代蒸汽的方法来制作绿茶,这种方法日本至今仍在使用,玉露茶的制作方法与恩施玉露大同小异,品质各有特色。到清代称为恩施玉绿,至1936年,湖北省民生公司在"玉绿"原有的基础上研制出绿茶,甘鲜味长,毫白与玉极为相似,故改名为"恩施玉露"。

(2) 讲好恩施玉露故事:"恩施玉露"得名的来历,在民间还流传有生动的故事。传说在清代康熙年间,恩施芭蕉黄连溪有一位姓蓝的茶商,店里入不敷出的经营状况使他的茶业行业濒临倒闭。他的两个女儿见状便心生一计,两人到山上只采摘叶色浓绿、色泽鲜亮的一芽一叶或一芽二叶的茶,这种叶子有几个特征就是细嫩、匀齐。两人上山采了半个月才得两斤,回家后,两人先将茶叶蒸汽杀青,再用扇子扇凉,然后再烘干,烘干之后姐姐负责揉捻,妹妹负责第二次烘干,烘焙至用手捻茶叶能成粉末,梗能折断的程度。最后拣除碎片、黄片、粗条、老梗及其他夹杂物,然后用牛皮纸包好,置于块状石灰缸中封藏。经过八天八夜制成的茶叶父亲喝后赞不绝口。因两女儿一个叫蓝玉、一个叫蓝露,茶商就用恩施玉露命名,一传十,十传百,许多慕名而来的茶客到恩施来品此茶,从此销路极好,恩施玉露名扬天下。

(3) 精品荟萃,多姿多彩:武陵鄂茶文化中还有恩施富硒茶、恩施硒茶、利川红、利川工夫红茶、伍家台贡茶、鹤峰绿茶、马坡茶、巴东郡贡茶、五峰绿茶、五峰红茶、五峰毛尖、香水村野茶等历史文脉源远流长、精彩纷呈、脍炙人口的活态案例。

2. 武陵湘茶:乌黑油润

武陵湘茶商标注册:截止到2019年12月,湖南省武陵民族地区37

个县（市）已核准注册的"茶叶"地理标志商标总数为17件，其中，益阳市6件（安化茶、安化黑茶、安化千两茶、安化红、安化红茶、桃江绿茶）；常德市2件（石门银峰、桃源大叶茶）；湘西土家族苗族自治州5件（古丈毛尖、古丈绿茶、古丈红、保靖黄金茶、湘西黄金茶）；怀化市1件（碣滩茶）；邵阳市1件（武冈青钱柳）；娄底市2件（新化红茶、枫木贡茶）。

表5-3　湘茶地理标志商标注册一览表

商标类别	使用商品	商标名称	商标注册人	注册号	非遗
30 类	绿茶	安化茶	安化县茶业协会	4378207	
30 类	茶	安化黑茶	安化县茶业协会	6006528	国家级
30 类	茶	安化千两茶	安化县茶业协会	6006529	国家级
30 类	茶	安化红	安化县茶业协会	8947176	
30 类	茶	安化红茶	安化县茶业协会	8947177	
30 类	茶	桃江绿茶	湖南省桃江县茶业协会	14982173	
30 类	茶	石门银峰	石门县茶叶产业协会	4717767	
30 类	茶叶	桃源大叶茶	桃源县茶叶产业协会	6230496	
30 类	茶叶	古丈毛尖	古丈茶业发展研究中心	1607997	省级
30 类	茶、绿茶	古丈绿茶	古丈茶业发展研究中心	22030430	
30 类	红茶	古丈红	古丈茶业发展研究中心	22030429	
30 类	茶	保靖黄金茶	保靖县茶叶产业开发办公室	8532976	
30 类	茶	湘西黄金茶	吉首市经果技术推广站	15887938	
30 类	茶	碣滩茶	沅陵县茶叶协会	12836821	
30 类	青钱柳子（茶叶）	武冈青钱柳	武冈市特色产业开发办公室	27346842	
30 类	茶	新化红茶	新化县茶叶产业协会	25468550	
30 类	茶、绿茶	枫木贡茶	涟源市枫木贡茶行业协会	21538474	

武陵湘茶非遗项目：截止到2018年6月，湖南省武陵民族地区37个县（市）有非物质文化遗产名录的代表性项目，制药技艺（传统技艺类）4件，其中国家级2件（安化千两茶、安化黑茶）、湖南省级2件（古丈毛尖、邵阳茶油）。

表 5-4　湖南武陵湘茶非遗技艺一览表

类别	名称	申报地区或单位	传承人	备注
传统技艺	黑茶制作技艺 （千两茶制作技艺、茯砖茶制作技艺）	湖南省安化县、益阳市		国家级
传统技艺	黑茶制作技艺（千两茶制作技艺）	安化县	刘新安	省级
传统技艺	黑茶制作技艺 （安化天尖茶制作技艺）	安化县	肖益平	省级

武陵湘茶文脉挖掘：

（1）安化黑茶探源：安化黑茶是中国古代名茶之一，因其主要销往西北少数民族地区，故又被称为"边茶"。有专家认为："长沙马王堆汉墓出土的茶叶就出自安化"，说明安化产茶历史超过了 2300 年。清代诗人陶澍《咏安化茶》云："斯由地气殊，匪藉人工巧。"安化黑茶茶色乌黑油润、富有光泽、味道醇厚，有类似松烟的香气。安化黑茶"以茶治病"的历史悠久，其富含茶黄素和茶红素，被医学界认为可以调节体内糖代谢，提高免疫力。李时珍《本草纲目》载：楚之茶，"湖南之白露、长沙之铁色"，其中的"长沙铁色"指的就是安化黑茶。茶圣陆羽在《茶经》中将茶分为三类"上者生烂石，中者生砾壤，下者生黄土"，而安化地处武陵山余脉和雪峰山余脉交汇处，有大量富含硒元素的冰渍岩沉淀，正是陆羽所提及的"烂石"。悠久的茶文化使安化黑茶受到了国家的高度关注，2008 年国家将安化千两茶和茯砖茶的制作技艺作为第二批非物质文化遗产列入了保护名录；次年，安化黑茶成为国家地理标志保护产品；2011 年，安化黑茶被国家工商总局认定为中国驰名商标。2013 年，安化县实现茶产业综合产值近 60 亿元，茶产业税收过亿元，成为湖南首批茶产业税收"亿元县"，连续五年跻身全国重点产茶县十强，黑茶产量居全国第一。

（2）讲好安化黑茶故事：安化黑茶的由来也颇具传奇色彩。相传在著名的丝绸之路上，有一天专门负责运送茶叶的马帮突然遇雨。茶商心痛不已，又不甘心将茶叶全部丢弃。恰巧此时，途经一个痢疾病泛滥的村子，村里很多百姓都病倒了。村民们没吃没喝。看到此番情景，茶商想到自己的车上有许多发霉了的茶叶。反正也不值钱了，就送给这些可怜的百姓吧。结果奇迹发生，村子里的人们在服下了茶商给的茶叶以后，痢疾全好了。因为当时看到的茶叶是黑色的，人们便将此茶命名为"安化黑茶"。之后此茶声名大振，不仅在这个村子里被视为神茶，在整个丝绸之路一带也是知名度大增。

（3）精品荟萃，多姿多彩：武陵湘茶文化中还有安化红茶、桃江绿茶、石门银峰、桃源大叶茶、古丈毛尖、古丈绿茶、古丈红、保靖黄金茶、湘西黄金茶、碣滩茶、武冈青钱柳、新化红茶、枫木贡茶等历史文脉源远流长、精彩纷呈、脍炙人口的活态案例。

3.武陵贵茶：眉尖翠芽

武陵贵茶商标注册：截止到 2019 年 12 月，贵州武陵民族地区有武陵片区 16 个县（市）、黔东南州 15 县 10 区、毕节市 7 县 1 区、黔西南州 2 市 6 县 2 区、黔南州 2 市 9 县 1 自治县，已核准注册的茶叶地理标志商标总数为 18 件，其中湄潭翠芽、遵义红、正安白茶、凤冈锌硒茶、余庆苦丁茶成为遵义市 5 大商标；铜仁市 3 件（石阡苔茶、梵净山翠峰茶、思南晏茶）；黔东南州的黎平雀舌 1 件；金沙贡茶、纳雍高山茶作为毕节 2 件；黔西南州有纳雍高山茶、普安四球茶、普安红茶 3 件；都匀毛尖、贵定云雾贡茶、瓮安白茶、瓮安黄金芽是黔南州的 4 件。

表 5-5　贵茶地理标志商标注册一览表

商标类别	使用商品	商标名称	商标注册人	注册号	非遗
30 类	茶叶	湄潭翠芽	贵州省湄潭县茶业协会	4928703	省级
30 类	茶叶	遵义红		7989698	省级
30 类	白茶	正安白茶	贵州省正安县茶业协会	7620458	
30 类	茶	凤冈锌硒茶	凤冈县茶业协会	8585068	

商标类别	使用商品	商标名称	商标注册人	注册号	非遗
30 类	茶	余庆苦丁茶	余庆县茶叶行业商会	11816123	
30 类	茶	石阡苔茶	石阡县茶业协会	7921997	省级
30 类	茶	梵净山翠峰茶	印江土家族苗族自治县茶业管理局	9571612	
30 类	茶	思南晏茶	思南县茶桑局	23890216	
30 类	茶	黎平雀舌			
30 类	茶叶	金沙贡茶			
30 类	茶	纳雍高山茶			
30 类	茶	普安四球茶			
30 类	茶	普安红茶			
30 类	茶	都匀毛尖			国家级
30 类	茶	贵定云雾贡茶			
30 类	茶	瓮安白茶			
30 类	茶	瓮安黄金芽			

武陵贵茶非遗项目：截止到 2018 年 6 月，贵州武陵 15 个县（市）有非物质文化遗产名录的代表性项目，制茶技艺（传统技艺类）6 件，其中都匀市 1 件，都匀毛尖（国家级）；湄潭县 3 件，湄潭翠芽（省级）、遵义红（省级）、湄潭手筑黑茶（省级）；石阡县 1 件，石阡苔茶（省级）；德江县 1 件，土家熬熬茶（省级）。

表 5-6　贵茶非物质文化遗产技艺一览表

类别	名称	申报地区或单位	传承人	备注
传统技艺	都匀毛尖绿茶制作技艺	都匀市		国家级
传统技艺	湄潭翠芽茶制作技艺	贵州省湄潭县茶业协会		省级
传统技艺	"遵义红"茶制作技艺	湄潭县		省级
传统技艺	湄潭手筑黑茶制作技艺	湄潭县		省级
传统技艺	石阡苔茶制作技艺	石阡县茶业协会		省级
传统技艺	土家熬熬茶制作技艺	德江县		省级

武陵贵茶文脉挖掘：

（1）湄潭翠芽探源：湄潭茶自唐代以来就有了深厚的历史底蕴，唐代茶圣陆羽所著《茶经》载："黔中生思州、播州、费州、夷州……往往得之，其味极佳"，这里的古夷州就是湄潭；北宋·乐史《太平寰宇》载："夷州土产茶……"；清代《贵州通志》载："湄潭云雾山茶有名，湄潭眉尖茶皆为贡品。"这"眉尖茶"即为湄潭翠芽前身。

（2）讲好湄潭翠芽故事：湄潭翠芽生长在高原的东北部，享有"云贵小江南"之称的贵州省湄潭县自然地理环境特别适宜于茶树生长和生产优质茶叶。得天独厚的高海拔、低纬度、少日照、多云雾、富锌硒地理环境，使它成为贵州茶业第一县。当地人采用湄潭苔茶等国家级良种的单芽将一芽一叶制成优质鲜嫩茶青，然后通过摊青、杀青、理条、整形、脱毫、提香、筛选等 20 多道复杂工序加工而成。用这种方法制作的茶叶香气清香持久，叶底嫩绿鲜活，滋味鲜爽，汤色嫩绿明亮，外形扁平直呈黄绿并匀整。不仅如此，特殊的工艺使湄潭茶含有氨基酸、多酚类化合物、维生素，水浸出物高达 43.8%，高于一般茶叶 8 个百分点左右。全县现有优质生态茶园 56 万亩，使用"湄潭翠芽"商标茶叶企业有 400 多家，全部实现了标准化、清洁化、规模化生产。优质的原材料、成熟的茶叶技术和优良的品质使湄潭茶得到了市场和消费者的广泛认可，先后 150 多次获"中茶杯"特等奖、"中绿杯"金奖、"国际名优茶评比"金奖、"贵州三大名茶"、"千年金奖"、"茶王"等荣誉，其中国家级金奖 88 次，湄潭翠芽于 2011 年被评为中国驰名商标，品牌价值 13.71 亿元。良好的茶业前景使政府在 2015 年重新修订发布了湄潭翠芽《地方标准》DB52/T478-2015。

（3）精品荟萃，多姿多彩：武陵贵茶文化中还有遵义红、正安白茶、凤冈锌硒茶、余庆苦丁茶、石阡苔茶、梵净山翠峰茶、思南晏茶、黎平雀舌、金沙贡茶、纳雍高山茶、普安四球茶、普安红茶、都匀毛尖、贵定云雾贡茶、瓮安白茶、瓮安黄金芽等历史文脉源远流长、精彩纷呈、脍炙人口的活态案例。

4.武陵渝茶：贡品毛尖

武陵渝茶商标注册：截止到 2019 年 12 月，重庆市武陵民族地区有武陵片区 7 个县（市）已核准注册的"茶叶"地理标志商标总数为 1 件，其中秀山县 1 件（秀山毛尖）。

表 5-7　渝茶地理标志商标注册一览表

商标类别	使用商品	商标名称	商标注册人	注册号	非遗
30 类	茶、茶叶、绿茶	秀山毛尖	秀山茶叶协会	25833693	

武陵渝茶非遗项目：截止到 2018 年 6 月，重庆市武陵民族地区有武陵片区 7 个县（市），渝茶地理标志商标有非物质文化遗产名录的代表性项目 1 件，其中市级 1 件（秀山毛尖）。

表 5-8　重庆武陵渝茶非遗项目一览表

类别	名称	申报地区或单位	传承人	备注
传统技艺	秀山毛尖	秀山茶叶协会		市级非遗

武陵渝茶文脉挖掘：

（1）秀山毛尖探源：秀山地处北纬 30°的黄金产茶区，陆羽《诗经》中写道："茶者，南方之嘉木也。一尺、二尺乃至数十尺；其巴山峡川有两人合抱者，伐而掇之。"而秀山正处于这"巴山峡川"之地。秀山处于武陵山腹地，有鲜明的立体气候特征，春冬多雾、夏秋多雨。当地的土壤、温度、湿度也都非常适合种植茶叶，有相当强的地理优势，自古就是武陵山区的名茶产地。秀山毛尖产于武陵山区海拔 500—800 米的低中山丘陵地带，据《秀山农业局志》记载：平马乡猛洞村的"猛洞茶"、钟灵乡民主村的"平邑茶"、海洋乡芭茅村的"尖山茶"，早在清末民初就远近闻名，被当时列为"贡茶"，并有"斗米换斤茶""此茶治百病"之说。

（2）讲好秀山毛尖故事：秀山毛尖外形紧实匀整，锋苗秀丽，茶汤黄绿明亮，口感鲜醇甘滑富含人体所需的硒、锌等20多种微量元素，被专家称为"最干净的茶叶"。根据当地县志记载，1968年起秀山就开始出口茶叶，重点产茶区达13个乡镇，面积超过2万亩。2016年，"秀山茶叶"获农业部地理标志农产品认证；2018年，"秀山毛尖"获工商总局地理标志集体商标认证。2018年秀山茶获重庆市农产品质量安全示范区出口茶叶示范基地；2019年"秀山毛尖"被评为重庆市首批农产品优质品牌。经过当地县政府和农委大力发展和品牌打造，秀山毛尖知名度逐步升高，2019年秀山茶叶总产量达4050吨，综合产值达8.5亿元。茶产业采、加、销全产业链为全县1300名贫困户提供了就业岗位，茶农户均收益1.3万元。

（3）精品荟萃、多姿多彩：武陵渝茶文化中还有待挖掘的历史文脉源远流长、精彩纷呈的活态案例。

二、生态武陵 药材文化

药材是武陵民族地区最独特的生态农业资源，是区域农业经济发展的支柱性产业。对"湘鄂黔渝"三省一市生态武陵药材文化的挖掘与探索，具有重要的理论意义和实用价值。

1. 武陵鄂药：独活、黄连、五倍子

武陵鄂药商标注册：截止到2019年12月，湖北武陵民族地区有武陵片区11个县（市）已核准注册"药材"地理标志商标总数为6件，其中：恩施土家族苗族自治州3件（利川黄连、板桥党参、巴东独活）；宜昌市三个自治县3件（湾潭太白贝母、五峰五倍子、资丘木瓜）。

表 5-9　鄂药地理标志商标注册一览表

商标类别	使用商品	商标名称	商标注册人	注册号	非遗
5类	黄连	利川黄连	湖北省利川市黄连协会	7729215	
5类	党参	板桥党参	恩施市本草药业产业协会	9655604	
5类	独活（药用植物根）	巴东独活	巴东县中药材行业协会	11265128	
5类	贝母	湾潭太白贝母	五峰中药材生产服务中心	19026753	
5类	五倍子（中药材）	五峰五倍子	五峰五倍子产业协会	14543413	
5类	木瓜	资丘木瓜	长阳土家族自治县资丘木瓜协会	8489491	

武陵鄂药非遗项目：截止到 2018 年 6 月，湖北武陵 11 个县（市）有非物质文化遗产名录代表性项目，中医疗法（传统医药类）1 件，申报地区为咸丰县，级别为省级。

表 5-10　鄂药非物质文化遗产项目一览表

类别	名称	申报地区或单位	传承人	备注
传统医药	严氏眼科中医疗法	咸丰县		省级

武陵鄂药文脉挖掘：

（1）巴东独活探源：巴东独活久负盛名，距今已有 300 年的栽培历史。巴东独活为正品早在《中国药典》中就有过记载。独活除了本身的学名外，当地人还称它为独摇草、巴东独活、香独活和肉独活。这些名称在《神农本草经》《中国药海》《本草纲目》等书中也均有记载，是不可多得的地理标志产品。

（2）讲好巴东独活故事："巴东独活"地理商标申报成功，标志着"巴东独活"有了自己的"身份证"，可以将品质独特，香气特异，特定的栽培生态环境，上乘的药理特性以合法的渠道让人们受益，已成为当地农户脱贫致富的支柱产业。良好的市场前景使全县水布垭、绿葱坡、野三关、清太坪、沿渡河、官渡口、溪丘湾、茶店子、金果坪、大支坪

10 个乡镇都在种植，面积达到了 3.5 万亩。2009 年当地政府开始对其进行地理标志产品保护，2011 年国家将其列为地理标志保护品种。近几年，农民们在各级政府的关心下，通过药业龙头企业的带动，出现了很多药材专业大户及专业乡（镇）和专业村。最突出的是恩施硒都科技园有限公司生产的巴东独活，被湖北省质量技术监督局授予"湖北省名牌产品"。

（3）精品荟萃，多姿多彩：武陵鄂药文化中还有利川黄连、板桥党参、湾潭太白贝母、五峰五倍子、资丘木瓜等历史文脉源远流长、精品荟萃、多姿多彩、脍炙人口的活态案例。

2.武陵湘药：茯苓、玉竹、金银花

武陵湘药商标注册：截止到 2019 年 12 月，湖南省武陵民族地区 37 个县（市）已核准注册的"药材"地理标志商标总数为 5 件，其中：怀化市 2 件（靖州茯苓、辰溪金银花）；邵阳市 2 件（隆回金银花、邵东流泽玉竹）；娄底市 1 件（新化黄精）。

表 5-11　湘药地理标志商标注册一览表

商标类别	使用商品	商标名称	商标注册人	注册号	非遗
5 类	茯苓	靖州茯苓	靖州苗族侗族自治县茯苓专业协会	8918561	
5 类	金银花	辰溪金银花	辰溪县仙峰金银花行业协会	10440612	
5 类	金银花	隆回金银花	隆回县农业产业化协会	6576019	
5 类	玉竹（中药材）	邵东流泽玉竹	邵东县玉竹行业协会	13491587	
5 类	黄精（中药材）	新化黄精	新化县中药材协会	24981458	

武陵湘药非遗项目：截止到 2018 年 6 月，湖南省武陵民族地区 37 个县（市）湘药地理标志商标有非物质文化遗产名录代表性项目，制药技艺

（传统技艺类）0件。

武陵湘药文脉挖掘：

（1）靖州茯苓探源：茯苓是湖南怀化靖州县著名的地方特产，早在《神农本草经》中就有记载并列为上品，享有"靖州茯苓甲天下"的美誉。茯苓是一种食药两用菌科植物，也是一味传统中药材，自古就被誉为中药"四君八珍"之一。茯苓的药用价值很高，它具有利尿解毒、清火和消肿等功效。对老年人有养心安神的作用，对妇女有光泽肌肤，去脂减肥健美之功用。医疗科研单位对其进行研讨，证明茯苓内含"抗老素"和"抗癌素"，对人体具有利水祛湿、健脾安神、增强机体免疫力之独特功效，古人称其为"四时神药"。清代《滇海虞衡志》载："茯苓无天下不推遇难，曰云苓……往往有一枚重二三十斤者，亦不知异，唯以轻重为准。"早在清代，云南每年就会挑选两个重达二十余斤的大茯苓进贡朝廷。

（2）讲好靖州茯苓故事：资料显示，现靖州苗族侗族自治县17个乡镇盛产茯苓，年产鲜茯苓8.4万吨，占全国总产量的60%以上，同时茯苓系列产品也远销日本、韩国、马来西亚等数十个国家和地区，成为全国最大的茯苓集散地。2011年，"靖州茯苓"正式获得地理标志商标。2013年，靖州湘黔桂食药用菌研究所选送两株"湘靖28"茯苓菌株搭载"神州十号"载人飞船进入太空进行育种实验，产能获大幅提升。据调查，靖州茯苓产业已发展成"中国茯苓菌种选育、繁殖中心""中国太空茯苓诱变育种、栽培试验基地""中国茯苓新品种、新技术推广中心"。自2011年地理标志商标注册以来通过相关部门的技术指导和积极宣传，茯苓从业人员的生产意识提高，产品合格率大幅提高。产品通过粗加工及精加工后，年产值11.5亿元左右，为超3万从业人员人均年创收2万—4万元。

（3）精品荟萃，多姿多彩：武陵湘药文化中还有隆回金银花、辰溪金银花、邵东流泽玉竹、新化黄精等历史文脉源远流长、精品荟萃、多姿多彩、脍炙人口的活态案例。

3.武陵贵药：玄参、天麻、头花蓼

武陵贵药商标注册：截止到 2019 年 12 月，贵州省武陵民族地区 16 个县（市）已核准注册的"与该地区药材资源密切关联的特色产品"地理标志商标总数为 8 件，有绥阳金银花、道真玄参、道真洛党、德江天麻、施秉头花蓼、施秉太子参、大方天麻、普安白芨。

表 5-12　贵药地理标志商标注册一览表

商标类别	使用商品	商标名称	商标注册人	注册号	非遗
5 类	金银花（药草）	绥阳金银花	绥阳县特色农业发展协会	8758276	
5 类	玄参（中药材）	道真玄参	道真仡佬族苗族自治县特色产业发展中心	13465995	
5 类	党参（中药材）	道真洛党	道真仡佬族苗族自治县特色产业发展中心	17200321	
5 类	天麻	德江天麻	德江县天麻行业协会	8490578	
5 类	中药材	施秉太子参	—	—	
5 类	中药材	施秉头花蓼	—	—	
5 类	中药材	大方天麻	—	—	
5 类	中药材	普安白芨	—	—	

武陵贵药非遗项目：截止到 2018 年 6 月，湖北武陵地区 16 个县（市）有非物质文化遗产名录代表性项目，贵药地理标志有非物质文化遗产名录代表性项目 0 件。

武陵贵药文脉挖掘：

（1）道真玄参探源：道真玄参历史悠久，据《遵义府志》记载："道真产参，百里之内民众知晓"。道真玄参是当地药农自行引种，自行选择，自发种植的中药材品种之一。《审视瑶函》便有记载玄参用于临床："治肝

经热盛，目赤肿痛，可配栀子、大黄、羚羊角等，如玄参饮。"

（2）讲好道真玄参故事：贵州是著名的药材之乡，向来就以盛产优质各类药材而闻名。道真气候适宜，所产玄参品质优良，其中道真玄参是贵州省内的知名中药品牌，也是贵州省最大的玄参产地和中国重要的玄参基地。所产玄参质地坚硬，不易折断，断面乌黑发亮，因其质量特点突出，在市场很容易被购买者识别，道真玄参产业迅速发展，县政府计划在"十二五"内实施重点产业推进，2012 年，专门将玄参的地理标志保护列入工作实施计划，安排县质量技术监督局专门推动该项工作。2014 年 4 月 8 日道真玄参取得了道真自治县的第一个地理标志证明，同年，道真自治县种植玄参已达到 1.5 万亩。如今，道真县充分利用玄参市场知名度，凸显品牌效应和辐射带动作用，让中药材成为千家万户增收致富的支柱产业。

（3）精品荟萃，多姿多彩：在武陵贵药文化中还有"德江天麻绥阳金银花、道真洛党、施秉太子参、施秉头花蓼、大方天麻、普安白及"等地理标志历史文脉源远流长、精品荟萃、多姿多彩、脍炙人口的活态案例。

4.武陵渝药：青蒿、白术、五步蛇

武陵渝药商标注册：截止到 2019 年 12 月，重庆市武陵民族地区 7 个县（市）已核准注册的"药材"地理标志商标总数为 6 件，其中酉阳县 2 件（酉阳青蒿、酉阳白术），石柱县 1 件（石柱黄连），秀山县 2 件（秀山金银花、秀山白术），彭水 1 件（彭水五步蛇酒）。

表 5-13　渝药地理标志商标注册一览表

商标类别	使用商品	商标名称	商标注册人	注册号	非遗
5 类	青蒿 （医用药草）	酉阳青蒿	酉阳青蒿管理办公室	5455692	
5 类	白术	酉阳白术	酉阳土家族苗族自治县腴地乡中药材种植专业技术协会	19291290	

续表

商标类别	使用商品	商标名称及图形	商标注册人	注册号	非遗
5 类	黄连	石柱黄连	石柱土家族自治县黄水黄连专业经济协会	5257645	市级
5 类	白术（中药材）	秀山白术	秀山土家族苗族自治县农业技术服务中心	9927320	
5 类	药酒	彭水五步蛇酒	彭水苗族土家族自治县鹿角镇农业服务中心	11473948	
5 类	金银花	秀山金银花	秀山土家族自治县农业技术服务中心	7482051	

武陵渝药非遗项目：截止到 2018 年 6 月，重庆市 7 个县（区）有非物质文化遗产名录代表性项目传统医药 1 件，其中：石柱土家族自治县 1 件，石柱黄连（市级）。

表 5-14　渝药非物质文化遗产项目一览表

类别	名称	申报地区或单位	传承人	备注
传统医药	石柱黄连	石柱土家族自治县黄水黄连专业经济协会		市级

武陵渝药文脉挖掘：

（1）石柱黄连探源：黄连为常用中药，系毛茛科，为多年生阴性草本植物，俗话说"良药苦口利于病"，而黄连就是这样一味良药苦口的药材。早在《神农本草经》中就有记载并列为上品，距今已有 1400—1900 年的历史。李时珍在《本草纲目》中写道："黄连大苦大寒，用之降火燥湿，中病即当止。"经实验证明，黄连有抗菌消炎、清热燥湿，泻火解毒的功效。陶弘景在《名医别录》中记载"黄连生巫阳蜀郡大山"，石柱是黄连最大的产地，自古被誉为"中国黄连之乡"。公元 742 年（唐天宝元年）《元丰九年志》载"施州上贡黄连十斤，木药子百粒"，石柱黄连根条肥壮、肉色红黄、药用价值极高，早在千年前就作为贡品每年上贡朝廷，各地商行也慕名而来，《石柱厅志》载"药味广产，黄连尤多，贾客往来，络绎不绝"。1954 年，石柱黄连被列为"国药"，实行统购统销。1989 年，首届中国道地药材学术研讨会上认定石柱黄连为道地药材。2001 年，石柱被科技部确定为"中国优质中药（黄连）示范种植基地"。2004 年 10 月，国家质量监督检验检疫总局将石柱黄连认定为国家地理标志保护产品。

（2）讲好石柱黄连故事："石柱黄连"的得名，在石柱民间还流传着一个动人的故事。很久以前，黄水坝毕兹卡绿宫有位娇美的姑娘，她深爱的情哥哥生了重病，四处求医不见好转，她心急如焚。一天晚上，有位白胡子老爷爷给她投梦，告诉她在大风堡的原始森林中，盘古开天辟地的时候轩辕黄帝曾经种下一株形如芫荽的神药连草，找到后可以治情哥哥的病。姑娘醒来又惊又喜，由于救哥心切，她顶风雪冒危险，独自按白胡子老爷爷在梦中的指引到大风堡寻找神药。在千年古树下的雪地里姑娘果然找到了这株形如芫荽长有小籽的连草，她连根拔起，只见草根形如鸡爪。姑娘十分高兴地将神草小心带回，摘下草籽无意地撒在自家后院，然后到油草河将神草洗干净，再到鱼湖取水将草叶煎汤、草根泡水送给心上人喝。第二天，情哥哥的病果然奇迹般地好了。第二年，她撒在后院的种子也长起来了。后来每当村里人有了病，取这种神药泡成浓浓的黄水服用后百病即除。姑娘的故事很快传开了，人们纷纷效仿，大量种植神草，并取姑娘梦中"黄帝的连草"之意将这种神药称为"黄连"。

（3）精品荟萃，多姿多彩：在武陵渝药文化中还有酉阳青蒿、酉阳白术、秀山金银花、秀山白术、彭水五步蛇酒等地理标志历史文脉源远流长、精品荟萃、脍炙人口的活态案例。

三、生态武陵　鲜果文化

"鲜果"是武陵民族地区最独特的生态农业资源，是区域农业经济发展的支柱性产业。对"湘鄂黔渝"三省一市生态武陵鲜果文化的挖掘与探索，具有重要的理论意义和实用价值。

1.武陵鄂果：脐橙、白柚、黄金梨

武陵鄂果商标注册：截止到 2019 年 12 月，湖北武陵民族地区有武陵片区 11 个县（市）已核准注册"新鲜水果、干果"地理标志商标总数为 7 件，其中恩施土家族苗族自治州 2 件（贡水白柚、黄坪黄金梨）；宜昌市 2 个；自治县 5 件（秭归脐橙、秭归核桃、秭归白花桃、长阳金栀、长阳蜜柑）。

表 5-15　鄂果地理标志商标注册一览表

商标类别	使用商品	商标名称	商标注册人	注册号	非遗
31 类	白柚（新鲜水果）	贡水白柚	宜恩县贡水白柚协会	20515848	
31 类	黄金梨（新鲜水果）	黄坪黄金梨	宜恩县黄坪黄金梨产业协会	20685741	
31 类	脐橙	秭归脐橙	秭归县柑橘协会	3471533	
31 类	新鲜水果（核桃）	秭归核桃	秭归县林业科学技术学会	14897777	
31 类	桃（新鲜）	秭归白花桃	秭归县农牧生物技术研究所	21456029	
31 类	栀果（植物）	长阳金栀	长阳金福红栀协会	14603285	
31 类	蜜柑	长阳蜜柑	长阳巴人植物研究所	25493792	

武陵鄂果非遗项目：截止到 2018 年 6 月，湖北武陵 11 个县（市）有非物质文化遗产名录代表性项目，鄂果地理标志有非物质文化遗产名录代表性项目 0 件。

武陵鄂果文脉挖掘：

（1）秭归脐橙探源："后皇嘉树，橘徕服兮。"秭归县是中国甜橙最佳生产适宜区，中国首个"中国脐橙之乡"。富含维生素 C 等多种营养物质的秭归脐橙，以"皮薄光滑、橙红亮丽、肉脆汁多、风味浓郁、酸甜可口"的特殊品质赢得了市场。当地人为了保证脐橙不浪费，物尽其用，"从花到果、从皮到渣吃干榨尽"的"零废弃加工综合利用",深加工产品,用汁做成脐橙酒、脐橙醋、脐橙茶、脐橙饮料,橙渣做成脐橙饼。

(2)讲好秭归脐橙故事:每年甜橙结果之时,也是秭归一年之中风景最美的时候,作为秭归县的支柱产业,农民通过销售脐橙获得收益外,还兴起了秭归旅游热,旅游热给当地带来了丰厚的经济效益,有了经济做支撑,大家通过学习加强改善植被,增加了脐橙的产量,进一步提高了脐橙的品质,造福了秭归百姓。秭归县在不断的前进中再引进、筛选、推广新品种。贮备柑橘品种就已达到了103个之多。在湖北冬暖特殊气候的帮助下,秭归利用其优势,选育形成了"春有伦晚,夏有蜜奈,秋有早红,冬有纽荷尔,一年四季均有鲜橙"的产品格局,是全国唯一全年有鲜橙供应的柑橘产区,他们做到了让大家一年四季都能吃到新鲜的柑橘。2007年农业部授予秭归为"全国绿色食品原料(柑橘)标准化生产基地",2011年被中国国家标准化管理委员会授予"国家农业标准化示范区"的称号。秭归脐橙获得的荣誉不仅是湖北省第一个水果类地理标志集体商标,而且成为宜昌市唯一一个同时拥有"中国地理标志集体商标"和"中国驰名商标"双名号的商标。目前鲜果及深加工产品不仅深受全国30个省市自治区、100多个大中城市的消费者青睐,还远销至港澳、俄罗斯、新加坡、中东、欧洲等120个国家和地区。

(3)精品荟萃,多姿多彩:在武陵鄂果文化中还有贡水白柚、黄坪黄金梨、秭归核桃、秭归白花桃、长阳金栀、长阳蜜柑等地理标志历史文脉源远流长、精品荟萃、脍炙人口的活态案例。

2.武陵湘果:杨梅、蜜橘、猕猴桃

武陵湘果商标注册:截止到2019年12月,湖南省武陵民族地区37个县(市)已核准注册的"鲜果"地理标志商标总数为11件,其中:怀化市6件(溆浦蜜橘、荆州山核桃、沙湾香柚、大崇金秋梨、靖州杨梅、麻阳柑橘）；张家界1件（张家界椪柑）；常德市1件（石门柑橘）、湘西土家族苗族自治州3件（凤凰红心猕猴桃、里耶脐橙、泸溪椪柑）。

表5-16 湘果地理标志商标注册一览表

商标类别	使用商品	商标名称	商标注册人	注册号	非遗
31类	新鲜蜜橘	溆浦蜜橘	溆浦县柑橘产销协会	28478856	
31类	新鲜山核桃	荆州山核桃	靖州苗族侗族自治县山核桃专业协会	22740635	
31类	柚子	沙湾香柚	洪江市沙湾香柚协会	17656119	
31类	梨	大崇金秋梨	洪江市大崇金秋梨协会	11099961	
31类	杨梅	靖州杨梅	靖州苗族侗族自治县杨梅专业协会	11892896	
31类	柑橘	麻阳柑橘	麻阳苗族自治县柑橘协会	2016493	
31类	椪柑（鲜水果）	张家界椪柑	张家界市名特优水果协会	5488500	
31类	柑橘	石门柑橘	石门县柑橘协会	5038954	
31类	猕猴桃	凤凰红心猕猴桃	凤凰县旅游品牌发展协会	15119692	
31类	脐橙	里耶脐橙	龙山县柑橘产业协会	10415880	
31类	椪柑	泸溪椪柑	湖南省泸溪县柑橘协会	5662872	

武陵湘果非遗项目：截止到2018年6月，湖南省武陵民族地区37个县（市）湘果地理标志商标有非物质文化遗产名录代表性项目0件。

武陵湘果文脉挖掘：

（1）靖州杨梅探源：靖州苗族侗族自治县是我国杨梅的主产区之一，因气候、地理环境适宜，靖州所产杨梅肉厚多汁水、色艳味美、营养丰富，被称为"中国杨梅之乡"。《湖南通志》称杨梅"以靖州杨梅之最佳，次则江南"。靖州种植杨梅历史悠久，超过2000年。《靖州乡土志》诗云："木洞杨梅尤擅名，申园梨栗亦争鸣。百钱且得论摊买，恨不移根植上京。"早在清光绪年间，靖州杨梅就作为朝圣的贡品，有"中华第一梅"

之称。李时珍在《本草纲目》中记载："杨梅可止渴，和五脏，能涤肠胃，除烦愦恶气。"靖州杨梅富含维生素 B、维生素 C，同时还有解暑止咳、利尿助消化、抗衰老、降血压等医用功能，被誉为"果中玛瑙"。

（2）讲好靖州杨梅故事：2006 年，靖州杨梅实现杨梅太空育种；2007 年，中国特产之乡推荐组委会授予靖州"中国杨梅之乡"荣誉称号；2011 年，"靖州杨梅"获得农业部农产品地理标志登记保护认证；2013 年，靖州被农业部、中国林学会授牌"中国杨梅生态博物馆"。近年来，通过当地政府部门大力发展杨梅种植及精加工产业，生产出杨梅果酒、杨梅干等系列产品，同时扩大品牌文化建设，举办杨梅文化节发展旅游业。2019 年，靖州县杨梅种植面积达 7.2 万亩，年产鲜果 6.3 万吨，杨梅产业带动该县 10000 多贫困户脱贫增收。

（3）精品荟萃，多姿多彩：在武陵湘果文化中还有溆浦蜜橘、荆州山核桃、沙湾香柚、大崇金秋梨、靖州杨梅、麻阳柑橘、张家界椪柑、石门柑橘、凤凰红心猕猴桃、里耶脐橙、泸溪椪柑等地理标志历史文脉源远流长、脍炙人口的活态案例。

3.武陵贵果：黄桃、蓝莓、空心李

武陵贵果商标注册：截止到 2019 年 12 月，贵州武陵民族地区有 16 个县（市）已核准注册的与该地区新鲜水果资源密切关联的特色产品地理标志商标总数为 14 件，其中：铜仁市 2 件（沿河沙子空心李、玉屏黄桃）；修文县 1 件（修文猕猴桃）；从江县 1 件（从江椪柑）；黔东南州 1 件（麻江蓝莓）；纳雍 1 件（纳雍玛瑙红樱桃）；毕节市 2 件（毕节刺梨、毕节椪柑）；威宁县 1 件（威宁苹果）；普安 1 件（普安薄壳核桃）；兴仁县 1 件（兴仁无籽刺梨）；荔波县 1 件（荔波蜜柚）；福泉市 1 件（金谷福梨）；贵定县 1 件（贵定刺梨）。

表 5-17 贵果地理标志商标注册一览表

商标类别	使用商品	商标名称	商标注册人	注册号	非遗
31 类	李子（鲜水果）	沿河沙子空心李	沿河土家族自治县经济作物工作站	12087191	—
31 类	桃	玉屏黄桃	玉屏侗族自治县黄桃协会	22350273	—
31 类	猕猴桃	修文猕猴桃	修文县猕猴桃协会	8749776	—
31 类	椪柑	从江椪柑	—	—	—
31 类	蓝莓	麻江蓝莓	—	—	—
31 类	樱桃	纳雍玛瑙红樱桃	—	—	—
31 类	刺梨	毕节刺梨	—	—	—
31 类	椪柑	毕节椪柑	—	—	—
31 类	苹果	威宁苹果	—	—	—
31 类	核桃	普安薄壳核桃	—	—	—
31 类	刺梨	兴仁无籽刺梨	—	—	—
31 类	蜜柚	荔波蜜柚	—	—	—
31 类	梨	金谷福梨	—	—	—
31 类	刺梨	贵定刺梨	—	—	—

武陵贵果非遗项目：截止到 2018 年 6 月，贵州武陵 15 个县（市）有非物质文化遗产名录代表性项目，贵果地理标志有非物质文化遗产名录的代表性项目 0 件。

武陵贵果文脉挖掘：

（1）玉屏黄桃探源：关于黄桃，玉屏县一直流传着两个传说。传说早在武则天时期，玉皇不满女子称帝，遂令人间三年不雨。从此人间成为炼狱。司天河之玉龙见到此景，于心不忍，便偷偷施法布雨。玉帝得知震怒，羁押玉龙，立誓"若非下界红桃变黄，便不放玉龙归海"。王母娘娘起了恻隐之心，便偷偷将做了手脚的蟠桃种到下界玉屏县处。蟠桃迎风而长，结果通体透黄，个大体圆。王母娘娘又将其献与玉帝。玉帝尝后大悦，遂特赦玉龙。而到了乾隆年间，皇后得了怪病，宫中御医束手无策，乾隆大怒，骂御医，责令其出宫寻找圣药神医，若找不到便不得回京。御医无策，只得去大江南北寻幽探胜。至玉屏县处，见黄桃色泽艳丽，香气沁人心脾。御医以为仙桃，便以秘术保鲜，快马加鞭送至宫中。呈黄桃于皇后，皇后闻到清香，竟胃口大开，连吃几个。后来怪病果真痊愈。乾隆皇帝大喜，赐黄桃"皇"字。令玉屏县年年贡之。故玉屏黄桃又名皇桃、贡桃。这两个传说不仅说明了玉屏黄桃的悠久历史，也肯定了它的色香味和营养功效。而我们细考典籍，更是能发现清康熙《思州府志》、清乾隆《玉屏县志》都有记载：桃为当时的物产类果品之一。而且 1956 年玉屏中学场地就栽培着数十亩桃林。

（2）讲好玉屏黄桃故事：玉屏黄桃是当地农科所在 1990 年引进改良的产品。但实际上，玉屏县与黄桃的渊源远远不止这几十年。再考究一下当地的地理环境，充分的湿度与适宜的温度，正是黄桃生长所需的绝佳环境。无怪乎一经引进改良品种，玉屏黄桃便能青出于蓝而胜于蓝。当玉屏黄桃首次触网之时，线上销售就十分火爆。这也让玉屏县的老百姓看到了发展的契机。近几年来，在政府的关注下，联合农牧科技局、林业局、产业办等相关部门单位，由网络经济局牵头，加上玉屏县老百姓的努力，玉屏黄桃走上了产品专业化，技术规模化，产业制度化，品牌市场化的科学道路。

（3）精品荟萃，多姿多彩：在武陵贵果文化中还有沿河沙子空心李、玉屏黄桃、修文猕猴桃、从江椪柑、麻江蓝莓、纳雍玛瑙红樱桃、毕节刺梨、毕节椪柑、威宁苹果、普安薄壳核桃、兴仁无籽刺梨、荔波蜜柚、金谷福梨、贵定刺梨等地理标志历史文脉源远流长、精品荟萃的活态案例。

4.武陵渝果：龙眼、红李、猪腰枣

武陵渝果商标注册：截止到 2019 年 12 月，重庆市武陵民族地区有武陵片区 7 个县(市) 已核准注册的"鲜果"地理标志商标总数为 11 件，其中：

丰都县 4 件（丰都红心柚、丰都龙眼、丰都锦橙、保合梨橙），黔江区 3
件（黔江金溪红心猕猴桃、黔江猕猴桃、黔江脆红李），武隆区 2 件（武
隆猪腰枣、沧沟西瓜），秀山土家族苗族自治县 1 件（秀山猕猴桃），彭水
苗族土家族自治县 1 件（彭水西瓜）。

表 5-18　渝果地理标志商标注册一览表

商标类别	使用商品	商标名称	商标注册人	注册号	非遗
31 类	柚子	丰都红心柚	丰都县农产品协会	8720512	
31 类	鲜枣	武隆猪腰枣	武隆区林木种苗管理站	9698789	
31 类	猕猴桃	黔江金溪红心猕猴桃	黔江区金溪镇农业服务中心	11012683	
31 类	猕猴桃	黔江猕猴桃	重庆市黔江区生态水果协会	21320442	
31 类	李子（新鲜水果）	黔江脆红李	重庆市黔江区农产品质量安全管理站	22178481	
31 类	龙眼	丰都龙眼	丰都县龙眼协会	7602430	
31 类	锦橙	丰都锦橙	丰都县农产品协会	8720513	
31 类	梨橙（新鲜水果）	保合梨橙	丰都县农产品协会	12568980	
31 类	猕猴桃	秀山猕猴桃	秀山土家族苗族自治县农业技术服务中心	14420722	
31 类	西瓜	沧沟西瓜	武隆区沧沟乡西瓜产业办公室	9670899	
31 类	西瓜	彭水西瓜	彭水苗族土家族自治县西瓜协会	12422865	

武陵渝果非遗项目：截止到 2018 年 6 月，重庆市武陵民族地区有武
陵片区 7 个县（市）渝果地理标志商标有非物质文化遗产名录代表性项目
0 件。

武陵渝果文脉挖掘：

（1）武隆猪腰枣探源：武隆从唐朝时期就开始盛产枣，经过长达千年
的自然选择和工人培育，现如今武隆猪腰枣成为远近闻名的"致富枣"。
据史料记载，公元 659 年唐太尉长孙无忌因反对武则天为后，被流放到黔
州，当地县志记录，他的食谱中曾记载有"每月食枣一升"。

（2）讲好武隆猪腰枣故事：武隆种植枣树的历史悠久，据当地林业部门调查，武隆有原生枣树 4 万余株，其中树龄超 100 年的成年树种一千余株，而最老的一株枣树超过 1000 岁，被当地村民称为"千年枣王"。猪腰枣主要生长在海拔 650—700 米日照强烈的山坡沙地，其外形肩宽腰窄、呈圆柱体，故名为"猪腰枣"。因为其较其他品种的冬枣果皮薄、肉质脆、内核小，含糖量超过 25%，水分含量超过 68%，受到消费者的广泛追捧。2000 年，武隆响应"退耕还林"的号召，大力发展枣业；2006 年武隆猪腰枣被审定为林木良种；2010 年 12 月，中华人民共和国农业部批准对"武隆猪腰枣"实施农产品地理标志登记保护。现如今，武隆猪腰枣主产区羊角镇已实现猪腰枣种植全镇全覆盖，培育乡村旅游猪腰枣园艺栽培采摘体验示范园 10 个，面积 5000 余亩。同时当地农户还利用网络销售平台对武隆猪腰枣进行宣传销售，将产品销往国内各大城市。

（3）精品荟萃，多姿多彩：在武陵渝果文化中还有丰都红心柚、丰都龙眼、丰都锦橙、保合梨橙、黔江金溪红心猕猴桃，黔江猕猴桃、黔江脆红李、沧勾西瓜、秀山猕猴桃、彭水西瓜等地理标志历史文脉源远流长、精品荟萃的活态案例。

四、生态武陵　蔬菜文化

蔬菜是武陵民族地区最独特的生态农业资源，是区域农业经济发展的支柱性产业。对"湘鄂黔渝"三省一市生态武陵蔬菜文化挖掘与探索，具有重要的理论意义和实用价值。

1.武陵鄂蔬：大蒜、甘蓝、凤头姜

武陵鄂蔬商标注册：截止到 2019 年 12 月，湖北武陵民族地区有武陵片区 11 个县（市）已核准注册新鲜水果、干果地理标志商标总数为 16 件，其中：恩施土家族苗族自治州 11 件（巴东红三叶、利川天上坪白萝卜、利川天上坪大白菜、利川天上坪甘蓝、利川山药、小村红衣米花生 2 件、巴东大蒜 2 件、来凤姜 2 件），宜昌市三个自治县 5 件（秭归薇菜、傅家堰香蒜、五峰香葱、五峰香菌、五峰苦荞）。

表 5-19　鄂蔬地理标志商标注册一览表

商标类别	使用商品	商标名称	商标注册人	注册号	非遗
29 类	加工过的花生	小村红衣米花生	咸丰县小村红衣米花生协会	11294236	
31 类	新鲜花生	小村红衣米花生		11294237	
31 类	红三叶鲜草等	巴东红三叶	巴东县牧工商技术服务中心	11409702	
29 类	大蒜（腌制蔬菜）	巴东大蒜	巴东县大蒜专业技术协会	11146410	
31 类	大蒜（腌制蔬菜）	巴东大蒜		11148785	
29 类	腌制姜	来凤姜	来凤姜产业发展管理协会	14416300	省级
29 类	生姜（新鲜蔬菜）	来凤姜		14419988	
31 类	白萝卜	利川天上坪白萝卜	利川市蔬菜行业协会	8681340	
31 类	大白菜	利川天上坪大白菜		8681070	
31 类	甘蓝（俗称包菜）	利川天上坪甘蓝		8681069	
31 类	山药（食用植物根）	利川山药	利川市团堡镇蔬菜协会	6868017	
29 类	薇菜（干蔬菜）	秭归薇菜	秭归县薇菜技术协会	22030519	
31 类	新鲜大蒜	傅家堰香蒜	五峰特色食用作物产业协会	22826275	
30 类	干香葱（调味品）	五峰香葱	五峰香葱协会	8488135	
29 类	干香菇	五峰香菌	五峰食用菌产业协会	14220385	
31 类	苦荞	五峰苦荞	五峰特色食用作物产业协会	19026755	

武陵鄂蔬非遗项目：截止到 2018 年 6 月，湖北省武陵民族地区 11 个

县（市）有非物质文化遗产名录代表性项目，酱菜制作技艺（传统技艺类）1件：来凤县1件，为来凤姜，是省级项目。

表5-20　鄂蔬非物质文化遗产项目一览表

类别	名称	申报地区或单位	传承人	备注
传统技艺	酱菜制作技艺（凤头姜制作技艺）	来凤县		省级

武陵鄂蔬文脉挖掘：

（1）来凤姜探源：凤头姜不仅味道独特，且富含多种蛋白质、脂肪、姜油酮、酚、醇和维生素、氨基酸、胡萝卜素、糖以及人体必需的锌、铁、钙、硒等微量元素，具有健脾开胃、祛寒御湿、加速血液循环、延缓衰老、防癌之功效。当地人传统食用效果和现代科学研究表明，来凤姜含的姜醇、姜烯、姜辣素、淀粉等，对人体健康有很大益处。适量食用凤头姜，能起到增进食欲、健脾胃、温中止呕、止咳祛痰、提神活血、抗衰老等作用。按照医学上占有特殊地位来讲，凤头姜不仅是一种调味品，还是一种保健品。

（2）讲好来凤姜故事：凤头姜，因形似凤头得名，有五百余年的种植加工历史，并有一个美丽的传说：一只美丽的凤凰受玉帝之命来人间撒播吉祥，它来到一个村庄，村庄旁的山上有几只凶猛的老虎，一天它看见一个被老虎抓伤的年轻人，凤凰唤来百鸟采集山中草药治好了他的伤口，并从他口中得知老虎经常袭击村庄，许多人都被它吃了，很多人害怕老虎都逃离了这里，他的父母兄弟也是被其所害。于是凤凰决定帮他们除掉老虎，它唤来几百只鹰等猛禽，叫青年把逃离的乡亲们叫回来，他们把老虎洞紧紧围住，青年点燃毒烟辣火将老虎熏了出来，猛禽一起飞下啄瞎了老虎的眼睛，老百姓一起上来刀砍叉杀，把老虎全部杀个精光。在恶战中有几只老鹰受了伤，青年便把它们抱回家用草药敷伤口，精心喂养它们。凤凰看见他英俊勇敢，心地善良，便深深爱上了他，于是变成一位美丽的姑娘与他结婚生子。这件事被玉帝知道了，玉帝得知凤仙子犯了天规，命天兵天将将其抓回天庭，她在被捉回去的时候拔下头上的凤钗扔给青年，青年没有接住，凤钗插入泥土中化为凤头姜，玉帝迁怒于这里的百姓，天降风寒瘟病，凤仙子托梦给青年说凤头姜是她留给大家的礼物，把凤头姜和老红糖熬好喝了就会痊愈，后世人们为了感谢这位凤仙子，将本地命名为"来凤"，并世代种来凤姜。

（3）精品荟萃，多姿多彩：在武陵鄂蔬文化中还有小村红衣米花生、巴东红三叶、巴东大蒜、利川天上坪白萝卜、利川天上坪大白菜、利川天上坪甘蓝、利川山药、秭归薇菜、傅家堰香蒜、五峰香葱、五峰香菌、五峰苦荞等地理标志历史文脉源远流长、脍炙人口的活态案例。

2.武陵湘蔬：竹笋、百合、籽花生

武陵湘蔬商标注册：截止到 2019 年 12 月，湖南省武陵民族地区 37 个县（市）已核准注册的"蔬菜"地理标志商标总数为 11 件，其中：怀化市 2 件（麻阳小籽花生、托口生姜），张家界 1 件（桑植魔芋），常德市 1 件（石门柑橘），湘西土家族苗族自治州 4 件（龙山百合、龙山萝卜、龙山七姊妹辣椒、凤凰生姜），益阳市 2 件（沅江芦笋、桃江竹笋），邵阳市 1 件（隆回龙牙百合）。

表 5-21　湘蔬地理标志商标注册一览表

商标类别	使用商品	商标名称	商标注册人	注册号	非遗
31 类	新鲜花生	麻阳小籽花生	麻阳苗族自治县小籽花生协会	15779897	
31 类	生姜	托口生姜	洪江市托口生姜协会	10744624	
31 类	魔芋（植物）	桑植魔芋	张家界市魔芋科学技术研究所	14637793	
31 类	柑橘	石门柑橘	石门县柑橘协会	5038954	
31 类	鲜百合	龙山百合	龙山县百合产业协会	6488183	

商标类别	使用商品	商标名称	商标注册人	注册号	非遗
31 类	萝卜	龙山萝卜	龙山县蔬菜产业协会	11352836	
31 类	辣椒（植物）	龙山七姊妹辣椒	龙山县蔬菜产业协会	15961839	
31 类	新鲜生姜	凤凰生姜	凤凰县农副产品协会	23997230	
31 类	食用芦笋（新鲜蔬菜）	沅江芦笋	沅江市芦笋产业开发协会	15485260	
29 类	笋干	桃江竹笋	桃江县竹产业协会	17824429	
29 类	百合干	隆回龙牙百合	隆回县农业产业化协会	6576018	

武陵湘蔬非遗项目：截止到 2018 年 6 月，湖南省武陵民族地区 37 个县（市），湘蔬地理标志有非物质文化遗产名录代表性项目 0 件。

武陵湘蔬文脉挖掘：

（1）桃江竹笋探源：桃江竹笋有"孟宗哭竹生笋，孝感动天"的典故，传说三国时孟宗的母亲想在冬天里吃笋，孟宗便到竹林里去对竹子叹息哀求，笋便生出来。因此当地人称毛竹为孟宗竹，称冬笋为孝笋。另一个关于笋的传说是在清初，郭子仪的后代郭信在朝廷任职，他的妻子玉兰将笋子蒸熟晾干后送给在京任职的丈夫，皇帝赐其名为"玉兰片"，并将这种笋子列为清代五大贡品之一。

（2）讲好桃江竹笋故事：桃江竹笋是禾本科植物毛竹的幼芽，外形呈宝塔形，肉质肥美、味甘鲜脆，在当地有"无竹不成席"的说法，被誉为"山珍精品"。桃江县属亚热带季风湿润气候区，风景秀丽，漫山竹林，是国内著名的竹乡旅游胜地，被称为"中国南竹之乡"。当地地貌以山丘为主，土壤肥沃、土层深厚，富含多种矿物质，极有利于桃江竹笋的种植。据权威机构检测，桃江竹笋富含蛋白质、胡萝卜素、多种维生素及铁、磷、镁等微量元素和 18 种氨基酸。桃江竹笋脂肪、总糖含量低。在第九届中国竹文化节上，桃江竹笋被指定为颁奖礼品，竹缘林科的烤笋尖获"中国中部农博会金奖"。2016 年 12 月，国家工商总局商标局核准注册"桃江竹笋"为国家地理标志证明商标。现在桃江县有115万亩竹林，竹笋产量居全省第一。经过当地政府和相关企业的大力发展，2019年春笋年产量突破9800万斤，冬笋产量突破800万斤，预计年生产总值可突破10亿元。

（3）精品荟萃，多姿多彩：在武陵湘蔬文化中还有麻阳小籽花生、托口生姜、桑植魔芋、石门柑橘、龙山百合、龙山萝卜、龙山七姊妹辣椒、凤凰生姜、沅江芦笋、隆回龙牙百合等地理标志历史文脉源远流长的活态案例。

3.武陵贵蔬：天椒、竹荪、折耳根

武陵贵蔬商标注册：截止到2019年12月，贵州武陵民族地区16个县（市）已核准注册的"与该地区新鲜蔬菜资源密切关联的特色产品"地理标志商标总数为9件，其中：贵阳市1件(贵阳折耳根)，遵义市1件(遵义朝天椒)，黔东南苗族侗族自治州1件（麻江蓝莓），毕节市2件（毕节白萝卜、毕节白蒜），威宁彝族回族苗族自治县2件（威宁白萝卜、威宁洋芋），黔西南州兴义市1件（品甸生姜），织金县1件（织金竹荪）。

表5-22　贵蔬地理标志商标注册一览表

商标类别	使用商品	商标名称	商标注册人	注册号	非遗
31类	折耳根（新鲜蔬菜）	贵阳折耳根	贵阳市蔬菜技术推广站	7786031	
29类	朝天椒（腌制、干制蔬菜）	遵义朝天椒	遵义市种植产业发展服务中心	6147200	
31类	蓝莓	麻江蓝莓	—	—	
31类	白萝卜	毕节白萝卜	—	—	
31类	白蒜	毕节白蒜	—	—	
31类	白萝卜	威宁白萝卜	—	—	

商标 类别	使用商品	商标名称及	商标注册人	注册号	非遗
31 类	洋芋	威宁洋芋	—	—	
31 类	生姜	品甸生姜	—	—	
31 类	竹荪	织金竹荪	—	—	

武陵贵蔬非遗项目：截止到 2018 年 6 月，贵州省武陵民族地区 15 个县（市）有非物质文化遗产名录代表性项目，贵蔬地理标志有非物质文化遗产名录代表性项目 0 件。

武陵贵蔬文脉挖掘：

（1）遵义朝天椒探源：辣椒最早是产于中南美洲亚热带地区，辣椒是许多品种的总称，所以又名番椒、海椒、辣子、辣茄等。至今已有 300 多年的种植历史，早期辣椒是在明代末年从欧洲、菲律宾传入中国沿海，清朝初期开始在遵义种植。道光年间（1821—1850 年）的《遵义府志》中就有过记载，据说当时遵义的辣椒品种繁多，当地人每餐都离不开辣椒。在清朝和民国时期，椒农种植遵义朝天椒并不是为赚钱营利，主要是以自己食用为主。

（2）讲好遵义朝天椒故事：遵义县终年温凉湿润，适宜种植辣椒。遵义朝天椒分为锥形椒、指形椒、团籽椒三类。因朝天生长，被称为朝天椒。颜色呈枣红色，具有肉厚、个头小、油润透光、品味温纯、香辣协调等特点，且富含多种维生素、矿物质和有机酸，其维生素 C、蛋白质、辣椒素、脂肪等含量较多，加工适应性好。20 世纪 50 年代末，开始在斯里兰卡、新加坡、日本等国进行销售，销量极好。在 1957 年，就建立了出口朝天椒的生产基地。到了 20 世纪 70 年代中期，遵义开始多种经营，作为遵义大宗农副产品的拳头产品之一的朝天椒受到了政府的重视，供销社积极帮助产区农民选育良种、推广先进的栽培技术。遵义的朝天椒年产量迅速提升，每年的产量都在 200 万公斤以上。1998 年遵义县委、县政府成立了专门的辣椒机构——辣椒产业办公室，作为农业产业化建设的重点产业加以扶持和发展。

（3）精品荟萃，多姿多彩：在武陵贵蔬文化中还有麻江蓝莓、毕节白萝卜、毕节白蒜、威宁白萝卜、织金竹荪等地理标志历史文脉源远流长精品荟萃的活态案例。

4.武陵渝蔬：黄花、白菜、地牯牛

武陵渝蔬商标注册：截止到2019年12月，重庆市武陵民族地区有武陵片区7个县(市)已核准注册的"蔬菜"地理标志商标总数为15件，其中：彭水苗族土家族自治县8件（彭水生姜、彭水雷公盖萝卜、彭水黄豆、彭水小米花生、彭水辣椒、彭水马铃薯、彭水生姜、彭水魔芋），丰都县2件（丰都轿子山白菜、丰都轿子山萝卜），黔江区1件（黔江地牯牛），武隆区2件(武隆高山白菜、武隆高山萝卜)，秀山土家族苗族自治县1件(秀山黄花)，酉阳土家族苗族自治县1件（酉阳大白菜）。

表5-23　渝蔬地理标志商标注册一览表

商标类别	使用商品	商标名称	商标注册人	注册号	非遗
31 类	大白菜（新鲜蔬菜）	酉阳大白菜	酉阳土家族苗族自治县毛坝乡农业服务中心	17981499	
31 类	白菜（新鲜蔬菜）	丰都轿子山白菜	丰都县农产品协会	14257789	
31 类	萝卜（新鲜蔬菜）	丰都轿子山萝卜	丰都县农产品协会	14257790	
31 类	鲜黄花（新鲜蔬菜）	秀山黄花	秀山土家族苗族自治县农业技术服务中心	11477896	
31 类	生姜（新鲜蔬菜）	彭水生姜	彭水苗族土家族自治县生姜管理协会	12422862	
31 类	萝卜（新鲜蔬菜）	彭水雷公盖萝卜	彭水苗族土家族自治县雷公盖秋淡蔬菜种植协会	12422869	

商标类别	使用商品	商标名称及图形	商标注册人	注册号	非遗
31类	黄豆（未加工的）	彭水黄豆	彭水苗族土家族自治县黄豆管理协会	13777862	
31类	小米花生（花生）	彭水小米花生	彭水苗族土家族自治县小米花生协会	12422868	
31类	辣椒（植物）	彭水辣椒	彭水苗族土家族自治县辣椒管理协会	12422866	
31类	马铃薯（新鲜土豆）	彭水马铃薯	彭水苗族土家族自治县马铃薯管理协会	12422864	
31类	生姜（新鲜蔬菜）	彭水生姜	彭水苗族土家族自治县生姜管理协会	12422862	
31类	魔芋（植物）	彭水魔芋	彭水苗族土家族自治县农业技术推广站	8639650	
31类	白菜	武隆高山白菜	武隆区蔬菜产业发展办公室	7739482	
31类	萝卜	武隆高山萝卜	武隆区蔬菜产业发展办公室	7739481	
31类	新鲜蔬菜（新鲜地牯牛）	黔江地牯牛	重庆市黔江区农产品质量安全管理站	22178483	

武陵渝蔬非遗项目：截止到 2018 年 6 月，重庆市武陵民族地区 7 个县（市），渝蔬地理标志有非物质文化遗产名录代表项目 0 件。

武陵渝蔬文脉挖掘：

（1）秀山黄花探源：黄花菜，百合科萱草属，在我国种植历史长达 2000 年。相传古代有一位妇人在家思念远在边塞的丈夫，于是就在自家院中种植这种萱草，将自己的思念之情抒发于此，从此以后世人就称这种萱草为"忘忧草"。秀山黄花的文字记载历史有 600 余年，据当地县志记载，清代康熙年间秀山黄花被列为当地主要特产。李时珍《本草纲目》记载其"安五脏、利心志、明目"，花和根都能作为药材，能"祛温利水，除湿通淋，止渴消烦，开胸开膈；令人心平气和，无忧郁"。

（2）讲好秀山黄花故事：秀山黄花含有丰富的微量元素，特别是胡萝卜素，有极高的营养价值和药用价值。1958 年 10 月，秀山黄花在全国广交会上获得优质农产品第二名称号，1976 年，获全国黄花菜质量评比第一名，2012 年秀山黄花被国家工商总局商标局核准注册为国家地理标志证明商标。现在秀山县黄花种植面积达 13800 亩，经过当地政府积极宣传，秀山黄花产业销售链逐步完善，黄花系列产品加工后销往全国各地。

（3）精品荟萃，多姿多彩：在武陵渝蔬文化中还有彭水辣椒、武隆高山萝卜、彭水魔芋等地理标志历史文脉源远流长的活态案例。

五、生态武陵　水产文化

"水产"是武陵民族地区最独特的生态农业资源，是区域农业经济发展的支柱性产业。对"湘鄂黔渝"三省一市生态武陵河流文化的挖掘与探索，具有重要的理论意义和实用价值。

1. 武陵：鄂渔

武陵鄂渔商标注册：截止到 2019 年 12 月，湖北省武陵民族地区有武陵片区 11 个县（市）已核准注册"与该地区水产品资源密切关联的特色产品"地理标志商标总数 3 件，其中宜昌市三个自治县 3 件（兴山杨鱼、兴山香肠鱼、长阳清江鱼）。

表 5-24　鄂渔地理标志商标注册一览表

商标类别	使用商品	商标名称	商标注册人	注册号	非遗
31 类	活鱼	兴山杨鱼	—	—	
31 类	活鱼	兴山香肠鱼	—	—	
31 类	活鱼	长阳清江鱼	—	—	

武陵鄂渔非遗项目：截止到 2018 年 6 月，湖北武陵 11 个县（市）有非物质文化遗产名录代表性项目，鄂渔地理标志有非物质文化遗产名录代表性项目 0 件。

武陵鄂渔文脉挖掘：

（1）长阳清江鱼探源："长阳山水美，清江鱼虾鲜。"在长阳这个山水如画的地方，孕育了"长阳清江鱼"这个声名远扬的品牌。长阳是一个把诗情画意能表现到极致的地方。清江，更是有唯美凄凉的传说。在 4000 多年之前，这里是巴部落的领地。而外敌入侵之时，部落的领袖向天王子掩护着族人迁徙至长阳地区。为了给族人干净的水源，就用一只神角吹出了八百里的清江。向天王子一生征战保护巴族的家园，死后更是化身白虎，永佑族人。而清江，正如她的名字一般，水清如镜，碧波如玉。她发源于鄂西山间洞泉，由两千多条山泉汇集而成。其水酸碱适中，甘甜清冽，溶氧充足。

（2）讲好长阳清江鱼故事：1994 年，隔河岩库区建成后，这里更成为了鱼虾生活的绝佳之地。山水清荣俊茂，鱼虾鲜美肥大。因为清江鱼不仅味道鲜美，更是无污染、无激素、无公害的健康食品，所以被众多食客追捧。目前清江市库区全年各类鱼产量达 8000 吨以上，主要品种有清江黑鮰、红鮰、黑鲤、红鲤、鳜鱼、白甲、银鱼、大口鲶、鲫鱼、花白鲢及青虾等，以银鱼、鮰鱼和白甲最为名贵。其中清江银鱼最为出名，被誉为淡水鱼之王。如今清江鱼已成为"湖北著名商标"，在农业部举办的 2001 年中国国际博览会上被评为名牌产品，还获得了"湖北十大名牌农产品"和第八、九、十届中国农交会金奖。盛名远播，在国内外都是馈赠上品，宴席佳肴。

2.武陵湘渔：洞庭汉寿"鳖人"富

武陵湘渔商标注册：截止到 2019 年 12 月，湖南省武陵民族地区 37

个县（市）已核准注册的"渔业"地理标志商标总数为 7 件，其中：南县
5 件（南县草龟、南县小龙虾、南洲洞庭蟹、南县中华鳖、南县草龟），
张家界 1 件（张家界大鲵），汉寿县 1 件（汉寿甲鱼）。

表 5-25　湘渔地理标志商标注册一览表

商标类别	使用商品	商标名称	商标注册人	注册号	非遗
31 类	草龟（活的）	南县草龟	南县龟鳖养殖协会	15387276	
31 类	甲鱼（活）	汉寿甲鱼	汉寿县龟鳖产业协会	7782687	
31 类	小龙虾（活的）；龙虾（活的）	南县小龙虾	南县小龙虾养殖协会	23023981	
31 类	蟹（活的）	南洲洞庭蟹	南县小龙虾养殖协会	24465098	
31 类	中华鳖（活的）	南县中华鳖	南县龟鳖养殖协会	15387275	
31 类	草龟（活的）	南县草龟	南县龟鳖养殖协会	15387276	
31 类	大鲵（活鱼）	张家界大鲵	张家界市武陵大鲵研究所	10159626	

武陵湘渔非遗项目：截止到 2018 年 6 月，湖南省武陵民族地区 37 个
县（市），湘渔地理标志有非物质文化遗产名录代表性项目 0 件。

武陵湘渔文脉挖掘：

（1）汉寿甲鱼探源：汉寿县位于湖南北部，地处洞庭湖之西，有充裕
的水域资源，为汉寿甲鱼的养殖提供了适宜的生态环境，被誉为"中国
甲鱼之乡"。据资料显示，甲鱼人工养殖最早出现在 3000 多年前的西周时
期，当时专门设立"鳖人"专职为王室捕甲鱼。李时珍在《本草纲目》中
记载："作腥食，治久痢；作丸服，治虚劳，脚气。"经现代药理学证明，
甲鱼能滋阴补肾、降低胆固醇，能用于慢性疾病如贫血、体质虚弱的辅助
治疗。

（2）讲好汉寿甲鱼故事：1974 年，汉寿县开始尝试人工养殖甲鱼；
1978 年，"人工孵化饲养甲鱼"获得全国科学大会重大科技成果奖；20 世
纪 70 年代末，汉寿县成立全国第一个特种水厂研究机构；2011 年"汉寿

甲鱼"被国家工商总局商标局核准注册为国家地理标志商标。现如今，汉寿县共有甲鱼养殖面积 6300 公顷，当地从事相关产业的农户超过 8000人，当地政府部门出台激励政策机制，攻克科研技术难关，将汉寿甲鱼打造成全国知名品牌，将产品销往国内外各大城市。当地产出的甲鱼体薄片大、裙边宽厚，风味独特，营养价值和药用价值都更胜一筹。经专业检测，汉寿甲鱼富含硒元素是普通甲鱼的 7—8 倍，裙边的氨基酸含量达到了 21.9%，其中相对比例达到了 59.23%，这就形成了汉寿甲鱼的独特风味。

（3）精品荟萃，多姿多彩：在武陵湘渔文化中还有南县小龙虾、南县中华鳖、张家界大鲵、南洲洞庭蟹等地理标志。

3.武陵贵渔：澧水正安娃娃鱼

武陵贵渔商标注册：截止到 2019 年 12 月，贵州省武陵民族地区 7 个县（市）已核准注册的"与该地区水产品资源密切关联的特色产品"地理标志商标总数 1 件，正安县 1 件（正安娃娃鱼）。

表 5-26　贵渔地理标志商标注册一览表

商标类别	使用商品	商标名称	商标注册人	注册号	非遗
31 类	娃娃鱼（活的）	正安娃娃鱼	正安县水产技术推广站	18020346	

武陵贵渔非遗项目：截止到 2018 年 6 月，贵州武陵 15 个县（市）有非物质文化遗产名录代表性项目，贵渔地理标志有非物质文化遗产名录代表性项目 0 件。

武陵贵渔文脉挖掘：

（1）正安娃娃鱼探源：正安娃娃鱼，又叫大鲵，贵州省正安县特产，中国国家地理标志产品。正安县地理条件适宜娃娃鱼的生长，是野生娃娃鱼在中国的主要自然分布区之一，历史记载丰富，据《正安州志》记载："正安娃娃鱼捕食者甚众，官府立牌以护之"，清乾隆年间专立保护娃娃鱼的警示碑。光绪二十六年（1900年），绥阳县人入正安三角塘盗鱼，被当地村民打死，就有碑文记载三角塘保护正安娃娃鱼自然资源的"示渝永禁事案"，虽然历时已久，碑文逐渐模糊，但是石碑依旧记录着古人禁渔的事迹。据《遵义府志》记载，"正安州产娃娃鱼，各府县妇幼皆知"。

（2）讲好正安娃娃鱼故事：在当地民间，很早就有传说，相传为逃避战乱，一位五十来岁的文人携妻子来到武陵山区澧水源，四周都是悬崖峭壁，没有人烟，身体虚弱又饥寒交迫，走投无路时，听到有小孩的哭声，发现声音是从水中一群生有四条腿的鱼那里发出来的。于是他们钓了几条煮来吃，其肉鲜味美。老人吃了后居然精神焕发，白色的头发不久也变黑了，脱落的牙齿又长了出来。他的妻子吃了后也年轻了许多，皮肤嫩滑。一直无子的他们在这之后生下了八个孩子，个个健康强壮、聪明伶俐。之后有一个蜀中的道士张道陵为了寻药到此，遇到老者向他讨了一碗汤喝。喝完后顿觉身体变轻，一道霞光闪过，全身安泰，于是正安娃娃鱼名声传开。正安娃娃鱼养殖有着深厚的民间基础。2001年，国家级星火计划项目"大口鲶稻田养殖技术开发"在正安实施。2008年，正安县水产技术推广站实施的"棘胸蛙仿生态养殖技术"通过专家组鉴定，填补了贵州省内空白。

4.武陵渝渔：永川水花鱼苗

武陵渝渔商标注册：截止到2019年12月，重庆市武陵民族地区有武陵片区7个县（市）已核准注册的"渔业"地理标志商标总数1件，其中永川区1件（永川水花）。

表 5-27　渝渔地理标志商标注册一览表

商标类别	使用商品	商标名称	商标注册人	注册号	非遗
31 类	鱼苗（活的）	永川水花	永川区双竹渔业协会	8178087	

武陵渝渔非遗项目：截止到 2018 年 6 月，重庆市武陵民族地区有武陵片区 7 个县（市）有非物质文化遗产名录代表性项目，渝渔地理标志有非物质文化遗产名录代表性项目 0 件。

武陵渝渔文脉挖掘：

（1）永川水花探源："永川水花"实际上指的是永川区生产的鱼苗。当地人生动地将刚出生不久的小鱼苗比作灵动活泼的"小水花"，既表明小鱼富有生机，鱼苗存活率高；又充满意境地将鱼苗和水融为一体，表现出产品独有的绿色生态。永川产的鱼苗色泽光亮、活泼好动，抗病易成活，生长速度较其他品种快 20%，同一批次鱼能一年繁育三次。

（2）讲好永川水花故事：重庆市永川区是西南地区最大的鱼苗鱼种繁殖基地，其中双竹淡水鱼苗市场被农业部指定为全国淡水鱼苗"定点市场"。永川的双竹渔场创立于 20 世纪 70 年代，2004 年在当地有关部门的带领下，"双竹渔业协会"正式在民政局注册登记，2008 年成立永川水花鱼繁殖专业合作社，2012 年 1 月"永川水花"被国家工商总局商标局核准注册为国家地理标志商标。当地政府部门和合作社大力推进渔业发展，现渔业投入土地面积超 800 亩，年产值达 1500 余万元。近年来，当地渔业协会组织举办技术培训班 10 余次，扶持培训科技示范户 100 余户，带动周边县养殖户 5000 余户，受到中国农技协充分肯定，获评"全国科普惠农兴村先进单位"荣誉称号。

六、生态武陵　矿产文化

"矿产"是武陵民族地区最独特的生态农业资源，是区域农业经济发展的支柱性产业。对"湘鄂黔渝"三省一市生态武陵矿产文化的挖掘与探索，具有重要的理论意义和实用价值。

1. 武陵鄂矿：甘泉富硒

武陵鄂矿商标注册：截止到 2019 年 12 月，湖北省武陵民族地区有武陵片区 11 个县（市）已核准注册的"与该地区矿物质资源密切关联的特色产品"地理标志商标总数为 7 件，其中：恩施土家族苗族自治州 4 件（恩施硒茶、恩施硒土豆、巴东五香豆腐干、柏杨豆干），宜昌市三个自治县 3（件）。

表 5-28　鄂矿地理标志商标注册一览表

商标类别	使用商品	商标名称	商标注册人	注册号	非遗
30 类	茶	恩施硒茶	恩施市茶业协会	17754772	
29 类	豆腐干	巴东五香豆腐干	巴东县豆制品行业协会	13744427	省级
29 类	土豆	恩施硒土豆	—	—	
29 类	豆腐干	柏杨豆干	—	—	省级

武陵鄂矿非遗项目：截止到 2018 年 6 月，湖北武陵 11 个县（市）有非物质文化遗产名录代表性项目，豆制品制作技艺（传统技艺类）2 件：巴东县 1 件，巴东五香豆腐干（省级）；利川市 1 件，柏杨豆干（省级）。

表 5-29　鄂矿非物质文化遗产项目一览表

类别	名称	申报地区或单位	传承人	备注
传统技艺	豆制品制作技艺（利川柏杨豆干制作技艺、巴东五香豆干制作技艺）	利川市、巴东县		省级

武陵鄂矿文脉挖掘：

（1）巴东五香豆腐干探源：巴东五香豆腐干距今已有一百多年历史，最早起源于清代后期。19世纪中叶，巴东县城信陵镇的水陆建成后，成为上四川、下湖广的通道，至此，巴东的五香豆腐干开始进入了上至四川下到湖广人的饭桌上。生意的红火使当地开办了四五家豆腐干作坊。在众多的豆腐干中顾家质量最为优质，顾家对豆腐干的原材料要求相当高，利用凉水寺的甘洌泉水，加适量红砂糖，取山里种植的八角、丁香、精盐、三赖、甘松、山茶、陈皮、生姜、小茴香、花椒和鸡肉等作配方熬成浓浓的卤汁，然后将豆腐花很讲究地用热方巾包扎成型进行压制，卤制而成。被誉为五香豆腐王。顾家后代继祖辈之传统，不断在豆腐干的品质与味道上进行总结、改造和提高，使巴东五香豆腐干的品质越来越高。现在人们不仅以食顾家五香豆腐干为主，而且常作为贵重的礼品馈赠亲友。

（2）讲好巴东五香豆腐干故事：巴东五香豆腐干以选料讲究，精工卤制，颜色深黄，质细坚韧，五味俱全，食之回味无穷而独具特色。近年随着便捷食品的发展，又有新的创意，因豆腐干具有冷食的特点，是下酒的最佳食品之一，为便于旅途携带和食用，采用塑料精装真空保鲜，可保月余不变质，成为三峡享有盛名的旅游食品之一。

（3）精品荟萃，多姿多彩：在武陵鄂矿文化中还有恩施硒茶、恩施硒土豆等地理标志历史文脉源远流长、精品荟萃的活态案例。

2.武陵湘矿：溪砚、红瓷、烟花

武陵湘矿商标注册：截止到2019年12月，湖南省武陵民族地区37个县（市）已核准注册的"矿产"地理标志商标总数为5件，其中：双峰县1件（溪砚），醴陵市1件（醴陵红瓷），新化县1件（白溪豆腐），涟源市1件（涟源富田桥游浆豆腐），临澧县1件（临澧烟花）。

表 5-30   湘渔地理标志商标注册一览表

商标类别	使用商品	商标名称	商标注册人	注册号	非遗
16 类	砚（墨水池）	溪砚	双峰县溪口溪砚行业协会	11570130	省级
21 类	瓷器、陶器等	醴陵红瓷	醴陵市陶瓷协会	9133607	
29 类	豆腐、豆腐干、豆腐皮、豆腐丝	白溪豆腐	新化县白溪豆腐协会	25468551	
29 类	豆腐	涟源富田桥游浆豆腐	涟源市富田桥游浆豆制品行业协会	19522236	
13 类	烟花；鞭炮等	临澧烟花	临澧县烟花爆竹协会	8897849	

武陵湘矿非遗项目：截止到 2018 年 6 月，湖南省武陵民族地区 37 个县（市）矿产地理标志商标有非物质文化遗产名录代表性项目 1 件，其中双峰县 1 件（溪砚）。

表 5-31   湖南武陵矿产非物质文化遗产一览表

类别	名称	申报地区或单位	传承人	备注
传统技艺	溪砚制作工艺	国藩溪砚工艺有限公司	曹冠明	省级非遗

武陵湘矿文脉挖掘：

（1）临澧烟花探源：火药的使用在中国历史悠久用途广泛，被列为"四大发明"之一，早在 1300 多年前，著名医学家孙思邈就记载了火药的成分配方。宋代词人辛弃疾在《青玉案·元夕》描述烟花为"东风夜放花千树，更吹落，星如雨"。临澧县是战国时期楚文化的活动中心之一，当地出土了大型楚墓群，展示了临澧古代的繁荣盛况。据文字记载，临澧生产烟花爆竹已有 360 余年的历史。

（2）讲好临澧烟花故事：20 世纪七八十年代，当地生产大队积极开展烟花作坊，用传统工艺集体加工，将烟花商品卖到周边城市，产量年销量达 70 万箱。在国内销售饱和情况下，当地人在原有基础上新研制出一种特殊的花炮，出口到美国和法国，至此，临澧烟花终于走向了世界。2009年临澧县被评为"中国烟花爆竹之乡"；2012 年，临澧的烟花被国家工商总局商标局核准注册为国家地理标志商标。进入 21 世纪后，当地县委县政府和烟花局带领烟花作坊走向安全合法的一厂多股东的新格局。当地有超过 10 万人直接或间接地参与到烟花生产销售中，烟花产业产值达到 25 亿元，带动村民脱贫致富。

（3）精品荟萃，多姿多彩：在武陵湘矿文化中还有溪砚、醴陵红瓷、白溪豆腐、涟源富田桥游浆豆腐等地理标志，它们是历史文脉源远流长、精品荟萃、多姿多彩的活态案例。

3. 武陵贵矿：石阡矿泉水、牙舟陶

武陵贵矿商标注册：截止到 2019 年 12 月，贵州省武陵民族地区 16 个县（市）已核准注册的"与该地区矿物质资源密切关联的特色产品"地理标志商标总数为 4 件，其中：铜仁市 1 件(石阡矿泉水)、平塘县 1 件(牙舟陶)、大方县 1 件（大方豆干）、遵义市 1 件（凤冈锌硒茶）。

表 5-32　贵矿地理标志商标注册一览表

商标类别	使用商品	商标名称	商标注册人	注册号	非遗
32 类	水（饮料）、矿泉水（饮料）、纯净水（饮料）	石阡矿泉水	石阡县地热矿泉水协会	15930617	
30 类	茶	凤冈锌硒茶	凤冈县茶叶协会	8585068	
21 类	陶瓷	牙舟陶	—	—	
29 类	豆干	大方豆干	—	—	

武陵贵矿非遗项目：截止到 2018 年 6 月，贵州武陵 16 个县（市）有非物质文化遗产名录代表性项目，"与该地区矿物质资源密切关联的特色产品"地理标志有非物质文化遗产名录代表性项目 2 件：江口县 1 件，豆制品制作技艺（省级）；印江土家族苗族自治县 1 件，砂陶制作工艺（省级）。

表 5-33　贵矿非物质文化遗产项目一览表

类别	名称	申报地区或单位	传承人	备注
传统技艺	豆制品制作技艺	江口县		省级
传统技艺	砂陶制作工艺	印江土家族苗族自治县		省级

武陵贵矿文脉挖掘：

（1）石阡矿泉水探源：史证资料记载石阡矿泉水有六百多年的历史。石阡是中国矿泉水之乡，石阡矿泉水是 2017 年 10 月 21 日注册成为地理标志商标。2009 年成为亚运会指定产品，被称为"国水"。石阡枢纽西盘沟谷的断裂破碎带上，含水层为奥陶系下统桐梓—红花园组地层，岩性为灰岩及白云岩，偏硅酸型饮用天然矿泉水形成于石阡枢纽背斜南端，存储类型为带状存储兼层状存储的较复杂类型，主要补给来源为大气降水，经测算，矿泉水可开采量为 420.53m³/d，偏硅酸含量 25.24 mg/L，水中锶含量达 1.35 mg/L，两项指标都满足了饮用天然矿泉水界线指标的要求，可命名为锶—偏硅酸型饮用天然矿泉水。该矿泉水具有纯天然、无污染、水质优、口感好等特征，有较高的开发利用价值。

（2）讲好石阡矿泉水故事：在贵州省铜仁市石阡县有十多家生产桶装水的山泉水厂，三家生产瓶装水的山泉水厂。申报地理标志商标具体工作以及资料全权委托给北京佐航知识产权公司。2017 年 11 月 28 日，中国矿业联合会天然矿泉水专家组到石阡县，对石阡县"中国矿泉水之乡"品牌进行"五年一评、五年一查"评估检查。专家组一行先后来到城南温泉水源保护点、花桥施场水源保护点、高源清泉矿泉水厂、佛顶山温泉小镇等地进行察看。对石阡县合理保护与开发矿泉水资源的各项工作给予充分肯定，并一致赞成石阡县通过"中国矿泉水之乡"的评估检查。目前正以"一带一路"为契机，打开了国际市场销路。当前存在的最主要问题就是供不应求，不过已经开始扩建生产。

（3）精品荟萃，多姿多彩：在武陵贵矿文化中还有凤冈锌硒茶、牙舟陶、大方豆干等地理标志，它们是历史文脉源远流长、精品荟萃、多姿多彩的活态案例。

4.武陵渝矿：大足石雕豆腐干

武陵渝矿商标注册：截止到 2019 年 12 月，重庆市武陵民族地区有武陵片区 7 个县(市)已核准注册的"矿产"地理标志商标总数为 4 件，其中：石柱县 2 件（石柱金音石砚、倒流水豆腐干），秀山县 1 件（秀山豆腐干），大足区 1 件（大足石雕）。

表 5-34　渝矿地理标志商标注册一览表

商标类别	使用商品	商标名称	商标注册人	注册号	非遗
29 类	豆腐乳（腐乳）	秀山豆腐乳	秀山土家族苗族自治县农业技术服务中心	11477898	市级
16	砚（砚台）	石柱金音石砚	石柱土家族自治县大歇镇石柱金音石砚专业经济协会	18137074	
29	豆腐干（豆腐制品）	倒流水豆腐干	石柱土家族自治县大歇镇"倒流水"豆腐干专业经济协会	10807321	市级
19 类	石雕	大足石雕	重庆市大足区品牌战略促进会	18323804	

武陵渝矿非遗项目：截止到 2018 年 6 月，重庆市武陵民族地区有武陵片区 7 个县（市）矿产地理标志商标有非物质文化遗产名录代表性项目 2 件。其中石柱县 1 件（倒流水豆腐干），秀山县 1 件（秀山豆腐乳）。

表 5-35　重庆武陵矿产非物质文化遗产一览表

类别	名称	申报地区或单位	传承人	备注
传统技艺	倒流水豆腐干	石柱土家族自治县大歇镇"倒流水"豆腐干专业经济协会		市级非遗
传统技艺	秀山豆腐乳	秀山土家族苗族自治县农业技术服务中心		市级非遗

武陵渝矿文脉挖掘：

（1）倒流水豆腐干探源：据《史记》记载，"流水"是古代由渝入鄂的巴盐古道的必经之地，但石柱县曾经交通不便，运输物资需要用人力来搬运，"倒流水"是人力工们必经的一个转站点。当地的栈铺卖出的豆腐干受到人力工的喜爱，作为干粮在途中补充体力，来来往往，人力工就"带红"了倒流水豆腐干，成为了倒流水著名的地方特色。倒流水豆腐干有选料、垒泡、石磨等数十道制作工艺，每一步都力求精艺，对火候把握要求也很高。倒流水豆腐干除了制作工艺，精华更在于用到了当地独有的龙洞泉水井的井水，产出的豆腐干细腻入味、清香扑鼻，有独特口感。据民国《石柱县志》记载，倒流水豆腐干起源于清代后期，距今已有 200 余年历史。

（2）讲好倒流水豆腐干故事：2012 年，倒流水豆腐干被国家工商总局商标局核准注册为国家地理标志证明商标；2015 年被重庆市商委认定为"重庆老字号"；2016 年 6 月，倒流水豆腐干制作工艺入选重庆市"非物质文化遗产名录"。现如今当地石柱倒流水豆腐干龙头企业——倒流水食品有限公司每年可生产 800 吨豆腐干，产值超 1000 万元，带动 1200 农户和 220 贫困户脱贫致富。

（3）精品荟萃，多姿多彩：在武陵渝矿文化中还有秀山豆腐乳、大足石雕、石柱金音石砚等地理标志，它们是历史文脉源远流长、精品荟萃、多姿多彩的活态案例。

七、生态武陵　植物文化

"植物"是武陵民族地区最独特的生态农业资源，是区域农业经济发展的支柱性产业。对"湘鄂黔渝"三省一市生态武陵植物文化的挖掘与探索，具有重要的理论意义和实用价值。

1. 武陵鄂植：红花玉兰、红三叶

武陵鄂植商标注册：截止到 2019 年 12 月，湖北省武陵民族地区有武陵片区 11 个县（市）已核准注册的"与该地区植物资源密切关联的特色产品"地理标志商标总数 12 件，其中：恩施土家族苗族自治州 8 件（利川山药、巴东红三叶、来凤大头菜、来凤藤茶、利川黄连、板桥党参、巴东独活、来凤金丝桐油），宜昌市三个自治县 4 件（五峰苦荞、长阳金栀、五峰红花玉兰、兴山薄壳核桃）。

表 5-36　鄂植地理标志商标注册一览表

商标类别	使用商品	商标名称	商标注册人	注册号	非遗
31 类	山药（食用植物根）	利川山药	利川市团堡镇蔬菜协会	6868017	
31 类	红三叶鲜草等	巴东红三叶	巴东县牧工商技术服务中心	11409702	
29 类	大头菜	来凤大头菜	来凤县优质农产品产销协会	16425169	
30 类	藤茶	来凤藤茶	来凤县优质农产品产销协会	25031830	
31 类	苦荞	五峰苦荞	五峰特色食用作物产业协会	19026755	
31 类	红花玉兰（自然花）	五峰红花玉兰	五峰土家族自治县林业科学研究所	14565477	
31 类	栀果（植物）	长阳金栀	长阳金福红栀协会	14603285	
5 类	党参	板桥党参	恩施市本草药业产业协会	9655604	
5 类	独活（药用植物根）	巴东独活	巴东县中药材行业协会	11265128	
5 类	黄连	利川黄连	湖北省利川市黄连协会	7729215	
4 类	桐油	来凤金丝桐油	来凤县金丝桐油协会	9060017	
29 类	核桃	兴山薄壳核桃	兴山县林业科学研究院	6825032	

武陵鄂植非遗项目：截止到 2018 年 6 月，湖北武陵 11 个县（市）有非物质文化遗产名录代表性项目，"与该地区植物资源密切关联的特色产

品"地理标志有非物质文化遗产名录代表性项目 2 件：咸丰县 1 件，咸丰何氏根雕（省级）；宣恩县 1 件，竹编（宣恩竹编）（省级）。

表 5-37　鄂植非物质文化遗产项目一览表

类别	名称	申报地区或单位	传承人	备注
传统美术	咸丰何氏根雕	咸丰县		省级
传统美术	竹编（宣恩竹编）	宣恩县		省级

武陵鄂植文脉挖掘：

（1）五峰红花玉兰探源：五峰土家族自治县位于鄂西南边陲，属武陵山支脉，系云贵高原东延部分的尾翼地带，全境皆为山区，素有"绿色宝库""武陵仙源"的美誉。属亚热带大陆性温湿季风气候，山地垂直气候特征显著，雨量充沛，光照充足，气候宜人，五峰独特的自然生态环境条件，是形成"五峰红花玉兰"独特品质花色内外全红的重要因素。五峰红花玉兰的文化类型属于生态林业，原产于湖北省五峰土家族自治县牛庄乡、傅家堰乡、采花乡、湾潭镇、五峰镇、长乐坪镇、渔洋关镇、仁和坪镇 8 个乡镇的枫香坪、王家坪、腰牌、黄良坪、红旗坪、桥料、栗子坪、沙湾等 97 个行政村，其种植生产区域地跨东经 110°15′—111°25′，北纬 29°56′—30°25′。

（2）讲好五峰红花玉兰故事：五峰红花玉兰树形优美，花色艳丽，花、叶、果实都具有很高的观赏价值，五峰红花玉兰树的花蕾还可以入药，作为园林绿化树种和山地景观造林树种，五峰红花玉兰树还是重要的药用经济林树种。五峰红花玉兰喜光，稍耐荫，忌低湿，喜肥沃、排水良好的酸性至中性土壤，五峰土地及土壤资源丰富，均适宜种植"五峰红花玉兰"，经过近几年的努力，现已繁育红花玉兰苗木近 100 万株，建立红花玉兰大苗培育基地近 5000 亩，五峰力争通过 8—10 年的努力，建设"五峰红花玉兰"苗木产业基地 10 万亩，建成全国最大的红花玉兰种苗生产基地，打造"中国红花玉兰之乡"。

（3）精品荟萃，多姿多彩：在武陵鄂植文化中还有许许多多如利川黄连、利川山药、巴东红三叶、来凤大头菜、来凤藤茶、板桥党参、巴东独活等历史文脉源远流长、精品荟萃、多姿多彩、脍炙人口的活态案例。

2. 武陵湘植：茶油、苎麻、青钱柳

武陵湘植商标注册：截止到 2019 年 12 月，湖南省武陵民族地区 37个县（市）已核准注册的"植物"地理标志商标总数为 14 件，其中：张家界 2 件（张家界葛根粉、桑植魔芋），沅江 1 件（沅江苎麻），桃江县 2件（桃江竹凉席、桃江竹笋），常德市 1 件（鼎城茶油），龙山县 2 件（龙山百合、龙山七姊妹辣椒），靖州县 1 件（靖州茯苓），隆回县 1 件（隆回龙牙百合），武冈市 2 件（武冈葛根、武冈青钱柳），湘潭县 1 件（湘莲），邵阳县 1 件（邵阳茶油）。

表 5-38　湘植物地理标志商标注册一览表

商标类别	使用商品	商标名称	商标注册人	注册号	非遗
30 类	葛根粉（食用淀粉）	张家界葛根粉	张家界市黄狮寨葛根粉研究所	10986929	
31 类	魔芋（植物）	桑植魔芋	张家界市魔芋科学技术研究所	14637793	
22 类	苎麻纤维	沅江苎麻	沅江苎麻产业协会	4938266	
27 类	席	桃江竹凉席	桃江县竹凉席协会	11112233	
29 类	笋干	桃江竹笋	桃江县竹产业协会	17824429	
29 类	茶油	鼎城茶油	常德市鼎城区油茶协会	10147715	
29 类	百合干	龙山百合	龙山县百合产业协会	6488163	
31 类	辣椒（植物）	龙山七姊妹辣椒	龙山县蔬菜产业协会	15961839	
5 类	茯苓	靖州茯苓	靖州苗族侗族自治县茯苓专业协会	8918561	

商标类别	使用商品	商标名称	商标注册人	注册号	非遗
29 类	百合干	隆回龙牙百合	隆回县农业产业化协会	6576018	
30 类	葛根粉	武冈葛根	武冈市特色产业开发办公室	14277377	
30 类	莲子	湘莲	湘潭县湘莲协会	6117149	
30 类	青钱柳子（茶叶）	武冈青钱柳	武冈市特色产业开发办公室	27346842	
29 类	茶油	邵阳茶油	邵阳县油茶产业发展办公室	11116368	省级

武陵湘植非遗项目：截止到 2018 年 6 月，湖南省武陵民族地区 37 个县（市）植物地理标志商标有非物质文化遗产名录代表性项目 1 件：邵阳县 1 件，为邵阳茶油，是省级项目。

表 5-39　湖南武陵植物非物质文化遗产一览表

类别	名称	申报地区或单位	传承人	备注
传统技艺	邵阳茶油	湖南邵阳县		省级

武陵湘植文脉挖掘：

（1）邵阳茶油探源：邵阳县是我国茶油的中心产区，无论是生产面积还是成品产量都稳居国内第一，该地生产茶油历史悠久，超过 2500 年，经过中国食品工业协会实地考察后，被批准命名为"中国茶油之都"。《山海经》记载："员木，南方油食也"，其中的"员木"指的就是油茶树，说明我国食用茶油的历史源远。邵阳茶油凭借其独特的口感和特殊的药理功效，曾一度被指定为进贡皇室的贡品。早在清嘉庆二十五年（1820 年）《邵阳县志》中记载了："以槽取油"的工艺流程。当地留存始建于 1823 年的蔡家院子油榨坊，其碾盘上刻有"道光丁戊年制"，是该地区保存最为完善、年代最为久远的手工榨油作坊。

（2）讲好邵阳茶油故事：邵阳茶油采用当地野生优质茶油籽严格通过

传统压榨加工生产工艺制作而成，油体金黄剔透、口感滑爽，有降脂降压、抗衰延寿的作用。邵阳茶油严格采用多年传承的传统制作工艺，对于采摘时间和晾晒工艺要求极高，始终采用纯物理压榨工艺，保证每一滴茶油都有纯正的品质。"邵阳茶油"曾获得国家绿色食品和有机食品认证，5次摘取全国绿博会、农博会、林博会、食博会、义乌森博会的绿色食品金奖。2014年4月，原国家质检总局批准对邵阳茶油实施地理标志产品保护；2019年11月，邵阳茶油入选中国农业品牌目录。邵阳作为国家扶贫开发工作重点县，通过推动"科技兴林、油茶富民"的战略路径，与多家科研单位及高等院校展开合作，推行标准化种植茶油树。现如今全县茶油林超65.4万亩，其中达5000亩以上的油茶林示范基地5个，产值超过24.5亿元，带动3.9万贫困群众脱贫致富。

（3）精品荟萃，多姿多彩：在湖南武陵植物文化中还有武冈葛根、隆回龙牙百合、张家界葛根粉等地理标志，它们是历史文脉源远流长的活态案例。

3. 武陵贵植：白及、烤烟、印江苕粉

武陵贵植商标注册：截止到2019年12月，贵州省武陵民族地区16个县（市）已核准注册的"与该地区植物资源密切关联的特色产品"地理标志商标总数为3件，其中：印江县1件（印江苕粉）、毕节1件（毕节烤烟）、普安县1件（普安白及）。

表5-40　贵植地理标志商标注册一览表

商标类别	使用商品	商标名称	商标注册人	注册号	非遗
30类	地瓜粉	印江苕粉	印江土家族苗族自治县红薯粉协会	14579913	
33类	烤烟	毕节烤烟	—	—	
5类	白及	普安白及	—	—	

武陵贵植非遗项目：截止到 2018 年 6 月，贵州武陵 15 个县（市）有非物质文化遗产名录代表性项目，"与该地区植物资源密切关联的特色产品"地理标志有非物质文化遗产名录代表性项目 0 件。

武陵贵植文脉挖掘：

（1）印江苕粉探源：印江纯天然红薯粉条，简称"印江苕粉"，是由红薯加工而成，灰色细条状，是与粉丝相似的凝胶类食品。苕粉，其实就是红薯粉。我国智慧的人民很早就知道把红薯加工成红薯粉了。印江当地便有这种特色美食——印江苕粉。红苕是红薯的别称。由印江当地出产的红薯，辅以清泉，通过一系列传统的加工工艺制作而成。成品晶莹剔透，口感顺滑。产于印江自治县峨岭镇甲山村的苕粉，色泽晶莹透明，味美汤鲜，深受市场青睐，产品远销省内外。

（2）讲好印江苕粉故事：印江引进扶贫龙头企业入驻工业园区，通过公司成立农户协会，建立产业基地，将当地的特色产品的优势发挥到极致。印江苕粉就是在这种背景下发展壮大成为当地的特色食品。近年来，印江群众立足这一优势，大力发展苕粉加工业，年加工苕粉上万斤的家庭就有 20 余户，一年下来至少也有七八万的收入。印江苕粉已成为一张珍贵的地方名片，为当地群众增收致富。

（3）精品荟萃，多姿多彩：在武陵贵植文化中还有毕节烤烟、普安白及等地理标志，它们是历史文脉源远流长、精品荟萃的活态案例。

4.武陵渝植：榨菜、花椒、龙眼树

武陵渝植商标注册：截止到 2019 年 12 月，重庆市武陵民族地区有武陵片区 7 个县（市）已核准注册的"植物"地理标志商标总数 5 件，其中：丰都县 3 件（丰都龙眼、董家花椒、丰都榨菜），酉阳县 1 件（酉阳苦荞）；城口县 1 件（城口核桃）。

表 5-41　渝植地理标志商标注册一览表

商标类别	使用商品	商标名称	商标注册人	注册号	非遗
31 类	苦荞	酉阳苦荞	重庆市酉阳县后坪苦荞专业技术协会	19290804	
31 类	龙眼	丰都龙眼	丰都县龙眼协会	7602430	
30 类	花椒（调味品）	董家花椒	丰都县董家镇农业服务中心	12568981	
29 类	榨菜	丰都榨菜	丰都县农产品协会	9872487	
29 类	核桃	城口核桃	未注册		

武陵渝植非遗项目：截止到 2018 年 6 月，重庆市武陵民族地区有武陵片区 7 个县（市）植物地理标志商标有非物质文化遗产名录代表性项目 0 件。

武陵渝植文脉挖掘：

（1）丰都龙眼探源：丰都是龙眼之乡，种植龙眼的历史长达千年。据当地县志记载，明末崇祯十七年（1644 年），有一个在江南任官的丰都人为了让家乡人民也能吃上名贵的龙眼，于是直接从江南带回种子进行培育种植。清咸丰五年（1855 年），当地人又通过水路将龙眼树苗从四川等地带往丰都。经过长期的自然选择和人工培育，当地农业局技术部门终于培育出能适应丰都当地地理环境的新品种。

（2）讲好丰都龙眼故事：丰都县属亚热带湿润季风气候，常年气候温暖、雨水充沛、四季分明，地处于三峡库区中心地带水系发达，为龙眼种植产业提供了绝佳地理环境条件。该地选择在海拔 300 米以下发展龙眼产业，产出的丰都龙眼果大核小、肉质细嫩香甜，受到消费者的广泛喜爱。2010 年"丰都龙眼"被国家工商总局商标局核准注册为国家地理标志证明商标。丰都县政府部门高度重视龙眼的产业化建设，现如今该县连片种植龙眼面积达 50000 亩，总产量可达 5 万吨，实现产值近 5 亿元，带动 4 万余名村民增收致富。

（3）精品荟萃，多姿多彩：在武陵渝植文化中还有酉阳苦荞、董家花椒、丰都榨菜等地理标志，它们是历史文脉源远流长的活态案例。

八、生态武陵　畜禽文化

"畜禽"是武陵民族地区最独特的生态农业资源，是区域农业经济发展的支柱性产业。对"湘鄂黔渝"三省一市生态武陵畜禽文化挖掘与探索，具有重要的理论意义和实用价值。

1.武陵鄂畜：恩施黄牛、桅杆堡

武陵鄂畜商标注册：截止到 2019 年 12 月，湖北省武陵民族地区有武陵片区 11 个县(市)已核准注册"与该地区动物资源密切关联的特色产品"地理标志商标总数为 3 件，其中：恩施土家族苗族自治州 2 件（恩施黄牛、来凤松花皮蛋）；宜昌市三个自治县 1 件（长阳山羊）。

表 5-42　武陵鄂畜地理标志商标注册一览表

商标类别	使用商品	商标名称	商标注册人	注册号	非遗
31 类	山羊（活动物）	长阳山羊	长阳土家族自治县现代草地畜牧业发展协会	21321842	
29 类	牛肉（肉）	恩施黄牛	恩施市黄牛产业协会	26694808	
31 类	活牛（活动物）	恩施黄牛		26694807	
29 类	皮蛋（松花蛋）	来凤松花皮蛋	来凤县优质农产品产销协会	25031831	

武陵鄂畜非遗项目：截止到 2018 年 6 月，湖北武陵 11 个县（市）有非物质文化遗产名录代表性项目，"与该地区动物资源密切关联的特色产品"地理标志有非物质文化遗产名录代表性项目 0 件。

武陵鄂畜文脉挖掘：

（1）恩施黄牛探源：恩施黄牛肉也叫恩施黄牛雪花牛肉，其最大特点是肉质明显的呈红白条纹，犹如大理石花纹。这是牛肉脂肪沉积到肌肉纤维间所生成的肉色，故称雪花牛肉，这种牛肉最大特点就是肉质细腻、鲜嫩可口，肉味极浓。史料记载："宋时，施州南乡（今芭蕉、盛家坝一带）即出现'开田买牛，使用牛耕'。"桅杆堡因处于巴蜀古盐道和宋明屯军移民而发展繁荣。

（2）讲好恩施黄牛故事：恩施黄牛是一种小型肉用牛，这种牛性情比较温驯，繁殖能力很强，每到夏、秋季长膘特别快。在恩施这种牛数量很多，加上自然放养的牛采食各种天然牧草，因此恩施黄牛肉保持了肉质原生态，成为难得的畜牧产品。20 世纪 70 年代以来，桅杆堡牛市得到传承与发扬，建起了规范化的牛行。桅杆堡成为恩施、宣恩、咸丰、利川 4 县市的大牲畜交易中心。每年牛出栏的时节，在盛家坝洞湾的大路上，经常能看到从利川和白果金龙坝牵着牛到桅杆堡赶牛市的牛贩，牛市每年的成交量达 5000 头以上，并销往湖南、武汉等地。

（3）精品荟萃，多姿多彩：在武陵畜禽文化中还有长阳山羊、来凤松花皮蛋等地理标志。

2.武陵湘畜：新晃黄牛、芷江鸭

武陵湘畜商标注册：截止到 2019 年 12 月，湖南省武陵民族地区 37 个县（市）已核准注册的"动物"地理标志商标总数为 7 件，其中：湘西 2 件（湘西黑猪、湘西黄牛），武冈市 1 件（武冈铜鹅），新晃县 1 件（新晃黄牛），沅陵县 1 件（大合坪黑猪），芷江 1 件（芷江鸭），麻阳 1 件（麻阳白鹅）。

表 5-43　武陵湘地理标志商标注册一览表

商标类别	使用商品	商标名称	商标注册人	注册号	非遗
31 类	活铜鹅	武冈铜鹅	武冈市特色产业开发办公室	6053574	
31 类	黄牛	新晃黄牛	新晃侗族自治县牛业协会	9552808	

续表

商标类别	使用商品	商标名称	商标注册人	注册号	非遗
31 类	猪（活动物）	大合坪黑猪	沅陵县大合坪黑猪养殖协会	8804696	
31 类	活鸭	芷江鸭	芷江侗族自治县芷江鸭研究会	5084394	
31 类	活鹅	麻阳白鹅	麻阳苗族自治县养鹅协会	13171359	
31 类	活猪	湘西黑猪	湘西土家族苗族自治州畜牧工作站	14417517	
31 类	牛	湘西黄牛	湘西土家族苗族自治州畜牧工作站	9815196	

武陵湘畜非遗项目：截止到 2018 年 6 月，湖南省武陵民族地区 37 个县（市）动物地理标志商标有非物质文化遗产名录代表性项目 0 件。

武陵湘畜文脉挖掘：

（1）新晃黄牛探源：新晃黄牛养殖历史超过千年，《沅州府志·乡都》中记载"龙溪口市……市五谷、豕、牛、羊肉之类俱集，贩豆、晃州黄牛肉尤多"。新中国成立后，为保护黄牛，于 1950 年颁发"严肃滥杀耕牛"公告，直至 20 世纪 70 年代，新晃才办起两个初具规模的养牛场。

（2）讲好新晃黄牛故事：新晃位于湖南省西部，拥有良好的生态环境及物资资源。当地集高原和山区特征为一体，水系发达，遍布山岗谷底，同时有天然牧草 120 万亩，优越的地理自然环境极其适合黄牛的养殖发展。当地新晃黄牛体质健壮、活动敏锐、性情温顺，被公认为我国南方最为优良的黄牛品种，被列入国家畜禽遗传资源保护名录。新晃黄牛肉质细嫩、风味独特、营养价值高，含有大量钙镁铁等矿物质元素，数十种氨基酸高于全国黄牛平均水平。2016 年，新晃黄牛养殖共计 16.66 万头，出栏 5.72 万头，当地企业实现销售收入 12.2 亿元，占湖南省市场份额近四成。2009 年，原国家质检总局批准对"新晃黄牛肉"实施地理标志产品保护；2014 年，新晃县获批国家地理标志保护示范区；2016 年，新晃黄牛入选湖南省十大农业品牌。当地政府和企业加强与科研单位及高等院校合作，加快推进产品研发、推进新晃牛肉标准化养殖，将黄牛肉 80 余种系列产品销往北京、香港、澳门等各大城市。

（3）精品荟萃，多姿多彩：在武陵湘畜文化中还有芷江鸭、武冈铜鹅、湘西黑猪、大合坪黑猪等地理标志。

3.武陵贵畜：思南黄牛、萝卜猪

武陵贵畜商标注册：截止到 2019 年 12 月，贵州省武陵民族地区 16 个县（市）已核准注册的"与该地区动物资源密切关联的特色产品"地理标志商标总数为 10 件，其中有绥阳土鸡、江口萝卜猪、沿河白山羊、思南黄牛、三穗鸭、从江香猪、白洗猪、纳雍土鸡、纳雍乌骨鸡、望谟黑山羊。

表 5-44　贵州武陵贵畜地理标志商标注册一览表

商标类别	使用商品	商标名称	商标注册人	注册号	非遗
31 类	鸡（活的）	绥阳土鸡	绥阳县特色农业发展协会	8758277	
29 类	猪肉	江口萝卜猪	江口县畜牧技术推广站	11000224	
31 类	猪	江口萝卜猪		11000225	
31 类	山羊	沿河白山羊	沿河土家族自治县畜牧产业发展办公室	12087192	
31 类	牛	思南黄牛	思南县畜禽品种改良站	8279699	
31 类	鸭（活动物）	三穗鸭	未注册		
31 类	猪（活动物）	从江香猪	未注册		
31 类	猪（活动物）	白洗猪	未注册		
31 类	鸡（活动物）	纳雍土鸡	未注册		
31 类	鸡（活动物）	纳雍乌骨鸡	未注册		
31 类	羊（活动物）	望谟黑山羊	未注册		

武陵贵畜非遗项目：截止到 2018 年 6 月，贵州武陵 15 个县（市）有非物质文化遗产名录代表性项目，"与该地区动物资源密切关联的特色产

品"地理标志有非物质文化遗产名录代表性项目 0 件。

武陵贵畜文脉挖掘：

（1）沿河白山羊探源：早在清代和民国时期，"沿河四宝"以其量大质优，与"沿河盐运经济"齐名，成为了沿河经济的主要支撑。据《沿河县志》记载，20 世纪 50 年代白山羊被称为"沿河三大特色"之一，以其肉鲜味美，膻味轻，富含赖氨酸和谷氨酸；板皮质地致密，厚薄均匀，张幅适中，皮板柔润，富有弹性而驰名国内外。

（2）讲好沿河白山羊故事：沿河白山羊是国家地理标志产品，将山羊产业作为"一县一业"，利用好优势产品做大畜牧产业，带动贫困群众脱贫增收。计划到 2020 年建成贵州白山羊优质种羊产业基地 7 个，实现年出栏优质种羊 7 万只以上；建成优质肉羊产业基地 12 个，实现年出栏优质肉羊 50 万只以上；建成标准化养羊专业合作社 1500 个，其中年出栏肉羊 100 只以上家庭牧场 1000 个，规模化养殖比重达 80%；培育养殖小区 4 个，市级龙头企业 20 家，省级龙头企业 5 家，力争培育年销售收入 10 亿元以上国家级龙头企业 1 家。目前，已开工建设年出栏 50 万只白山羊全产业链项目。沿河坚持将白山羊养殖作为脱贫攻坚的主导产业来抓，同贵州华龙集团签约，利用脱贫产业子基金开展种草养畜、基地建设、产品深加工及科学研究等，同贵州省东翔牧业有限公司签订合作协议，对种羊及肉羊品种实施改良。同时，制定了《沿河土家族自治县 2017 年草地生态畜牧业产业化科技扶贫项目实施方案》，编制了年出栏 50 万只白山羊全产业链建设扶贫产业子基金项目，并获得批复，基金额度 32160 万元，其中首期额度 11634 万元。

（3）精品荟萃，多姿多彩：在武陵贵畜文化中还有思南黄牛、江口萝卜猪、绥阳土鸡、三穗鸭、从江香猪、白洗猪、纳雍土鸡、纳雍乌骨鸡、望谟黑山羊等地理标志，为历史文脉源远流长、精品荟萃的活态案例。

4.武陵渝畜：彭水黄牛、长毛兔

武陵渝畜商标注册：截止到 2019 年 12 月，重庆市武陵民族地区有武陵片区 7 个县（市）已核准注册的"畜禽"地理标志商标总数为 8 件：彭水苗族土家族自治县 3 件（彭水黑山羊、彭水山地黄牛、彭水苗家土鸡），武隆区 1 件（武隆板角山羊），秀山土家族苗族自治县 1 件（秀山土鸡），酉阳土家族苗族自治县 1 件（酉州乌羊），丰都县 1 件（丰都肉牛），石柱县 1 件（石柱长毛兔）。

表 5-45　武陵渝畜地理标志商标注册一览表

商标类别	使用商品	商标名称	商标注册人	注册号	非遗
31 类	山羊	彭水黑山羊	彭水苗族土家族自治县鹿角镇农业服务中心	11473951	
31 类	黄牛	彭水山地黄牛	彭水苗族土家族自治县畜牧技术推广站	11473950	
31 类	活鸡	彭水苗家土鸡	彭水苗族土家族自治县畜牧技术推广站	9654977	
31 类	活动物（板角山羊）	武隆板角山羊	武隆区畜牧技术推广站	11594335	
31 类	活鸡	秀山土鸡	秀山土家族苗族自治县家禽养殖专业经济协会	8422040	
31 类	乌羊（活动物）	酉州乌羊	酉阳土家族苗族自治县畜牧技术推广站	9758016	
31 类	肉牛	丰都肉牛	丰都县肉牛协会	7602431	
31 类	长毛兔（活的）	石柱长毛兔	石柱土家族自治县畜牧技术推广站	9511778	

武陵渝畜非遗项目：截止到 2018 年 6 月，重庆市武陵民族地区武陵片区 7 个县（市）畜禽地理标志商标有非物质文化遗产名录的代表性项目 0 件。

武陵渝畜文脉挖掘：

（1）西州乌羊探源：西州乌羊生活在武陵山腹地的酉阳土家族苗族自治县的西南山区，酉阳历史悠久，置县历史长达2000余年。当地山川河谷交错纵横，由喀斯特地貌发展变化形成当地陡峭的陡坡槽谷，海拔高度跨度大。当地土质优良，含有大量有机物，植被丰富，有2000多种草本植物，其中能作为牧草的超过200种，为西州乌羊的养殖提供了绝佳的自然生态环境。

（2）讲好西州乌羊故事：西州乌羊全身皮肤可视黏膜为乌色，传统中医学认为"黑色入肾"，乌羊体内富含黑色素被认为有滋阴补肾、养气血的药理功能。西州乌羊全身都是宝，其皮毛是制作皮夹克和大衣的上等原材料，心、胆都能入药，羊角能用于制作工艺品和日用品，羊粪同样也是一种高热量的有机肥料。经第三军医大学化验证明，"西州乌羊"血中提取到的血清蛋白，具有抗癌性，被称为"药羊"。"西州乌羊"通过国家畜禽遗传资源鉴定专家组的现场鉴定，在2009年成为国家级畜禽遗传资源，被国家工商总局商标局核准注册为国家地理标志证明商标。如今，存栏100只以上的规模养殖户超千户，成立山羊养殖专业合作社达到87个，酉阳县确定山羊产业重点乡镇28个。

（3）精品荟萃，多姿多彩：在武陵渝畜文化中还有秀山土鸡、彭水山地黄牛、武隆板角山羊、石柱长毛兔等地理标志，是历史文脉源远流长、精品荟萃的活态案例。

第六章 武陵民间非遗地理标志文化

本章以"非遗武陵"（传统技艺、传统美术、传统医药）为主题，分别以武陵各县市最具代表性的地理标志文化为研究对象，以点带面展开文献梳理，通过寻根究源、讲好故事、精品荟萃三个层面，揭示地理标志文化中所蕴藏丰富多彩的历史文脉、文化记忆。了解和把握地理标志文化价值挖掘的相关知识、研究路径和研究方法，是成功获得非遗地理标志商标确权法律依据的重要途径，为武陵民族地区有效开展非遗地理标志商标保护、品牌形象塑造及跨文化传播与交流提供理论参照。

一、非遗武陵　传统技艺

"传统技艺"是武陵民族地区最具特色的非遗项目，讨论是非遗地理标志发展的核心文脉。对"湘鄂黔渝"三省一市非遗项目的分类梳理与资源挖掘，为武陵民族地区开展非遗地理标志商标申请注册保护提供了依据。

1.荆楚技艺：坝漆、织锦、吊脚楼

荆楚技艺非遗项目：截止到 2018 年 5 月，湖北武陵 11 个县（市）已获国家级省级非物质文化遗产代表性项目"传统技艺"14 项（国家级 1 项，省级 13 项），其中，非遗地理标志商标 5 件，占湖北武陵非遗项目传统技

艺类总数的 35.7%。

表6-1　传统技艺·湖北武陵非遗项目总汇一览表

级别	项目类别	非遗名称	申报地区或单位	传承人	备注
国家级	传统技艺	绿茶制作技艺 （恩施玉露制作技艺）	恩施市		注册
省级	传统技艺	绿茶制作技艺 （恩施玉露制作技艺）	恩施市		注册
省级	传统技艺	土家织锦制作技艺 （西兰卡普制作技艺）	来凤县		
省级	传统技艺	酱菜制作技艺（凤头姜制作技艺）	来凤县		注册
省级	传统技艺	干栏吊脚楼建造技艺	咸丰县		
省级	传统技艺	蒸馏酒传统酿造技艺 （三峡老窖酒传统酿造技艺）	巴东县		
省级	传统技艺	绿茶制作技艺 （恩施玉露制作技艺）	恩施市		注册
省级	传统技艺	绿茶制作技艺 （宣恩伍家台贡茶制作技艺）	宣恩县		注册
省级	传统技艺	豆制品制作技艺 （巴东五香豆干制作技艺）	巴东县		注册
省级	传统技艺	豆制品制作技艺 （利川柏杨豆干制作技艺）	利川市		
省级	传统技艺	油茶汤制作技艺	咸丰县、 来凤县		
省级	传统技艺	漆筷制作技艺 （来凤漆筷制作技艺）	来凤县		
省级	传统技艺	制漆技艺（坝漆制作技艺）	利川市		
省级	传统技艺	毛尖茶制作技艺 （五峰采花毛尖茶制作技艺）	五峰土家 族自治县		注册

荆楚技艺商标注册：截止到 2019 年 12 月，湖北武陵 11 个县（市）已核准注册的"传统技艺"非遗地理标志商标总数为 5 件，其中恩施州 4 件（恩施玉露、凤头姜、宣恩伍家台贡茶、巴东五香豆干）；宜昌武陵三县 1 件（五峰采花毛尖）。

表 6-2　传统技艺·湖北武陵非遗类地理标志商标注册一览表

类别	商标名称	申报地区或单位	传承人	备注
传统技艺	恩施玉露	恩施市	杨胜伟	30 类
传统技艺	凤头姜	来凤县		29 类
传统技艺	宣恩伍家台贡茶	宣恩县		30 类
传统技艺	巴东五香豆干	巴东县		29 类
传统技艺	五峰采花毛尖	五峰土家族自治县		30 类
传统技艺	恩施玉露	恩施市	杨胜伟	30 类

以上数据分析表明，湖北武陵非遗项目传统技艺类，在非遗类地理标志商标保护方面工作已取得了一定成效。数据显示，非遗类地理标志商标注册资源极其丰富，值得各级政府及相关部门探索、关注和重视。

荆楚技艺文脉挖掘：

（1）伍家台贡茶探源："伍家台贡茶"是国内外享有盛誉的一种绿茶，产地湖北恩施州宣恩县板场乡伍家台。有专家推测，宣恩县产贡茶可追溯到武王伐纣时期，但始于北宋咸平年间的可能性最大，比伍家台贡茶早700多年，距今已逾1000年。

（2）讲好伍家台贡茶故事：谈到"伍家台贡茶"的历史文脉，要从"皇恩宠锡"牌匾谈起。"民间版本"说，据宣恩贡茶制作技艺传承人李维炳回忆：他曾多次听伍肇凡（伍昌臣的玄孙）说过，他的奶奶赵氏和熊氏（伍昌臣孙媳）曾对后人说："我们这里的茶，冬春都要淋粪，是爷爷手里敬献给皇帝的好茶，皇帝还给他奖励了一块匾"（李维炳与伍氏家族有亲缘关系，20世纪50年代，李维炳在伍家台学制茶技术，与伍肇凡同吃同住同劳动两个多月）。"文人版本"说，第一种说法是1986年7月27日发表在《鄂西报》第4版的一篇文章，题目是《伍家台贡茶》，文中说，据《宣恩县志》记载："碧翠银毫，献宫廷御案，赞不绝口，得宠御赐'皇恩宠锡'金（宁）匾，并南地方官员旗锣鼓伞送到伍昌臣家，供奉于中堂，伍氏子孙，世代相传，迄今已两百多年。"第二种说法是2005年7月20日《恩施日报》第8版在"民族视窗"栏目中登载《"皇恩宠锡"的由来》的文章，文中说:"1784 年宜昌府台丛尹昌派人收购此茗,进贡给乾隆帝……龙颜为之大悦,御笔亲赐'皇恩宠锡'四字。宜昌府将此御迹传到伍家台伍昌臣手中……从此名扬四方,得名'贡茶'"。第三种说法是,清乾隆四十九年 (1784),山东昌乐举人刘澍任宣恩县知县,将万寨伍家台人伍昌臣培育制作的茶叶,经施南知府廷毓(满洲镶白旗举人)进贡给乾隆皇帝,获赐"皇恩宠锡"牌匾。"乾隆四十九年乾隆皇帝所赐"的说法,是文史研究人员根据牌匾中储存的不完全信息加以认真辨认和对伍氏家族史及伍昌臣墓碑的综合考证而得出的结论。

(3)精品荟萃,多姿多彩:在湖北武陵"传统技艺"非遗项目中还有许许多多历史文脉源远流长、精品荟萃、多姿多彩的活态案例。

2. 潇湘技艺:造纸"彩扎"千两茶

潇湘技艺非遗项目:截止到 2018 年 5 月,湖南武陵 37 个县(市)已获国家级省级非物质文化遗产代表性项目"传统技艺"37 项(国家级 9 项,省级 28 项),其中,非遗地理标志商标 5 件,占湖南武陵非遗项目传统技艺类总数的 13.5%。

表 6-3 传统技艺·湖南武陵非遗项目总汇一览表

级别	项目类别	非遗名称	申报地区或单位	传承人	备注
国家级	传统技艺	土家族吊脚楼营造技艺	永顺县		
国家级	传统技艺	竹纸制作技艺(蔡伦古法造纸技艺、滩头手工抄纸技艺)	耒阳市、隆回县		
国家级	传统技艺	赛龙舟	沅陵县		
国家级	传统技艺	蓝印花布印染技艺	凤凰县、邵阳县	刘大炮	
国家级	传统技艺	土家族织锦技艺	湘西土家族苗族自治州	叶水云、刘代娥	
国家级	传统技艺	彩扎(凤凰纸扎)	凤凰县		

级别	项目类别	非遗名称	申报地区或单位	传承人	备注
国家级	传统技艺	黑茶制作技艺（千两茶制作技艺、茯砖茶制作技艺）	安化县、益阳市		注册
国家级	传统技艺	侗锦织造技艺	通道侗族自治县	粟田梅	
国家级	传统技艺	梅山武术	新化县		
省级	传统技艺	花瑶挑花	怀化市溆浦县		
省级	传统技艺	竹编技艺（中方斗笠、民间手工竹编技艺）	怀化市中方县、怀化市会同县		
省级	传统技艺	苗族武术	湘西土家族苗族自治州花垣县		
省级	传统技艺	湘西苗绣	湘西土家族苗族自治州花垣县、凤凰县		
省级	传统技艺	苗族花带技艺	湘西土家族苗族自治州花垣县		
省级	传统技艺	湘西土陶制作技艺	湘西土家族苗族自治州龙山县、永顺县、保靖县		
省级	传统技艺	竹编技艺	湘西土家族苗族自治州永顺县、保靖县		
省级	传统技艺	保靖松花皮蛋制作技艺	湘西土家族苗族自治州保靖县		
省级	传统技艺	岩鹰拳	邵阳市新宁县		
省级	传统技艺	东安武术	永州市东安县		
省级	传统技艺	苗族插绣	邵阳市绥宁县		
省级	传统技艺	滩头手工抄纸	邵阳市隆回县		
省级	传统技艺	邵阳手工榨油术	邵阳市邵阳县		注册
省级	传统技艺	凤凰扎染技艺	湘西土家族苗族自治州凤凰县		
省级	传统技艺	苗家八合拳	湘西土家族苗族自治州古丈县		
省级	传统技艺	彩扎（麻阳苗族纸扎）	麻阳县	何应标	
省级	传统技艺	挑花（花瑶挑花）	隆回县	沈燕希	
省级	传统技艺	挑花（土家族挑花）	永顺县	余爱群	
省级	传统技艺	苗族插绣	绥宁县	阳利春	

级别	项目类别	非遗名称	申报地区或单位	传承人	备注
省级	传统技艺	黑茶制作技艺 （千两茶制作技艺）	安化县	刘新安	注册
省级	传统技艺	侗族木构建筑营造技艺	通道县	李奉安	
省级	传统技艺	凤凰扎染技艺	凤凰县	向云芳	
省级	传统技艺	竹纸制作技艺 （滩头手工抄纸技艺）	隆回县	刘凡弟	
省级	传统技艺	苗族花带技艺	凤凰县	龙玉门	
省级	传统技艺	武冈卤菜制作技艺	武冈市	陈福元	注册
省级	传统技艺	竹编技艺	永顺县	胡廷贤	
省级	传统技艺	黑茶制作技艺 （安化天尖茶制作技艺）	安化县	肖益平	注册
省级	传统技艺	雕花蜜饯制作技艺	靖州县	易明珍	
省级	传统技艺	苗家八合拳	古丈县	龙云海	
省级	传统技艺	技子拳	武冈市	曾令其	
州	传统技艺	湘西土家族苗族自治州 古丈毛尖茶制作技艺	古丈县	向春辉	

潇湘技艺商标注册：截止到 2019 年 12 月，湖南武陵 37 个县（市）已核准注册的"传统技艺"非遗地理标志商标总数为 5 件，其中益阳市 2 件（安化千两茶、安化黑茶）；湘西土家族苗族自治州 1 件（古丈毛尖）；邵阳市 2 件（邵阳茶油、武冈卤菜）。

表 6-4　传统技艺·湖南武陵非遗类地理标志商标注册一览表

级别	项目类别	商标名称	申报地区或单位	传承人	类别
国家级	传统技艺	安化千两茶	益阳市安化县		30 类
国家级	传统技艺	安化黑茶	益阳市安化县		30 类
省级	传统技艺	古丈毛尖	湘西土家族苗族 自治州古丈县		30 类

级别	项目类别	商标名称	申报地区或单位	传承人	类别
省级	传统技艺	邵阳茶油	邵阳市邵阳县		29类
省级	传统技艺	武冈卤菜（2个）	邵阳市武冈市		29类

以上数据表明，湖南武陵非遗项目传统技艺类，在非遗类地理标志商标保护工作方面已取得了一定成效。数据显示，非遗类地理标志商标注册资源极其丰富，值得各级政府及相关部门探索、关注和重视。

潇湘技艺文脉挖掘：

（1）湘西苗绣探源：苗族起源于黄帝时期的"九黎"，尧舜时期的"三苗"。商周时期，苗族祖先迁徙到湘西"五溪"一带。苗绣是苗族人民历史文化的直接体现，苗族妇女用手中的针线记载了祖先的苦难历史，把自己民族的文化精神、生活习俗、宗教信仰以及对未来期望都绣在自己的民族服饰上。乾隆初年《永顺府志》记载，苗民性喜彩衣，能织纫，有苗巾、苗锦之属。苗绣是我国苗族民间传承的刺绣技艺，承载了苗族人民的历史文化轨迹，在不同的苗族聚居地，苗绣有不同的形式和风格。湘西苗绣传统绣花，底布一般采用黑色斜条纹布料，有时也会使用粉红色或浅蓝色。

（2）讲好湘西苗绣故事：苗族的刺绣艺术，是苗族历史文化中特有的表现形式之一，是苗族妇女勤劳智慧的结晶，其往往趣味性强、花纹稠密，色彩浓丽、材料丰富。苗族姑娘七八岁就开始在母亲的指引下，学习传承传统的苗绣制作手艺。湘西地理资源优越，山清水秀，自然条件得天独厚，特别适合花卉的生长。所以湘西苗绣就地取材，主要以现实生活中的自然景观为题材，多以描绘花，如桃花、梅花、荷花、水仙等，创作出鱼戏荷、喜上眉梢等极具特色的湘西苗绣图案纹样。"苗花苗绣"不仅指刺绣，还包含了绘花、凿花、剪纸、贴花、牵花、挑花、编花、雕花、绣花等工艺。和湘绣的写实逼真不同，苗族姑娘往往只是借鉴自然形态，在创作中不受具象物体和时空的约束，用多种多样的"苗花苗绣"技巧和材料，按照自己天马行空的想象进行造型和组合。

（3）精品荟萃，多姿多彩：在湖南武陵"传统技艺"非遗项目中还有许许多多历史文脉源远流长、精品荟萃多姿多彩的活态案例。

3.黔贵技艺：箫笛、苗绣、酱香酒

黔贵技艺非遗项目：截止到 2018 年 5 月，贵州武陵 16 个县（市）已获国家级省级非物质文化遗产代表性项目"传统技艺"16 项（国家级 2 项，省级 13 项），其中，非遗地理标志商标 5 件，占贵州武陵非遗项目传统技艺类总数的 31.3%。

表 6-5　传统技艺·贵州武陵非遗项目总汇一览表

级别	项目类别	项目名称	申报地区或单位	传承人	备注
国家级	传统技艺	仁怀酱香酒	仁怀市（茅台）酒文化研究会		注册
国家级	传统技艺	玉屏箫笛	玉屏侗族自治县箫笛行业协会		注册
省级	传统技艺	松桃苗绣	丹寨县、松桃苗族自治县	田应芝	注册
省级	传统技艺	傩面具制作工艺	德江县	黎世宏	
省级	传统技艺	印染工艺	印江县		
省级	传统技艺	焰火架制作技艺	印江土家族苗族自治县		
省级	传统技艺	墨石雕刻技艺	正安县		
省级	传统技艺	湄潭翠芽茶制作技艺	湄潭县		注册
省级	传统技艺	遵义红茶制作技艺	湄潭县		
省级	传统技艺	湄潭手筑黑茶制作技艺	湄潭县		
省级	传统技艺	石阡苔茶制作技艺	石阡县		注册
省级	传统技艺	土家熬熬茶制作技艺	德江县		
省级	传统技艺	豆制品制作技艺	江口县		
省级	传统技艺	印染工艺	石阡县		
省级	传统技艺	砂陶制作工艺	印江土家族苗族自治县		

　　黔贵技艺商标注册：截止到 2019 年 12 月，贵州武陵 16 个县（市）已核准注册的"传统技艺"非遗地理标志商标总数为 5 件，其中铜仁 5 件（仁怀酱香酒、玉屏箫笛、松桃苗绣、湄潭翠芽、石阡苔茶）。

表 6-6　传统技艺·贵州武陵非遗类地理标志商标注册一览表

级别	项目类别	项目名称	申报地区或单位	传承人	备注
国家级	传统技艺	仁怀酱香酒	仁怀市（茅台）酒文化研究会		注册
国家级	传统技艺	玉屏箫笛	玉屏侗族自治县箫笛行业协会		注册
省级	传统技艺	松桃苗绣	丹寨县、松桃苗族自治县	田应芝	注册
省级	传统技艺	湄潭翠芽茶制作技艺	湄潭县		注册
省级	传统技艺	石阡苔茶制作技艺	石阡县		注册

　　以上数据表明，贵州武陵非遗项目传统技艺类，在非遗类地理标志商标保护工作方面已取得了一定成效。数据显示，非遗类地理标志商标注册资源极其丰富，值得各级政府及相关部门探索、关注和重视。

　　黔贵技艺文脉挖掘：

　　（1）玉屏箫笛探源：侗族、汉族、苗族、土家族等民族喜欢通过竹管乐器来表达内心的情感和思念，在明万历年间玉屏地区就有了箫笛，因箫笛音韵清脆、音律委婉，外观精美小巧而成为当时年轻恋人热衷追捧的乐器。玉屏箫笛作为几百年的传统，其音色优美而不失圆润，做工精湛。它是玉屏侗族、汉族、苗族、土家族等多民族文化发展融合的结晶，玉屏箫笛作为一种民族乐器的工艺品获 1913 年伦敦国际工艺品博览会银质奖，1923 年获巴拿马国际博览会金奖，它是中国最先获国际大奖的民族民间乐器之一。玉屏箫笛和"贵州三宝"的茅台酒一样，蜚声海内外。许多箫笛艺人都为它的发展作出过贡献。玉屏箫笛在经过长期的演变中品种已由一箫一笛发展为七箫十二笛一百多个品种。

　　（2）讲好玉屏箫笛故事：箫笛流传于公元 1 世纪左右，古代玉屏的所在地五溪就是箫笛的故乡。传说在三百年前，玉屏有个姓郑的人偶遇一个自称"鹿皮大仙"的道人，两人对当下的朝廷都颇为不满，产生了强烈的共鸣，一见如故，结为知己，两人时常结伴同行。道人通音律，有一次他将山上采来的一根竹子制成箫笛吹奏起来，旋律时而悲愤时而哀鸣。不久后，道人远游他乡，便把制作箫笛的技艺传给了这位姓郑的朋友。从那以后，郑家就开始自制自销箫笛。这就成了诗句"仙到玉屏留古调"的出处。玉屏箫笛始制于明永乐年间，被明、清两朝列为贡品，深受皇室垂青。而在民间，知音、朋友之间往往将它作为珍品互赠，恋人之间却是更喜欢将玉屏箫笛中的龙凤屏箫作为信物互赠。龙凤屏箫分雌与雄两支箫管，雄的比较粗壮，雌的略为细小。雄箫音浑厚洪亮，而雌箫则音色圆润含蓄而隽永。玉屏箫笛从伐竹到制作成要经过几十道工序，最为特殊的就是在箫笛表面刻以诗画。管身的铜油色彩刻上各种精美的图案、诗词，使箫笛显得古朴典雅、韵味十足。如今，玉屏箫笛产业越来越受到政府的重视，特别是玉屏箫笛证明商标的广泛使用及宣传，使得玉屏箫笛更加得到了广大消费者的青睐。

4. 巴渝技艺：酥食、锻打、鸡豆花

巴渝技艺非遗项目：截止到 2018 年 5 月，重庆武陵 7 个县（市）已获国家级和市级非物质文化遗产代表性项目"传统技艺"77 项（国家级 1 项，市级 76 项），其中，非遗地理标志商标 4 件，占重庆武陵非遗项目传统技艺类总数的 31.3%。

表 6-7　传统技艺·重庆武陵非遗项目总汇一览表

级别	项目类别	项目名称	申报地区或单位	传承人	备注
国家级	传统技艺	土家族吊脚楼营造技艺	石柱土家族自治县	刘成柏	
市级	传统技艺	石柱黄连传统生产技艺	石柱土家族自治县		注册
市级	传统技艺	巴渝羊肉传统制作技艺 （石柱临溪刘记羊肉制作技艺）	石柱土家族自治县		
市级	传统技艺	重庆吊脚楼营造技艺	石柱土家族自治县		

级别	项目类别	项目名称	申报地区或单位	传承人	备注
市级	传统技艺	土家倒流水豆腐干传统手工制作技艺	石柱土家族自治县		注册
市级	传统技艺	马武白酒传统酿造技艺	石柱土家族自治县		
市级	传统技艺	重庆吊脚楼营造技艺	石柱土家族自治县		
市级	传统技艺	朗溪竹板桥造纸	彭水苗族土家族自治县		
市级	传统技艺	郁山鸡豆花制作技艺	彭水苗族土家族自治县		
市级	传统技艺	郁山擀酥饼制作技艺	彭水苗族土家族自治县		
	传统技艺	彭水青瓦烧制技艺	彭水苗族土家族自治县		
	传统技艺	苗族银饰锻制技艺	彭水苗族土家族自治县		
	传统技艺	郁山泼炉印灶制盐技艺	彭水苗族土家族自治县		
	传统技艺	彭水米花传统制作技艺	彭水苗族土家族自治县		
	传统技艺	彭水灰豆腐制作技艺	彭水苗族土家族自治县		
	传统技艺	彭水普子火药制作技艺	彭水苗族土家族自治县		
	传统技艺	传统铁器锻打技艺	彭水苗族土家族自治县		
	传统技艺	鞍子酥食制作技艺	彭水苗族土家族自治县		
	传统技艺	龙塘麻糖制作技艺	彭水苗族土家族自治县		
	传统技艺	郁山晶丝苕粉制作技艺	彭水苗族土家族自治县		注册
	传统技艺	涪翁烧白传统制作技艺	彭水苗族土家族自治县		

级别	项目类别	项目名称	申报地区或单位	传承人	备注
	传统技艺	郁山三香制作技艺	彭水苗族土家族自治县		
	传统技艺	苗家天锅传统酿酒技艺	彭水苗族土家族自治县		
市级	传统技艺	秀山竹编制作技艺	秀山土家族苗族自治县		
	传统技艺	龙凤花烛	秀山土家族苗族自治县		
	传统技艺	龙灯彩扎工艺	秀山土家族苗族自治县		
	传统技艺	秀山毛尖栽培与制作技艺	秀山土家族苗族自治县		注册
	传统技艺	辛家老店豆腐乳传统制作技艺	秀山土家族苗族自治县		注册
	传统技艺	洪安腌菜鱼传统制作技艺	秀山土家族苗族自治县		
市级	传统技艺	濯水绿豆粉制作技艺	黔江区		
市级	传统技艺	黔江珍珠兰茶罐窨手工制作技艺	黔江区		
市级	传统技艺	黔江斑鸠蛋树叶绿豆腐制作技艺	黔江区		
	传统技艺	土法制香	黔江区		
	传统技艺	王氏灶台建造技艺	黔江区		
	传统技艺	白土唢呐制作工艺	黔江区		
	传统技艺	西兰卡普（土家织锦）制作技艺	黔江区		
	传统技艺	濯水石鸡砣土陶制作技艺	黔江区		
	传统技艺	鲊（渣）海椒传统制作技艺	黔江区		
	传统技艺	黔江鸡杂传统制作技艺	黔江区		
	传统技艺	黔江牛肉脯传统制作技艺	黔江区		
	传统技艺	火炉药膳羊肉传统制作技艺	黔江区		
	传统技艺	白马天然蜂蜜传统酿制技艺	黔江区		
	传统技艺	巴渝皮鼓传统制作技艺（黔江王氏牛皮鼓制作技艺）	黔江区		
	传统技艺	竹编（黔江传统竹编）	黔江区		
	传统技艺	官村麻糖制作技艺	黔江区		

续表

级别	项目类别	项目名称	申报地区或单位	传承人	备注
	传统技艺	陆氏中药酒曲传统制作技艺	黔江区		
市级	传统技艺	酉阳西兰卡普传统制作技艺	酉阳土家族苗族自治县		
市级	传统技艺	宜居乡传统制茶技艺	酉阳土家族苗族自治县		
	传统技艺	酉阳传统造纸技艺	酉阳土家族苗族自治县		
	传统技艺	龙潭鸭子龙彩扎技艺	酉阳土家族苗族自治县		
	传统技艺	柚子龟传统制作技艺	酉阳土家族苗族自治县		
	传统技艺	龚滩镇绿豆粉传统制作技艺	酉阳土家族苗族自治县		
	传统技艺	酉阳白酒传统酿造技艺	酉阳土家族苗族自治县		
	传统技艺	土家油茶汤传统制作技艺	酉阳土家族苗族自治县		
	传统技艺	麻旺醋传统酿造技艺	酉阳土家族苗族自治县		
	传统技艺	藤茶传统制作技艺	酉阳土家族苗族自治县		
	传统技艺	浪坪传统织绸技艺	酉阳土家族苗族自治县		
	传统技艺	酉阳西兰卡普传统制作技艺	酉阳土家族苗族自治县		
	传统技艺	茶元白酒传统酿造技艺	丰都县		
	传统技艺	青龙茶传统制作技艺	丰都县		
	传统技艺	麻辣鸡块传统技艺	丰都县		
	传统技艺	包鸾竹席传统制作技艺	丰都县		
	传统技艺	仙家豆腐乳传统制作技艺	丰都县		
	传统技艺	浩口仡佬族蜡染传统制作技艺	武隆区		
	传统技艺	武隆白酒传统酿造技艺（赵家花酒传统酿造技艺、武隆洞藏酒传统酿造技艺）	武隆区		

级别	项目类别	项目名称	申报地区或单位	传承人	备注
	传统技艺	武隆老鹰茶传统制作技艺	武隆区		
	传统技艺	羊角豆腐干传统制作技艺	武隆区		
	传统技艺	纸竹工艺	武隆区		
	传统技艺	后坪木器制作工艺	武隆区		
	传统技艺	羊角老醋传统制作技艺	武隆区		
	传统技艺	巴渝羊肉传统制作技艺（武隆碗碗羊肉制作技艺）	武隆区		
	传统技艺	重庆藤编（巷口藤编、外郎藤编传统手工技艺）	武隆区、云阳县		
	传统技艺	土坎苕粉传统制作技艺	武隆区		
	传统技艺	巴渝羊肉传统制作技艺（涪陵同乐羊肉制作技艺、铜梁赵木二羊肉制作技艺）	涪陵区、铜梁区		
	传统技艺	巴渝皮鼓传统制作技艺（云阳皮鼓制作传统手工技艺）	云阳县		
	传统技艺	竹编（江津四面山传统烘笼竹编、梁平竹编）	江津区、梁平区		
	传统技艺	重庆吊脚楼营造技艺	渝中区		

巴渝技艺商标注册：截止到 2019 年 12 月，重庆武陵 7 个县（市）已核准注册的"传统技艺"非遗地理标志商标总数 4 件，其中石柱县 1 件（倒流水豆腐干）；秀山县 2 件（秀山豆腐乳、秀山毛尖）；彭水县 1 件（彭水晶丝苕粉）。

表 6-8　传统技艺·重庆武陵非遗类地理标志商标注册一览表

级别	项目类别	商标名称	申报地区或单位	传承人	类别
省级	传统技艺	倒流水豆腐干	石柱土家族自治县大歇镇"倒流水豆腐干"专业经济协会		29 类
省级	传统技艺	秀山豆腐乳	秀山土家族苗族自治县农业技术服务中心		29 类
省级	传统技艺	秀山毛尖	秀山茶叶协会		30 类
省级	传统技艺	彭水晶丝苕粉	彭水苗族土家族自治县红薯专业技术协会		30 类

以上数据表明，重庆武陵非遗项目传统技艺类，在非遗类地理标志商标保护工作方面已取得了一定成效。数据显示，非遗类地理标志商标注册资源极其丰富，值得各级政府及相关部门探索、关注和重视。

巴渝技艺文脉挖掘：

（1）丰都麻辣鸡探源："丰都麻辣鸡"起源可追溯到唐宋时期。因历史和经济的制约，发展和品质的提升缓慢。改革开放后，世界闻名的丰都鬼城吸引着中外游客，颇具地方特色的麻辣鸡如雨后春笋般迅猛发展，制作工艺、流程不断优化，使品质日渐提升：形状美观，集色、香、味、形于一身；色泽红亮鲜艳，香味浓郁四溢，味道麻辣鲜香，肉质筋道而细脆。辣不上火，麻而有度，肥而不腻，清香四溢，回味悠长。

（2）讲好丰都麻辣鸡故事：丰都县境内地貌由一系列平行褶皱山系构成，溪河纵横，丘谷交错。平均海拔 500 米，年平均气温 20—27 摄氏度。天然草地、山坡、林地、果园以及终年不断的山溪潺潺、背风向阳的环境，使丰都人有着悠久的土鸡养殖历史渊源。加之传统和科技相结合的养殖技术，使丰都土鸡毛色相当鲜艳，外观尤其靓丽，鸡冠亮红且硕大，令人赏心悦目；品质纯正，肉质鲜甜味美，口感细腻有韧性；因散养和林下养殖，觅食草虫，露天成长，营养价值高；生长周期长（180 天以上），运动量较多，脂肪很少；吃的是五谷杂粮兼虫子、青菜、牧草、树叶，饮的是山泉水，沐浴阳光清风，集绿色、味美、营养为一体。经数代人的打造，丰都麻辣鸡特色产业形成了集孵化、养殖、加工、销售（网店）为一体的产业链，成为丰都一张靓丽的名片。

二、非遗武陵　传统美术

"传统美术"是武陵民族地区最具特色的非遗项目，本书仅限于讨论国家级和省级两级，是非遗地理标志发展的核心文脉，对"湘鄂黔渝"三省一市非遗项目的分类梳理与资源挖掘，为武陵民族地区开展非遗地理标志商标申请注册保护提供了依据。

1. 荆楚美术：木雕、石雕、绣花鞋垫

荆楚美术非遗项目：截止到2018年5月，湖北武陵11个县（市）已获国家级省级非物质文化遗产代表性项目"传统美术"5项（省级5项），其中，非遗地理标志商标0件，占湖北武陵非遗项目传统技艺类总数的0%。

表6-9　传统技艺·湖北武陵非遗项目总汇一览表

级别	项目类别	非遗名称	申报地区或单位	传承人
省级	传统美术	木雕（利川木雕）	利川市	
省级	传统美术	石雕（尖山石刻）	咸丰县	
省级	传统美术	咸丰何氏根雕	咸丰县	
省级	传统美术	民间绣活（土家族苗族）	咸丰县、宣恩县	
省级	传统美术	竹编（宣恩竹编）	宣恩县	

荆楚美术商标注册：截止到2019年12月，湖北武陵11个县（市）已核准注册的"传统美术"非遗地理标志商标总数为0件。

数据显示，湖北武陵非遗项目传统美术类，在非遗类地理标志商标保护方面属于未开垦的处女地，非遗类地理标志商标注册资源极其丰富（以上数据仅限国家级省级），田野调查中非遗项目传统美术类在市级县级大量存在，值得各级政府及相关部门探索、关注和重视。

荆楚美术文脉挖掘：

（1）三岔傩面探源："傩愿戏"和三岔乡的"坛傩"是傩戏中恩施市红土乡的两个组成部分。红土傩愿戏"戏中有祭"和三岔坛傩"祭中有戏"，

都包含非常古老而典型的祭祀仪式。约有320年历史的"傩愿戏",由湖南经鹤峰县传来,剧目较多,生、旦、净、丑行当齐全,有地方民间音乐特点,悦耳动听,深受各个层次的人群欢迎。在远离城市喧嚣的红土乡,现在仍能看到还愿仪式中的十多坛法事,这是现代人的幸运。在全国几乎已绝迹的《鲍家庄》,在该乡的漆树坪班仍能全本演出。而"坛傩"也现存于恩施市三岔乡,它起源于明洪武年间谭、杨等姓人家祭祖的"弘农堂"。三岔坛傩是一个文化宝库,至今还保留有交牲、开坛、请水等25坛完整的"法事",集中地再现了远古祭祀的场景。感谢当地人能将一批祖辈遗留下来的古老傩戏剧目保留完好,让后来的我们有机会去触摸到曾经的中国传统文化。

（2）讲好三岔傩面故事:唱傩戏,自然少不了傩戏面具。人称"傩面汪"的汪儒斌,是民间艺术家、土家傩戏大师、恩施傩戏面具制作传承人谭学朝的弟子,他从1993年跟随谭学朝学习,又南下到福建学习彩绘、木雕技术,潜心研究人物面部表情的表达技巧,在傩面具配色工艺方面进行改进、创新。20年来,汪儒斌对傩戏人物、地方剧目、神话故事里的150多种类型的角色进行了大胆探索和创新,创作了傩面具千余张。

（3）精品荟萃,多姿多彩:在湖北武陵"传统美术"非遗项目中还有许许多多历史文脉源远流长的活态案例。

2. 潇湘美术:苗画、剪纸、木版画

潇湘美术非遗项目:截止到2018年5月,湖南武陵36个县（市）已获国家级省级非物质文化遗产代表性项目"传统美术"15项（国家级2项,省级11项）,其中,非遗地理标志商标0件,占湖南武陵非遗项目传统技艺类总数的0%。

表 6-10　传统技艺·湖南武陵非遗项目总汇一览表

级别	项目类别	非遗名称	申报地区或单位	传承人
国家级	传统美术	苗画	湖南省保靖县	
国家级	传统美术	石雕（沅洲石雕）	湖南省芷江侗族自治县	
省级	传统美术	土家族转角楼建筑艺术	湘西土家族苗族自治州永顺县	
省级	传统美术	木雕 （湘西木雕、洞口木雕）	湘西土家族苗族自治州永顺县、邵阳市洞口县	
省级	传统美术	石雕 （塔卧石雕） （杨柳石雕） （菊花石雕） （洞口墨晶石雕）	湘西土家族苗族自治州永顺县 湘西土家族苗族自治州泸溪县 湖南工艺美术研究所 邵阳市洞口县	
省级	传统美术	土家族竹雕	湘西土家族苗族自治州龙山县	
省级	传统美术	棕编（长沙棕叶编）	长沙市天心区	
省级	传统美术	木雕 （傅氏木雕、湘西木雕）	怀化市、湘西土家族苗族自治州泸溪县	
省级	传统美术	剪纸 （大桥剪纸、梅山剪纸）	衡阳市衡东县、益阳市安化县	
省级	传统美术	木雕（桃源木雕）	桃源县	朱德元
省级	传统美术	石雕（沅洲石雕）	芷江县	蒲学塘
省级	传统美术	滩头木版年画	隆回县	尹冬香
省级	传统美术	石雕（杨柳石雕）	泸溪县	佘军

潇湘美术商标注册：截止到 2019 年 12 月，湖南武陵 36 个县（市）已核准注册的"传统美术"非遗地理标志商标总数为 0 件。

数据显示，湖南武陵非遗项目传统美术类，在非遗类地理标志商标保护方面属于未开垦的处女地。非遗类地理标志商标注册资源极其丰富（以上数据仅限国家级省级），田野调查中非遗项目传统美术类在市级县级大量存在，值得各级政府及相关部门探索、关注和重视。

潇湘美术文脉挖掘：

（1）沅洲石雕探源：沅州石雕，因石料取自芷江的明山石故又称为明山石雕。据史载其始于南宋，盛于明清，历史悠久，源远流长。清代黄本骥在《湖南方物志》一书中写道："明山石雕镂刻花鸟、人物、山水、楼阁等，极为精致；雕刻北斗、八角、古琴等各种造型和图案，叹为观止。"清同治《沅州府志》中记载："明山石屏、砚。郡城北二十里为明山，山产石。凡二处，曰黎溪，曰五土坡，统以明山石名焉。"在明清两代，随着市井大众文化的普及以及书房几案陈设的新潮，沅州石雕的发展进入了鼎盛时期。《潇湘听雨录》中记载："芷江明山石，青赭黄白，五色层叠。工人铲去上层，显出次层，做梅兰竹菊及鳞羽草虫之类。视各层之色，取意为屏风或几榻，饰雕制精妙，售价不菲。其他界尺、墨床、笔格、香合等件直或小损。"

（2）讲好沅洲石雕故事：沅洲石雕材质色彩丰富，融汇儒家文化、汲取中国画艺术形式、表达出"文、巧、润、韵"的意蕴，观赏者欣赏每一幅石雕作品，都像是在品读一幅幅精心创作在五彩石上的文人画。沅州石雕种类繁多，有建筑石雕、祭祀石雕、宗教石雕、牌坊石雕、桥亭石雕、园林石雕等。

3. 黔贵美术：傩面、蜡染、百鸟衣

黔贵美术非遗项目：截止到2018年5月，贵州武陵36个县（市）已获国家级、省级、市级非物质文化遗产代表性项目"传统美术"19项（国家级5项，省级5项，市级9项），其中，非遗地理标志商标1件，占贵州武陵非遗项目传统技艺类总数的5.3%。

表 6-11 传统美术·贵州武陵非遗项目总汇一览表

级别	项目类别	非遗名称	申报地区或单位	传承人	备注
国家级	传统美术	松桃苗绣	松桃苗族自治县松桃苗绣协会		注册
国家级	传统美术	傩面具制作工艺	德江县		
国家级	传统美术	墨石雕刻技艺	正安县		
国家级	传统美术	砂陶制作工艺	印江土家族苗族自治县		
国家级	传统美术	苗族银饰制作技艺	雷山县控拜村		
省级	传统美术	苗族蜡染技艺	丹寨县龙泉镇振兴路 7 号		
省级	传统美术	苗族织锦技艺	麻江县	文胜兰	
省级	传统美术	苗族蜡染	丹寨县振兴路 7 号	王阿板	
省级	传统美术	思州石砚制作工艺	岑巩县	杨刚	
省级	传统美术	石雕（沅洲石雕）	芷江县	蒲学塘	

黔贵美术商标注册：截止到 2019 年 12 月，贵州武陵 36 个县（市）已核准注册的"传统美术"非遗地理标志商标总数为 1 件。

表 6-12 传统美术·贵州武陵非遗类地理标志商标注册一览表

级别	项目类别	商标名称	申报地区或单位	传承人	类别
省级	传统美术	松桃苗绣	松桃苗族自治县松桃苗绣协会	石丽平	26 类

数据显示，贵州武陵非遗项目传统美术类，在非遗类地理标志商标保护方面属于未开垦的处女地。非遗类地理标志商标注册资源极其丰富，田野调查中非遗项目传统美术类在市级县级大量存在，值得各级政府及相关部门好好探索、关注和重视。

黔贵美术文脉挖掘：

（1）松桃苗绣探源：松桃苗绣产业基地由松桃梵净山苗族文化旅游产品开发公司于 2008 年开始建设，截止到目前，共投入资金 2000 多万元。经过努力，"松桃苗绣"产品畅销国内，并远销欧美、日本、东南亚及港澳台等国家和地区。2011 年销售收入达 895.6 万余元，实现利润 133.4 万余元，催生了 3100 多名妇女实现就业。刺绣和银饰多次获全区多彩贵州"梵净山"旅游商品能工巧匠选拔大赛一等奖，"多彩贵州十大特产"荣誉称号。近年来，随着农村青壮年人口大量往城市迁移，松桃苗绣艺术的传承出现了严重的断代现象，加上老一代民间刺绣艺人的相继离世，很多地方的苗绣技艺随之失传，整个艺术门类濒临消亡。为了不让这门艺术丢失，石丽平毅然决定企业转型，传承保护和开发松桃苗绣。她说，"锰矿业属于资源型产业，再丰富的资源有一天也总会枯竭，只有民族文化的宝藏取之不尽用之不竭"。

（2）讲好松桃苗绣故事：多姿多彩的民族文化是贵州最为珍视的宝贝，但如果少了苗族文化，也是不完整的。"松桃苗绣"从此出名了。目前开发的花鼓、鸽子花、梵净山风光、鱼龙图腾、百苗图、民间故事畅销北京、上海等地，出口美国、日本、马来西亚、沙特阿拉伯等 67 个国家，共有六大系列 220 个品种苗绣产品。"松桃苗绣"已成为西部地区手工艺免检产品并获 ISO9001 质量管理体系认证，被评为"中国消费者满意名特优品牌"。2011 年 5 月，"花鼓舞刺绣"系列和"凤舞花开"两个精美的披肩作品被外交部指定为外交礼品。2013 年 9 月，经国家民族博物馆推荐，"鸽子花"绣品被联合国选作礼品。2014 年 6 月，"全国妇女手工编织就业创业示范基地"被首批认定。通过不懈的努力，2015 年 7 月，石丽平团队成功注册"松桃苗绣"地理标志，对松桃苗绣文化的保护又进了一步。"松桃苗绣"这块民族瑰宝终于在石丽平的呵护下展现出它应有的价值，进一步提升了公司知名度和品牌的影响力。实施锦绣计划以来，推动了妇女就业创业，促进了农村妇女脱贫致富，也推进了松桃自治县刺绣行业的发展。松桃苗绣犹如一首歌，婉转动听，余音绕梁，凝聚着苗族的智慧和向往，唤起人性向善向美。现在，刺绣的队伍还在逐步壮大中，越来越多的人走进刺绣行业队伍，不自觉地参与到武陵山脉的苗族传统文化继承与发展中。

4.巴渝美术：棕编、根艺、麦秆画

巴渝美术非遗项目：截止到 2018 年 5 月，重庆武陵 7 个县（市）已获国家级省级市级县级非物质文化遗产代表性项目"传统美术"30 项（国家级 0 项，市级 6 项，县级 24 项），其中，非遗地理标志商标 0 件，占重庆武陵非遗项目传统技艺类总数的 0%。

表 6-13　传统美术·重庆武陵非遗项目总汇一览表

级别	项目类别	非遗名称	申报地区或单位	传承人
市级	传统美术	巴渝棕编 （白土棕编、青吉棕编）	黔江区、武隆区、万盛经开区	
市级	传统美术	朱氏麦秆画	丰都县	
市级	传统美术	马氏根艺	石柱县	
市级	传统美术	西州苗绣	酉阳县	
市级	传统美术	秀山金珠苗绣	秀山县	杨秀燕
市级	传统美术	彭水苗绣	彭水县	李邵玉
县级	传统美术	鬼城泥塑	名山街道	
县级	传统美术	鬼脸谱瓢画	文化馆、三合街道	雷晓斌 唐小明
县级	传统美术	叶脉画	县文化馆、三合街道	
县级	传统美术	唯善剪艺	唯善剪艺工作室	田婵娟
县级	传统美术	志一竹木雕刻工艺	三合街道	李辉
县级	传统美术	鬼手朱古旧字画揭裱术	县非遗中心、三合街道	
县级	传统美术	三星石雕石刻	三星乡、南宾镇、石家乡等	牟富普
县级	传统美术	土家古床和窗花木雕	万朝乡、南宾镇、黎场乡等	陈为方

续表

级别	项目类别	非遗名称	申报地区或单位	传承人
县级	传统美术	石柱根雕	南宾镇、黄水镇、悦崃镇等	胡有声
县级	传统美术	石柱土家刺绣	石柱县	黄德兰
县级	传统美术	土家吊脚楼	万朝乡	刘成海
县级	传统美术	雕花床	南宾镇、黎场乡	何大海 梁道益
县级	传统美术	石佛雕塑	南宾镇	马才知
县级	传统美术	根雕书法	马武镇	柳洪远
县级	传统美术	墓葬雕刻	南宾镇、黎场乡、枫木乡、洗新乡	马世春 黎万龙 邹生文 李天华
县级	传统美术	石板老街建筑	西沱云梯街、鱼池老街悦崃镇、三星镇等	朱生文
县级	传统美术	年画	郁山镇	
县级	传统美术	傩戏神鬼面具制作	大垭乡	
县级	传统美术	傩戏桥案制作	大垭乡	
县级	传统美术	蚌壳的编制	汉葭街道	
县级	传统美术	乌江石鉴赏习俗	彭水县	
县级	传统美术	武隆传统版画	武隆区	
县级	传统美术	黄莺根雕	黄莺乡	
县级	传统美术	鸭江剪纸	鸭江镇	

巴渝美术商标注册：截止到 2019 年 12 月，重庆武陵 7 个县（市）已核准注册的"传统美术"非遗地理标志商标总数为 0 件。

数据显示，重庆武陵非遗项目传统美术类，在非遗类地理标志商标保护方面属于未开垦的处女地，非遗类地理标志商标注册资源极其丰富，田野调查中非遗项目传统美术类在市级县级大量存在，值得各级政府及相关部门探索、关注和重视。

三、非遗武陵　传统医药

"传统医药"是武陵民族地区最具特色的非遗项目，是非遗地理标志发展的核心文脉，对"湘鄂黔渝"三省一市非遗项目的分类梳理与资源挖掘，为武陵民族地区开展非遗地理标志商标申请注册保护提供了依据。

1. 荆楚医药：眼科、正骨、制剂膏

荆楚医药非遗项目：截止到 2018 年 5 月，湖北武陵 11 个县（市）已获国家级省级市级县级非物质文化遗产代表性项目"传统医药" 9 项（国家级 0 项，省级 1 项、市级 5 项，县级 3 项）。

表 6-14　传统医药·湖北武陵非遗项目总汇一览表

级别	项目类别	非遗名称	申报地区或单位	传承人
省级	传统医药	严氏眼科中医疗法	咸丰县	严一福
市级	传统医药	中医传统制剂方法·秭归何氏膏药	秭归县	何进
市级	传统医药	中医传统制剂方法·赵氏化铁膏	宜昌市伍家岗区	颜静年
市级	传统医药	中医传统制剂方法·赵氏散结化瘀膏	宜昌市伍家岗区	赵雯鑫
市级	传统医药	正骨疗法（恩施庄氏正骨法）	恩施市	庄永益
市级	传统医药	正骨疗法（利川陈氏正骨疗法）	利川市	陈明素
县级	传统医药	化九龙水	鹤峰县	传统医药
县级	传统医药	民间中医正骨疗法	长阳土家族自治县	传统医药
县级	传统医药	传统中药文化	长阳土家族自治县	传统医药

荆楚医药商标注册：截止到 2019 年 12 月，湖北武陵 11 个县（市）

已核准注册的"传统医药"非遗地理标志商标总数为 0 件。

　　数据显示，湖北武陵非遗项目传统医药类，在非遗类地理标志商标保护方面属于未开垦的处女地。湖北武陵中医药文化历史源远流长，传统医药的潜在价值有待挖掘。田野调查发现，湖北武陵非遗项目中传统医药类资源极其丰富，特别是在市级县级非遗项目中传统医药类更是存量很大，值得各级政府及相关部门关注和重视。

2. 潇湘医药：苗医、苗药、正骨术

　　潇湘医药非遗项目：截止到 2018 年 5 月，湖南武陵 36 个县（市）已获国家级省级市级县级非物质文化遗产代表性项目"传统医药"79 项（国家级 2 项，省级 2 项，市级 31 项、县级 44 项），其中，非遗地理标志商标 0 件，占湖南武陵非遗项目传统技艺类总数的 0%。

表 6-15　传统医药·湖南武陵非遗项目总汇一览表

级别	项目类别	非遗名称	申报地区或单位	传承人
国家级	传统医药	中医正骨疗法 （新邵孙氏正骨术）	湖南省新邵县	
国家级	传统医药	苗医药 （癫痫症疗法、钻节风疗法）	湖南省凤凰县、 花垣县	
省级	传统医药	湘西苗医苗药	湘西土家族苗族 自治州花垣县、 凤凰县	
省级	传统医药	孙氏正骨术	邵阳市新邵县	孙氏家族
市级	传统医药	麻阳苗医药	麻阳县长寿研究会	滕建甲
市级	传统医药	苗医药（癫痫症疗法）		龙玉年
市级	传统医药	苗医药（钻节风疗法）		田兴秀
市级	传统医药	土家族医药·蛇伤疗法		向泽初
市级	传统医药	土家族医药（蛇伤治疗术）		刘春涛
市级	传统医药	土家医小儿提风疗法		周青松

级别	项目类别	非遗名称	申报地区或单位	传承人
市级	传统医药	苗药蒸汽疗法		田小俊
市级	传统医药	土家族医药		彭书源
市级	传统医药	苗医药		陈正宏
市级	传统医药	侗医膃吓（刮痧）疗法	湖南医药学院	
市级	传统医药	土家医·封刀接骨		谢根国 田柏贵
市级	传统医药	土家医·治瘤痰		朱大顺
市级	传统医药	湘西刘氏小儿推拿		刘盈盈
市级	传统医药	谢氏草药医技	邵阳县	谢志元
市级	传统医药	龙山药王医药文化	新邵县	刘绪银
市级	传统医药	土家医·桐油接骨黑膏药制作技法		秦志文
市级	传统医药	苗医、苗药（陈氏蛇药）	城步苗族自治县	陈泽勇
市级	传统医药	苗医、苗药（清翳术）	城步苗族自治县	唐承贵
市级	传统医药	天基特效医术	邵阳市	李天基
市级	传统医药	土家医药·不孕症疗法		莫淑珍
市级	传统医药	苗医药·二十四脉诊		杨贵兴
市级	传统医药	苗医药·带下病疗法		胡美玉
市级	传统医药	土家族医药（土家医雷吉林蛇伤治疗技术）		雷吉林
市级	传统医药	苗医、苗药（苗医正骨术）		张东海
市级	传统医药	苗医、苗药（唐氏烫伤药）	城步苗族自治县	周杨斌
市级	传统医药	侗医、侗药（王氏风湿骨痛医术）	绥宁县	王树青
市级	传统医药	苗医、苗药·龙清靠接骨术		龙清靠
市级	传统医药	苗医药·烧伤疗法		胡长贵
市级	传统医药	苗医药·皮肤病疗法		向昌荣
市级	传统医药	古丈民间点穴疗法		李云凤
市级	传统医药	孟松梦表疗法		吴忠荣

潇湘医药商标注册：截止到 2019 年 12 月，湖南武陵 36 个县（市）已核准注册的"传统医药"非遗地理标志商标总数为 0 件。

数据显示，湖南武陵非遗项目传统医药类，在非遗类地理标志商标保护方面属于未开垦的处女地。湖南武陵中医药文化历史源远流长，传统医药的潜在价值有待挖掘。田野调查发现，湖南武陵非遗项目中传统医药类资源极其丰富，特别是在市级县级非遗项目中传统医药类更是存量很大，值得各级政府及相关部门关注和重视。

3.黔贵医药：推拿、浴疗、弩药针

黔贵医药非遗项目：截止到 2018 年 5 月，贵州武陵 16 个县（市）已获国家级省级市级县级非物质文化遗产代表性项目"传统医药"16 项（国家级 0 项，省级 0 项，市级 10 项、县级 6 项），其中，非遗地理标志商标 0 件，占贵州武陵非遗项目传统技艺类总数的 0%。

表 6-16 传统医药·贵州武陵非遗项目总汇一览表

级别	项目类别	非遗名称	申报地区或单位	传承人
市级	传统医药	半枫荷熏举浴疗法	贵州苗珍堂 生物科技有限公司	杨汉梅
市级	传统医药	苗族医药	黔东南州 民族医药研究院	蒋元生
市级	传统医药	遵义王氏中医推拿	遵义市文化馆	王超文
市级	传统医药	刘氏骨伤医药技艺	汇川区	
市级	传统医药	白氏骨伤诊疗法	云岩区	
市级	传统医药	杨氏消痔消疹膏制作技艺	云岩区	
市级	传统医药	丁氏妇科中医诊疗技法	贵阳市	
市级	传统医药	弩药针制作技艺	七星关区	
市级	传统医药	彝族骨刺疗法	六枝特区	
市级	传统医药	土家族医药	碧江区	

黔贵医药商标注册：截止到 2019 年 12 月，贵州武陵 16 个县（市）已核准注册的"传统医药"非遗地理标志商标总数为 0 件。

数据显示，贵州武陵非遗项目传统医药类，在非遗类地理标志商标保

护方面属于未开垦的处女地。贵州武陵中医药文化历史源远流长，传统医药的潜在价值有待挖掘。田野调查发现，贵州武陵非遗项目中传统医药类资源极其丰富，特别是在市级县级非遗项目中传统医药类更是存量很大，值得各级政府及相关部门关注和重视。

4.巴渝医药：蛇药、蜂毒、压穴灸

巴渝医药非遗项目：截止到 2018 年 5 月，重庆武陵 7 个县（市）已获国家级省级市级县级非物质文化遗产代表性项目"传统医药"63 项（国家级 0 项，市级 7 项、县级 56 项），其中非遗地理标志商标 0 件，占重庆武陵非遗项目传统技艺类总数的 0%。

表 6-17 传统医药·重庆武陵非遗项目总汇一览表

级别	项目类别	非遗名称	申报地区或单位	传承人
市级	传统医药	刘氏"捏膈食筋"疗法	黔江区	
市级	传统医药	曾氏"正骨术"	黔江区	
市级	传统医药	诸佛冯氏蜂毒疗法	彭水县	
市级	传统医药	鹿角镇民间蛇伤疗法	彭水县	
市级	传统医药	古方精骨术	石柱县	
市级	传统医药	雷氏蛇药	酉阳县	
市级	传统医药	向氏针罐压穴灸	石柱县	
县级	传统医药	凤来痔疮传统疗法	凤来乡	
县级	传统医药	白云传统针刺疗法	白云乡	
县级	传统医药	文复眼部传统疗法	文复乡	余朝龙
县级	传统医药	接龙眼部传统疗法	接龙乡	湛传明
县级	传统医药	治蛇毒	五福乡	
县级	传统医药	咒语治毒疮	李溪镇	
县级	传统医药	打火罐	石家乡	王兴兵
县级	传统医药	烧灯花	石家乡	崔吉龙

级别	项目类别	非遗名称	申报地区或单位	传承人
县级	传统医药	打食	石家乡	冉崇钰
县级	传统医药	扯蛇药	龙潭乡	罗应芝
县级	传统医药	传统中医	金竹乡	余长怀
县级	传统医药	接骨疗伤	五福乡	
县级	传统医药	田氏治疽肿	西水河镇	
县级	传统医药	化符剂疮	黑水镇	
县级	传统医药	蜘蛛包止血	大同镇、棣棠乡、走马乡、石盘乡、鹿鸣乡	
县级	传统医药	布蚕子止血	棣棠乡	
县级	传统医药	苦蒿治烧伤及止血	汉葭街道、太原镇	
县级	传统医药	毛腊竹止血	太原镇	
县级	传统医药	火罐疗法	太原镇	
县级	传统医药	儿科推拿疗法	太原镇	
县级	传统医药	清水症	大同镇	
县级	传统医药	布缠子止血	大同镇	
县级	传统医药	独龙王蛇酒制作工艺	鹿角镇	
县级	传统医药	小儿推拿	大同镇	
县级	传统医药	医马甲子	新田镇	
县级	传统医药	提砂	新田镇	
县级	传统医药	治出丹	新田镇	
县级	传统医药	麻疹疗法	连湖镇	
县级	传统医药	针灸疗法	连湖镇、高谷镇	
县级	传统医药	散阴枪	连湖镇	
县级	传统医药	治蜈蚣咬伤	走马乡	
县级	传统医药	吹眼睛	三义乡	
县级	传统医药	痔疮疗法	三义乡	
县级	传统医药	疮疤疗法	石盘乡	
县级	传统医药	烧灯草	乔梓乡	
县级	传统医药	刮痧	汉葭街道	
县级	传统医药	乳房止痛	靛水街道	
县级	传统医药	龚氏烫伤药	靛水街道	
县级	传统医药	血丝虫病疗法	平安镇	

级别	项目类别	非遗名称	申报地区或单位	传承人
县级	传统医药	白口疮秘方	鹿鸣乡	
县级	传统医药	保家镇昌红正骨术	保家镇	
县级	传统医药	捏膈食筋疗法	城南街道刘元成诊所	
县级	传统医药	曾氏正骨术	黔江区金洞乡人民政府	
县级	传统医药	曹氏封刀接骨	城南街道	
县级	传统医药	聂氏封刀接骨	金溪镇	
县级	传统医药	谢氏小儿推拿	金溪镇	
县级	传统医药	赵氏小儿推拿（烧灯火）	濯水镇	
县级	传统医药	张氏封刀接骨术	中塘乡	
县级	传统医药	吴氏针灸	中塘乡	
县级	传统医药	曾氏儿科传统诊疗法	黔江区文化馆	
县级	传统医药	胡氏艾灸传统技艺	黔江区文化馆	
县级	传统医药	古氏化石丸	许明寺镇	古方安
县级	传统医药	秦氏烫伤剂	双路镇	
县级	传统医药	烧灯花	江池镇	
县级	传统医药	许氏正骨法	丰都县中医院	李科

巴渝医药商标注册：截止到 2019 年 12 月，重庆武陵 7 个县（市）已核准注册的"传统医药"非遗地理标志商标总数为 0 件。

数据显示，重庆武陵非遗项目传统医药类，在非遗类地理标志商标保护方面属于未开垦的处女地。重庆武陵中医药文化历史源远流长，传统医药的潜在价值有待挖掘。田野调查发现，重庆武陵非遗项目中传统医药类资源极其丰富，特别是在市级县级非遗项目中传统医药类更是存量很大，值得各级政府及相关部门关注和重视。

第七章　武陵地理标志助力精准扶贫写真

"精准扶贫"是中央多年来对贫困地区实施的、让农民过上好日子的长期计划，习近平总书记在 2013 年 11 月来到湖南湘西考察时首次提出，并反复强调"六个精准"的重要思想。2015 年在贵州调研时再次提到"精准扶贫"概念，特别强调："要在精准扶贫、精准脱贫上下功夫，想办法、出实招、见真效。"①2017 年 10 月 18 日，"精准扶贫"概念被写入党的十九大报告，举全国全社会之力，将精准扶贫、精准脱贫工作坚持到底，用"坚持大扶贫格局，注重扶贫同扶志、扶智相结合"②来打赢脱贫攻坚战。"武陵地理标志助力扶贫写真"是课题应用研究的核心内容，是落实与践行"商标富农""商标扶农"等精准扶贫政策的具体体现。

一、富农武陵　助力区域发展

本部分以"区域发展"为研究对象，从"地理标志助力产业扶贫、乡村振兴、生态文明"三方面为视角，遴选田野调查中鲜活的案例，由表入里、深入浅出地揭示出武陵地理标志在助力产业扶贫、乡村振兴、生态文明中发生在人们身边一件件活生生的典型事迹、经验做法、成功启示。可以引导人们从迷茫中走出，进入新时代"精准扶志、扶智"的大格局中来，

① 国家行政学院经济学教研部编著：《中国经济新方位》，人民出版社 2017 年版，第 249 页。
② 习近平：《决胜全面建成小康社会　夺取新时代中国特色社会主义伟大胜利——在中国共产党第十九次全国代表大会上的报告》，人民出版社 2017 年版，第 48 页。

以期对武陵民族地区开展地理标志、助力乡村振兴具有理论借鉴与范式作用。

1.武陵地理标志助力产业扶贫

本部分以"产业扶贫"为研究内容，选择"湘鄂渝黔"武陵地理标志助力产业发展中的典型案例进行介绍、分析与阐述，以期通过个案解析获得更多方法和启示。

（1）荆楚地理标志助力产业富农

巴东郡贡茶是巴东县经济作物技术推广站的地理标志证明商标，原产地是有着巴人文化、神农文化的巴东县，主要产茶区分布在溪丘湾、金果坪、沿渡河、茶店子等乡镇，销售市场覆盖北京、广东、湖南等全国 20 多个省市，被国家农业农村部列入名特新优农产品目录。

巴东郡贡茶产业富农典型事迹有：大力建设茶叶示范基地，实现茶叶种植全覆盖。巴东县东瀼口镇羊乳山村从种植水稻到改种茶叶，发展了3200 亩茶叶种植基地，人均 1.5 亩，实现了村民从年均 1 万元到年均 2 万元的收入跨度。为了更好地实现贫困户稳定脱贫，茶叶专家组还对茶农进行科技知识普及，通过培训班、现场示范等传授方式让村民学到真技术、真知识，再加上巴东县在全省率先探索推行"电商平台＋村级服务站＋建档立卡贫困户"的电商精准扶贫模式，引进地理标志文化传播智囊团，推进校际合作协同创新模式，竭力开展巴东郡贡茶地理标志公共品牌传播与推广。通过各种传播媒介，大力塑造巴东郡贡茶的品牌形象，传播"巴东·神农氏发现茶的地方"的神农茶文化品牌，为茶农种植茶树提供了好的销售平台和渠道。

巴东郡贡茶产业富农经验做法有：首先，巴东郡贡茶在助力产业富农中，协同扶贫机制，转型种植模式、种植类型，建立标准化的茶叶示范基地，推动茶产业集聚化、规模化的种植、生产、加工模式，使巴东郡贡茶产业成为贫困乡村脱贫致富的主导产业。其次，向巴东郡贡茶注入科技、智动力，组织茶叶专家为茶农传授茶叶种植的知识，升级茶叶品种，提高茶叶品质，保证了巴东郡贡茶的"质"与"量"；引进中南民族大学地理标志文化传播智囊团，推进校际合作协同创新模式，开展巴东郡贡茶地理标志公共品牌传播与推广，创新利用媒介资源，采用斗鱼直播等互联网新媒体，塑造了巴东郡贡茶地理标志公共品牌的全新形象，助推了巴东郡贡茶地理标志的认知度、知名度、美誉度的极大提升，给巴东广大茶农增强了文化自信、品牌自信、产品自信、市场自信、致富自信。

巴东郡贡茶产业富农成功启示有：巴东郡贡茶通过建设茶叶示范基地，引导茶农规范化种植茶叶，加上规模性的种植管理，推动了巴东郡贡茶产业化的发展，也使得茶农收入翻倍，是茶农脱贫致富的良好开端。在茶农种植茶叶期间，组织茶农认真学习茶叶种植知识和技术，提高了茶农种植茶叶的积极性。以巴东郡贡茶地理标志证明标识打造品牌商标，塑造和树立起巴东郡贡茶地理标志公共品牌形象，改变了传统的茶叶品牌管理模式和销售模式，为巴东郡贡茶产业化发展提供了可持续性动力。通过巴东郡贡茶地理标志区域公共品牌形象塑造与推广利用的商标富农、商标扶贫经验，足以看出巴东郡贡茶地理标志对茶叶集聚化管理、科技力量、品牌影响力等助力产业富农的重要作用。

（2）潇湘地理标志助力产业富农

泸溪椪柑是湖南省泸溪县特产，品种为辛女椪柑，由泸溪县农业局选育而成。2004 年，泸溪椪柑荣获上海博览会畅销产品奖，湖南省消费者信得过品牌和中国名优品牌。椪柑成功成为市场新宠，2018 年 7 月 30 日，原国家质检总局批准对"泸溪椪柑"实施地理标志产品保护。

泸溪椪柑产业富农典型事迹有：泸溪县 40 多年的椪柑产业历史，让人们都知道了泸溪这个地方，并使泸溪获得了"中国椪柑之乡"美誉。据统计，2017 年种植面积达 23 万亩，带动 6 万多农民脱贫致富。2018 年仅在东北市场就销售了 1600 多吨，总销售已达 3000 多吨……在产业扶贫方面当地政府也充分发挥积极作用，2019 年 1 月，因受雨雪天气影响，泸溪县 11 万余吨椪柑滞销。泸溪县浦市镇麻溪口村电子商务服务站的工作人员来到果农家挑选椪柑，并进行网络销售。当地政府及时联系各方电商、线下物流等销售渠道，帮助果农销售椪柑，减少经济损失。

泸溪椪柑产业富农经验做法有：泸溪县为推进椪柑产业发展，在科技支撑上下了大功夫，先后投入资金 6800 万元，重点打造潭溪万亩椪柑科技生态示范园等。推广"三疏一改"（疏树、疏枝、疏果、改良土壤）、"三挂一种"（挂黄板、挂捕食螨、挂杀虫灯、种生态草）及水肥一体化技术，在科技指导下的柑橘产量提高 20%，优质品率达到 80%。在此基础上，先后又引进示范推广"香蜜一号"等新、优品种 34 个，改变了以往的品种单一化，实现品种多样化。通过无公害、绿色、节本增效技术推广，为柑橘产业转型发展提供了有力的保证。泸溪县通过种植柑橘引导果农们走出困境，发挥了主体的引领作用，先后投资 5000 多万元，引进椪柑加工生产线 5 条，建椪柑贮藏气调室 6 座，实施椪柑综合开发及精深加工项目，实现椪柑年加工产值达 1.2 亿元。扶持泸溪椪柑公司等省、州级农业龙头企业 12 家，创建椪柑专业合作社 49 家、家庭农场 33 家、农村电商 32 家。2019 年泸溪县椪柑产量预计可达近 20 万吨，产值将突破 2.6 亿元。椪柑真正成为当地贫困群众脱贫致富第一大支柱产业，全县 3.2 万贫困群众通过发展椪柑产业走上了脱贫致富路。

泸溪椪柑产业富农成功启示有：通过以上成功事例，我们可以了解到，要想更快更好地发展产业扶贫项目，就要产品与品牌创建工作同步，既要着手打造出高质量产品，又要打造出地方独特品牌，通过提质量、强标准、创品牌，提高产业市场知名度和占有率。此外还要做好做足政策驱动，整合财政涉农扶贫资金及社会资本，通过一系列的扶持政策，激发产业开发热情。并且还要多鼓励相关企业建立新型经营主体，建设线上线下销售平台，打通产业发展通道。

（3）黔贵地理标志助力产业富农

德江天麻是贵州省铜仁市德江县的特产，与傩戏之乡、奇石之乡是同等重要的天麻之乡。德江天麻是贵州省德江县特产，中国国家地理标志产品。德江天麻一直都受到政府的关注，2007 年 5 月 29 日国家质量监督检验检疫总局批准，对德江天麻实施地理标志产品保护。2011 年，国家商标局批准德江天麻地理标志证明商标。

德江天麻产业富农典型事迹有：德江天麻种植历史悠久，产品个大、肥厚、质坚实，含天麻素 0.36%，比中国药典规定含量高 0.13%。开发的天麻酒等产品深受市场欢迎。政府引导下的天麻专业合作社使当地连片开发种植，老百姓收获颇丰。经过政府的帮扶与引导后，天麻的产品与品质得到了大的改善，成为市场抢手的宠儿，大大提高了天麻的销量，农户的收入也得到提高，日子一天比一天富裕起来。

德江天麻产业富农经验做法有：当地政府将德江天麻生产作为地理标志特色产品的支柱产业进行培育发展，成立县级生产小组，整合投入2000 多万元来发展天麻生产和基地基础建设与升级，并将天麻种植面积100 万平方米的发展计划列入"十二五"规划中。在德江县政府大力发展天麻产业的延伸过程中，初步形成了良性循环的产业链条，培育出"麻王智酒"和"德江天麻咀嚼片"等深加工产业，效益最大化地提升了天麻产业的产值。德江天麻基地也成功被列入第七批农业标准化示范区项目建设。在此基础上，进一步加强获得地理标志产品保护工作，目前全县天麻种植面积达 3 万亩，鲜麻总量达 4500 吨，年产值达 2 亿元，是保护前的10 倍，已发展为德江的重点支柱产业。有效提高了当地种植人员经济收入，随着规模的扩大也提供了相关工作岗位，为精准扶贫助力。

德江天麻产业富农成功启示有：德江天麻的成功注册以及后期的顺利发展，离不开政府的支持及相关政策的关照。当地政府成立专门领导小组对其发展进行指导与规划，在很大程度上起到了关键作用，并将其作为当地首要发展产业。当地政府根据实际情况，协调解决天麻生产过程中存在的问题，及时帮助种植户克服困难，想方设法帮助他们走出困境。在生产天麻的乡镇企业成立相应的互帮互助机构，共同学习、共同探讨解决生产发展中遇到的难题，并把天麻生产发展目标任务列入年度经济社会发展目标考核与效能监察中，有力地推动了天麻产业的良性发展。由此，我们可以看出，一个支柱企业的成长的历程离不开相关部门的协调与规划。

(4) 巴渝地理标志助力产业富农

丰都肉牛是靠丰都县境内长江沿岸独特的水土、中高山气候的自然条件养殖出来，经过丰都本土黄牛与西门塔尔、利木赞、红安格斯肉牛杂交选育、饲养而成，具有相对一致的外貌特征及体型结构，被毛颜色一致、光泽油亮，中等以上膘情，肉质细嫩，胴体脂肪覆盖率达75%以上。

丰都肉牛产业富农典型事迹有：以打造"中国肉牛之都"为目标，建成万头养牛场2个、千头养牛场2个、百头养牛场9个，全县现已形成了一条龙的肉牛产业链，有肉牛企业35家、屠宰加工企业3家、肉牛专业合作经济组织31家、庭院牧场1086个。丰都现已成为国家牛肉出口质量安全示范区、国家科技富民强县示范县、国家现代畜牧业示范区。积极开展"丰都肉牛"驰名商标创建及马德里国际商标工作。全县按照"一年规范化、两年产业化、三年市场化"的总体要求，举全县之力建设"中国肉牛之都"，着力把肉牛产业打造成为县域经济的支撑产业、百姓致富的殷实产业、丰都发展的品牌产业。

丰都肉牛产业富农经验做法有：养牛脱贫成为当地政府引导农户致富的一项重要措施。丰都县包鸾镇飞仙洞村位于包鸾坝西南的坡地上，远离城镇，道路交通不发达，当地人只能靠在外打工来养家糊口，曾经是国家级深度贫困村。2002年，丰都县包鸾镇在政府的扶持下引入了红安格斯牛、西门塔尔牛等8个优良品种，与本地黄牛实行杂交。乡镇干部带领大家开始学着养牛。常年在外务工的张升鱼是首批借着科研试点的契机回家养牛的代表人物，当地政府为养牛户提供了贴息的小额信贷，张升鱼也贷款买了3头牛。十年不到的时间，张升鱼的养牛事业在政府的帮扶下越做越大，经营的丰都县升鱼肉牛养殖场每年40多万元的收益。2011年张升鱼成立了"丰都县雁塘湾肉牛养殖专业合作社"，合作社有22户农户入社，统一饲料供应、统一售卖成品，年纯收入达到200多万元。在飞仙洞村居住村民共有446户，十公里的范围内分布着6个村民小组。在外打工的村户看着家乡的肉牛产业发展起来后，纷纷回到家乡共同做起肉牛的行业。目前，在养牛的农户中，养殖3头牛以上的有60—70户，最多的一户张金威一家养了200头以上。

丰都肉牛产业富农成功启示有：总体来看，丰都县以政府风险补偿为增信、以政银共管为机制、以产业化龙头企业为支撑、以集中经营为手段，通过"政府＋银行＋龙头企业＋贫困户"的精准扶贫带动模式，由承贷银行对丰都县辖区内建档立卡贫困户发放小额农户贷款，农户用小额贷款委托龙头企业用于肉牛产业集约化经营并获取固定收益，在助推肉牛产业发展的同时，帮助建档立卡贫困户增收脱贫并巩固脱贫成果。由此可见，丰都肉牛产业扶贫的成功，是政府有力的政策、银行精准的帮扶和龙头企业有担当共同发力的成果，值得其他地区和产业学习。

2.武陵地理标志助力乡村振兴

本部分以"乡村振兴"为研究内容，选择"湘鄂渝黔"武陵地理标志助力生态文明的典型案例进行介绍、分析与阐述，以期通过个案解析获得更多方法和启示。

（1）荆楚地理标志助力乡村振兴

利川黄连，是中药材，形如鸡爪，根茎成簇，黄肥坚实，是由湖北省利川市黄连协会申请注册的地理标志证明商标，原产地利川市被中国中药协会命名为"中国生态黄连之乡"，隶属的建南镇被中国中药协会命名为"中国黄连第一镇"。

利川黄连助力乡村振兴典型事迹有：利川黄连的生产发展迅速，利川市 15 个乡镇中有 14 个乡镇出产黄连，其中建南镇黄连种植历史悠久且规模较大，现留存面积 5 万多亩，占全国总面积的 36%；单产居全国之首，最高亩产 620 公斤；其"生态栽培技术研究与运用"成果在 2004 年达到了世界领先水平。建南镇的丰竹坝村更是创下了"种连"示范村的称号，在"黄连大王"王忠连的带领下，全村 150 多农户更新观念，采用林下栽连、林药间作、果药间作种植技术，不仅大面积地改善了生态环境，还推进了丰竹坝村黄连产业的快速发展，使村民经济收入增高，逐渐富裕了起来。

利川黄连助力乡村振兴经验的做法有：利川黄连地理标志证明商标的注册，不仅激发了农户种植黄连的积极性，扩大了黄连种植规模，有了原产地保护和地理标志产品质量监测，还增强了利川黄连的美誉度和公共品牌影响力，这深深地影响到利川黄连种植区域农户的经济收入，推动了乡村振兴。

利川黄连助力乡村振兴成功启示有：通过对利川黄连的案例分析，不难看出，地理标志对脱贫攻坚、乡村振兴的重要作用和意义。以习近平同志为核心的党中央关于"三农"工作的决策部署，扎实推进了湖北武陵民族地区农业现代化和美丽乡村建设，农业农村发展取得了历史性成就，农产品地理标志产业发展跨上新台阶，农民经济收入增长，农村民生全面改善，脱贫攻坚战取得决定性进展，农村生态观光农业建设也显著加强，农民幸福感提高，这一切都为全面推进乡村振兴奠定了良好基础。

（2）潇湘地理标志助力乡村振兴

靖州杨梅清光绪年间被列为贡品，有"中华第一梅"之称。它是唯一被毛主席品尝过的杨梅，2014 年袁隆平院士为其题字"靖州杨梅，梅中之王"，它曾荣获过"中国杨梅之乡""中国杨梅生态博物馆""江南第一梅"等荣誉，其丰厚的文化底蕴备受世人青睐。靖州是中国四大杨梅主产区之一，靖州杨梅种植面积达 7.2 万亩，年产鲜果 6.3 万吨，全县有杨梅加工企业 8 家，其中杨梅果酒生产企业 6 家，杨梅饯加工企业 2 家，杨梅产业正逐步形成"加工园区＋种养基地＋科研中心＋现代物流＋文化旅游"五位一体的现代农业新业态。1988 年被评为全国名、特、优产品；1998年和 1999 年连续两年获湖南省优质水果金奖；2011 年被中国绿色食品发展中心认定为绿色食品 A 级产品，许可使用绿色食品标志，并成功注册为农产品地理标志产品、地理标志证明商标。

靖州杨梅助力乡村振兴典型事迹有：靖州提出"树品牌、打品质、扩规模"的杨梅产业发展思路，着力把杨梅产业打造成为脱贫产业、富民产业，从种植端深入探索，推行"党旗引领·联建联种"的发展模式，提升产业的覆盖面，杨梅产业步入了快速发展阶段。截至目前，全县建成杨梅生产基地 6133 公顷，其中标准化生产基地 4307 公顷。全县有 50% 以上的农户栽培杨梅。同时，该县坚持全产业链推进杨梅产业，先后出台相关政策文件，涉及推进贫困村"联建联种"扶贫车间建设、落实产业奖补和产业保险、扶持龙头企业发展、冷链物流建设等。在做足生产环节文章的同时，该县继续加大品牌宣传力度，结合"中国杨梅之乡"品牌，打造集产业园、观光园、博物园、文化园、植物园为一体的特色产业体系。2019年，杨梅产业带动该县 10000 多户贫困户脱贫增收，为助力乡村振兴奠定了基础。

靖州杨梅助力乡村振兴经验做法有：靖州杨梅有"中国杨梅之乡"的美誉，2000 年的种植历史使其有"木洞杨梅"和"江南第一梅"的头衔。杨梅产业是该县重点打造特色农业产业之一，适合杨梅生长的地理环境加上规模强大的种植经验，给当地果农带来了巨大的经济效益，全县杨梅种植面积达 8.6 万亩，产量约 6 万吨，产值达 10 亿元。为进一步发展特色产业，深度促进杨梅销售，再增加和提高梅农收益，当地政府大力发展杨梅精深加工，扩大和拉长产业链。诚邀一品东方、圣仕佰诺、湘百仕等企业落户靖州，在互惠互利优势互补的原则上共同发展特色产业，促进杨梅销售，增加梅农收益。为更好地促进梅农脱贫增收，推进生态旅游发展，自2013年以来靖州县年年举办杨梅节，通过节会活动带动当地旅游业——靖州杨梅景观山、飞山寨、岩脚侗寨、地笋苗寨、太阳岛、排牙山国有林场等旅游景点同步开启系列旅游活动，迎接全国各地游客前来。同时杨梅节期间还有许多文艺节目，生动形象地诠释了靖州悠久的杨梅历史、多彩的杨梅文化，展现人与自然和谐共生的、朝气蓬勃的乡村发展新格局。

靖州杨梅助力乡村振兴成功启示有：从靖州杨梅有关的乡村振兴案例可以总结出以下几点：其一，要搞好产业规划，分类有序推进乡村振兴。其二，进一步理清思路，找出产业发展问题，破解乡村振兴的困难和矛盾。其三，要进一步优化服务，加强基础设施和公共服务体系建设，这样才会使村民尽可能地获益。其四，进一步发展产业，辐射和带动村民就业增收。加大政府产业扶植力度，充分挖掘和利用好农村金融的作用；立足当地资源优势，继续发展专业合作社，发展特色产业，进一步搞好农技培训，培养人才，并鼓励大学生、退伍军人、外出务工人员回乡创业，真正让农民职业成为"香饽饽"。其五，因地制宜，打造宜居宜业的人居环境。要根据现实条件和村民愿望，优先、重点解决村民的关心关切问题，让农村成为安居乐业的美丽家园。

（3）黔贵地理标志助力乡村振兴

江口萝卜猪，是属于贵州省铜仁市江口县的特产，江口萝卜猪分为活体猪和猪肉，市场销售范围基本覆盖全国，受其特定的储存环境和运输条件影响，绝大部分销往与贵州省相邻的几个省份，为乡村振兴增添了浓墨重彩的一笔。

江口萝卜猪助力乡村振兴典型事迹有：江口萝卜猪产于江口县桃映乡、坝盘乡、民和乡和怒溪乡，又叫"钻子头"。江口萝卜猪是江口县人民在长期的放牧饲养过程中，通过人工选育选配和自然选择形成的特有品种。它体型矮小、耐粗饲和抗逆性强，因皮薄骨细，肉质细嫩，肉味鲜美深得大家喜爱。又因体型和肉质口感上均与白萝卜十分相似故得名萝卜猪。萝卜猪市场需求量大，堪称全省地方优质肉猪，深受消费者青睐。政府看准此产品的市场空间，将其产品进行商标注册与保护。获得保护前江口县发展江口萝卜猪养殖户 300 户，存栏 5.93 万头，实现产值 14255 万元。获得保护后存栏量达到 20 万头以上，产值成倍增长。目前，全县有 7000 多户农户从事萝卜猪养殖，年出栏 5 万余头，年产值预计可达 7000 万元以上。

江口萝卜猪助力乡村振兴经验做法有：江口萝卜猪品牌的成功保护，吸引了大企业落户江口。政府利用企业和农户三位一体的形式，扩大开发萝卜猪养殖的示范点，将其发挥示范带动作用，吸引更多农户来养殖萝卜猪。大大小小的萝卜猪养殖场在政府的大力支持下相继建设起来，萝卜猪的产业化发展进入快速推进的通道。萝卜猪在 1983 年被列入《贵州省品种志》《贵州省畜禽品种资源保护名录》，2003 年被列入《中国家畜禽地方品种资源图谱》。

江口萝卜猪助力乡村振兴成功启示有：江口萝卜猪产业的成功离不开其灵活变通的发展思路，考虑到活体猪不便于运输以及售卖方式有限，紧接着以此为出发点，申请了同质不同方式的猪肉为辅助地理标志，这既解决了运输成本的问题，又打开了产业链模式，增加了销售渠道销售模式等，为实现武陵贵州的乡村振兴提供了可探寻的案例启示。为其他地理标志示范了有效的途径，因此，地理标志产品的发展模式不能拘泥于传统的模式，更应打开新的思路与发展方式，对产品本身进行不同程度的完善，并起到相应的示范作用。

（4）巴渝地理标志助力乡村振兴

武隆板角山羊产肉多、膻味轻，既满足了喜欢羊肉味道的顾客又使怕膻味的顾客大饱口福。武隆板角山羊具有体型大、生长快、皮张面积大、质量好等特点，其适应性强，抗病力强，是山区发展草食牲畜，以草换肉的重要山羊品种资源。武隆当地群众过年、过节喜欢杀羊，并以羊腿作为馈赠礼品。

武隆板角山羊助力乡村振兴典型事迹有：武隆畜牧业产值占武隆农业总产值的半壁河山，在武隆农业农村经济中具有举足轻重的地位，大力发展绿色畜牧业，持续推进畜牧业可持续健康发展，是武隆区实施乡村振兴战略行动计划的关键。武隆的地方特色畜牧品种如渝东黑山羊、板角山羊、武隆土鸡、武隆黑土猪等资源都将得到保护性开发。武隆区推进指导现有规模养殖场抓好"三品一标"认证工作。以渝东黑山羊和板角山羊、武隆生态猪、武隆土鸡、武隆土蜂蜜等品牌为突破口，力争全年实现"三品一标"成功申报 2 个。

武隆板角山羊助力乡村振兴经验做法有：武隆着力旅游畜牧融合，一二三产业协调发展的新型畜牧业产业体系，开展观光牧业、休闲牧业、体验牧业新模式试点示范，在融合发展中不断延伸产业链，提升价值链。目前，"云上牧羊谷"等一批具有武隆特色的牧旅融合创新项目已经落地实践。武隆板角山羊在乡村振兴方面的成功发展策略，不仅是推动其稳定增长增收，而且还与旅游相结合，实现畜牧业和旅游业的有机结合。

武隆板角山羊助力乡村振兴成功启示有：武隆狠抓落实乡村文化振兴和乡村生态振兴工作，在提升农作物农产品产量和品质的同时，积极发展周边产业，在稳定初级产品的基础上，横向扩展，增加产品的价值链。吸纳各方资源，积极探索社会扶贫模式。对地理标志产品发展的有效举措使武隆板角山羊给当地带来了实实在在的经济效益，带动养殖户2.4万多户，直接经济收入在万元以上，让农民彻底摆脱了贫困的局面。

3. 扶贫武陵助力生态文明

本部分以"生态文明"为研究内容，选择"湘鄂渝黔"武陵地理标志助力生态文明的典型案例进行介绍、分析与阐述，以期通过个案解析获得更多方法和启示。

(1) 荆楚地理标志助力生态文明

恩施玉露曾被称为"玉绿"，因其香鲜爽口，外形条索紧圆光滑，色泽苍翠润绿，毫白如玉，故改名"玉露"，是由恩施玉露茶产业协会申请注册的地理标志证明商标，原产地是素有"鄂西林海""天然氧吧"等美誉的恩施，主要茶区为湖北省恩施市芭蕉侗族乡、舞阳坝街道办事处现辖行政区域，自 2008 年以来获得了"湖北省第一历史名茶""中国优秀茶叶区域公用品牌""中国驰名商标""中国重要农业文化遗产"等多项荣誉称号。

恩施玉露助力生态文明典型事迹有：截止到 2017 年，恩施市茶叶基地总面积达 34.6 万亩，其中，恩施玉露园面积 22 万亩，产量 1250 吨，立足天然富硒资源，构筑了恩施的绿色支点，在恩施推动的"山更青""水更绿""天更蓝""土更净""城乡更美"的生态文明工程建设中发挥了重大的作用。恩施玉露主要产茶区芭蕉侗族乡戽口村通过发展茶叶产业和特色乡村旅游，现有茶园 8500 亩，1030 户村民靠种茶脱贫致富。

恩施玉露助力生态文明经验做法有：恩施玉露茶产业协会成功申请注册了地理标志证明商标后，政府投入资金升级茶业基地，邀请茶叶方面的专家与茶技师对玉露技术进行指导和制茶工艺的再提高，借用大型的媒体平台打造完美玉露品牌。从此，恩施玉露的品牌影响力响彻全国，走出了山门，给当地茶业经济发展带来了巨大效益。当地政府不仅以"茶文化引领乡村旅游"的模式开启了脱贫之路，还将游客带到茶园与大自然亲密互动，打造茶香氛围的生态民宿的度假产业。

恩施玉露助力生态文明成功的启示有：功夫不负有心人，以茶叶产业带动的旅游在当地兴起。当地政府成立茶叶专业的合作社，建立与农户科学利益链接机制，使当地大部分茶叶贫困户逐渐脱贫。被玉露茶带起的旅游业推动着当地脱贫攻坚的纵深发展。带着中国特色农产品身份的恩施玉露骄傲地走出了山门，销往全国各地，恩施也因玉露品牌打造下的茶旅融合通道不负众望地将当地人带上了一条脱贫致富的发财之路。恩施玉露地理标志品牌的成功不仅是推进生态文明、实现绿色发展、建设美丽恩施的一个缩影，更彰显出恩施玉露在壮大品牌产业结构的同时，将"绿水青山"守护得更美，将"金山银山"建造得更加壮观。

（2）潇湘地理标志助力生态文明

邵阳县生产茶油有 2500 多年的悠久历史，湖南省是中国的油茶中心产区，油茶面积和茶油产量均居中国第一位。不但油茶生长条件得天独厚，油茶栽培和茶油食用文化源远流长，这里的人民也对油茶树情有独钟，家家户户都会栽植油茶树，他们说，这叫"一年栽种，百年受益"，素有湘南"天然油库"之美誉。2014 年，原国家质检总局批准对"邵阳茶油"实施地理标志产品保护。2019 年 11 月 15 日，邵阳茶油入选中国农业品牌目录。目前，邵阳县新造油茶林 20.2 万亩，全县油茶林总面积达 65.4 万亩，其中，集中连片 5000 亩以上的油茶林示范基地 5 个，集中连片 1000 亩以上示范基地 53 个，年产茶油 1.81 万吨。全县林地流转至各企业主、造林大户和专业合作社的油茶林面积达 20.8 万亩，培育油茶种植大户 379 户，组建油茶专业合作社 89 家，成立 18 家油茶种植公司，引进和培育 4 家油茶规模加工企业，其中，油茶类国家林业产业化龙头企业和国家林业标准化示范企业各 1 家、省林业产业龙头企业 4 家。

邵阳茶油助力生态文明典型事迹有：油茶是邵阳县带领当地人脱贫致富的第一产业，通过组织龙头企业与合作社一起带动贫困户的模式，共同发展油茶产业。全县共种植 70 多万亩，产值达到 20 多亿元，每亩纯收益约 2000 元。油茶产业俨然成为当地一项长效收益的"绿色银行"，成功帮助贫困群众 2 万多人脱贫。他们通过建立委托、合作帮扶，推出林地流转、入股以及林地务工、护林补贴等模式来帮扶贫困户至少掌握一种增收致富"门道"。县里以每亩每年奖励 30 至 100 元流转费的形式让贫困户流转林地，并引导贫困户以林地入股公司、专业合作社获得收益比例分成，鼓励闲散贫困人员到油茶林务工，靠劳动养活自己。这些举措，不仅极大地推动了邵阳茶油产业的发展，也极大地推动了生态文明建设步伐。

邵阳茶油助力生态文明经验做法有：邵阳市紧紧围绕农产品"三品一标"认证，突出重点抓好"三品一标"农产品认证工作，积极引导有条件的企业发展无公害农产品、绿色食品、有机农产品和农产品地理标志产品，确保完成全年新认证任务；并重点抓好无公害农产品复查换证、绿色食品续展、有机食品保持认证和农产品地理标志产品申报以及年检工作，确保复查换证率、续展率、保持认证率均达到100%。同时，继续抓好"三品一标"生产示范区建设，加强"三品一标"产品质量监管，提高工作人员的业务能力，强化企业自律意识，突出地域特色，严把质量关，助推邵阳第一、二、三产业更好融合。

邵阳茶油助力生态文明成功的启示有：通过案例可知，想要加快产业发展，构建生态文明，扶贫帮扶队伍的基本建设是扶贫过程中的关键，帮扶队伍中的稳定是强化驻村帮扶管理、坚持严管和厚爱相结合的重要环节。邵阳县考察与业绩结合，把在脱贫攻坚中表现好、业绩优秀、受村民爱戴的村干部选拔出来委以重用，用"行"就上，"弱"就下的换届选举方式，激发各级扶贫干部的工作热情与责任感。深入开展扶贫领域的腐败与作风专项整治，提高扶贫队伍中管理人员的素质，杜绝欺上瞒下、弄虚作假的形式主义。可以说，邵阳茶油产业的发展离不开扶贫队伍的辛勤努力，他们为生态文明建设起到了保驾护航的作用。

（3）黔贵地理标志助力生态文明

正安娃娃鱼属于贵州省遵义市正安县的特产。正安县属于大娄山脉，是典型的喀斯特岩溶地貌，海拔高度800—1400米，常年平均水温16摄氏度，适宜大鲵（娃娃鱼）生长，是野生大鲵在中国的主要自然分布区之一，优越的地理条件给了娃娃鱼得天独厚的生长养殖条件。2013年"正安娃娃鱼"获得地理标志产品保护。

正安娃娃鱼助力生态文明典型事迹有：正安娃娃鱼从养殖开始到后期的销售宣传，都离不开当地好的生态文明环境，地理标志产品的推广与建设直接影响生态文明建设，两者相辅相成，互助依存。当地政府为了发展正安娃娃鱼，政府工作人员与当地百姓联合工作，对正安娃娃鱼加大宣传力度，进一步抓好水产养殖技术推广工作和渔政工作。除了抓好池塘、网箱和流水养鱼外，还主要规划发展稻鱼工程，并打造安场官井稻鱼工程示范基地、流渡稻鱼工程观光园区、杨兴新建村村级集体经济稻鱼工程示范——帮扶友良养殖场繁育鲤鱼苗种生产。

正安娃娃鱼助力生态文明经验的做法有：当地政府积极做好山塘、水库和河道渔业发展规划，使正安县渔业工作有序开展。特种养殖方面，积极探索建立健全禁渔期执法工作绩效考核制度，加强与当地政府联系，严格遵守国家颁布的"渔业行政执法六条禁令"，做到有法可依的行政、公正、文明的执法，严格督察监管，对违纪、违法现象严肃处理。渔业安全方面，成立渔业安全领导机构，明确责任，制定《正安县渔业水上安全管理办法》和《水上安全突发事故应急预案》。除加强管理外，要与渔业船主和养殖户建立联系方式，通过手机或电视广播发布安全信息等。

正安娃娃鱼助力生态文明成功启示有：发展地理标志产品首先需要考虑结合本县的实际情况来进行。正安县独特的地理位置因素，选择了安排娃娃鱼养殖任务，细化了产品的发展道路，将具体任务逐级分配下去，落实到各乡镇，并重视相关因素的协调，如渔政管理、下发相关有力政策，从侧面保证娃娃鱼产业的养殖与发展。在严格执行好各项规章制度的同时，积极推行河流渔业资源分段承包管护的群众管理模式。我们不仅要重视地理标志的发展，更要兼顾生态文明的建设，做到两手抓，使得生态文明建设与地理标志产品发展两者相得益彰。

（4）巴渝地理标志助力生态文明

丰都红心柚是重庆市丰都县的特产，又名三元红心柚。丰都红心柚原产于彭水县，自19世纪后被丰都县引进，并采用嫁接繁殖的方法改进，培育成地方优质柚子品种，该品种具有果形端正、整齐，色泽艳丽，细嫩化渣，汁多，核少，甜酸适度，风味可口等优良品质。

丰都红心柚助力生态文明典型事迹有：丰都县通过示范引领带动农旅融合发展和"公司＋基地＋专业合作社＋农户"的种植模式，在长江北岸渠溪河、碧溪河流域的三元、仁沙等乡镇规模种植红心柚达11万余亩，年总产量3万吨左右，产值约2亿元，不仅带动了2万余户柚农增收致富，也推动了生态文明建设的发展。

丰都红心柚助力生态文明经验做法有：据丰都县三元镇相关负责人介绍，该镇采取生态保护做"加法"，加大天然林保护力度，管护好3.1万亩林业用地和2.6万亩红心柚林，抓好退耕还林新造林，实施渠溪河流域植被恢复工程。污染治理做"减法"，关停和搬迁畜禽污染养殖场5家，完成养殖场（户）治理、改造19家，建立健全垃圾收运处理体系，加快实现污水处理全覆盖。效益经济做"乘法"，坚持走"生态优先、绿色发展"的新路子是丰都当地政府生态文明成功之路上坚定不移的决心。他们在重点发展红心柚、脆红李、核桃、油牡丹等效益农业的基础上，依托生态资源优势，大力发展休闲观光农业，推进农旅融合发展。严格执法做"除法"，加强生态环境监管力度，强化问责处罚力度，实行规环所、畜牧站、农服中心等部门联合执法，坚决查处破坏生态环境的违法行为。

丰都红心柚助力生态文明成功的启示有：丰都县三元镇用"加减乘除"的创新做法，保障了三元镇优越的生态环境，经济作物才能稳定、长远获益。标准化种植、品牌化经营，使得丰都红心柚越卖越好，于是越来越多农户加入到种植的行列，种植规模进一步扩大，形成了良好的生态农业发展循环。红心柚产业带动了生态文明建设、基础公共服务设施完善，缩小了城乡差距，给当地老百姓带来重大利好。

二、品牌武陵　助力软实力建设

本部分以"文化软实力"为主题，从"品牌塑造""品牌竞争"两个方面为切入点，遴选田野调查中鲜活的案例，由表入里、深入浅出地揭示出武陵地理标志在文化软实力建设方面发生在人们身边活生生的典型事迹、经验做法、成功启示。以便引导人们从迷茫中走出，进入新时代"精准扶志、扶智"的大格局中来，以期为武陵民族地区地理标志助推精准扶贫打开新局面提供有价值的文献参照。

1. 品牌武陵助力品牌塑造

本部分以"品牌塑造"为研究内容，针对"湘鄂渝黔"武陵地理标志品牌塑造中的典型案例进行介绍、分析与阐述，以期通过个案解析获得更多方法和启示。

（1）荆楚地理标志助力品牌塑造

来凤姜是来凤姜产业发展管理协会注册的地理标志证明商标。因其形如凤凰头，又称来凤凤头姜。注册商标有生姜和腌制姜两个类别。原产地位于来凤县，主要产区范围包含翔凤镇、绿水乡、漫水乡、百福司镇、大河镇、旧司乡、三胡乡、革勒车乡8个乡镇现辖行政区域。1998年凤头姜成为全国第一个获得"绿色食品"认证的生姜品种，近年来被评定为"湖北省著名商标""湖北省名牌产品"。

在品牌塑造方面，来凤县对湖北凤头食品有限公司和来凤姜产业发展管理协会提出，要认真做好来凤姜品牌的系统研究和宣传，深入开展来凤姜产品打假专项行动，规范市场竞争秩序，维护来凤姜的品牌形象，切实将来凤姜产业做大、做强、做优、做特。上有政策扶植，下有协会支持，来凤姜在积极开展品牌塑造的同时，也在不断提升和传播来凤的美誉度和特色文化。

来凤姜助力品牌塑造经验的做法有：湖北凤头食品有限公司是来凤县生姜加工的龙头企业，来凤县鹏云电子商务公司是来凤县最大的凤头姜电商企业，湖北凤头食品有限公司对来凤姜的开发和制作的不同系列的包装有富硒月子姜汤、凤头姜（腌制）、凤头姜汤、凤头姜糖、硒姜健康足浴粉、仔姜王等，以及来凤县鹏云电子商务公司开发的硒姜、姜膏、月子姜等品种，都为来凤姜的品牌塑造起到了重要的作用。在创意上共同抓住了有机硒、凤头姜的理念，在传播美味多汁、营养丰富的产品特质的同时，对应了市场发展的需求。

来凤姜助力品牌塑造成功的启示有：当地政府在带领农民走出困境的同时，不忘绿色生态环境的建设，他们投入大量的人力、物力和财力推动污染防治和生态保护，建设绿水青山的产业发展，利用大自然馈赠的礼物造福一方，保证了产品的质量，为成功打造来凤姜地理标志品牌不遗余力。来凤姜产业的发展不仅给当地带来了巨大的经济效益，也在不断彰显来凤姜品牌的文化价值。财富与传统文化并存的凤头姜有着"一统姜山"的美丽传说，与在民间流传的《凤头姜之歌》："美丽的凤头姜，火火的凤头姜，它是神奇凤凰送给土家人的吉祥……"这些故事与歌声将来凤地区的传统特色和品牌文化形象生动地呈现在大众面前，成为来凤姜品牌塑造最为重要的核心文化价值。

（2）潇湘地理标志助力品牌塑造

姜糖是凤凰传统的独家特产，起源于清乾隆年间，迄今已有两百多年历史。在凤凰古城内生产姜糖的小店很多，大多是家庭作坊，店面规模和制作工艺基本一致。当地的招牌式经营，都有一些正宗、祖传之类的传统宣传。最早在古城内制作姜糖的是镇竿贾氏和刘氏姜糖，已经有几十家制作姜糖的店铺。

凤凰姜糖助力品牌塑造典型事迹有：凤凰姜糖遍布凤凰古城的每条街道，可以说该地理标志是与凤凰的旅游业息息相关的。到凤凰旅游，除流连凤凰古城街头巷尾的民俗风情之外，还会看到一道极其亮丽的风景线，那就是凤凰手工姜糖作坊的姜糖师傅在拉姜糖，既是一种手工制作方式，也是一种免费宣传表演，起到给店家做活广告的作用。

凤凰姜糖助力品牌塑造经验的做法有：一是借助凤凰古城等本地旅游业的发展进行品牌形象宣传推广。二是借助该品牌的历史背景，塑造独特的品牌文化。三是政府有效管理，形成良好的品牌机制，促进产业发展。

凤凰姜糖助力品牌塑造成功的启示有：通过以上案例分析，良好的品牌塑造需要做到以下几点：一是在对现有产品的科研成果转化基础上，可开发延伸相关产品，扩大品牌知名度。二是加强对公众品牌的宣传。利用相关品牌故事、人物故事进行宣传，增加吸引力。三是结合各区域情况集中打造文化品牌。运用各区域民族风情、地域特征等，进行深入挖掘和开发。

(3) 黔贵地理标志助力品牌塑造

玉屏箫笛是玉屏县的优秀地理标志之一，原名平箫玉笛，是中国两种竹管乐器之一。玉屏县全称玉屏侗族自治县，与其称之为特色产品，不如将其称作玉屏县的形象代表。玉屏的形象名牌和传统品牌——玉屏箫笛，源自古老的神话传说，位列"贵州三宝"。

玉屏箫笛助力品牌塑造典型事迹有：前期我们所提到的玉屏黄桃与产业扶贫息息相关，是玉屏县扶贫助贫的龙头企业，那么玉屏箫笛则是玉屏县另一个支柱性产业，也是玉屏县品牌形象的代表。其销售区域不仅覆盖全国，还走向了世界多国，成为了贵州省品牌特色。关于玉屏箫笛的品牌塑造成功的原因有：其一，离不开其独特的人文因素，玉屏县是全国五个侗族自治县之一，具有浓郁的民俗和民族风情，玉屏箫笛是中国著名的传统竹管乐器，是玉屏当地侗、汉、苗、土家等多民族文化发展的结晶。当地人喜爱用箫笛传递和表达内心情感，而玉屏箫笛以音色清越优美、雕刻精致深受喜爱。玉屏箫笛的存在不仅给人们展示了较高的少数民族历史文化，也是留给后人的高雅工艺品。历史悠久，代表的是民族特色。其二，玉屏箫笛取材于当地的小水竹，竹节长而均匀，壁厚薄适宜，质地坚实。这独特的取材对其品牌的塑造起到了关键性的作用。其三，玉屏箫笛荣获各类荣誉，精美的外形使玉屏箫笛早在 1913 年英国伦敦举行的国际工艺品展览会上获得银质奖；1915 年在美国旧金山纪念巴拿马运河开通的太平洋博览会上获金质奖；1923 年荣获巴拿马金质奖。自此，玉屏箫笛作为中国民族民间乐器在国际地位上争得了一席之地，成为中国最先获国际大奖的民族民间乐器。

玉屏箫笛助力品牌塑造经验做法有：如今的玉屏箫笛不但畅销全国，还远销东南亚、欧美等地，它与国酒茅台齐名，是贵州的三宝之一。20 世纪 50 年代，周恩来总理就曾将玉屏箫笛作为珍品，赠送来访的国际友好艺术表演团体；1988 年，邓小平的女儿邓琳订制了玉屏龙凤箫笛及牛角手杖赠与父母当作寿礼，深受邓小平同志的喜爱。1979 年以来，玉屏箫笛接连荣获省优、部优、国优十余项奖励，年均一奖。1991 年，玉屏浮雕和微刻龙凤箫笛新产品，又荣获北京第二届国际博览会银奖。

玉屏箫笛助力品牌塑造成功的启示有：玉屏箫笛的品牌塑造离不开"传承"二字。传承是历经几代人，几百年的时间更迭，一步一步，一层一层将最本质的特色传递给后人，历经发展与创新，以新的姿态出现在世人眼前，不仅要独树一帜，更重要的是要经得起时间的推敲与洗礼，不被时代淘汰，坚定自身发展道路，做好、做强、做大。

（4）巴渝地理标志助力品牌塑造

彭水紫苏油是重庆市彭水县的特产。紫苏籽油中 α-亚麻酸含量高达

65%，居当今同类油之首，且具有芝麻香气，口味纯正。重庆彭水苗族土家族自治县种植、食用紫苏（当地称为"苏麻"）籽、油，已有近两千年的历史。

彭水紫苏油助力品牌塑造典型事迹有：彭水持续加大地理标志的培育和推广运用力度，用好用活资源，着力打造彭水特色农产品品牌，擦亮彭水产品的金字招牌。彭水苗族人将千年的紫苏油原种保持下来，政府利用扶贫政策投入资金购置先进的设备和技术，将此产品做到了极致，市场供不应求。

彭水紫苏油助力品牌塑造经验做法有：2018 年 3 月 1 日，彭水县紫苏协会产品——彭水苏麻纳入央视国际频道大型农产品地理标志纪录片《源味中国》首播。节目的播出将通过农产品地理标志的差异化、特色化、品牌化服务于"三农"建设，有助于促进持续增收、农业高质量发展、农村兴旺发达，实现国家品牌战略。

彭水紫苏油助力品牌塑造成功的启示有：彭水县政府利用苏油品牌效应扩大当地产品的打造，做好申报和保护国家地理标志证明商标。彭水县政府和紫苏种植协会共同努力，将当地产品进一步品牌化，以壮大提升优势特色产业为路径，推动乡村产业振兴，为其他产业提供了新的思路和经验。

2. 品牌武陵助力品牌竞争

本部分以"品牌竞争"为研究内容，针对"湘鄂渝黔"武陵地理标志品牌竞争中的典型案例进行介绍与阐述，以期通过个案解析获得更多方法和启示。

（1）荆楚地理标志助力品牌竞争

黄坪黄金梨是宣恩县黄坪黄金梨产业协会注册的地理标志证明商标，原产地位于宣恩县椒园镇黄坪村，现形成了"猪＋沼＋梨"生态种养模式。

2012 年宣恩县椒园镇黄坪村黄金梨专业合作社荣登恩施州"百强"农民专业合作社示范社，2013 年荣获湖北省级"示范社"称号。

黄坪黄金梨助力品牌竞争典型事迹有：宣恩县椒园镇黄坪村黄金梨专业合作社自成立以来，以黄坪村黄金梨示范基地为核心，致力于黄金梨产业的发展，着力技术培训、新技术推广、农资配送、冷藏保鲜、营销于一体的服务体系，全方位为社员提供产前、产中、产后服务，以社员利益最大化为主要目标，坚持以食品安全为己任、产品质量为核心，以"品种化、标准化、规模化、统一化"为经营理念，生产销售的黄金梨经过严格的分级精选、包装，现已推出高、中、低档不同规格的黄金梨产品，以满足不同的消费群体的需求。

黄坪黄金梨助力品牌竞争经验做法有：在品牌宣传与竞争中，举办黄金梨采摘节、赏花活动，启动黄金梨众筹项目，以"私人订制"的营销方式全面推广黄坪黄金梨，有效防止了部分不法商家不顾品质、市场压价的现象。如今，黄坪黄金梨已走出大山，在市场中的品牌竞争力日渐增强。

黄坪黄金梨助力品牌竞争成功启示有：黄坪村是当年比较贫穷的一个小村落，全村 12 个村民小组 675 户 2000 多人，贫困户就达到 200 户 555 人。地形地貌不利于农作物的生产，使该村的经济一直落后于其他地区。黄坪村村支经过两委同意，结合当时的实际情况进行多次的考虑和研究，最终选择通过发展黄金梨产业来改变家乡贫困局面。2013 年在县扶贫办的努力下，作为金融扶贫试点申请注入扶贫风险补偿基金 15 万元，按照 1∶10 的比例放大贷款规模，成立了村级金融扶贫互助社。资金的投入促进了该村黄金梨的产业发展，2017 年全村由以前伸手讨饭吃到实现了总收入 2500 万元，人均 1.19 万元的生活。黄金梨的品牌认可引来了许多外省人的关注，黄坪村借此机会开展了"阿尼阿兹休闲旅游区"项目，形成了景在村里赏，吃住在每户的互动区域游玩，让村民在收获黄金梨的同时也搭上了"旅游"的快班车，走出了一条适合自身特点的振兴之路。

（2）潇湘地理标志助力品牌竞争

新晃黄牛来源于中国南方最优良的黄牛品种之一，牛肉肉质细嫩，香味浓郁，风味独特，营养价值高。新晃在原有传统养殖和销售的基础上开发生产了冷鲜牛肉、酒店牛肉、休闲牛肉、腊制牛肉等四大系列80多个品种。转型升级后的新晃黄牛扩大了地方产业的发展，从事牛肉加工的产业技术工人达到600余人，品种已远销北京、香港、澳门、新加坡等地。

新晃黄牛助力品牌竞争典型事迹有：新晃黄牛作为我国南方国家地理标志产品，它以最优良的黄牛品种占领了市场。好品种需要好品牌来打造和提升自身价值。新晃的黄牛养殖有上千年的历史，当地政府通过实施"畜牧兴县"，调整了整个畜牧业的内部结构，通过引导和扶持有一定规模和实力的黄牛肉加工厂更新设备、注册商标，带领他们逐步打造品牌。对于这几家脱颖而出的龙头企业，新晃县一方面实行贴息贷款，支持和带领企业继续做大做强；另一方面，实行国家地理标志产品统一的规范管理，在企业生产车间安装远程监控系统，对生产加工实行全程监管，确保"新晃黄牛"的产品质量和品牌信誉。目前，新晃黄牛产业获省级以上著名商标13个，产业链下开发的冷鲜牛肉、休闲牛肉、腌制牛肉和供应酒店的牛肉等80多个品种远销港澳、东南亚等地区。

新晃黄牛助力品牌竞争经验做法有：新晃黄牛在品牌竞争方面做到了把产品做成产业，注重品牌建设，在同类产品中脱颖而出。当地政府利用优化农业结构，加强绿色食品与有机农产品、地理标志农产品认证和管理的契机，打造出一批有地方特色的知名农产品品牌，不仅增加优质绿色农产品对市场的供给与需求，也带领当地养殖户走出困境。当地比较有代表性的新晃黄牛作为我国地理标志产品，具有良好的潜在基础，他们在打造黄牛的品牌上借用国家扶持政策，通过新晃黄牛的产业链来扩大对当地历史文化、生态风貌等宣传，推动了当地整个农副产业的发展。

新晃黄牛助力品牌竞争成功启示有：通过新晃黄牛的案例解读，我们也得到了诸多的启迪和思考，"天时""地利"的优势还需要"人和"的努力，得天独厚的自然环境是地理标志品牌强有力的竞争。然而，对悠久历史与人文文化的挖掘和传播更为重要。让更多人了解到产品优质的同时，通过人文提高农产品的品牌档次，从而在产品中获得文化留下的烙印，以点扩面，带动一方产业链的良性循环与发展。新晃黄牛的品牌价值已远远不是一块牛肉的食品价值，而是整个新晃地区养殖、农业、工业、旅游地理标志品牌代言。

（3）黔贵地理标志助力品牌竞争

梵净山翠峰茶是贵州省铜仁市印江县的特色产品，其原产地团龙村梵净山有着得天独厚的生态环境。梵净山深处清泉环绕，此处常年薄雾回环，负氧离子十分丰富，独特的地域环境赋予了梵净山翠峰茶独一无二的品牌优势。有了梵净山为名，梵净山翠峰茶发展迅速，销往全国各地，成为家喻户晓的地理标志品牌。

梵净山翠峰茶助力品牌竞争典型事迹有：当地政府大力支持梵净山翠峰茶的发展，将其品牌优势发挥至最大。明清时期，团龙所产绿茶即为朝廷指派贡品，将梵净山翠峰茶发展至系列茶品，其中包括产自团龙为主的"梵净山翠峰""梵净山佛光茶""团龙贡茶"，其茶叶多次获金质奖，获准国家地理标志性产品保护。

梵净山翠峰茶助力品牌竞争经验做法有：当地县委县政府历来高度重视印江县茶产业发展，先后出台众多相关文件及措施来保证梵净山翠峰茶品牌竞争的最大优势，有《印江县 2017 年茶产业发展实施方案》《梵净山翠峰茶地理标志产品保护管理办法》《印江自治县有机产品认证奖励方案》等一系列政策措施。近年来梵净山翠峰茶产业发展迅速，基地建设不断加快，规模不断扩大，正迈着稳健的步伐前进。截止到 2017 年 9 月，全县有茶园 37.5 万亩，投产茶园 24 万亩，省级生态茶叶示范园区 2 个，市级茶旅示范园区 2 个；有茶农 6.8 万多户，省级农业龙头企业 4 家，市级农业龙头企业 13 家，茶青交易市场 17 个。

梵净山翠峰茶助力品牌竞争成功的启示有：虽然贵州省茶品牌众多，但梵净山翠峰茶凭借着独特的品牌竞争优势，已为自己开辟了一条独一无二的发展道路，收获了一批茶文化爱好者的认同。其成功发展离不开当地特色宣传的品牌优势，形成了 6 条茶叶产业带、7 个茶叶专业镇、一批茶叶专业村和专业户，实现集约化、标准化、规模化经营。对待地理标志产品，我们需要做的是：因地制宜，科学规划，以规模化、标准化的经营方式，将地理标志产品品牌竞争优势发挥至最大。

（4）巴渝地理标志助力品牌竞争

秀山土鸡是秀山家禽养殖专业经济协会注册的地理标志证明商标。母鸡羽毛麻黄，以浅黄色羽毛为主，羽毛致密紧贴，羽色光亮。产蛋期冠色加深，体躯呈梭形较窄长，头小而清秀，脖子长，羽毛呈白色，部分呈灰色，脚细长，胫呈白色或灰色，脚趾细长，爪锋利。而公鸡羽毛为红色或棕色，单冠直立，鸡冠鲜红厚大。秀山土鸡的肉与其他鸡不同，鲜味氨基酸、肌苷酸含量都大大高于其他地区的鸡种，且肉质鲜嫩。无论用哪种烹饪方式都能显现出秀山土鸡的与众不同，一直深受市场的宠爱。

秀山土鸡助力品牌竞争典型事迹有：为打造秀山土鸡的名优品牌，支持和帮扶龙头企业和基地进行"三品认证"，打造品牌农业，当地政府聘请西南大学编制《秀山土鸡产业链战略策划书》《500 万只秀山土鸡产品精深加工及产业的示范可行性研究报告》《秀山土鸡品种培育方案》，在专业技术人员与学者的指导下，使秀山土鸡朝着规模化、标准化、品牌化发展。独特的营养和风味使秀山土鸡在市场上占有了一席之地。按现在的销售价计算，全县农民增收 2 亿元。

秀山土鸡助力品牌竞争经验做法有："秀山土鸡"地理标志的成功注册、秀山土鸡网的开通、首届"重庆·秀山土鸡文化旅游节"的举办、中央电视台农业频道《每日农经》《致富经》等中央和地方媒体的广泛宣传，扩大了"秀山土鸡"的社会影响，提高了"秀山土鸡"的知名度。秀山土鸡已逐渐为广大消费者所熟悉和认同。

秀山土鸡助力品牌竞争成功的启示有：秀山政府和秀山家禽养殖专业经济协会在品牌上的投入是巨大的，产品品质好是基础，后续在品牌宣传上的努力使得秀山土鸡在家禽品牌的竞争中胜出。品牌竞争需要在品牌宣传和推广上进行大量投入，秀山土鸡广告在高铁站、电视等流量巨大的媒体进行投放，也受到了政府的资金支持。可见在品牌竞争方面，政府的政策支持和资金帮扶会有效帮助企业在市场竞争中获胜。

三、传播武陵　助力创新传播

本部分以地理标志文化"创新传播"为主题，从地理标志文化价值的媒介创新、视觉转向两方面切入，遴选田野调查中鲜活的案例，深入浅出地揭示出武陵地理标志在文化创新传播方面的经验做法和成功启示。可以引导人们从迷茫中走出，进入新时代"精准扶志、扶智"的大格局中来，以期为武陵民族地区地理标志助推精准扶贫打开新局面提供参照。

1. 传播武陵助力媒介创新

本部分以"媒介创新"为研究对象，针对"湘鄂渝黔"武陵地理标志文化创新媒介中的典型案例进行介绍、分析与阐述，以期通过个案解析获得更多的方法和启示。

（1）荆楚地理标志助力媒介创新

伍家台贡茶是宣恩贡茶产业协会注册的地理标志证明商标，原产地是有着"宣示浩荡皇恩"寓意的宣恩县。伍家台贡茶条索紧细，茶汤嫩绿，滋味鲜醇，乾隆曾亲题"皇恩宠锡"并赐匾于茶叶经营与制作者伍昌臣，伍家台贡茶由此而得名。

伍家台贡茶助力媒介创新典型事迹有：伍家台贡茶作为地理标志公共品牌，在文化创新媒介方面，早期便有民歌、历史典故、名人宣传等文化传播方式。在歌唱传播方式上，著名歌唱家蒋大为游览宣恩县伍家台茶园时，即兴创作并演唱了"鄂西宣恩有贡茶，茶叶三宝甲天下；当年捧茶献天子，皇恩宠锡传佳话，如今茶香飘四海，色味香浓谁不夸；远方的朋友亲爱的客，请喝一杯宣恩茶"的宣恩民歌，歌声传遍大江南北。因这首歌，宣恩县伍家台茶艺表演队 2005 年代表恩施州在湖北省茶艺大赛中荣获一等奖；在历史典故传播方式上，伍家台贡茶的创始人伍昌臣制作的茶受到乾隆皇帝喜爱，特赐匾"皇恩宠锡"，伍家台贡茶因"碧翠争豪，献宫廷御案，赞不绝口而得宠"，而扬誉内外。

伍家台贡茶助力媒介创新经验做法有：运用名人效应传播的方式，中国茶叶研究所专家姚国坤给予伍家台贡茶"茶可提神，又清心，利长生，增友情，宣恩贡茶三杯味三巡，实属珍品"的评价，著名书法家、作家李尔重挥毫作诗赞"伍家台贡茶""宣恩沃壤育灵草，三月阳春揉好茶，鱼眼泡来清见底，静心品得香如花，味醉不赖惠泉水，清垢但凭黄金芽。碗面浮光碧云起，轻身直欲飞生涯"等。

伍家台贡茶助力媒介创新成功启示有：伍家台贡茶在文化创新媒介方面，凸显了品牌广告词、宣传片、营销活动、茶叶博览会、网店等媒介传播方式。在广告词传播方式上，宣恩县 2012 年投入资金 400 万元在湖北影视频道和武汉市 1.4 万辆出租车上滚动播放伍家台贡茶"一叶动天下"的广告词，还在武汉市的公交车作车身广告时间长达半年，广告传播效应显现；在宣传片传播方式上，制作了《伍家台贡茶·追寻》等多个宣传片；2020 年 4 月 29 日，在万寨乡伍家台村举行了伍家台贡茶营销活动，旨在弘扬贡茶文化、打造贡茶特色产业，助力茶企复工复产；结合当下社会的潮流，伍家台贡茶还开通了网上旗舰店，结合网络主播的宣传方式，用实际行动创新了伍家台贡茶文化的传播媒介。

（2）潇湘地理标志助力媒介创新

张家界是中国大鲵最主要的原产地，拥有第一个大鲵国家级自然保护区。依托良好生态环境，经过科技攻关，大鲵人工驯养繁殖技术和仿生态繁殖技术先后获得成功。2011 年，"张家界大鲵"成为中国第一个水生野生动物地理标志产品。同时，张家界大鲵与恐龙一起繁盛于 3.5 亿年前，虽然恐龙已经灭绝，但大鲵却存活到现代，被誉为"游动的活化石"。目前，张家界大鲵养殖规模超万尾的单位有 18 家，持证养殖企业 118 家，深加工企业 8 家，开发深加工产品 102 个。张家界市已有 56 个乡镇发展大鲵产业，全年繁殖大鲵种苗达 40 万尾以上，大鲵养殖规模已达到 123 万尾。大鲵养殖带动了一方产业的发展，与大鲵相关的加工、餐饮销售、旅游观光的从业人员达 3.5 万余人，年产值高达 20 亿元。

张家界大鲵助力媒介创新典型事迹有：2017 年湖南张家界大鲵国家级自然保护区管理处水生野生动物保护科普宣传进景区活动，在张家界武陵源 5A 级景区宝峰湖门口拉开了序幕。此次活动以"关爱水生生物，共建和谐家园"为主题，采取"进景区、讲科普"的方式，讲解水生野生动物保护知识，宣传保护理念，提高保护意识，引导社会对水生野生动物的保护行为和习惯。此次活动，不仅增强了人们保护水生野生动物的知识和意识，还宣传了作为地理标志的张家界大鲵的相关文化，该活动得到了好评与广泛支持。

张家界大鲵助力媒介创新经验做法有：在"互联网 +"大时代背景下，一些地方特色品牌依靠互联网的"长尾理论"找到了对其偏好的消费者，这类地理标志性产品成功地去地方化，成为带有地方特色的全国性品牌。在传承的同时，它实现了二次创新，使得一些沉寂的地理标志性产品逐渐亮相社会舞台，焕发出新的活力。

张家界大鲵助力媒介创新成功启示有：做好并提升产品的品质，满足消费者的需求，这是营销的前提条件。地理标志性产品要走向全国，需要坚持同样的发展路径。先打造一个样板市场，然后慢慢向外围渗透。地方特色品牌营销的本质就是"去地方化"，以往很多地方特色品牌产品只为当地人熟悉，如今，互联网技术打破信息传播的时空局限，微信、微博等新媒体手段，直接连接全国消费者，促进了区域产品在全国范围内的流通。通过对消费群体的细分，挖掘其个性化需求，描述消费画像，通过专注服务好一部分人的需求而占据市场份额，以做强做大产品品牌。选择合适的第三方平台。对于地理标志产品品牌而言，如何选择品牌传播方式，需要结合产品自身的特性、历史文化、目标受众等多种因素来考量。

（3）黔贵地理标志助力媒介创新

道真玄参是道真仡佬族苗族自治县特色产业发展协会注册的地理标志证明商标，是贵州省遵义市道真仡佬族苗族自治县的特色产品。道真玄参属于中药材类，道真县不仅是贵州最大的玄参产地，也是中国重要的玄参基地，道真玄参每年的产销量约占全国1/6，其销售区域基本覆盖全国，主要包括浙江、江苏、广西、湖南、湖北、福建等地。道真县素有"黔北药库"之称。20世纪80年代，道真玄参被列为全省重要的中药材基地特别是随着国家对中药材资源开发速度的加快，道真玄参产品在省内市场位置得到大幅度提高。

道真玄参助力媒介创新典型事迹有：道真自治县依托地域优势，通过政府引导，整合资金和项目，以企业＋基地＋农户的形式，大力发展以玄参为主的中药材产业，紧紧抓住销售这个"牛鼻子"，成立药材专业合作社，专门为中药材生产提供产前、产中、产后服务。该合作社在全县种植5000多亩玄参，实现购销药材1500余吨，直接带动药农近千户，为农民增加收入600万元。

道真玄参助力媒介创新经验做法有：为了促进道真玄参的创新传播，

将"道真玄参"这个品牌大战略更好的实施和推向市场，遵义市充分利用"道真玄参"这个有着当地特色的地理标志，在宣传和监管上进行推进实施道真玄参系列地方标准工作，进一步完善"道真玄参"生产协会管理机制，对生产协会各个部门的作用与功能再次进行了规范与强化，严格按照协会制定的标准对每个成员进行标准化生产的要求，通过协会、市场需求量来协调会员的生产量和销量，齐心协力，扭转了市场的无序竞争。

道真玄参助力媒介创新成功启示有：道真玄参的创新传播方式，是实施品牌战略，将产品打造为一个品牌进行传播，根据自身发展情况，成立相关合作社，经由协会通力合作，加强对外宣传，利用各种媒体大力宣传道真玄参的独特性，提高"道真玄参"的知名度。这种传统的创新传播方式，是最为常见也是最为有效的创新方式。以地理标志产品自身特性为宣传点，将其价值发挥至最大，从而进行创新传播。

（4）巴渝地理标志助力媒介创新

丰都龙眼是重庆市丰都县的特产。丰都龙眼品质优良，具有果大核小、肉厚、清香的特点。2006 年，丰都县兴义镇被重庆市命名为"龙眼之乡"。丰都龙眼栽培历史悠久，始于明朝年间，经多年培植，果农们选育了适合本地发展的种群。

丰都龙眼助力媒介创新典型事迹有：因有大乌元、石硖、九月乌、玉玲珑、蜀冠、泸丰等优质龙眼品种，90% 以上农户开始大量种植龙眼树，种植面积已达 3 万亩，年产量有 1.5 万吨。近年来，在兴义镇的示范带动下，长江沿线的高家、湛普、名山等乡镇（街道）也把种植龙眼作为带动贫困群众增收的主要渠道之一，全县累计种植龙眼树面积 5 万亩左右。

丰都龙眼助力媒介创新经验做法有：以前，在龙眼成熟后，农户就每天采摘一些放到市场上出售，由于上市量比较集中，供大于求，不但卖不上价钱，甚至还很难卖出去。有条件的果农，就把龙眼运进重庆主城销售，没条件的果农只能眼睁睁望着一树树龙眼发愁。为了帮助果农解决龙眼销路难题，兴义镇一方面加大宣传力度，另一方面借助淘宝、京东等电商平台进行销售，同时，政府还帮助果农设计制作了精美的包装盒，从而让龙眼卖得好还卖得远。

丰都龙眼助力媒介创新成功启示有：龙眼产业被纳入丰都县"1+6（龙眼、烤烟、花椒、有机大米、红心柚、榨菜）+X"特色产业体系中的"6"之一。网购和直播带货为产品远距离快速增加销量和知名度提供了可能性。时令类农产品在供给大于本地需求的情况下，更应该广泛应用电商平台，为产品的推广和销售争取最大的及时性和便利性。

2. 传播武陵助力视觉转向

本部分以"视觉转向"为研究内容，针对"湘鄂渝黔"武陵地理标志文化视觉转向中的典型案例进行介绍、分析与阐述，以期通过个案解析获得更多方法和启示。

（1）荆楚地理标志助力视觉转向

利川红是利川市茶产业协会注册的地理标志证明商标，原产地位于利川市，是利川市重要的经济作物之一。利川红具有原生态的品种特性、丰富的文化内涵、悠远的历史传承、传统的制茶技艺，对当地社会经济的发展作出了巨大的贡献。

利川红助力视觉转向典型事迹有：利川红作为地理标志公共品牌，在地理标志文化转向方面，已有了显著成效，在利川红茶叶包装视觉设计上尤为凸显。

利川红助力视觉转向经验做法有："金杜鹃"系列上运用了西兰卡普纹样、土家族采茶姑娘的视觉元素；"楚韵和茶"的外包装和内包装上运用了金属编钟装饰铭牌、中国小篆字体"楚韵"、春秋楚国和氏璧纹样、商周青铜龙凤纹等视觉元素。这些视觉元素均从原产地优秀文化中提取，引导消费者对中国传统文化的认同与崇拜。

利川红助力视觉转向成功启示有：利川红的视觉转向表现在利川红的品牌标识、产品包装等品牌应用上，将白虎图腾、利川红茶、西兰卡普、编钟等不同种类的文化元素通过字体、图形的视觉符号转化并得以应用，彰显了原产地深厚的历史文化和地方特色文化。

（2）潇湘地理标志助力视觉转向

武冈的铜鹅是湖南农业三宝之一，有着"世之名鹅"的美誉，武冈成为"铜鹅之乡"。自然的生态促进了散养动物的绿色成长，鲜嫩的鹅肉使食用过的人们"食之难忘"，自然成为了市场的禽类宠儿，多年的养殖经验和技术使当地的铜鹅产品越来越成熟，已被列入国家级畜禽遗传资源保护名录。铜鹅的外形清秀，羽毛干净，体形中等圆润，生长也比较迅速，2010年被国家工商总局注册为原产地证明商标，是湖南省著名商标。在邵阳的每个餐厅基本都能看到铜鹅这道特色菜，它也成为了家家户户餐桌上必不可少的一道美食。武冈培育了华鹏、爱华鹅业、家家康等5家省市级以上龙头企业，6个铜鹅养殖专业合作社，30家种铜鹅规模场。全市年出笼铜鹅95万羽，存笼铜鹅30万羽，年产销鹅肉产品2500吨，产值达2亿元。武冈铜鹅已成为全市富民产业，直接带动近万人就地就业，并实现产业帮扶贫困人口5000多人，人均年增纯收入1000元以上。

武冈铜鹅助力视觉转向典型事迹有：对于地理标志而言，如何进行视觉转化，让大众进一步了解产品，并结合产品自身的特性、历史文化、目标受众等多种因素来进行文化推广是关键。湖南非凡地理标志品牌运营有限公司官网中的一些关于武冈铜鹅的案例，他们就是将部分地理标志产品通过一些现代化的处理来包装产品，使其更具有视觉冲击力和现代感，让消费者眼前一亮，这样一来不仅让大众认识了产品，同时也起到了消费推广的作用。

武冈铜鹅助力视觉转向经验做法有：图像符号体系下的图像叙事正铺

天盖地进入人们的文化体验中，地理标志文化的视觉转向已经成为一种趋势，新网络媒介过度的自由发挥和放纵，人们的理性普遍降低，感性意识增强的大众偏好速食文化。在视频图像接受力强的情况下，逐渐弱化了对于文字符号的阅读感受，文化的"视觉转向"已成定局。互联网自由、灵活、高效和迅速等特点，为网络上视频、GIF及图像等"视觉化"文化快速传播和普及互动提供了可能性。在这种情况下，文化"视觉转向"由此得到了进一步加速。武冈铜鹅顺应时代的视觉变化，积极应对，以崭新的视觉形象顺利地完成了视觉转向。

武冈铜鹅助力视觉转向成功的启示有：文化是一个被多种文化表征的意义体系，"文化符号"和"图像符号"是人们两种基本的叙事范式。通过武冈铜鹅相关的视觉转向案例我们可以看出，地理标志产品如果拥有一个良好的视觉形象，不仅可以吸引更多的消费者，还能加快产业发展，提高品牌知名度和美誉度。

(3) 黔贵地理标志助力视觉转向

石阡矿泉水是贵州省铜仁市石阡县的特色产品，是我国的地理标志产品。石阡被誉为"中国矿泉水之乡"，石阡矿泉水2017年10月注册成为地理标志商标。2009年成为亚运会指定产品，被称为"国水"。资料记载它有六百多年的历史。在贵州省铜仁市石阡县有十多家生产桶装水的山泉水厂，三家生产瓶装水的山泉水厂。

石阡矿泉水助力视觉转向典型事迹说明：石阡矿泉水成功实现了将独特的地热温泉文化转化为视觉冲击。石阡是中国的"泉都"，因其地下热泉众多而得名。"泉都"矿泉水含有丰富的锶重碳酸钙镁型，当地人利用自然地壳形成的热泉将溪沟温泉地下400米深处引出的泉水制成了矿泉水，石阡县以此为转向契机，将矿泉水引入市场。并向国家申请此产品的各项指标鉴定，很快石阡矿泉水顺利获得国家质检总局核发的食品生产安全许可证。2009年石阡县荣获"中国矿泉水之乡"称号。"一瓶水"带来的不仅仅是"水"的经济效益，而且带动了整个县的旅游和其他产业，2012 年，石阡县被评为国家级温泉群风景名胜区，并荣获"中国温泉之乡"称号。

石阡矿泉水助力视觉转向经验做法有：石阡矿泉水实现了文化的视觉转向，在拥有基础受众人群的基础上，设计出相应的宣传，最终成为了优秀的地理标志产品。不仅实现了文化视觉转向，也成功带动了石阡温泉业的发展，可谓一举多得。这次成功的文化视觉转向，大部分因素是石阡矿泉水与石阡温泉本质上属于同根同源的产物，都是依赖于石阡县独特的地貌而形成的地热文化，只是在后期石阡矿泉水出现了新的附加值，抓住了文化视觉转向契机。在此之后，石阡矿泉水一度出现了供不应求的现象。

石阡矿泉水助力视觉转向成功的启示有：石阡温泉受地理位置等固定因素的影响，受众范围有限，本地居民和游客居多，但石阡矿泉水的受众要比石阡温泉广泛得多，它可以销往全国各地，在另一方面，石阡矿泉水价值的成功实现，也在无形中对石阡温泉进行了宣传。两者是相辅相成的存在状态。由此可见，地理标志产品的成功离不开文化价值的内涵，文化价值是每一件地理标志最基本的条件，是成功走向消费者的第一步，之后为了实现更好的发展，还有更为重要的举措，那就是将这种独特文化内涵、文化魅力，转换成为视觉方面，这样才能进行更好更为直观的宣传。

（4）巴渝地理标志助力视觉转向

秀山茶叶生产历史悠久，早在清末民初就有"斗米换斤茶""此茶治百病"之说，人们用口含铜钱来形容秀山毛尖在当时的珍贵，因为它的珍贵被列为"贡茶"每年进贡于朝廷。在早年的《秀山农业局志》中有过对秀山毛尖产地和不同称呼的历史记载：平马乡猛洞村的"猛洞茶"、钟灵乡民主村的"平邑茶"、海洋乡芭茅村的"尖山茶"。

秀山毛尖助力视觉转向典型事迹有：秀山毛尖是秀山县倾力打造的茶叶公共品牌。秀山毛尖原料为精选的一芽一叶或一芽二叶茶青，制作工艺秉承优良传统，古老工艺与现代技艺相结合，经过筛分、摊放、杀青、摊凉、初揉、烘二青、复揉、解块、做形、干燥等繁复程序精制而成。干茶外形紧结匀整、色泽鲜润翠绿、香气纯正、汤色黄绿明亮、滋味鲜醇甘滑、叶底嫩绿、明亮、均匀。提品质、造品牌、扩路子、重宣传、助脱贫。近年来，秀山依托独有的区位优势、成熟的三级物流网络、完善的"互联网＋'三农'"电商发展体系，大力推动茶业发展，助推脱贫攻坚。2019年，秀山茶叶总产量4080吨，综合产值8.5亿元。

秀山毛尖助力视觉转向经验做法有：产业的迅猛发展，使秀山县已不再满足于现状，2019年5月19日，秀山毛尖奔赴杭州国际博览中心，参加了为期5天的第三届中国国际茶叶博览会。在这场规模和规格较高，影响力和权威性较强的茶叶专业展会上，秀山县作为重庆最大的茶叶基地县之一，亮点纷呈。秀山展团统一制订了印有"秀山毛尖"LOGO的少数民族风马甲，参会人员穿上它成为流动的宣传广告。茶艺师普遍身着民族特色的服饰和头饰，是重庆展团的一大亮点。在重庆展厅，展示屏上几乎所有大幅画面都来自秀山，有效地展示了秀山茶叶生态有机的形象。

秀山毛尖助力视觉转向成功的启示有：感性的文化传播似乎更能打动当今忙碌的我们，借用图像自然而然进行传播的优势能得到更好的效果，在这种情况下"视觉转向"开始逐步形成。这种传播方式得益于互联网的快速发展，地理标志文化的传播、普及和交互得到了更好的发展，加速了地理标志文化的视觉转向。

四、丝路武陵　助力"一带一路"

本部分以"一带一路"倡议与地理标志产业发展为研究内容，通过对"湘鄂渝黔"武陵地理标志产业发展个案分析，揭示武陵地理标志产品在"一带一路"中所取得的市场经验和成效。

1. 荆楚利川红助力"一带一路"

"利川红"又称"利川工夫红茶",属红茶类,是由利川市茶产业协会申请注册的地理标志证明商标。原产地位于湖北省利川市,以所在的武陵山区面积最广,茶区历史悠久,生产加工红茶的历史距今也已170多年。现已授权利川市飞强茶业有限责任公司在内的三十家企业使用利川红地理标志证明商标。

自2016年6月,恩施州组织利川金利茶叶有限责任公司负责人赴武汉参加"一带一路"产业对接湖北行活动,与"一带一路"沿线埃及、加纳等国家和地区政府官员开展现场咨询和对接,为利川红走出去、做强做大创建了平台;2017年12月,利川工夫红茶被国家质量监督检验检疫总局批准为国家地理标志保护产品;2018年4月,利川市飞强茶业精心制作的冷后浑春芽红茶被中印首脑武汉非正式会晤东湖茶叙选用,进一步巩固发展了知名度;2019年4月,利川市飞强茶业有限责任公司成为第七届世界军人运动会红茶类独家供应商,如今"利川红"茶叶地理标志公共品牌成为全国知名品牌。

利川红地理标志产业的发展逐渐壮大,获益于利川红多方力量的坚持和努力;获益于利川红茶园全方位立体化的生态保护,成功演绎了生态环境保护和经济发展的辩证统一;获益于东湖茶叙、第七届世界军人运动会赞助等各大事项活动,提升了利川红品牌知名度,让利川红在激烈的茶产业竞争中迅速跻身红茶第一方阵,同时也改变了红茶消费格局。如今,利川红正以中国待客茶、有机硒红茶、冷后浑品质等特质塑造自身的品牌形象,将利川红地理标志茶业与当地旅游观光产业融合,在履行扶贫、发展区域经济等社会责任的同时,以中国红茶第一品牌为目标,让利川红香飘全世界。

利川红地理标志产业按照湖北各级政府的统一部署和要求,抢抓国家"一带一路"倡议和长江经济带发展机遇,借助第七届世界军人运动会成为红茶独家供应商的机遇，在品牌建设、安全质量监管、培育龙头企业、拓展营销渠道、出口创汇、终端产品开发等环节上加大市场覆盖力度，在面向国际、国内市场上开发高、中、低档全线产品，逐渐向精深加工、交易市场运营、茶生态文化旅游等产业链延伸，在推动当地经济发展和地理标志产业扶贫致富中贡献了力量。2019 年，利川红地理标志公用品牌覆盖面积 18 万亩，总产量 1.29 万吨，产值 7.56 亿元。自 2015 年，利川红通过欧盟 462 项指标的严格检测，每年出口 1500 吨，收入达 3500 万美元，现如今，利川红主要向德国、比利时、俄罗斯等国家和非洲地区出口。

2. 潇湘碣滩茶助力"一带一路"

湖南省沅陵县有着悠久的产茶历史，沅陵"碣滩茶"在唐朝被当作贡品，明清时被誉为"辰州碣滩茶"。从 2008 年起，沅陵县委县政府把茶产业列为农业一号产业，随后由于乡村振兴战略和产业助力精准扶贫战略的大力推动，该县茶产业得到迅速发展。经过多年的产业开发与挖掘，可采茶园达 0.83 万公顷，茶树良种比在 90% 以上，全县现有茶园面积 1.07 万公顷，茶叶加工企业迅速增至到 120 家，高达 1.20 万吨的产量创造了年综合产值 15 亿元的好成绩。经久不衰、品质上佳的"碣滩茶"自然而然地成为沅陵县的带头产业和怀化市区域茶叶的公共品牌。有了国家地理标志证明商标和国家地理标志保护产品这两个特殊的身份后，碣滩茶在 2015 年意大利米兰世界博览会备受关注与青睐，一举拿下"百年世博中国名茶金奖"。在国际品牌的影响力下碣滩茶的品牌身份突飞猛进，2019 年中国茶叶区域的公用品牌价值评估中，它的品牌价值高达 20.03 亿元，与 2018 年相比，增加了 1 亿多元。沅陵县也先后荣获"中国名茶之乡""中国茶叶百强县""全国重点产茶县"等称号。

中国自古就有饮茶、品茶的习俗，茶文化的传播随着时代的发展越来越普及。近几年，随着"一带一路"的大力推进，沅陵"碣滩茶"已打通了"北上广"市场渠道，在占据本地及周边市场的同时，也抢占了本地以外部分的其他市场份额。沅陵县人并没有满足于现状，他们依靠"自营出口＋委托出口"的策略，目前已漂洋出海正抢滩欧盟、日本、俄罗斯等海外的市场。

在1972年，碣滩茶就被称为"中日友好茶"，是中国茶较早走出国门的品牌。至今，碣滩茶在国内外仍享有盛名。目前，碣滩茶拥有省级龙头企业3家、市级龙头企业11家，形成以一家龙头企业带十家小企业，大企业负责销售、品牌、出口资质，小企业负责基地管理和产品粗加工的产业聚集模式。

2018年9月，湖南怀化沅陵碣滩茶北京品牌中心很快组建成立，并申报成立湖南怀化碣滩茶全国推广中心和怀化沅陵碣滩茶北京研究院，以舒勇北京艺术工作室为基地，展销和推介碣滩茶产品以及沅陵旅游文化。并且，湖南政协常委李微鼓励沅陵创造"茶叶＋文化＋艺术＋'一带一路'"发展模式新奇迹，做足茶内茶外两门功课。同时以茶为媒，借助平台做大茶业，今后还要把文化旅游等优势资源推出去，变成山民脱贫致富的金饭碗。

3. 黔贵湄潭翠芽助力"一带一路"

湄潭翠芽在当地政府的扶持与帮助下，成为贵州最大的茶区，是"全国重点产茶县"的茶老二。湄潭环境生态原始无污染，基地产出的翠芽犹如自然界馈赠给人类的绿叶，在2001年成为全国首批"无公害茶叶生产示范基地县"。当地茶叶蓬勃发展四年后，也就是在2005年，获"中国三绿工程茶业示范县"的称号。湄潭翠芽越来越受到人们的关注和市场的重视。随后的几年间，湄潭翠芽优良品质一直受到市场的热捧，湄潭县荣获西南地区唯一的"中国名茶之乡"和"全国十大特色产茶县"称号。2009—2014年连续获"全国重点产茶县"。国内受到欢迎的"湄潭翠芽"

在政府的帮助下，开始逐渐将市场转向国外，迅速进入国际市场的"湄潭翠芽"在 2013 年获"国家级出口茶叶质量安全示范区"和"全国茶叶籽产业发展示范县"。经过努力在之后的发展中获得诸多荣誉：中国茶业十大转型升级示范县、全国茶文化之乡、贵州茶产业第一县、中国茶叶产业示范县，湄潭县也被称为"中国十大最美茶乡"。靠着茶业成为贵州省现代茶业高效示范园区的湄潭，带领着当地农民走出了一条致富的道路。

"湄潭翠芽"抢抓"一带一路"机遇，积极对接与俄罗斯、澳大利亚、新西兰等地的合作，鼓励和支持企业开拓国际市场。以茶产业发展为抓手，推进扶贫攻坚，带动一方百姓致富奔小康。全县有 8.8 万余户、35.1 万余茶农因茶走上致富路。以茶产业助力脱贫攻坚为重点，紧紧围绕"夯实一个基地、巩固两个品牌、拓展三个市场、全面融合发展"，通过不断推动茶产业提质增效和转型升级。努力实现"产业兴、人气旺、生态好、环境美"的产业发展目标。

"湄潭翠芽"努力打造品牌。2017 年，全县茶园面积 60 万亩。其中无性系良种达 99%以上，无公害茶园认定面积 45 万亩，有机茶园 4.85 万亩，绿色食品茶园 0.9 万亩。茶园基地的集中度较高，主要分布在全县 15 个镇（街），涉及 8.8 万余农户，35.1 万余人。

茶叶产业在全县年产值达到 500 万元以上的企业已达到 300 多家，国家级的龙头企业就有 4 家，省、市级有 19 家。大、小型加工厂有 100 多户。各种生产、加工、营销企业等有 500 多家，其中的 390 多家的注册企业年加工能力高达 7.5 万吨以上。开发出产品的涉及面非常广，比较有代表性的绿茶、红茶、黑茶、抹茶等都在其中，包括用于美容方面的茶面膜等 13 种综合类开发产品都受到人们的高度关注。

当地政府为了加强本地产品市场占有率，在茶区建有茶青交易市场 35 个，建成的交易市场将茶青进入市场交易的时间缩短到 30 分钟内，迅速而又快捷地满足了茶商们的需求。中国茶城是湄潭茶业产品的一个重要标志与平台，是根据国家农业部定点市场、国家商务部定点出口市场量身订制而打造出来的。"一个中心五大平台"的中国茶城目前入驻企业和商户 400 多家，16 亿元交易额自然而然地成为茶产业营销的综合舞台。被茶业产品带富了的湄潭在政府的支持和茶农们的努力下，在全国 20 多个省（区、市）地级以上城市设立了近 600 家品牌专卖店、旗舰店和批发部，并在天猫、阿里巴巴等网站开设网店 300 余家，综合收入高达百亿元。

4. 巴渝石柱黄连助力"一带一路"

"石柱黄连"发展现状：石柱黄连产于该县黄水森林公园，也称"黄水黄连"，药材商品为"味连"。黄连为毛茛科植物，是比较常用的名贵中药材。中国黄连之乡的石柱县是黄连的原始产区，因品质优良，被评定为"国药"和"地道黄连"。石柱县紧扣"三县一地"奋斗目标，长期以来紧紧围绕以"转型康养、绿色崛起"发展主题，以国家对产业结构深度调整为契机，转变工作思路，坚持政府引导、市场主导、企业主体、统筹规划的原则，提高黄连产业发展创新水平，推进产业扶贫工作，促进产业发展与文化、科技、生态、旅游协同发展。随着石柱黄连品牌越来越响亮的良好趋势，石柱县建设完成了石柱黄连交易市场配套服务中心 6000 平方米，黄连标准化冷藏仓库 6000 立方米，冷藏黄连库容达 2000 吨以上；建成黄连粗加工、仓储物流基地 3 个。配套设备的完善使石柱县每年稳定黄连种植面积在 5.8 万亩以上，年产量 4000 吨以上，实现年产值 4.5 亿元；建成有机农业示范基地 1700 亩；完成实用技术推广培训 3000 人次。彻底地使当地农民摆脱了贫穷困难局面。

"石柱黄连"国际市场：石柱黄连一直拥有不断提高的品质和持续稳定增长的销量，除了黄连本身巨大的药用价值，其在国际市场所占的巨大份额还得益于县委县政府对产业促进的各项升级措施。石柱县长期打造康养主题，地域的健康文化氛围为黄连产品打下坚实的气氛基础，黄连交易平台的打造和建设，使得国际黄连市场稳扎于当地，经过这一系列的努力才出现了如今石柱黄连在国际占有巨大份额的境地。石柱黄连占全国的60%，全世界的40%，产品远销日本、马来西亚、新加坡等50多个国家和地区，交易量占全国的90%左右。出口创汇稳定，每年保持出口创汇80万美元左右。

参考文献

一、著作

1. [荷] 博登浩森：《保护工业产权巴黎公约解说》，汤宗舜、段瑞林译，专利文献出版社 1984 年版。

2. 关永宏：《知识产权法学》，华南理工大学出版社 2008 年版。

3. 国家工商行政管理总局国际合作司：《非洲知识产权组织相关法律制度》，中国工商出版社 2016 年版。

4. 国务院法制办公室：《中华人民共和国商标法 含商标法实施条例》，中国法制出版社 2017 年版。

5. 叶京生：《WTO 与贸易有关的知识产权协议规范与承诺》，黄山书社 2000 年版。

6. 《中华人民共和国商标法》，中国法制出版社 2019 年版。

7. 陈勤建、常峻、黄景春：《神话与故事》，上海人民出版社 2017 年版。

8. 姜琳：《地理标志国际保护问题研究利益纷争及中国制度选择》，哈尔滨工业大学出版社 2013 年版。

9. 陈一云：《国际经济贸易简明辞典》，四川省社会科学院 1987 年版。

10. 段超：《土家族文化史》，民族出版社 2000 年版。

11. [德] 扬·阿斯曼：《文化记忆：早期高级文化中的文字、回忆和政治身份》，金寿福译，北京大学出版社 2015 年版。

12. 张紫晨：《中外民俗学词典》，浙江人民出版社 1991 年版。

13. 淘立璠：《民俗学》，学苑出版社 2003 年版。

14. 李慕寒等：《文化地理学引论》，中国矿业大学出版社 1995 年版。

15. （汉）司马迁：《史记》，线装书局 2006 年版。

16. （东汉）班固：《汉书》，太白文艺出版社 2006 年版。

17. [英] Judy Pearsall：《新牛津英语词典》，上海外语教育出版社 2001 年版。

18. （唐）玄奘译：《阿毗达磨顺正理论》，平江府碛砂延圣寺。

19. 慢生活工坊：《识茶寻味》，浙江摄影出版社 2017 年版。

20. 邢昺：《论语注疏》，中华书局 1980 年版。

21. 朱熹：《四书章句集注》，中华书局 1983 年版。

415

22. 杜泽逊：《文献学概要》，中华书局 2001 年版。

23. 司马朝军：《文献学概论》，武汉大学出版社 2011 年版。

24. 梁启超：《中国近三百年学术史》，东方出版社 2004 年版。

25. 赵国璋、潘树广：《文献学大辞典》，广陵书社 2005 年版。

26. 陈界、张玉刚：《新编文献学》，军事医学科学出版社 1999 年版。

27. 王欣夫：《文献学讲义》，上海古籍出版社 1986 年版。

28. 张舜徽：《中国文献学》，上海古籍出版社 2009 年版。

29. [德] 扬·阿斯曼：《宗教与文化记忆》，商务印书馆 2018 年版。

30. 王恩涌：《文化地理学导论（人·地·文化）》，高等教育出版社 1989 年版。

31. 周尚意等：《文化地理学》，高等教育出版社 2004 年版。

32. [英] 阿雷恩·鲍尔德温（Elaine Baldwin）等：《文化研究导论（修订版）》，陶东风等译，高等教育出版社 2004 年版。

33. 薛梅：《视听媒介批评导论》，武汉大学出版社 2018 年版。

34. [德] 阿莱达·阿斯曼：《回忆空间》，北京大学出版社 2016 年版。

35. 《黄梅县志》，海豚出版社 2016 年版。

二、期刊论文

1. 李顺德：《TRIPS 协定给我们带来了什么？》，《知识产权》2011 年第 10 期。

2. 《中国改革开放进程中具有历史意义的一件大事——祝贺我国加入世界贸易组织》，《律师世界》2001 年第 11 期。

3. 赵丽婷：《中国古典文献学的各种版本略述》，《报刊荟萃》（下）2018 年第 8 期。

4. 杜泽逊：《谈谈文献学的方法、理论和学科建设》，《文献》2018 年第 1 期。

5. 陈光华：《关于中国文献学学科体系的研究综述》，《图书馆学研究》2006 年第 1 期。

6. 朱新霞：《张舜徽先生对中国文献学的几点主要贡献》，《环球市场信息导报》2017 年第 18 期。

7. 王瑞珍：《我国文献学研究方法之探析》，《新世纪图书馆》2007 年第 5 期。

8. 金恩辉：《关于文献学基本问题的研究》，《文献工作研究》1994 年第 3 期。

9. [德] 扬·阿斯曼著：《交往记忆与文化记忆》，管小其译，《学术交流》2017 年第 1 期。

10. 周晓红：《文化展示中的"花街节"与花腰傣集体记忆》，《西南边疆民族研究》2015 年第 3 期。

11. 张盼：《社会记忆视角下口述档案的特性和功能》，《档案》2013 年第 3 期。

12. 王媛媛、樊炳：《有城市体育文化记忆的思想来源及内涵》，《武术研究》2017

年第 7 期。

13. 张顺军、廖声武：《城市品牌传播的文化记忆理论阐释维度》，《当代传播》2019 年第 4 期。

14. 扬·阿斯曼：《什么是"文化记忆"?》，陈国战译，《国外理论动态》2016 年第 6 期。

15. 金寿福：《扬·阿斯曼的文化记忆理论》，《外国语文》2017 年第 2 期。

16. 高萍：《社会记忆理论研究综述》，《西北民族大学学报（哲学社会科学版）》2011 年第 3 期。

17. 余宏：《基于文化记忆理论的城市文化记忆建构》，《哈尔滨师范大学社会科学学报》2019 年第 2 期。

18. 张欣：《文化记忆理论研究》，中国海洋大学 2015 年硕士论文。

19. 刘亚秋：《记忆的微光的社会学分析——兼评阿莱达·阿斯曼的文化记忆理论》，《社会发展研究》2017 年第 4 期。

20. 丁宁：《双重回忆模式与档案资源建设——基于阿莱达·阿斯曼文化记忆理论的思考》，《档案》2018 年第 8 期。

21. 张帅奇：《文化记忆视阈下古村落的符号象征与传承表达》，《汉江师范学院学报》2019 年第 1 期。

22. 高长江：《民间信仰：文化记忆的基石》，《世界宗教研究》2017 年第 4 期。

23. 刘慧梅、姚源源：《书写、场域与认同：我国近二十年文化记忆研究综述》，《浙江大学学报（人文社会科学版）》2018 年第 4 期。

24. [德] 扬·阿斯曼：《"文化记忆"理论的形成和建构》，《光明日报》2016 年 3 月 26 日。

25. 刘东旭：《地理标志保护应重视文化引领效应》，《中国质量与标准导报》2019 年第 4 期。

26. 王焯：《文化记忆视阈下工匠精神传承机制的比较研究——以辽宁和鲁尔为个案》，《湖北民族学院学报（哲学社会科学版）》2018 年第 4 期。

27. 李金果、余建波：《非物质文化遗产的地理标志保护》，《法制与社会》2009 年第 10 期。

28. 杨青山、罗梅：《非物质文化遗产的新媒体传播价值分析》，《传媒》2014 年第 11 期。

29. 刘振怡：《文化记忆与文化认同的微观研究》，《学术交流》2017 年第 10 期。

后　记

　　课题组早在 2004 年已率先提出"地理标志文化研究",近 20 年来一直致力于该领域研究的探索与实践。从某种意义来讲,2017 年国家社科基金项目"武陵民族地区地理标志文化价值挖掘及其在精准扶贫中的利用"的成功立项,既是对课题组学术研究的充分肯定,同时也是一种挑战,一种学术检验。在调研期间,先后于 2017 年 6 月至 9 月、2019 年 6 月至 9 月两次开展大规模的田野调查活动。凡到过武陵地区的人都有这样的体验——山路崎岖、悬崖叠嶂、高山峻岭、路途遥远。如果用"跋山涉水、风餐露宿"来形容调研经历一点都不为过。有时要在山里步行很长时间,才能到达调研目的地。课题组人员克服了重重困难,到逐个地区、逐个县(市)、穿越逐个乡镇、深入到逐个地理标志原产地村寨,进入田间地头、走访村寨乡民。前后 8 个月时间,参与调研人员达 30 余人次,总行程数千公里,耗资十余万元,走遍了武陵 71 个县市大大小小的村落,采集了大量课题研究所需的珍贵、翔实的一手文本资料和数百张图片,体现了课题组扎根田野,求真务实、尽职敬业的责任与担当。同时,课题组在调研期间,还发表了高水平学术论文、研究报告及政府提案等系列研究成果,收到了良好的社会效益:《非遗文创为脱贫致富插上翅膀》(《光明日报》2021 年 3 月 28 日)、《地理标志与非物质文化遗产的差异性分析》(《江汉学术》2020 年第 1 期)、《非遗地理标志,不该被遗忘》(《光明日报》2019 年 11 月 17 日)。特别是《非遗地理标志,不该被遗忘》论文,在今日头条、学习强国、求是等 16 家中央数字媒体转载,产生了积极的社会影响;还有,地理标志系列设计作品《产教融合背景下地理标志视觉符号设计精选》(《市场监督管理》2019 年第 18 期)和向贵州省政府、湖北省政府提交的《关于充分利用非遗类地理标志推进贵州特色产业升级的建议》等。

在此,作为课题负责人,由衷感谢在学术成长道路上一如既往给予关心、支持和帮助的教授老师们:彭修银、许宪隆、王兆鹏、向柏松、刘为钦、邵则遂、龚举善、张贤平、黄迎新、杨彬、陈峻俊、杨秀芝、吴涛;感谢文学与新闻传播学院中国语言文学一级博士点文化传播方向的教授老师们:陶喜红、刘琴、郝永华;感谢助力团队成长的美术学院教授老师们:周乙淘、沈松德、吴海广、邱红、程超、王志勇、莫彦峰、成彪等;感谢社会各界领导同仁们:王培章、姚坤、胡国强、洪丹、肖翠兰、刘焱、张学军、付勇军、王捷、周萍、李顺德、李祖明、曾德国、苏平、刘福刚、李付俊、周德文、江中祥、周辛、李军、田远波、陈红美、杨蔚、刘岗、范红英、张金海、舒咏平、姚曦、李华君、刘艺琴、王晔、管家庆、王梦林、鄢维新、吴志坚、黄超芬、刘学峰、李丹、商博雯等;还要感谢地理标志团队的研究生们:湖北组赵杰斐、李慧,湖南组郭又瑞、宋晓明,贵州组周俊成、彭琳,重庆组杨学震、莫国雄等,以及参与后期资料整理的研究生们:徐祺娴、罗赵珺、万颖、王星莹、刘悦馨、刘颖、田浩冉、苏秀磊、张曼、滕佳杰、游坤、许诺诗、汪炜晴、周欣宇、梁爽、李青青、徐茜等;还要感谢多年以来全力支持我工作的家人易有荣老师,是她的无私付出和理解成就了我许多梦想的逐个实现。特别要感谢人民出版社王怡石老师的鼎力相助和指导!以上提到的,或没有提到的很多人都是我生命中最最值得珍惜的贵人,衷心祝福他们吉祥安康、青春永驻、事业常青!

2021 年 11 月 11 日于美术学院